华信经管创新系列·会计

税务会计实务

（第2版）

刘 捷 编著

電子工業出版社
Publishing House of Electronics Industry
北京·BEIJING

内 容 简 介

本书根据最新的企业会计准则和税收法规，结合高等院校培养应用型人才的目标，全面、系统地阐述了税务会计的基本理论及我国现行税制下的主要税种应纳税额的计算、纳税申报及会计处理方法。全书共10章，教学内容编排合理，清晰明了，循序渐进。为方便学生学习，每章附有学习目标、小结、思考题和练习题，注重培养学生的实际动手能力，提高其学习的积极性和主动性。同时，每章中随机插入小资料，章后附有知识拓展阅读，以扩大学生的知识面，提高其学习兴趣。

本书可供财经类相关专业的本科及高职院校教学使用，也适合企业的财会人员及财政、税务、审计等部门的专业人员业务学习使用。

图书在版编目(CIP)数据

税务会计实务 / 刘捷编著. —2版. —北京：电子工业出版社，2013.11
华信经管创新系列·会计
ISBN 978-7-121-21642-8

I. ①税… II. ①刘… III. ①税收会计－高等学校－教材 IV. ①F810.42

中国版本图书馆CIP数据核字(2013)第239967号

策划编辑：章海涛
责任编辑：章海涛　　　　特约编辑：张　玉
印　　刷：北京市海淀区四季青印刷厂
装　　订：北京市海淀区四季青印刷厂
出版发行：电子工业出版社
　　　　　北京市海淀区万寿路173信箱　　邮编：100036
开　　本：787×1092　1/16　　印张：18.5　　字数：490千字
印　　次：2013年11月第1次印刷
定　　价：39.00元

凡所购买电子工业出版社图书有缺损问题，请向购买书店调换。若书店售缺，请与本社发行部联系，联系及邮购电话：(010)88254888。

质量投诉请发邮件至zlts@phei.com.cn，盗版侵权举报请发邮件至dbqq@phei.com.cn。

服务热线：(010)88258888。

第2版前言

税务会计是现代企业会计的一个重要组成部分，是将会计的基本理论、基本方法与企业纳税活动相结合而形成的一门新兴学科，是融税收法规和会计核算于一体的专业会计学。税务会计已逐渐成为高等院校财税、会计学等专业的主干课程之一。

本书根据2013年最新的企业会计准则和税收法规，结合高等院校培养应用型人才的目标，全面、系统地阐述税务会计的基本理论，详尽地介绍我国现行税制下的主要税种应纳税额的计算、纳税申报及会计处理方法。

本书共10章：第1章主要介绍税收的基础知识和企业纳税的基本程序；第2章重点阐述税务会计的基本理论和基本方法；第3～10章从基本法规、应纳税额的计算、纳税申报及会计核算4方面，对我国现行的各主要税种会计操作实务进行全面、系统的阐述。

本书的编写吸收了以往优秀税务会计教材的精华，具有以下特点。

（1）内容与形式新颖。本书的内容与最新颁布的企业会计准则、新税法及其实施细则相吻合，有助于学生掌握会计、税务等方面法律法规的最新变化。同时，形式上较新颖，教材的各章中随机加入小知识、小案例等，增加教材的趣味性。

（2）教学内容编排合理。本书从税收的基本知识、税务会计的基本理论入手，阐述了流转税、所得税及其他税种的基本知识和会计处理方法，清晰明了、循序渐进、条理性强。

（3）为方便学生的学习，每章都附有学习目标、小结、各种思考题和练习题，注重培养学生的实际动手能力，提高其学习的积极性和主动性。同时，每章后附有知识拓展阅读，以扩大学生的知识面，提高其学习兴趣。

（4）为方便教师的教学以及学生的自学，本书附有配套的电子课件，概括了教材的主要内容，起到提纲挈领的作用，对于提升教学质量和学习效果有一定的帮助。请登录华信教育资源网（http://www.hxedu.com.cn），注册之后进行免费下载。

本书可供财经类相关专业的本科及高职院校教学使用，也适合企业的财会人员及财政、税务、审计等部门的专业人员学习使用。

本书是作者在多年教学讲稿的基础上，经过修改、完善而成的。在写作过程中，作者参阅了大量的专著、教材和网络资源，在此，谨向所有参考文献中提到的作者表示诚挚的感谢。电子工业出版社为本书的出版提供了积极的帮助，在此一并致以谢意。

需要说明的是，本书中所有例题及习题中涉及的企业、单位和个人名称完全是虚构的，如有雷同，纯属巧合。

由于作者水平有限，加上我国税制及企业会计准则正处于不断改革和完善中，书中难免存在不足之处，恳请各位专家、同行和读者不吝指正。

作　者

目 录

第 1 章

纳税基础知识

【学习目标】 通过本章学习，了解和掌握税收的定义、基本特征及职能，税制构成的基本要素，纳税人的权利、义务与法律责任，企业纳税的基本程序。

【重点难点】 本章重点为税收的定义、基本特征及职能；难点为各项税制构成要素的基本内容。

税务会计主要依据税收法律制度对涉税活动有关的经济业务进行核算，除日常的会计核算外，更重要的是依据税收法律制度将财务会计日常核算的会计资料调整为已缴纳税款后的会计信息，在对外报告中如实反映企业税后的经营成果。因此，税收法律制度是税务会计核算的前提和基础。

1.1 税收概述

税收是伴随着社会分工、生产力的发展、私有制的出现、国家的产生而形成的，有政权的存在就一定会有税收。在当今社会，税收这个古老的范畴正受到前所未有的重视，已成为一种普遍现象，受到了人们越来越多的关注。

1.1.1 税收的概念及特征

1. 税收的概念

税收又称为“赋税”、“租税”、“捐税”，是国家为了实现其职能，凭借政治权力按照法律规定，强制地、无偿地参与社会剩余产品分配，以取得财政收入的一种规范形式。我们可以从以下几方面来理解税收的概念。

（1）税收属于分配范畴

征税是从社会产品价值量中分割出一部分集中到政府手中，只是改变了社会成员与政府各自占有社会产品价值量的份额，而并未创造新的价值。因此，税收属于分配范畴。

（2）税收的目的是为了满足社会公共需要

税收的目的是为整个社会提供公共产品。公共产品是社会全体成员共同享用的产品或劳务。与私人产品相比，公共产品具有不可分割性、收益的非排他性、非竞争性等特征。公共产品的这些特征决定了只有征税才是其资金提供的最有效方式。

（3）税收分配的主体是国家

税收的存在主要是为了满足国家履行向社会提供公共产品这一职能的需要。因此，行使征税权的主体必然是国家。国家产生以后，为了维护国家机器的正常运转并行使各项职能，需要消耗大量的物质资料，但国家本身并不创造物质财富，这样国家就必须凭借其拥有的政治权利，强制地将部分私人拥有的社会产品转为国家所有。

（4）税收分配的对象是社会剩余产品

社会产品的价值由 c（不变资本）、v（可变资本）和 m（剩余价值）构成。税收不能以社会产品价值中的 c（如生产资料）和 v（如劳动者报酬）作为分配内容，否则简单再生产将无法继续，税收分配的客体只能是社会剩余产品的一部分。

2. 税收的特征

税收的特征是不同社会制度下税收所共有的区别于其他分配形式的质的规定性，是税收本质的具体体现。税收的基本特征包括：强制性、无偿性和固定性。

（1）强制性

税收的强制性是指税收参与社会产品的分配是依据国家的政治权力，而不是财产权力，即与生产资料的占有没有关系。具体表现为，税收是以国家法律的形式规定的，在税法规定的范围内，任何单位和个人都必须依法纳税，否则就要受到法律的制裁。

（2）无偿性

税收的无偿性是指国家征税对具体的纳税人既不需要直接偿还，也不需要付出任何形式的报酬。税收的无偿性的特征是由社会公共需求的特点决定的。国家提供的满足公共需求的产品和劳务，无差别地由每个社会成员所共同享用，而又无法准确计量每个人所花费的费用。因此，对具体纳税人而言，税收不具有直接偿还性。

（3）固定性

税收的固定性是指国家通过法律形式预先规定了征税对象和征税标准，征纳双方都必须遵守，不能随意变动。税收的公平原则以及保证财政收入和调节经济的作用，都是以这种固定性为重要前提的。

税收的三个基本特征是一个完整的统一体，缺一不可。其中，无偿性是税收分配的核心特征，强制性和固定性是对无偿性的保证和约束。

1.1.2 税收的职能

税收的职能是税收在社会产品分配过程中的功能，是由其本质所决定的。税收的职能主要体现在以下几方面。

1. 筹集国家财政收入的职能

国家通过征税，强制地、无偿地取得一部分社会产品，能够把纳税人的一部分收入转为国家所有，形成国家的财政收入。税收具有无偿性，通过征税可以形成国家永久性的收入，这对保证国家无偿性财政支出是极为重要的。税收还具有固定性和强制性，有利于保证财政收入与国民经济的同步增长，防止财政收入的拖欠和偷漏，有利于国家稳定、可靠地取得财政收入。

2. 宏观调控经济的职能

国家向纳税人征税，客观上必然会改变社会产品在各地区、各部门及各经济成分、各阶段之间的原有分配状况，进而必然对纳税人的经济活动产生一定的影响，对资金流向、生产结构、生产关系等方面产生一定的影响。

小资料：2013 税改热点："减"，结构性减税仍唱"主角"

在中央经济工作会议上，"结构性减税"从历年的"新常态"表述提升至中国经济发展的"新引擎"之一。在中国社会科学院学部委员、财经战略研究院院长高培勇看来，"在多重经济目标约束下，结构性减税在某种意义上已成为中国宏观经济调控的主战场"。

国家税务总局数据显示，2012 年实施新个人所得税法，来自工资薪金所得个人所得税下降 8%，个体工商户生产经营所得个人所得税下降 12.5%；开展营业税改征增值税试点，大大减轻企业的税收负担。

对此，专家测算，2012 年结构性减税的额度大概为 900 亿元，其中增值税和个税减税发挥了最大作用。而对于 2013 年减税重点，营改增的进一步扩围和企业所得税减税则将是重要方向。

在近日召开的全国税务工作会议上，国家税务总局局长肖捷说，2013 年结构性减税将在税制改革、严查"过头税"、优化纳税服务等方面继续发挥作用。此外，要推动文化事业文化产业发展，加大对文化创意产业、非物质文化遗产经营项目、"走出去"文化企业的税收扶持力度。

（资料来源：光明日报，2013-01-19，作者：杨亮）

3. 监督管理职能

由于税收是一种无偿性的分配，分配的结果是直接减少纳税人的既得利益，其本身就要求必须具有监督管理功能，必然进行税收管理、纳税检查、税务审计和统计、税源预测和调查等一系列工作。这些工作，一方面能够反映有关经济动态，为国民经济管理提供依据；另一方面能够对经济组织、单位和个人的经济活动进行有效的监督。所以，监督管理是税收内在的一个重要属性，是税收的三大职能之一。

税收的监督管理职能贯穿于税收活动的全过程。从税收制度的制定到税收收入的入库都必须体现税收监督管理的职责和功能。税收监督管理职能涉及的范围也十分广泛，就生产过程而言，涉及生产、交换、分配、消费各环节；就企业内部而言，涉及全部生产、供销、成本、利润、各项资金的分配和使用，以及工资、奖金发放等全部经营活动。因此，必须充分认识税收的监督管理职能，在更广阔的领域中发挥税收监督管理的作用，以保证国民经济按照预定的目标顺利运行。

税收的这三个职能不是孤立的，而是一个相互制约、相辅相成的统一整体。调节和监督寓于组织收入中，没有组织收入，也就没有对经济的调节和监督。同时，调节和监督又能更好地保证组织收入，没有调节和监督就难以保护并扩大税源，更谈不上组织收入。就调节和监督的关系来说，调节要以所反映的情况和提供的信息为重要依据，同时，监督又能更好地保证调节的顺利实现，因此这三个职能是缺一不可的。

1.2 税收分类与我国税法体系

1.2.1 我国现行的税法体系

我国现行税法体系由 6 个层次构成，我国现行税法体系中共有 19 种税，现已开征的有 18 种，具体内容见表 1-1。

表 1-1 我国现行税法体系及税种

税 种	外商适用的税种	中央税	地方税	中央地方共享税	备 注
增值税	√	√		√	海关代征的增值税为中央固定收入；其他为共享，中央分享 75%，地方分享 25%。2009 年 1 月 1 日起，全面实行消费型增值税
消费税	√	√			含海关代征的消费税
营业税	√	√	√		铁道部门、各银行总行、各保险公司等集中缴纳的营业税，金融、保险企业缴纳的营业税中，按提高 3%税率征收的部分，为中央固定收入，其他为地方固定收入
关税	√	√			
企业所得税	√	√		√	从 2002 年起铁道运输、邮电、国有商业银行、开发行、农发行、进出口行以及海洋石油天然气企业缴纳的所得税为中央收入；其他由中央与地方共享。从 2008 年 1 月 1 日起，实施新的企业所得税法，适用于中华人民共和国境内除个人独资企业、合伙企业外的其他企业
个人所得税	√			√	从 2002 年开始调整为共享税
资源税	√			√	按不同的资源品种划分，大部分资源税作为地方税，海洋石油企业缴纳的资源税作为中央收入
房产税	√		√		
城市房地产税	√		√		只适用于外商投资企业
车辆购置税	√	√			
契税	√		√		
城镇土地使用税	√		√		
车船税	√		√		
土地增值税	√		√		
印花税	√		√		证券交易印花税，中央与地方分成，97%归中央，3%和其他印花税收入归地方
城市维护建设税	√	√	√		铁道部门、各银行总行、各保险总公司等集中缴纳的城市维护建设税为中央固定收入，其他为地方收入
固定资产投资方向调节税			√		2000 年 1 月 1 日起停征
耕地占用税	√		√		
烟叶税			√		
船舶吨税	√	√			

注：表中“√”表示“是”

1.2.2 税收分类

1. 按征税对象分类

以征税对象的性质为标准，税收可以分为商品和劳务税（流转税）、所得税、资源税、财产税、行为税、特定目的税等。

① 商品和劳务税是以商品的销售额和非商品（劳务）的营业额为征税对象的一类税。目前，我国的流转税主要包括增值税、消费税、营业税、关税。

② 所得税是以企业和个人的所得额为征税对象的一类税，主要包括企业所得税和个人所得税。

③ 资源税是以自然资源的绝对收益和级差收益为征税对象的一类税，主要包括矿产资源税、城镇土地使用税。

④ 财产税是以纳税人所有的或所支配的财产为征税对象的一类税收，主要包括房产税、车船

税、契税。

⑤ 行为税是将经济活动中的某些特定行为作为征税对象征收的一类税，主要包括印花税等。

⑥ 特定目的税包括城市维护建设税、烟叶税、土地增值税、车辆购置税、耕地占用税及暂缓征收的固定资产投资方向调节税。其目的是对某些特定的对象和行为发挥特定的调节作用。

2. 按税负能否转嫁为标准分类

以税收负担能否转嫁为标准，税收可以分为直接税和间接税两类。

直接税是指税收负担由纳税人自己负担、不能转嫁的税种，如所得税、财产税等。间接税是指纳税人可以将缴纳税款的全部或部分转嫁出去的各种税，如流转税。

3. 按计税依据为标准分类

以计税依据为标准，税收可以分为从量税和从价税两类。

从量税是以课税对象的数量、重量、面积、体积等为依据，按固定税额计征的一类税，如资源税等。从价税是以课税对象的价值量为依据，按一定比例计算征收的一类税，如增值税、营业税等。

以税收和价格的关系为标准，从价税可以分为价内税和价外税两种。价内税是指税金是计税价格的组成部分，必须以含税价格作为计税依据的税种，如消费税、营业税等。价外税是指税金不包括在计税价格之内，必须以不含税价格作为计税依据的税种，如增值税。

4. 按税收管理与使用权限为标准分类

根据税收的管理和使用权限，税收可以分为中央税、地方税和中央地方共享税 3 种。

中央税是指由中央政府负责征收管理，收入归中央政府支配的税种。地方税是指由地方政府管理，收入归地方政府支配使用的税种。中央地方共享税是指由中央和地方政府共同管理，并按一定比例分配收入的税种。

5. 以是否有独立的课税对象为标准分类

以是否有独立的课税对象、是否独立征收为标准，税收可以分为正税和附加税两种。

征税也称为主税、本税或独立税，是有自己特定的征税对象、独立课征的税种，多数税种为正税。附加税是指随正税按照一定比例征收的税种，其纳税义务人与独立税相同，但是税率另有规定。附加税以正税的存在和征收为前提，如我国的城市维护建设税就是附加在增值税、消费税和营业税上的。

1.3 税收的构成要素

税制要素是税收制度的构成要素，每个税种都要明确对谁征税、对什么征税、征多少税及征税环节和期限等。税收制度通常包括以下 9 方面的要素。

1. 纳税人

纳税人是指税法规定的直接负有纳税义务的自然人、法人或其他组织。

与纳税人相关的还有负税人，负税人是最终负担税款的单位和个人。纳税人是法律上的纳税主体，负税人是经济上的纳税主体。由于税负转嫁的存在，纳税人在向国家缴纳税款之后，税款可能由纳税人直接负担，也可以通过税负转嫁由他人负担。在税收实体法中，只规定由谁负责缴纳税款，即纳税人；并不规定税款最终由谁负担，即负税人。

为了加强对税收的源泉控制，确保国家财政收入，有的税种会规定扣缴义务人，即依法负有代扣代缴、代收代缴税款义务的单位和个人。

2. 征税对象

征税对象，又称为征税客体，是指税法规定对什么征税。征税对象是各个税种之间相互区别的根本标志，并对税源、税收负担等产生直接影响。征税对象是税收制度的首要要素，其他要素的内容一般是以征税对象为基础确定的。征税对象按其性质的不同，通常划分为流转额、所得额、财产、资源、特定行为五大类。。

与征税对象密切相关的有以下 3 个概念。

① 税目，是税法上规定应征税的具体项目，是征税对象的具体化，反映各种税种具体的征税项目。

② 计税依据，是征税对象的数量化，是应纳税额计算的基础。从价计征的税收，以计税金额为计税依据。从量计征的税收，以征税对象的数量、容积、体积为计税依据。

③ 税源，即税收的源泉。征税对象只是表明对什么征税，税源则表明税收收入的来源。

3. 税率

税率是税收制度的核心要素，是应纳税额与课税对象之间的数量关系或比例，是计算税额的尺度。税收的固定性特征主要是通过税率来体现的。在征税对象确定的前提下，税率形式的选择和高低的设计，决定着国家税收收入的规模和纳税人的负担水平。

税率主要有比例税率、累进税率、定额税率 3 种基本形式。其中，比例税率和累进税率适用于从价计征，表现为应纳税额与计税基数之间的比率；定额税率适用于从量计征，体现了应纳税额与计税基数之间的数量关系。

4. 纳税环节

纳税环节是指商品在从生产到最终消费的整个流转过程中按照税法规定应当缴纳税款的阶段，根据环节的多少，可分为一次课征制、两次课征制和多次课征制。

5. 纳税期限

纳税期限是指纳税人按照税法规定缴纳税款的期限。纳税期限是负有纳税义务的纳税人向国家缴纳税款的最后时间限制。它是税收强制性、固定性在时间上的体现。任何纳税人都必须如期纳税，否则就是违反税法，会受到法律制裁。

确定纳税期限，包含三方面的含义：一是纳税义务发生的时间，即应税行为发生的时间；二是确定结算应纳税款的期限，即多长时间纳一次税，一般有 1 天、3 天、5 天、10 天、15 天、一个月等几种；三是确定缴纳税款的期限，即纳税期满后税款多长时间必须入库。

纳税期限应根据课税对象和国民经济各部门生产经营的不同特点来决定，通常由主管税务机关根据纳税人应纳税额的大小分别核定，不能按照固定期限纳税的，可以按次纳税。如流转课税，当纳税人取得货款后就应将税款缴入国库，但为了简化手续，便于纳税人经营管理和缴纳税款（降低税收征收成本和纳税成本），可以根据情况将纳税期限确定为 1 天、3 天、5 天、10 天、15 天或 1 个月。

6. 纳税地点

纳税地点是指纳税人依据税法规定向征税机关申报纳税的具体地点。一般为纳税人机构所在地、经济活动发生地、财产所在地或特定行为发生地。

7. 减免税

减税是对应纳税额少征一部分税款，而免税是对应纳税额全部免征税款。减免税的最大优点就在于把税法的普遍性与特殊性、统一性与灵活性结合了起来，可以对不同类型的纳税人和征税对象实行不同层次的减免，有利于全面、因地制宜地贯彻国家社会经济政策。

减免税可以分为税基式减免、税率式减免和税额式减免三种形式：

税基式减免是通过直接缩小计税依据的方式来实现减税免税，具体包括起征点、免征额、项目扣除以及跨期结转。税率式减免具体包括重新确定税率、选用其他税率、零税率。税额式减免具体包括全部免征、减半征收、核定减免率以及另定减征额等。

8. 附加与加成

附加，也称为地方附加，是地方政府按照国家规定的比例随同正税一起征收的列入地方预算外收入的一种款项，如教育费附加。

加成，是指根据税制规定的税率征税以后，再以应纳税额为依据加征一定成数的税额，如劳务报酬所得的加成。

9. 法律责任

税法规定的法律责任形式主要有三种：一是经济责任，包括补缴税款、加收滞纳金等；二是行政责任，包括吊销税务登记证、罚款、税收保全及强制执行等；三是刑事责任，对违反税法情节严重构成犯罪的行为，要依法承担刑事责任。

1.4 纳税人的权利义务

作为纳税主体，纳税人应该熟悉自己有哪些权利，充分享受法律、法规赋予自己的权利，同时必须依法履行纳税义务。

1.4.1 纳税人的权利

根据《税收征管法》规定，纳税人享有下列权利。

（1）知悉权

《税收征管法》第八条规定：纳税人、扣缴义务人有权向税务机关了解国家税收法律、行政法规的规定以及与纳税程序有关的情况。

（2）要求保密权

《税收征管法》第八条第二款规定；纳税人、扣缴义务人有权要求税务机关为纳税人、扣缴义务人的情况保密。税务机关应当依法为纳税人、扣缴义务人的情况保密。

（3）申请减税权

根据《税收征管法》第八条、第三十三条规定，纳税人可以依照法律、行政法规的规定书面申请减税。

（4）申请免税权

根据《税收征管法》第八条、第三十三条规定，纳税人可以依照法律、行政法规的规定书面申请免税。

（5）申请退税权

根据《税收征管法》第八条、第五十一条规定，纳税人超过应纳税额缴纳的税款，税务机关发现后应当立即退还；纳税人自结算缴纳税款之日起 3 年内发现的，可以向税务机关要求退还多缴的税款并加算银行同期存款利息，税务机关及时查实后应当立即退还。

（6）陈述、申辩权

《税收征管法》第八条第四款规定：纳税人、扣缴义务人对税务机关所作出的决定，享有陈述权、申辩权。

（7）复议和诉讼权

根据《税收征管法》第八条、第八十八条规定，纳税人、扣缴义务人对税务机关所作出的决定，依法享有申请行政复议、提起行政诉讼的权利。

（8）申请延期申报权

《税收征管法》第二十七条第一款规定：纳税人、扣缴义务人不能按期办理纳税申报或者报送代扣代缴、代收代缴税款报告表的，经税务机关核准，可以延期申报。

（9）申请延期缴纳税款权

《税收征管法》第三十一条第二款规定：纳税人因有特殊困难，不能按期缴纳税款的，经省、自治区、直辖市国家税务局、地方税务局批准，可以延期缴纳税款，但最长不得超过 3 个月。

（10）索取完税凭证权

《税收征管法》第三十四条规定：税务机关征收税款时，必须给纳税人开具完税凭证。扣缴义务人代扣、代收税款时，纳税人要求扣缴义务人开具代扣、代收税款凭证时，扣缴义务人应当开具。

（11）索取收据或清单权

《税收征管法》第四十七条规定：税务机关扣押商品、货物或其他财产时，必须开付收据；查封商品、货物或者其他财产时，必须开付清单。

（12）拒绝检查权

《税收征管法》第五十九条规定：税务机关派出的人员进行税务检查时，应当出示税务检查证和税务检查通知书，并有责任为被检查人保守秘密；未出示税务检查证和税务检查通知书的，被检查人有权拒绝检查。

1.4.2 纳税人的义务

根据《税收征管法》规定，纳税人应当履行以下义务：

（1）依法办理税务登记的义务

根据《税收征管法》第十五条、第十六条有关规定，纳税人在发生纳税事宜时，有义务在规定期限内申报办理税务登记；在税务登记内容发生变化时，有义务按规定办理变更或注销税务登记。

（2）依法设置账簿、进行核算并保管账簿和有关资料的义务

根据《税收征管法》第十九条、第二十四条规定，纳税人、扣缴义务人应当按照有关法律、行政法规和国务院财政、税务主管部门的规定设置账簿，根据合法、有效凭证记账、进行核算；应当保管账簿、记账凭证、完税凭证及其有关资料；账簿、记账凭证、完税凭证及其他有关资料不得伪造、变造或者擅自损毁。

（3）按规定开具、使用、取得发票的义务

《税收征管法》第二十一条第二款规定：单位、个人在购销商品、提供或者接受经营服务以及

从事其他经营活动的，应当按照规定开具、使用、取得发票。

（4）办理纳税申报和报送纳税资料的义务

根据《税收征管法》第二十五条规定，纳税人有义务在税法规定的申报期限内如实办理纳税申报，报送纳税申报表、财务会计报表以及税务机关根据实际需要要求纳税人报送的其他纳税资料。扣缴义务人也有在规定的申报期限内如实报送代扣代缴、代收代缴税款报告表以及其他需要报送资料的义务。

（5）按时缴纳或解缴税款的义务

根据《税收征管法》第四条、第三十一条规定，纳税人、扣缴义务人应按照法律、行政法规规定或者税务机关依照法律、行政法规的规定确定的期限，缴纳或者解缴税款。

（6）向税务机关提供税务信息的义务

根据《税收征管法》第六条、第十七条、第四十八条、第四十九条规定，纳税人、扣缴义务人和其他有关单位应当按照国家有关规定如实向税务机关提供与纳税人和代扣代缴、代收代缴税款有关信息，从事生产经营的纳税人应当将全部银行账号向税务机关报告，有合并、分立情形应当向税务机关报告，欠缴税款数额较大的纳税人在处分其不动产或者大额资产之前应当向税务机关报告。

（7）接受税务检查的义务

《税收征管法》第五十六条规定：纳税人、扣缴义务人必须接受税务机关依法进行的税务检查，如实反映情况，提供有关资料，不得拒绝、隐瞒。

1.4.3 纳税人承担法律责任的主要内容

纳税人的法律责任，是指纳税主体因违反税法所应当承担的法律后果。税法规定的法律形式主要有三种：一是经济责任，包括补缴税款、加收滞纳金；二是行政责任，包括吊销税务登记证、罚款、税收保全及强制执行等；三是刑事责任，对违反税法情节严重构成犯罪的行为，要依法承担刑事责任。

① 纳税人有下列行为之一的，由税务机关责令限期改正，可以处2000元以下的罚款；情节严重的，处2000元以上10000元以下的罚款：

⊙ 未按照规定的期限申报办理税务登记、变更或者注销登记的。

⊙ 未按照规定设置、保管账簿或者保管记账凭证和有关资料的。

⊙ 未按照规定将财务、会计制度或者财务、会计处理办法和会计核算软件报送税务机关备查的。

⊙ 未按照规定将其全部银行账号向税务机关报告的。

⊙ 未按照规定安装、使用税控装置，或者损毁或者擅自改动税控装置的。

② 纳税人不办理税务登记的，由税务机关责令限期改正；逾期不改正的，经税务机关提请，由工商行政管理机关吊销其营业执照。

③ 纳税人未按照规定使用税务登记证件，或者转借、涂改、损毁、买卖、伪造税务登记证件的，处2000元以上1万元以下的罚款；情节严重的，处1万元以上5万元以下的罚款。

纳税人未按照规定办理税务登记证件验证或者换证手续的，由税务机关责令限期改正，可以处2000元以下的罚款；情节严重的，处2000元以上1万元以下的罚款。

④ 未按照规定期限办理纳税申报和报送纳税资料的，由税务机关责令限期改正，可以处2000元以下的罚款；情节严重的，可以处2000元以上1万元以下的罚款。

⑤ 偷税的法律责任。纳税人伪造、变造、隐匿、擅自销毁账簿、记账凭证，或者在账簿上多

列支出或者不列、少列收入的，或者经税务机关通知申报而拒不申报或者进行虚假的纳税申报的，不缴或者少缴应纳税款的，属偷税行为。对纳税人偷税的，由税务机关追缴其不缴或者少缴的税款、滞纳金，并处不缴或者少缴的税款50%以上5倍以下的罚款；构成犯罪的，依法追究刑事责任。

扣缴义务人采取前款所列手段，不缴或者少缴已扣、已收税款，由税务机关追缴其不缴或者少缴的税款、滞纳金，并处不缴或者少缴的税款50%以上5倍以下的罚款；构成犯罪的，依法追究刑事责任。

小资料：我国古代对偷税的处罚

中国历代王朝都十分注重税收征管，先后出台了各具特色的税收法规，对偷税行为严惩不贷。

汉武帝时期，向商贾、放高利贷者开征“缗钱税”（财产税）和“贳贷税”（利息税），要求纳税者如实呈报钱财，经官府验收后，按6%的税率征税。然而很多人心存侥幸，企图隐瞒钱财偷税。汉武帝法令如山，奖励举报，凡查实偷税者，除没收其全部钱财外，还要罚戍边一年。《汉书·食货志》记载：当时中家以上大抵“皆遇告破产”，从而狠狠地打击了不法商人的偷税行为。

唐朝后期，新开征的茶税成为财政收入的重要支柱。为防止贩私偷税，政府制定了严厉的处罚规定：“私鬻（卖）三犯皆三百斤，乃论死；长行群旅，茶虽少皆死；园户（茶农）私鬻百斤以上，杖背；三犯，加重徭”（《新唐书·食货志》）。当时偷逃小税种的税收，处罚也很重。凡隐瞒房产不报者，隐瞒一间，杖60；偷逃市场交易税100文，杖60，罚2000文。

宋朝打击偷税更严酷，凡贩卖私盐偷逃税的，贩一两以上“决杖十五”；敢于暴力抗税，“持杖盗贩私盐，三人以上，持杖及头首并处死”。贩卖私茶“一斤即杖100，贩至20斤以上弃市（处死后示众）”。贩私酒“五斗处死”（《宋会要辑稿》六）。

元朝打击偷税的重点仍是放在盐、茶、酒等重要税收上，私贩上述货物与偷税者同罪，均“杖七十，徒二年，财产一半没官”。就连邻居不告发偷税，也要杖100元代商税，税率为1/30，税负较轻，但“诸匿（偷）税者，物货一半没官，于没官物内一半付告人充赏，但（只要）犯笞（鞭打）五十”（《元史·刑法三》），处罚很重。

明清时期，惩治偷逃盐、茶等重要税收的刑罚有所减轻，但经济处罚的严厉程度不减当年。即使偷逃小税，处罚也毫不含糊。明朝对贩卖蔬菜、水果等新开征的“市肆门摊税”（营业税），一旦偷税则要罚钞千贯。清朝咸丰三年（1853年）开征的“厘金”虽然只对货物征收1%的税收，但只要偷税，就要处以偷税额3～5倍的罚款。

（资料来源：财软联盟，www.fs119.net）

⑥ 编造虚假计税依据的法律责任。纳税人、扣缴义务人编造虚假计税依据的，由税务机关责令限期改正，并处5万元以下的罚款。纳税人不进行纳税申报，不缴或者少缴应纳税款的，由税务机关追缴其不缴或者少缴的税款、滞纳金，并处不缴或者少缴的税款50%以上5倍以下的罚款。

⑦ 妨碍追缴欠缴税款的法律责任。纳税人欠缴应纳税款，采取转移或者隐匿财产的手段，妨碍税务机关追缴欠缴的税款的，由税务机关追缴欠缴的税款、滞纳金，并处欠缴税款50%以上5倍以下的罚款；构成犯罪的，依法追究刑事责任。

⑧ 骗取出口退税的法律责任。以假报出口或者其他欺骗手段，骗取国家出口退税款的，由税务机关追缴其骗取的退税款，并处骗取税款1倍以上5倍以下的罚款；构成犯罪的，依法追究刑事责任。对骗取国家出口退税款的，税务机关可以在规定期间内停止为其办理出口退税。

⑨ 抗税的法律责任。抗税是指以暴力、威胁方法拒不缴纳税款的行为。对纳税人抗税的，除由税务机关追缴其拒缴的税款、滞纳金外，依法追究刑事责任。情节轻微，未构成犯罪的，由税务机关追缴其拒缴的税款、滞纳金，并处拒缴税款 1 倍以上 5 倍以下的罚款。

⑩ 不缴或少缴应纳、应解税款的法律责任。纳税人、扣缴义务人在规定期限内不缴或者少缴应纳或者应解缴的税款，经税务机关责令限期缴纳，逾期仍未缴纳的，税务机关除依照本法第四十条的规定采取强制执行措施追缴其不缴或者少缴的税款外，可以处不缴或者少缴的税款 50%以上 5 倍以下的罚款。

⑪ 违反发票管理的法律责任。纳税人非法印制发票的，或未按规定领购、开具、取得、保管发票的，由国家税务机关责令限期改正，没收非法所得，并处 1 万元以下的罚款。有所列两种或者两种以上行为的，可以分别处罚。

违反发票管理法规，导致纳税人、扣缴义务人以及其他单位或个人未缴、少缴或者骗取税款的，由国家税务机关没收非法所得，并处未缴、少缴或者骗取税款 1 倍以下的罚款外，还对纳税人、扣缴义务人以及其他单位或者个人进行依法查处。构成犯罪的，依法追究刑事责任。

⑫ 从事生产、经营的纳税人有《税收征管法》规定的税收违法行为，拒不接受税务机关处理的，税务机关可以收缴其发票或者停止向其发售发票。

1.5 企业纳税的一般程序

纳税程序是指纳税人履行纳税义务的全过程中所必须遵循的法定步骤、规程及其先后顺序。我国企业纳税的基本程序主要包括税务登记、纳税申报、税款征收、税务检查等基本环节。

1.5.1 税务登记

税务登记是指税务机关根据税法规定，对纳税人的生产经营活动进行登记管理的一项基本制度。它是税务机关对纳税人实施税收管理的首要环节和基础工作，是征纳双方法律关系成立的依据和证明，也是纳税人必须依法履行的义务。

税务登记包括开业登记，变更登记，注销登记和停业、复业登记。

（1）开业登记

从事生产、经营的纳税人，应当自领取营业执照之日起 30 日内持有关证件，向税务机关申报办理税务登记，税务机关自收到申报之日起 30 日内审核并发给税务登记证件；其他纳税人（除国家机关和个人外），应当自纳税义务发生之日起 30 日内，持有关证件向所在地的主管税务机关申报办理扣缴税款登记；扣缴义务人应当自扣缴义务发生之日起 30 日内，向所在地的主管税务机关申报办理扣缴税款登记。

纳税人、扣缴义务人在办理开业税务登记时，应向税务机关提供有关房产、土地、车船等方面的信息，填报《初始申报及纳税审核表》的初始申报部分，税务机关据此对纳税人应纳的税种、税目、税率等项目进行纳税核定。

（2）变更登记

纳税人税务登记内容发生变化的，应当自工商行政管理机关或者其他机关办理变更登记之日起 30 日内，持有关证件到原税务登记机关申请办理变更税务登记；不需要到工商行政管理机关或者其他机关办理变更登记的，应当自发生变化之日起 30 日内，持有关证件向原税务机关申请办理变更税务登记。

（3）注销登记

纳税人发生解散、破产、撤销以及其他情形，依法终止纳税义务的，应当在向工商行政管理机关或者其他机关办理注销登记前，持有关证件向原税务登记机关申报办理注销税务登记；按照规定不需要在工商行政管理机关或者其他机关办理注册登记的，应当自有关机关批准或者宣告终止之日起15日内，持有关证件向原税务登记机关申报办理注销税务登记。

纳税人因住所、经营地点变动，涉及改变税务登记机关的，应当在向工商行政管理机关或者其他机关申请办理变更或者注销登记前或者住所、经营地点变动前，向原税务登记机关申报办理注销税务登记，并在30日内向迁达地税务机关申报办理税务登记。

纳税人被工商行政管理机关吊销营业执照或者被其他机关予以撤销登记的，应当自营业执照被吊销或者被撤销登记之日起15日内，向原税务登记机关申报办理注销税务登记。

（4）停业、复业登记

实行定期定额征收方式的纳税人在营业执照核准的经营期限内需要停业的，应当向税务机关提出停业登记，说明停业的理由、时间、停业前的纳税情况和发票的领、用、存情况，并如实填写申请停业登记表。税务机关经过审核，纳税人结清税款并交回其税务登记证件、发票领购簿和发票后，核准纳税人停业。

纳税人应当于恢复生产、经营之前，向税务机关提出复业登记申请，经确认后，办理复业登记，领回或启用税务登记证件和发票领购簿及其领购的发票，纳入正常管理。

纳税人停业期满不能及时恢复生产、经营的，应当在停业期满前向税务机关提出延长停业登记。

1.5.2　纳税申报

纳税申报是指纳税人、扣缴义务人为了履行纳税义务，按照规定的期限和内容，就纳税事项向税务机关出具书面报告的一种法定手续。

（1）纳税申报的方式

纳税申报的方式主要有：直接申报、邮寄申报、电传申报和代理申报。纳税人采取电子方式办理报税的，应当按照税务机关规定的期限和要求保存有关资料，并定期书面报送主管税务机关。

除上述方式外，实行定期定额缴纳税款的纳税人，可以实行简易申报、简并征期等申报方式。

（2）纳税申报的内容

纳税人在申报期限内，无论有无应税收入和所得等都必须持纳税申报表、财务会计报表及其他纳税资料，到税务机关直接办理纳税申报。

（3）申报期限

税法对各税种的申报期限都有明确的规定，纳税人、扣缴义务人都必须按法定的期限办理纳税申报。因不可抗力或会计处理上的特殊情况，不能按期办理纳税申报的，应在其申报期限内向当地主管税务机关提出书面申请报告，税务机关可以批准纳税人、扣缴义务人在一定期限（最长不超过3个月）内延期办理纳税申报。

1.5.3　税款征收

税款征收，是国家税务机关等主体依照税收法律、法规规定将纳税人应当缴纳的税款征收入库的一系列活动的总称。根据《征管法》及其实施细则的规定，税款征收方式主要有以下几种。

（1）查账征收

查账征收是指税务机关按照纳税人提供的账表所反映的经营情况，依照适用税率计算缴纳税款的方式。这种方式适用于财务会计制度较为健全、能够认真履行纳税义务的纳税单位。

（2）查定征收

查定征收是由税务机关根据纳税人的从业人员、生产设备、耗用原材料等因素，在正常生产经营条件下，对纳税人生产的应税产品查实核定产量、销售额并据以计算征收税款的一种方式。目前，查定征收仅适用于会计核算不健全的小型工矿企业和个体工业户，查实的内容主要是应税产品产量、销售数量和销售价格，按季或按年核定其应纳税额，分月缴纳。

（3）查验征收

查验征收是指税务机关对纳税人应税商品，通过查验数量，按市场一般销售单价计算其销售收入并据以征税的方式。这种方式一般用于经营品种比较单一、经营地点、时间和商品来源不固定的纳税单位，如城乡集贸市场中的临时经营者和火车站、机场、码头、公路交通要道等地方的经营者。

（4）定期定额征收

定期定额征收是指税务机关通过典型调查，逐户确定营业额和所得额并据以征税的方式。这种方式一般适用于无完整考核依据的小型纳税单位（主要是个体工商户）。

1.5.4 税务检查

税务检查制度是税务机关根据国家税法和财务会计制度的规定，对纳税人履行纳税义务的情况进行的监督、审查制度。税务检查是税收征收管理的重要内容，也是税务监督的重要组成部分。搞好税务检查，对于加强依法治税，保证国家财政收入，有着十分重要的意义。

（1）税务检查的内容

税务检查的内容主要包括以下几方面：检查纳税人执行国家税收政策和税收法规的情况；检查纳税人遵守财经纪律和财会制度的情况；检查纳税人的生产经营管理和经济核算情况；检查纳税人遵守和执行税收征收管理制度的情况，查其有无不按纳税程序办事和违反征管制度的问题。

（2）税务检查的方法

税务机关进行税务检查，一般采用以下 3 种方法。

① 税务查账：对纳税人的会计凭证、账簿、会计报表以及银行存款账户等核算资料所反映的纳税情况所进行的检查，这是税务检查中最常用的方法。

② 实地调查：对纳税人账外情况进行的现场调查。

③ 税务稽查：对纳税人的应税货物进行的检查。

本章小结

税收是国家为了实现其职能，凭借政治权力按照法律规定，强制地、无偿地参与社会剩余产品分配，以取得财政收入的一种规范形式。税收的职能主要包括筹集国家财政收入、宏观调控经济、监督管理三种。税法体系是由不同税种构成的，通常每个税种都包括纳税人、课税对象、税率、征税环节、纳税期限、纳税地点以及减税免税等基本要素。纳税程序是指纳税人履行纳税义务的全过程中所必须遵循的法定步骤、规程及其先后顺序。企业纳税的基本程序主要包括税务登记、纳税申报、税款缴纳、税务检查等环节。纳税人作为税收管理的相对人，在承担依法及时缴税等义务的同时，还享有知情权等多项权利。

思考题

1. 什么是税收？税收有哪些特征？

2. 我国现行的税制体系包括哪些税种？

3. 纳税人有哪些权利和义务？纳税人对各种违法行为应负什么样的法律责任？

4. 当你想了解一个税种时，你需要把握的主要内容是什么？

5. 企业纳税应当遵循哪些程序？

6. 你认为税收在我国经济发展和居民的日常生活中发挥着什么作用？近年我国税收收入连续增长，说明了什么？你认为我国税收征管中还存在什么问题？

习题 1

一、单项选择题

1. 区分不同税种的主要标志是（　）。

A. 纳税义务人　　B. 征税对象

C. 适用税率　　D. 纳税环节

2. 对于那些经营品种比较单一、经营地点、时间及商品来源不固定的纳税单位，如城乡集贸市场中的临时经营者等，税务机关可以对其采用（　）的方式征税。

A. 查账征收　　B. 查定征收

C. 查验征收　　D. 定期定额征收

3. 下列税法中，属于对流转额课税的有（　）。

A. 企业所得税　　B. 关税

C. 资源税　　D. 房产税

4. 对纳税人填报的税务登记表、提供的证件和资料，税务机关应自收到之日起（　）内审核完毕；符合规定的，予以登记并发给税务登记证件。

A. 7 日　　B. 10 日

C. 15 日　　D. 30 日

5. 与产品销售价格无关，只与销售数量有关的税率是（　）。

A. 比例税率　　B. 累进税率

C. 定额税率　　D. 超额累进税率

6. 纳税人未按照规定期限办理纳税申报和报送纳税资料的，情节较轻的，由税务机关责令限期改正，可以处（　）的罚款。

A. 2000 元以下　　B. 2000 元以上 5000 元以下

C. 2000 元以上 1 万元以下　　D. 5000 元以上 1 万元以下

7. 构成税收实体法的基础要素是（　）。

A. 税源　　B. 税目

C. 计税依据　　D. 征税对象

8. 纳税人采取转移或隐匿财产的手段，使税务机关无法追缴其所欠缴的税款。这种行为在法律上称为（　）。

A. 逃避追缴欠税行为　　B. 骗税行为

C. 抗税行为　　D. 拖欠税款行为

9. 企业有特殊情况，可以经（　　）税务机关批准，申请延期缴纳税款。

A. 县市级　　B. 地市级

C. 省、自治区、直辖市　　D. 国家

10. 征税的目的是为了满足（　　）的需要。

A. 改革开放　　B. 经济建设

C. 国家机关　　D. 公共产品

二、多项选择题

1. 税收的特征主要表现在（　　）。

A. 强制性　　B. 及时性

C. 固定性　　D. 无偿性

2. 纳税义务人的权利主要有（　　）。

A. 多缴税款申请退还权　　B. 延期纳税权

C. 拒绝接受税务检查权　　D. 可申请复议和提起诉讼权等

3. 我国现行的税率主要有（　　）。

A. 比例税率　　B. 累进税率

C. 复合税率　　D. 定额税率

4. 下列各项中，属于纳税人应承担的义务有（　　）。

A. 申请延期纳税　　B. 申请减免税

C. 办理纳税申报　　D. 接受税务检查

5. 我国现行税法中的纳税期限，主要形式为（　　）。

A. 按月纳税　　B. 按次纳税

C. 按期纳税　　D. 按年计征、分期预缴

6. 纳税申报的方式主要有（　　）。

A. 直接（上门）申报　　B. 邮寄申报

C. 电子申报　　D. 代理申报

7. 下列属于税额式优惠的有（　　）。

A. 减税　　B. 免税

C. 零税率　　D. 免征额

8. 我国的减税免税可以分为（　　）三种形式。

A. 税基式减免　　B. 零税率

C. 税率式减免　　D. 税额式减免

9. 法律责任是税收法律关系的主体因违反税法所应当承担的法律后果。税法规定的法律责任的形式主要有（　　）三种。

A. 经济责任　　B. 赔偿责任

C. 行政责任　　D. 刑事责任

10. 根据税收征收管理法律制度的规定，纳税人发生（　　）行为，由税务机关责令限期改正，可以处 2000 元以下的罚款；情节严重的，处 2000 元以上 1 万元以下的罚款。

A. 转借、涂改、损毁、买卖、伪造税务登记证件的

B. 未按照规定的期限申报办理税务登记、变更或者注销登记的

C. 未按照规定设置、保管账簿或者保管记账凭证和有关资料的

D. 未按照规定期限办理纳税申报和报送纳税资料的

三、判断题

1. 流转税在生产和流通环节纳税，所得税在分配环节纳税。（ ）

2. 纳税人的具体纳税期限，由主管税务机关根据纳税人应纳税额的大小分别核定，不能按照固定期限纳税的，可以按次纳税。（ ）

3. 消费税为中央税，增值税为中央、地方共享税。（ ）

4. 由于纳税人享有延期纳税权，因而纳税人可以自行决定是否延期纳税。（ ）

5. 我国的增值税、营业税、资源税、企业所得税采用的是比例税率。（ ）

6. 纳税人是经济学中的概念，即税收的实际负担者，而负税人是法律用语，即依法缴纳税收的人。（ ）

7. 纳税人在免税期间不需要纳税，因而不需要进行税额计算和纳税申报。（ ）

8. 通过直接减少应纳税额的方式实现的减免税形式称为税基式减免。（ ）

9. 纳税人认为税务机关行政行为不当，使纳税人的合法利益遭受损失的，纳税人有权要求税务机关赔偿。（ ）

10. 税收分配的对象为剩余产品，也是税收分配的根本源泉，这是就税收收入的最终来源而言的。（ ）

四、案例分析

1. 某基层税务所20××年8月15日在实施税务检查中发现，辖区内某企业（系私营企业）自20××年5月10日办理工商营业执照以来，一直没有办理税务登记证，也没有申报纳税。根据检查情况，该企业应纳未纳税款1500元，税务所于20××年8月18日做出如下处理决定：（1）责令该企业20××年8月20日前申报办理税务登记并处以500元罚款；（2）补缴税款、加收滞纳金，并处补缴税款1倍即1500元的罚款。

要求：请分析该税务所的处理决定是否正确？为什么？

2. 20××年7月12日，某厂王会计在翻阅5月份账簿时，发现多缴税款15000元，于是该厂向税务机关提出给予退还税款并加算银行同期存款利息的请求。

要求：请分析税务机关是否应当给予退还，如果可以退还税款，应如何计算利息？为什么？退还税款有几种方式？

3. 20××年7月16日，某区国税局稽查人员在对某加油站进行日常纳税检查时发现，该加油站于20××年6月8日，根据城市规划的统一安排，由原经营地新华大街33号，搬迁到马路对面新华大街38号经营。由于加油站的经营地址中只是门牌号稍有不同，该加油站的财务人员就将税务登记证件中的地址33号直接改为38号。稽查人员还发现，该加油站在搬迁中不慎致使加油机的税控装置部分损坏，还有部分账簿的账页毁损丢失。20××年6月份，加油站装修、搬迁，停止营业，无销售收入，故未向税务机关申报纳税。上述情况，该加油站均未报告税务机关。

请分析：根据税收征管法，税务局应对该加油站的上述行为 做如何处理？

☞知识拓展阅读

2013：六大税制改革“一个都不应少”

2013年是“十二五”规划实施的第三年。前不久闭幕的中央经济工作会议已对新一年我国经济社会发展和改革的各项目标任务做了明确部署。我国财税战线只有抓住难得机遇，拿出新举措、迈出新步伐，取得新突破，才能将财税工作科学化、规范化、民主化、法治化提高到一个新水平，在助推经济结构转型、市场经济发展中作出新贡献。

作为财税改革的重要一环，税制改革一直备受社会关注，热点、难点、焦点问题众多，改革任务十分艰巨。在新的一年里，以下这六大税制改革“一个都不应少”，期望我国税制改革能披荆斩棘、攻坚克难，收获新喜悦，展现新亮点。

巩固结构性减税成果，适时向税制全面改革转型

自 2008 年下半年美国发生次贷危机以来，我国陆续推出了一系列针对性很强的结构性减税措施，总体上降低了企业和居民的税收负担，对稳定经济、拉动内需、改善民生、调整经济结构、转变经济发展方式起到了很好的支撑作用。

从结构性减税的实施范围来看，涉及增值税、消费税、营业税、关税、企业所得税、个人所得税、车辆购置税、车船税和土地增值税等多个主要税种。

从结构性减税采取的方法来看，涉及扩大进项税抵扣、调高起征点、降低或提高征收率、调整税目税率表、降低负担率、提高免征额等方面。

从结构性减税的政策性质来看，既有减税、免税，又有增税，总体以减税为主；既有普适性的，又有局部性的；既有长远改革性的，又有临时缓冲性的；既有得到认真落实的，又有执行不到位的。

可见，我国的结构性减税不是一个简单的税收优惠问题，它与税制改革、税制结构优化和税收负担合理化紧密关联。结构性减税是在金融危机背景下提出的一种应时性税收对策，不是一种税制改革战略，过多运用会对税法的公平性、权威性、稳定性、导向性和征管效率带来不利影响。在目前金融危机出现缓和、我国经济企稳回升、民间投资和内需拉动动力不断增强、通货膨胀得到有效控制、宏观调控的积极效果初步显现的背景下，适时完成结构性减税政策的转型势在必然。

2013 年的税收工作应在巩固完善结构性减税成果的前提下，把税制的全面改革、结构优化和税收负担整体合理化重新提上议事日程。

加快制定其他行业“营改增”时间表

增值税是我国的第一大税种，改革任务十分艰巨。

目前，国务院已经将试点范围扩大到上海、北京等十个省市，试点效果也已初步显现。但行业性转型与区域性试点的矛盾也开始突现出来。因此，2013 年应在扩大和深化交通运输业和部分现代服务业转型试点的基础上，加快制定其他行业“营转增”的时间表，把这个关系流转税结构优化的税制改革顺利推向前进，为 2014 年的全面推广奠定坚实基础。

加快房产税改革的试点步伐

房地产业是国民经济的重要支柱产业，但近年来我国房地产业投机投资盛行、结构扭曲、房价飞涨的矛盾日益突出，社会舆论压力很大，利益博弈也异常激烈，因此宏观调控丝毫不能放松，但由行政管制为主向经济杠杆调节为主转变也是势在必行。

目前，上海、重庆等地的试点虽已初见成效，但力度明显不够，需要完善试点方案，扩大试点范围，向存量房和评估价方向稳步推进。要使房产税改革取得成功，必须完善相关的房地产立法，必须加快制定调减或合并交易环节税种、增加持有环节税负的时间表和改革方案，必须加快房地产价值评估体系和房地产信息联网查询系统的建设。只有做好这些基础工作，才能为 2014 年全面推进房地产税制改革创造有利条件。房地产税是世界各国地方政府的主体税种和稳定税源，要解决地方财政困难，治理土地财政和税外乱收费、乱摊派的顽疾，理所当然应把以房地产税为代表的财产税改革和地方税体系建设作为重中之重。

目前，我国财产性收入在居民收入中的比重持续上升、由财产占有不均导致的两极分化日益严重，除了推进房地产税制的改革，还应积极探讨开征遗产赠与税的可行性。如果能够借鉴国外经验，将 2005 年搁浅的遗产赠与税改革动议重新启动起来，其抑制房地产过热、调节贫富不均的功效绝不亚于房产税和“双限”政策。

目前是推动资源税改革的有利时机

我国从 2010 年起就已启动了石油、天然气的资源税改革试点，现在石油、天然气资源税从价定率征收已顺利推向全国，有力地支持了中西部资源富集地区的经济发展和民生改善。

目前，我国经济复苏势头明显，通胀压力有所缓和，正是推进煤炭等稀缺能源和矿产资源税费改革的有利时机，不可轻易错过。但在改革方案的设计上，既要以清费立税、提高税负、从价定率征收为突破口，又要着眼于从矿产资源的有效开采、节约利用、绿色转化等产业链优化角度通盘考虑。

环境保护税改革应尽快起步

节约资源、保护环境、转变经济发展方式、提高经济发展的质量和效益，是我国经济社会发展必须长期坚持的指导思想，也是国际普遍共识。我国是世界上最大的发展中国家，在经济社会快速发展的过程中，粗放式生产和消费问题也相当突出。我国已是世界第二大经济体，并向第一大经济体快速迈进，环境保护问题不仅是建设美丽中国、提高民众生产生活质量的普遍要求，也是我们对人类前途命运和世界承担的一份重要责任。

要把环境保护的艰巨任务完成好，仅靠市场经济的自觉、自发是不可靠的，必须运用环境保护税这一世界通用税种来助力。

房地产税、资源税、营业税、消费税、车船税等都可以在鼓励环保方面发挥特殊作用，但也有它们的局限性，只有开征专门的环境保护税，将有害物质的外部成本内在化，促进环保产业可持续发展，才能助推经济发展方式和生活方式的转变。

长期以来，由环保部门主导的环保工作，主要是以收费罚款、环评准入等方式限制环境污染行为，但很不得力、也很不规范，开征统一规范的环境保护税、辅之以行政管制、技术检测、排污权交易、绿色能源的开发优惠等措施，就可以很好地消除粗放式经营带来的不良后果，助推经济发展方式的彻底转变，助推环保产业的繁荣和市场培育。

环境保护税试点已经列入“十二五”规划，但受经济不景气影响，至今尚未出台具体实施方案。2013 年应加快起步，将废水、废气、固体垃圾排放作为改革重点，实行费改税，待积累一些经验后，再向全国推广，并逐步扩大征收范围。环境保护税开征之日，也应成为我国以环保税为代表的绿色税制体系建立之时。

个税改革需加快建立居民财产收入征信体系

我国个税虽然收入不多，纳税面较窄，征管难度大，但它并不是一个可有可无的税种，而是潜力有待充分挖掘的税种。在许多西方发达国家，个税、社保税和增值税都是税制体系的主体税种，三税之和约占税收总额的 80%以上，其中个税在调节贫富不均方面担负着十分重要的责任。而在结构性减税过程中，我国个税的地位却被弱化，这与税制改革的长远战略目标是相违背的。因此，在结构性减税转型过程中，我们一定要循序渐进地把个税扶持起来，以吸纳因降低流转税比重而产生的部分税收空间。

要加快个税由分类所得税制向分类综合所得税制或综合所得税制转化的步伐，根本点还在加快建立居民财产收入征信体系，为税务机关快速简便地掌握居民财产收入信息提供技术支持。只有这个难点克服了，家庭申报、综合征收、合理扣除、量能负担的个税改革目标才能落在实处。不仅如此，包括个税、房产税、遗产赠与税等在内的许多税种都需要得到征信系统的支持，所以这是下一步税收工作的前途和希望所在，应当不断有新的突破。

（资料来源：财会信报，2013-1-08，作者：编辑部）

第 2 章

税务会计概述

【学习目标】 通过本章学习，了解和掌握税务会计的概念，税务会计与财务会计的联系和区别，税务会计的模式，税务会计的目标，税务会计的核算对象、核算前提及核算原则。

【重点难点】 本章重点为税务会计的核算对象、核算前提及核算原则；难点为税务会计与财务会计的联系和区别。

税务会计是社会经济发展到一定阶段的产物。它是为了适应纳税人纳税的需要，从财务会计中分离出来的一种特殊的专业会计。现在，国内外已有越来越多的人承认，税务会计与财务会计、成本与管理会计共同构成了会计学科的三大分支。

2.1 税务会计的概念和模式

2.1.1 税务会计的概念

税务会计是关于税收及其会计处理的方法体系。由于税务会计形成时间比较短，其制度及体系尚不完善，税务会计的定义也有多种表述。

美国著名的税务会计专家吉特曼博士认为，税务会计主要是处理某项目何时被确认为收入或费用账务问题的一种专业会计。

日本著名税务会计专家武田昌辅认为，税务会计是为计算法人税法中的课税所得而设立的会计，它不是制度会计，是以企业会计为依据，按照税法的要求对既定的盈利进行加工、修正的会计。

我国台湾学者陈建昭等人认为，税务会计为一种国内性会计、非国际通用性会计。税务会计即在企业会计理论结构上，以重叠之形态，在注入其特有之计算方法或会计理论，以达成的课税为目的之完整体系。

国内著名学者盖地教授认为，税务会计是以国家现行税收法规为准绳，运用会计学的理论和方法，连续、系统、全面地对税款的形成、计算和缴纳，即税务活动引起的资金运动进行核算和监督的一门专业会计。

综上所述，税务会计可以表述为：税务会计是现代企业会计的一个重要组成部分，是以税收法规为依据，以货币为主要计量单位，运用会计的专门方法，对纳税单位的应纳税款的形成、计算和缴纳进行连续、系统、全面地核算和监督，参与纳税人的预测、决策，达到既依法纳税又合理减轻税负的一门专业会计。

2.1.2 税务会计的特点

作为融税收制度和会计核算于一体的特殊的专业会计，税务会计主要有以下特点。

（1）法定性

法定性表现为税务会计在核算和监督应纳税款的形成、计算和缴纳的过程中，必须按照国家的税收法规为依据，做到依法计税、依法纳税、依法减免，这是税务会计区别于其他专业会计的一个重要特征。

在财务会计核算中，企业可以根据其生产、经营及经济环境的实际需要适当选择会计处理方法。但税务会计必须在遵守国家现行税收法令的前提下选择。

当财务会计准则、制度与现行税法的计税方法、计税范围等发生矛盾时，税务会计必须以现行税收法规为准，对财务会计做适当调整、修改或补充。对某些在财务会计准则、制度中不便按照税法规定反映的会计事项，必须单独设置账簿、单独核算其销售金额等，方能据以按不同税种、不同税率计税或减税、免税，否则税率从高或不予减免。

（2）纳税主体的广泛性

广泛性表现为税务会计的适用范围非常广泛。由于法定纳税人的广泛性，决定了税务会计的广泛性，适用于国民经济中的工业、商品流通、交通运输、服务业、房地产、金融保险等行业。

（3）会计处理的统一性

由于税务会计是融各类会计和税收法规于一体的会计，税法的统一性决定了税务会计统一性的特点。也就是说，同一种税对不同纳税人的税务处理规定一般是相同的。

当然，在统一的前提下，也不排除特殊情况下的灵活性，如减免税规定、个体工商业户确实无力建账的经批准可暂免建账等。

（4）相对独立性

税务会计虽然并不是一门和企业财务会计并列的专业会计，它只是企业会计的一个特殊领域，是对企业生产经营活动中涉税部分的核算和反映，其核算基础也依据会计学的理论和核算方法，但与其他会计相比，税务会计具有其相对的独立性和特殊性，因为国家规定的征税依据与企业会计制度的规定是有一定差别的，其处理方法、计算口径不尽相同，所以税务会计有一套自身独立的处理准则。如自产自用货物视同销售的有关规定、企业会计利润与应纳税所得额的差异及其调整等，都反映了税务会计核算方法与内容的相对独立性。

（5）差异互调性

税务会计的法定性和相对独立性，决定了税务会计的处理结果与财务会计的处理结果是有差异的。由于两者在收入确认、存货计价、计提折旧和坏账准备等方面都存在着一定的差异，造成了税前会计利润和应纳税所得额也存在一定的差异，但两者之间的差异可以根据产生差异的原因相互调节。对由于会计准则与税法规定不一致造成的项目，一般采用账外调整方法，即只调整纳税所得额，不调整其账户记录。

小资料：税收发展报告称税务会计日渐走俏

在2011年11月11日召开的首届中国税务会计师论坛上，中央财经大学税务学院发布《2010/2011中国税收发展报告》，该报告由中央财经大学税务学院税务学院集全院之力撰写，报告主要围绕我国“十二五”税收改革发展规划，展开对改革的总体目标、战略路径以及重点税制完善等问题的具体研究。

小资料：税收发展报告称税务会计日渐走俏（续）

报告显示，2011 年是中国国民经济和社会发展第十二个五年规划的开局之年，中国的经济和社会发展正处于重大转型时期，“十二五”规划其基本取向可以归结为：以加快转变发展方式为主线，通过优化分配格局、调整分配关系，走创新型国家道路，深化经济与社会转型。

而税收改革是经济社会改革的突破口和先行军。面对越来越复杂的税收环境和越来越高的企业管理要求，市场经济的逐步健全，税收体制的不断完善，企业会计人员应该与时俱进，即从单一的会计分化为财务会计、税务会计和管理会计，从而满足投资人、债权人、政府和企业管理当局等对企业会计信息的不同需求，税务会计将在企业发展中扮演不可或缺的角色。

经济越发展，会计越重要。根据国家统计局最新发布的数据显示，2011 年 1 至 9 月，全国税收总收入完成 71292.18 亿元，同比增长 27.4%。

随着国家税收的高速增长，重新发现和认识税收的职能与调节机制，进而走出对税收职能与调节机制的认识误区，对企业的发展具有举足轻重的意义。因为错位的认识会导致税收调节机制对于经济发展不同程度的“缺位”和“越位”，因此企业对相关岗位的专业培训迫在眉睫。

税务会计师专业资格认证北京招生培训机构某负责人表示，“税务会计师”在我国庞大的财务人员队伍中属于稀缺人才，而企业 80%的工作离不开税务会计。

他认为，报考税务会计师专业资格认证的学员可以更加系统的学习有关税务会计实务课程，区分税法与会计之间的重要差异，从而真正做到解决现代企业经营过程中的税务问题，有助于完善税务筹划功能，替企业降低税务风险，增强事前性，从而使企业的利润达到最大化。

通过开展税务会计师的培训活动，助力提高企业财务人员的专业水平，从而弥补我国税务会计领域专业人才的重大缺口，也为财政部制定的（2010-2020）10 年会计中长期人才规划做出应有的贡献。

（资料来源：新浪财经，http://www.sina.com.cn，2011-11-15）

2.1.3 税务会计与财务会计的关系

1. 两者的联系

税务会计作为一项实质性工作并不是独立存在的，而是企业会计的一个特殊领域，是以财务会计为基础的，并不要求在财务会计的凭证、账簿、报表之外再设一套会计账表，也没有必要专门设置税务会计机构。

税务会计资料来自于财务会计，它是对财务会计处理中与现行税法不符的会计事项，或出于税务筹划目的需要调整的事项，按税务会计的一些特定方法如纳税调整方法、计算税金方法、纳税筹划方法和纳税报告方法等计算调整，并作调整分录。

2. 两者的区别

（1）服务主体不同

财务会计提供的会计信息主要为与企业外部有经济利害关系的单位和个人服务，同时为企业内部管理服务，其服务主体包括投资者、债权人和经营管理者；而税务会计所提供的信息主要服务于国家税务部门和企业的经营管理者。

（2）核算目的不同

财务会计通过对纳税人所有经济业务进行记录和核算，最后编制资产负债表、利润表、现金流量表及其附表，全面反映企业的财务状况和经营成果，并将其报送投资者、债权人、企业主管部门及其他会计信息使用者；而税务会计通过对企业涉税活动的反映和核算，保证纳税人依法纳税，使纳税人的经营行为既符合税法，又最大限度地减轻税收负担。

（3）核算对象不同

财务会计的核算对象是企业以货币计量的全部经济事项，其核算范围包括资金的投入、循环、周转、退出等过程，既要反映企业的财务状况，又要反映企业的经营成果和资金变动情况；而税务会计的核算对象是因纳税而引起的税款的形成、计算、缴纳、补退等经济活动的资金运动，其核算范围包括经营收入、成本费用与资产计价、收益分配、财产与特定行为目的、纳税申报与税款解缴、税收减免和税收筹划等与纳税有关的经济活动。

（4）核算依据不同

财务会计进行核算应遵循会计准则，依照企业会计制度的规定处理企业的各种经济业务；而税务会计不仅要遵循一定的会计准则，更要受税法的约束，强调客观性和统一性。当财务会计的规定和税法的规定相抵触时，企业可以按财务会计规定进行会计处理，但在纳税时，必须按税法的规定进行调整。正因为两者的基本处理依据不同，所以在会计核算基础、损益确认口径和会计计量属性等方面也存在较大差距。

（5）会计核算基础不同

财务会计为了正确核算各期的损益，强调权责发生制；由于税收理论上有“负担能力原则”和“最少征收费用原则”，税务会计在采用权责发生制的同时，也采用收付实现制。

（6）损益核算的程序不同

在会计所得的基础上调整为应税所得，是税务会计的主要内容，当财务会计的核算结果与税务会计不一致时，财务会计的核算结果应服从税务会计的核算，使之符合税收法规的要求。

（7）计量属性不同

税务会计坚持历史成本，不考虑物价水平的变动，更重视可以预见的未来事项；而财务会计在特定的时候也可以考虑币值不稳定的因素，如在物价变动的情况下，企业可以通过会计计价方法的选择，寻求能够较为合理反映物价变动影响的计量模式。

2.1.4 税务会计模式

1. 目前的税务会计模式

目前，世界各国关于税务会计的模式主要有 3 种：“财税分离”模式、“财税合一”模式、“财税协调”模式。

（1）“财税分离”模式

“财税分离”模式的典型代表是以美国、英国和加拿大为代表的普通法系国家。其基本做法是：会计主体建立会计信息和税收信息两套账务系统，依据各自的规则编制和提供相应的信息。其中，会计信息主要服务于投资人，而税收信息主要服务于政府的税收征缴和监管。

（2）“财税合一”模式

“财税合一”模式的典型代表是以法国和德国为代表的大陆法系国家。其基本做法是：不允许财务会计与税务会计差异的存在，财务会计被认为是面向税务的会计，税务当局是法定的会计信息使用者，税法对会计提出了明确的要求，会计准则与税法的要求一致，企业对会计事项的处理严格按照税法的规定进行。

（3）“财税协调”模式

“财税协调”模式的典型代表是亚洲的日本。其基本做法是：允许会计规范和税收规范存在差异，但这种差异必须在纳税时根据税收规范的要求进行调整。也就是说，“财税协调”模式下，税务会计是以财务会计系统为基础，并按照税收规范的要求进行调整的结果。

2. 我国税务会计模式的选择应考虑的因素

在构建我国税务会计模式时应考虑以下因素。

（1）客观环境

我国实行社会主义市场经济体制，在国家宏观调控的前提下充分发挥市场机制的作用。我国企业的组织形式仍然以国有企业为主，国有资产占控股地位或主导地位，资本市场尚处在发育、发展阶段，相当一部分投资者缺乏理性，市场融资功能不足，缺乏足够的资源配置能力。因而，资本市场只能在有限的程度上发挥作用。

（2）法律体制性质

我国所处的会计环境更接近于法德等大陆法系国家，政府对会计工作的管理和监控是直接的，财政部在制定会计准则时具有绝对的权威性。《中华人民共和国会计法》、《企业财务报告条例》及并行存在的会计准则和会计制度组成了一个比较完整的会计法律、法规体系，在报表的格式、项目的分类和排列上统一，并积极向国际会计准则靠拢。我国的会计规范体系具有较强的权威性、统一性，也具有较强的约束力和强制性。

（3）会计职业界的力量

我国企业会计核算水平普遍不高，会计人员的数量虽然不少，但是素质参差不齐，这一方面影响财务信息的供给能力，造成会计信息质量不高；另一方面也使会计职业队伍没有能力像美国那样依靠会计职业组织自我规范和监督，只能依靠国家对会计进行管理。新会计准则对会计从业人员提出了更高的要求，将有助于提高会计职业界从业人员的水平。

（4）会计核算规范管理形式

我国政府在会计规范的制定过程中扮演极其重要的角色，会计准则和制度的改革正逐步向国际会计准则靠近，实现与国际惯例的趋同。新会计准则以市场为导向，其核心思想是“决策有用观”，强化为投资者和社会公众提供决策有用的会计信息的理念，更强调会计信息要真实公允地反映企业的经济实质，这使税法规定与会计准则之间存在差异并且这种差异正在逐渐扩大。会计准则的国际趋同为税务会计的完全独立提供了外部动力。

3. 我国目前应选择财税混合税务会计模式

将我国与西方国家的税务会计环境进行比较，可以发现我国的经济体制、法律制度、企业形式等客观条件与日本比较接近，而与美国高度发达的市场经济、证券市场相距甚远。税务会计模式必须与其所处的社会环境相适应，所以我国目前税务会计模式应当选择以日本为代表的财税协调型税务会计模式，并且更倾向于英美型，财务会计与税务会计适当分离。在认可税务会计与财务会计存在一定差异的基础上，吸收彼此的合理内核，互相借鉴，形成一种良性互动关系，促进税务会计与财务会计的相互协调发展。

随着社会主义市场经济体制的完善、证券市场的发展，企业的组织形式和融资渠道将得到完善和发展，逐渐向以美国为首的发达国家看齐。同时经济全球化也要求不同国家的企业披露的信息具有可比性，促使会计准则的国际化。从长远来看，我国税务会计必然向财税分离税务会计模式发展。

2.2 税务会计基本理论

2.2.1. 税务会计的目标和对象

（1）税务会计的目标

税务会计的目标是向税务会计信息使用者提供关于纳税人税款形成、计算、申报、缴纳等税务活动方面的会计信息，是会计目标在税务会计这一特殊领域内的具体表现。具体来说，税务会计的目标主要体现在以下三方面：依法纳税，保证国家财政收入；正确进行税务会计处理；合理选择纳税方案，科学进行纳税筹划。

（2）税务会计的对象

税务会计的对象是税务会计这种特殊的专门会计管理活动的客体，是纳税人因纳税所引起的资金运动，即应纳税款的形成、计算、缴纳、退补和罚款等经济活动的货币表现。税务会计的对象具体包括：经营收入、成本费用、经营成果、税款计算与缴纳、税收减免等。

2. 税务会计的前提

税务会计以财务会计为基础，财务会计中的基本前提有些也适用于税务会计，如会计分期、货币计量等。但由于税务会计有自己的特点，其基本前提也应有其特殊性。

（1）纳税主体

纳税主体与财务会计的会计主体有密切联系，但不一定等同。会计主体是财务会计为之服务的特定单位或组织，会计处理的数据和提供的财务信息，被严格限制在一个特定的、独立的或相对独立的经营单位之内，典型的会计主体是企业。纳税主体必须是能够独立承担纳税义务的纳税人。在某些垂直领导的行业，如铁路、银行，由铁道部、各总行集中纳税，其基层单位是会计主体，但不是纳税主体。又如，对稿酬征纳个人所得税时，其纳税人（即稿酬收入者）并非会计主体，而作为扣缴义务人的出版社或杂志社则成为这一纳税事项的会计主体。纳税主体作为代扣（或代收、代付）代缴义务人时，纳税人与负税人是分开的。作为税务会计的一项基本前提，应侧重从会计主体的角度来理解和应用纳税主体。

（2）持续经营

持续经营的前提意味着该企业个体将继续存在足够长的时间以实现其现在的承诺，如预期所得税在将来要继续缴纳。这是所得税税款递延、亏损前溯或后转以及暂时性差异能够存在并且能够使用纳税影响会计法进行所得税跨期摊配的基础所在。以折旧为例，它意味着在缺乏相反证据的时候，人们总是假定该企业将在足够长的时间内为转回暂时性的纳税利益而经营并获得收益。

（3）货币时间价值

随着时间的推移，投入周转使用的资金价值将会发生增值，这种增值的能力或数额，就是货币的时间价值。这一基本前提已经成为税收立法、税收征管的基点，因此各税种都明确规定了纳税义务的确认原则、纳税期限、缴库期等，深刻地揭示了纳税人进行税务筹划的目标之一——纳税最迟。

（4）纳税会计期间

纳税会计期间亦称纳税年度，是指纳税人按照税法规定选定的纳税年度，我国的纳税会计期间是指自公历 1 月 1 日起至 12 月 31 日止。纳税会计期间不等同于纳税期限，如增值税、消费税、营业税的纳税期限是日或月。如果纳税人在一个纳税年度的中间开业，或者由于改组、合并、破产关闭等原因，使该纳税年度的实际经营期限不足 12 个月的，应当以其实际经营期限为一个纳税年度。

纳税人清算时，应当以清算期间作为一个纳税年度。

3. 税务会计的一般原则

税务会计与财务会计密切相关，财务会计中的核算原则大部分都适用于税务会计。又因税务会计与税法的特定联系，税收理论和立法中的实际支付能力原则、公平税负原则、程序优先于实体原则等，也会非常明显地影响税务会计。税务会计上的特定原则可以归纳如下。

（1）依法原则

税务会计必须以现行税法为准绳，而税收法规可能会因国家的政治、经济的发展和需要有所变更，即有一定的时效性，所以税务会计必须坚持按现行税法处理的原则。

（2）公平税负原则

公平税负原则是指税收要公平负担，合理负担。这要求税务会计必须真实核算企业的各项计税依据、应纳税额，正确处理收益分配，任何有意或无意逃税和骗取减免税金，都是有违公平性和一致性的举措，都不符合税务会计的社会效益原则。

（3）修正的权责发生制原则

权责发生制以权利和义务的发生来确定收入和费用的实际归属，能够合理、有效地确定不同会计期间的收益和企业的经营成果，体现了公允性和合理性。因此，企业会计核算中，坚持以权责发生制为原则。

当权责发生制被用于税务会计时，与财务会计的权责发生制存在某些差异。主要包括：第一，必须考虑支付能力原则，使得纳税人在最有能力支付时支付税款；第二，确定性的需要，使得收入和费用的实际实现具有确定性；第三，保护政府财政税收收入。例如，在收入的确认上，权责发生制的税务会计由于在一定程度上被支付能力原则所覆盖而包含着一定的收付实现制的方法，而在费用的扣除上，财务会计采用稳健性原则列入的某些估计、预计费用，在税务会计中是不能够被接受的，后者强调“该经济行为已经发生”的限制条件，从而起到保护政府税收收入的目的。目前世界上大多数国家的税务会计都采用修正的权责发生制原则。

（4）划分营业收益与资本收益原则

营业收益与资本收益具有不同的来源和担负着不同的纳税责任，因此，为了正确地计算所得税负债和所得税费用，就应该合理划分这两种收益。

营业收益是指企业通过其经常性的主要经营活动而获得的收入，其内容包括主营业务收入和其他业务收入两部分，其税额的课征标准一般按正常税率计征。

资本收益是指在出售或交换税法规定的资本资产时所得的利益（如投资收益、出售或交换有价证券的收益等），一般包括纳税人除应收款项、存货、经营中使用的地产和应折旧资产、某些政府债券，以及除文学和其他艺术作品的版权以外的资产。资本收益的课税标准具有许多不同于营业收益的特殊规定。

（5）配比原则

配比原则是指企业在进行会计核算时，某一特定时期的收入应当与取得该收入相关的成本、费用配比。税务会计的配比原则，是指企业在计算应税所得额时，收入与其成本、费用应当互相配比，同一会计期间内的各项收入和与其相关的成本、费用，应当在该会计期间内确认。

税务会计与财务会计在配比原则的内涵及运用结果上有较大的差异：

① 财务会计核算坚持稳健原则和不完全的历史成本原则，而税务会计坚持历史成本原则。如财务会计可以计提八项准备，而税务会计一般不允许计提准备；

② 财务会计利润是在权责发生制基础上配比计算的结果，而税务会计适度采用了收付实现制，因而应纳税所得额往往不等于会计利润；

③ 财务会计在变更会计政策时，如果累计影响数能够合理确定，应采用追溯调整法进行处理，并调整期初留存收益、会计报表等相应事项。而税务会计处理上，纳税人不得调整以前年度的应纳税所得额和应纳税额，也不得调整以前年度的未弥补亏损。

（6）税款支付能力原则

税款支付能力与纳税能力有所不同。纳税能力是指纳税人应以合理的标准确定其计税基数。有同等计税基数的纳税人应负担同一税种的同等税款。因此，纳税能力体现的是合理负税原则。与企业的其他费用支出有所不同，税款支付全部对应现金的流出，因此，在考虑纳税能力的同时，更应该考虑税款的支付能力。税务会计在确认、计量和记录收入、收益、成本、费用时，应选择保证税款支付能力的会计方法。

4. 税务会计账户的设置

日常工作中税务会计的主要任务包括：按照税法规定正确计算企业应缴税款，并进行正确的会计处理；正确编制、及时报送会计报表和纳税申报单；及时足额的缴纳各种税金，完成企业上缴任务；进行企业税务活动的财务分析；合理进行纳税筹划；等等。

通常，税务会计不要求在财务会计之外另设一套账。在财务会计中，凡涉及应税收入、计税成本费用、应交税款、减免税、退补税、滞纳金、罚款、罚金核算的账户，都属于税务会计账户。其中，“应交税费”、“营业税金及附加”、“所得税费用”、“递延所得税资产”、“递延所得税费用”等账户是专门用于税金核算的账户，可以看成税务会计特有的账户。

企业设置“应交税费”总账。除印花税、关税及耕地占用税等不需预缴的税种外，纳税人应缴纳给税务机关的各种税金均在本账户核算。

“应交税费”属于负债类账户，专门用于反映企业各种税金的应交、已交和未交情况。其贷方反映企业应交的各种税金；借方反映企业已经缴纳的各种税金；余额一般在贷方，反映企业应交的各种税金。企业一般在“应交税费”账户下按各税种设置明细账户，如“应交增值税”、“应交消费税”、“应交营业税”及“应交所得税”等。有时根据税收管理的需要，还应设置三级明细账户进行核算，如在“应交税费——应交增值税”下设“进项税额”、“销项税额”及“已交税金”等三级明细账户。

本章小结

税务会计是经济发展到一定阶段的必然产物，它的产生丰富和发展了会计的内容。税务会计是从财务会计中分离出来的，与财务会计有着必然的联系，同时，又在服务主体、核算目的、核算对象、核算依据、会计核算基础等方面存在区别。税务会计的核算对象是纳税人因纳税所引起的资金运动。在税务会计核算过程中，必须遵守的原则包括：依法原则、公平税负原则、修正的权责发生制原则、划分营业收益与资本收益原则、配比原则等。

思考题

1. 简述税务会计的基本前提。
2. 税务会计的原则有哪些？简述其基本内容。

3. 什么是税务会计？税务会计的特点有哪些？

4. 目前，税务会计的模式有哪几种？我国在选择税务会计模式时应考虑哪些因素？

5. 税务会计的核算目标有哪些？

习题 2

一、单项选择题

1. 税务会计的核算对象是（　　）。

A. 企业的价值运动过程　　B. 因纳税引起的资金运动过程

C. 税务机关征收税款的过程　　D. 国家预算资金运动过程

2. 税务会计以（　　）为准绳。

A. 会计制度　　B. 会计准则

C. 国家税收法令　　D. 财务会计制度

3. 税务会计的核算基础是（　　）。

A. 权责发生制　　B. 收付实现制

C. 权责发生制与收付实现制的结合　　D. 纳税人任选一种

4. 以下说法中，（　　）是正确的。

A. 税务会计坚持历史成本原则　　B. 税务会计核算的对象是企业全部经济业务

C. 税务会计与财务会计核算依据相同　　D. 税务会计目标是对外提供税务会计信息

5. 关于税务主体（　　）是正确的。

A. 税务会计纳税主体与财务会计中的“会计主体”相同

B. 财务会计主体都是纳税主体

C. 纳税主体一定是会计主体

D. 纳税主体不一定是会计主体

6. 以下说法中，错误的是（　　）。

A. 税务会计的权责发生制与财务会计的权责发生制存在一些区别

B. 税务会计的权责发生制与财务会计的权责发生制相同

C. 税务会计的权责发生制可保护政府税收收入

D. 税务会计的权责发生制必须考虑支付能力原则

7. 税务会计模式必须与其所处的社会环境相适应，所以我国目前税务会计应当选择（　　）。

A. “财税分离”模式

B. “财税合一”模式

C. “财税协调”模式

D. 以“财税协调”模式为主，更倾向于“财税分离”模式

8. 下列税金，在会计核算上不需要通过“应交税费”账户的是（　　）。

A. 资源税　　B. 增值税

C. 印花税　　D. 所得税

二、多项选择题

1. 税务会计的基本原则有（　　）。

A. 依法原则　　B. 公平税负原则

C. 权责发生制原则　　D. 划分营业收益与资本收益原则

2. 税务会计与财务会计的区别在于（　　）。

A. 目标不同　　B. 对象不同

C. 核算依据不同　　D. 计量损益的程序不同

3. 税务会计的特点主要包括（　　）。

A. 法定性　　B. 相对独立性

C. 差异互调性　　D. 固定性

4. 税务会计的对象包括（　　）。

A. 经营收入　　B. 生产、经营成本（费用）

C. 收益分配　　D. 税款的缴纳或减免

5. 税务会计的基本前提是（　　）。

A. 币值稳定　　B. 持续经营

C. 货币的时间价值　　D. 纳税年度

6. 根据税法对会计影响的程度不同，目前税务会计的主要模式有（　　）。

A.“财税分离”模式　　B.“财税合一”模式

C.“财税协调”模式　　D.“财税综合”模式

7. 税务会计的目标是（　　）。

A. 依法纳税，认真履行纳税人义务

B. 正确进行税务处理，认真协调与财务会计的关系

C. 向税务会计信息使用者提供有助于税务决策的会计信息

D. 合理选择纳税方案，科学进行税务筹划

8. 税务会计的任务是（　　）。

A. 按照税法规定正确计算企业应缴税款，并进行正确的会计处理

B. 正确编制、及时保送会计报表和纳税申报单

C. 进行企业税务活动的财务分析

D. 及时足额地缴纳各种税金，完成企业上缴任务

三、判断题

1. 企业中凡能够用货币计量的涉税事项都是税务会计的对象。（　　）

2. 在任何情况下，财务会计主体一定是税务会计主体。（　　）

3. 纳税会计是独立于财务会计之外，与财务会计并列的一门专业会计。（　　）

4. 纳税会计是融税收法令和会计核算为一体的一门专业会计。（　　）

5. 纳税会计具有直接受制于税收法律规定的显著特点，这是纳税会计区别于其他专业会计的一个重要标志。（　　）

6. 纳税会计可以帮助企业管理者对企业的税务活动进行科学的预测和决策。（　　）

7. 纳税会计是企业会计核算的一个特殊领域，是对企业生产经营活动中涉税部分的核算和反映，所以无须接受税务机关的审查监督。（　　）

8. 所有税金都通过“应交税费”账户核算。（　　）

9. 所有财务会计中的原则都适用于纳税会计；反之，所有纳税会计的原则也都适用于财务会计。（　　）

10. 税务会计是对企业生产经营活动中涉税部分的核算和反映，所以其核算范围不包括生产经营收入、成本费用及资产计价的核算。（　　）

11. 由于税法与企业会计准则之间存在差异，造成税前会计利润与应纳税所得额之间的差异，但两者之间的差异可以根据差异产生的原因相互调节。 （ ）

12. 作为一门专业会计，税务会计的监督管理职能与其他专业会计的监督管理职能是一样的。 （ ）

四、综合技能题

1. 根据此前已经学习过的财务会计知识以及本章的学习内容，请做一张财务会计与税务会计联系与区别的对比表。

2. 根据我国现行税收制度与企业会计准则、制度，分析我国企业在处理财务会计与税务会计的关系上，是否应该采取统一的会计处理模式？为什么？（分析要求：不同类型企业的会计信息使用者不同，因此，在对企业进行分类的基础上，分别就不同类型的企业阐述你的意见。）

☞知识拓展阅读

2013：六大税制改革“一个都不应少”

本报讯（记者　张剀）　记者从中央财经大学税务学院主办的“2011 中国税收发展报告发布会暨首届中国税务会计师论坛”了解到，从 2009 年 6 月至今，全国已经有 10000 多人次参加了中国总会计师协会组织的税务会计师资格培训，其中有 1000 多人通过了全国统一的资格考试并取得了资格证书。目前，报名参加培训的人员逐年增加，以公司名义集体报名的情况也越来越多，甚至一些注册税务师和注册会计师也纷纷报名参加培训和资格考试。

“税务会计从企业会计中独立出来，这一过程有着深刻的内在原因。”中国总会计师协会常务副会长董锋说。他告诉记者，在当今各国的税法中，最具代表性、占主体地位和纳税计算最复杂的税种当属所得税。随着所得税在全球范围内的流行，其计算复杂程度也与日俱增。与此同时，税法的目标和会计的目标又是不同的，而且两者之间存在着很大差异，这就使税务会计的出现有了现实基础。在国际上，税务会计师已经十分流行，并且成为十大高收入群体之一。

随着中国经济的快速发展，中国社会经济活动的主体逐渐演变为企业，而不是各级政府。这就要求政府逐步减少对企业经营行为和社会经济活动的直接干预，通过构建归属明晰、权责明确、保护严格、流转顺畅的现代产权制度来规范企业的经营；通过税收政策、货币政策等手段来实现对企业各项经济活动的宏观调控。因此，税务会计工作在企业中的重要性就日益凸显出来，并逐步得到管理层的认可。同时，为了推动市场机制的建立，我国对会计制度和税收制度进行了大范围的改革，先后出台了新的会计准则和很多新的税收法律法规，税务与会计之间的差异呈日益扩大的趋势，全社会对具有涉税资质的会计师需求越来越旺盛。

董锋介绍说，中国总会计师协会推出的税务会计师培训及认证就是基于上述背景诞生的。与注册税务师、注册会计师定位于中介机构人员不同，税务会计师定位于企业财务人员。按照董锋的介绍，这主要基于两方面的原因：一方面，并不是所有企业财务人员都能够考取注册税务师和注册会计师资格；另一方面，注册税务师和注册会计师资格考试的知识体系并不完全适合企业财务人员的现实需要。基于这两方面的考虑，在设计税务会计师培训的知识体系时，他们更加考虑企业财务人员的实际工作需要，力求使参加培训的人员成为既掌握税收学知识，又掌握会计学基本知识，学成后最大限度地为企业降低税务风险，获取税收利益。

天津财经大学博士生导师、中国总会计师协会税务会计师项目专家委员会专家盖地教授告诉记者，在实践中，随着全社会的“税务热”不断升温，税务工作在整个企业中的重要性日益凸显。但在多数企业中，税务工作都是由财务人员兼任，很少有企业专门设置税务管理部门和相应岗位。而根据目前的现实情况看，让多数企业都设置专门的税务管理部门和相应岗位还有很多现实困难。相比之下，让财务人员同时掌握税务和会计两个知识体系就容易多了。盖地还表示，目前我国低端会计人才供过于求，高端会计人才却供不应求。像税务会计师这样的高端会计人才，目前在我国的缺口还很大。

据了解，目前中国总会计师协会对参加税务会计师培训的人员设置了较高的门槛，凡报名参加培训的人员，必须同时符合三个硬性条件，即大专以上学历、获得助理会计师及以上职称、工作满4年。董锋解释说，之所以设置如此高的门槛，就是为了凸显税务会计师的实用价值。一般来说，同时满足上述3个条件的人员，一般都具有比较丰富的实践经验，对很多重要会计和税务问题有着自己的独立判断，而且这些人员在报名参加培训时往往都是带着问题来的，培训结束后，所学的知识能很快应用到实践中。这正是中国总会计师协会开展税务会计师培训的最终目标。“我们追求的是让学员利用所学知识在实践中创造实实在在的价值，而不是仅仅多拿一个证书。”董锋说。

税务会计师专业资格认证北京招生培训机构负责人路正华表示，税务会计师专业资格认证培训，可以让学员更系统地学习有关税务会计实务课程，区分税法与会计之间的重要差异，从而更好地处理现实中遇到的实际问题，降低企业税务风险，也降低税务机关的执法风险，可谓“一举多得”。据了解，在税务会计师的培训现场还出现了不少税务干部的身影。

（资料来源：中国税务报，2011-11-21）

第 3 章

增值税会计

【学习目标】 通过本章学习，了解增值税的纳税人、征收范围、税率、减免税及纳税申报过程；掌握一般纳税人和小规模纳税人应纳增值税税额的计算及会计处理方法。

【重点难点】 本章重点为一般纳税人应纳增值税税额的计算及会计处理方法；难点为一般纳税人视同销售行为及特殊销售行为销项税额的核算。

3.1 税务会计的概念和模式

3.1.1 税务会计的概念

1. 增值税的概念

增值税是对在我国境内销售和进口货物以及提供加工、修理修配劳务的单位和个人，就其货物或劳务的增值额征收的一种税。增值税最大的特点是以增值额为课税对象。

所谓增值额，是指一定时期生产过程中新创造的价值额，就一个环节而言，增值额是产出减去投入后的余额；就一个产品而言，增值额之和就是商品价值之和。

2. 我国增值税的特点

（1）按增值额征税

增值税以货物和劳务的增值额为计税依据，只对货物销售或劳务收入额中属于本单位新创造的、尚未征过税的部分征税，这与按商品销售全额、劳务收入全额征收的其他流转税形成最显著的区别。

（2）实现普遍征税与多环节征税，税源比较充足

普遍征税是指对纳入增值税范围的具有增值因素的经营收入都可以征税，多环节征税指可以对应税产品的生产、批发、零售各环节征收增值税。因此，增值税的征收范围广泛，能够保证国家获得充足的财政收入，并且能够保证国家税收及时入库。

（3）实行道道征税，但不重复征税

增值税保留了传统间接税对商品和劳务的道道征税制度，一种货物或劳务从生产到最后进入消费，每经过一道生产经营环节就征收一道税。增值税在征税时只就每个生产经营环节的销售额扣除外购商品和劳务价款后的增值额征税，从而消除了传统间接税对外购商品和劳务重复征税的弊端。

（4）税收负担平衡

就一项货物或劳务而言，只要最后销售价相同，不论它经过多少道生产经营环节，也不论是一个或是多个单位生产经营，该货物或劳务可缴纳的增值税额是相同的。从全社会来看，增值税的负担不受商品生产结构变化或生产经营环节多寡的影响，同一货物或劳务的税负始终保持平衡。

（5）增值税是一种典型的间接税，税收负担具有转嫁性

从过程上看，增值税后一阶段的纳税人总是前一阶段纳税人已交税款的负担者。当税负随着商品的流转推移到最终销售环节时，消费者成为增值税的最终承担者，所以增值税具有明显的转嫁性。

（6）实行价外计税

增值税以不含增值税税额的销售额作为计税依据。计算税额时，应将含税销售额转换为不含税销售额。

（7）对不同经营规模的纳税人采用不同的计税方法

税法将增值税的纳税人分为一般纳税人和小规模纳税人，对小规模纳税人采用简易计算法。一般纳税人采用凭增值税专用发票抵扣进项税额的办法。

目前的《中华人民共和国增值税暂行条例》是在 2008 年 11 月 5 日经国务院第 34 次常务会议审议通过，于 2009 年 1 月 1 日起施行的。

2011 年底，国家决定在上海试点营业税改征增值税的工作。为了贯彻落实国务院关于先在上海市交通运输业和部分现代服务业开展改革试点的决定，根据国务院同意的《营业税改征增值税试点方案》，财政部、国家税务总局印发了《交通运输业和部分现代服务业营业税改征增值税试点实施办法》、《交通运输业和部分现代服务业营业税改征增值税试点有关事项的规定》和《交通运输业和部分现代服务业营业税改征增值税试点过渡政策的规定》等文件，自 2012 年 1 月 1 日起执行。

3.1.2 增值税的纳税人

（1）范围

凡在中华人民共和国境内销售货物或提供加工、修理修配劳务以及进口货物的单位和个人都是增值税的纳税义务人。其中：单位是指国有企业、集体企业、私有企业、股份制企业、外商投资企业、外国企业、其他企业和行政单位、事业单位、军事单位、社会团体及其他单位；个人是指个体经营者和其他个人。

企业租赁或承包给他人经营的，以承租人或承包人为增值税的纳税人。

在我国境内销售货物或应税劳务而在境内未设经营机构的，其应纳税款以代理人为扣缴义务人；没有代理人的，以购买者为扣缴义务人。

（2）类型

增值税纳税人分为一般纳税人和小规模纳税人，见表 3-1。表 3-1 所称“从事货物生产、提供应税劳务为主”是指纳税人的年货物生产或者提供应税劳务的销售额占年应税销售额的比重在 50% 以上。

3.1.3 增值税的征收范围

1. 增值税征收范围的一般规定

在我国境内，销售货物或提供加工、修理修配劳务及进口货物的行为都属于增值税的征税范围。

表 3-1　一般纳税人与小规模纳税人判定表

纳税人	年销售额	会计核算	其他
一般	从事货物生产、提供应税劳务为主的纳税人，年销售额在 50 万元以上	健全且 30 万元以上	符合条件的非企业性单位和个体经营者
	从事货物批发、零售业务为主，年销售额在 80 万元以上		
小规模	上述标准以下的生产、加工企业（生产性企业含 50 万元）	不健全	其他个人；不经常发生应税行为的企业和非企业性单位；销售免税货物的企业
	上述标准以下的批发、零售企业（商业性企业含 80 万元）	无论是否健全	

① 销售货物指在中国境内有偿转让货物的所有权的行为。有偿是指从购买方取得货款、货物或其他经济利益。货物是相对无形资产和不动产而言的，是指有形动产（不含不动产），包括电力、热力和气体。

② 提供应税劳务指提供加工、修理修配劳务，但不包括单位或个体经营者聘用的员工为单位或雇主提供的加工、修理修配劳务。

③ 进口货物指报关进口的货物。

2. 特殊行为

（1）视同销售行为的规定

以下行为视同销售，按规定增收增值税：

① 将货物交付他人代销。

② 销售代销货物。

③ 设有两个以上机构并实行统一核算的纳税人，将货物从一个机构移送其他机构用于销售，但相关机构设在同一县（市）的除外。

④ 将自产或委托加工的货物用于非应税项目。

⑤ 将自产、委托加工或购买的货物作为投资，提供给其他单位或个体经营者。

⑥ 将自产、委托加工或购买的货物分配给股东或投资者。

⑦ 将自产、委托加工的货物用于集体福利或个人消费。

⑧ 将自产、委托加工或购买的货物无偿赠送他人。

（2）混合销售行为的规定

一项销售行为如果既涉及货物又涉及非应税劳务，属混合销售行为。从事货物的生产、批发或零售的企业、企业性单位及个体经营者的混合销售行为，视为销售货物，应当征收增值税；其他单位和个人的混合销售行为，视为销售非应税劳务，不征收增值税。从事货物的生产、批发或零售的企业、企业性单位及个体经营者，包括以从事货物的生产、批发或零售为主，并兼营非应税劳务的企业、企业性单位及个体经营者在内。

（3）兼营非应税劳务的行为

兼营非应税劳务是指增值税纳税人既从事货物销售或提供应税劳务的业务，又从事非应税劳务的业务，且从事的非应税劳务与其货物销售或提供应税劳务的业务无直接联系或从属关系。

纳税人兼营非应税劳务的，应分别核算货物或应税劳务和非应税劳务的销售额。不分别核算或者不能准确核算的，其非应税劳务应与货物或应税劳务一并征收增值税。

3. 特殊项目

特殊项目主要有以下几种：

① 货物期货。

② 银行销售金银。

③ 典当业的死当物品销售和寄售业代委托人销售寄售物品。

④ 集邮商品的生产，以及邮政部门以外的其他单位和个人销售集邮商品。

⑤ 除经中国人民银行和对外经济贸易合作部（现为商务部）批准经营融资租赁业务的单位所从事的融资租赁业务外，其他单位从事的融资租赁业务，租赁的货物的所有权转让给承租方，征收增值税，租赁的货物的所有权未转让给承租方，不征收增值税。

⑥ 印刷单位接收单位委托，自行购买纸张，印刷统一刊号以及采用国际标准书号编序的图书、报纸、杂志，按货物销售征收增值税。

⑦ 纳税人销售软件产品并随同销售一并收取的软件安装费、维护费、培训费等收入，应按照增值税混合销售的有关规定征收增值税，并可享受软件产品增值税即征即退政策。对软件产品交付使用后，按期或按次收取的维护、技术服务费、培训费等不征收增值税。

⑧ 纳税人提供的矿产资源开采、挖掘、切割、破碎、分拣、洗选等劳务，属于增值税应税劳务，应当缴纳增值税。

4. 不征收增值税的货物和收入

对增值税纳税人收取的会员费收入不征收增值税。

① 转让企业全部产权涉及的应税货物的转让，不征收增值税。

② 纳税人代有关行政管理部门收取的费用，凡同时符合以下条件的，不属于价外费用，不征收增值税。

⊙ 经国务院、国务院有关部门或省级政府批准。

⊙ 开具经财政部门批准使用的行政事业收费专用票据。

⊙ 所收款项全额上缴财政或虽不上缴财政但由政府部门监管、专款专用。

③ 纳税人销售货物的同时代办保险而向购买方收取的保险费，以及从事汽车销售的纳税人向购买方收取的代购买方缴纳的车辆购置税、牌照费，不作为价外费用征收征增值税。

④ 纳税人受托开发软件产品，著作权属于受托方的征收增值税，著作权属于委托方或属于双方共同拥有的不征收增值税。

⑤ 纳税人在资产重组过程中，通过合并、分立、出售、置换等方式，将全部或者部分实物资产以及与其相关联的债权、债务和劳动力一并转让给其他单位和个人的行为，不属于营业税征收范围，其中涉及的不动产、土地使用权转让，不征收营业税。

3.1.4 增值税税率或征收率

1. 基本税率

增值税一般纳税人销售或进口一般货物，提供加工、修理修配劳务，除低税率适用范围外，税率一般为 17%。

2. 低税率

增值税一般纳税人销售或进口下列货物，按 13%的税率计征增值税。

① 粮食、食用植物油、鲜奶。

② 自来水、暖气、冷气、热水、煤气、石油液化气、天然气、沼气、居民用煤炭制品。

③ 图书、报纸、杂志、音像制品、电子出版物。

④ 饲料、化肥、农药、农机、农膜。

⑤ 国务院规定的其他货物。

⊙ 干姜、姜黄的增值税适用税率为13%，自2010年10月1日起执行。

⊙ 橄榄油按照食用植物油13%的税率征税。

⊙ 密集型烤房设备、频振式杀虫灯、自动虫情测报灯、粘虫板属于规定的农机范围，适用13%的税率。

3. 特殊情况

（1）属于一般纳税人的自来水公司销售自来水按6%征收增值税，不得抵扣进项税额。

（2）一般纳税人销售货物属于下列情形的，暂按简易办法依照4%征收率征收增值税。

① 寄售商店代销寄售物品。

② 典当业销售死当物品。

③ 经国务院或其授权机构批准的免税商店零售的免税商品。

（3）一般纳税人销售自己使用过的物品和旧货，适用简易办法依 4%征收率减半征收增值税。小规模纳税人（除其他个人外）销售自己使用过的固定资产，减按2%征收率征收增值税。

4. 征收率

增值税小规模纳税人适用征收率，其征收率为3%。

3.1.5 增值税的优惠政策

1. 起征点

增值税起征点的适用范围仅限于个人。现行增值税的起征点为：销售货物的起征点为月销售额5 000元～20 000元；销售应税劳务的起征点为月销售额5 000元～20 000元；按次纳税的起征点为每次（日）销售额300元～500元。

各地具体的起征点由国家税务总局直属分局在规定的幅度内确定。

2. 增值税的免税项目

增值税的免税是对货物或应税劳务在本纳税环节的应纳增值税税额全部免除，但对以前环节已缴纳的增值税不予退还，因此不能完全免除货物的增值税税负。现行的增值税免税项目主要有以下几种：

① 农业生产者销售的自产农业产品。

② 避孕药品和用具。

③ 古旧图书。

④ 直接用于科学研究、科学试验和教学的进口仪器、设备。

⑤ 外国政府、国际组织无偿援助的进口物资和设备。

⑥ 由残疾人组织直接进口供残疾人专用的物品。

⑦ 其他个人销售的自己使用过的物品。

小资料：增值税改革时间历程

1994年，我国选择采用生产型增值税，一是出于财政收入的考虑，另外则是为了抑制投资膨胀。

2004年7月1日，增值税转型试点在东北三省的装备制造业等八大行业进行。

2007年7月1日，试点范围扩大到中部六省26个老工业基地城市的电力业、采掘业等八大行业。

2008年7月1日，试点范围扩大到内蒙古自治区东部五个盟市和四川汶川地震受灾严重地区。

2008年11月10日，对外公布转型方案，决定自2009年1月1日起在维持现行增值税税率不变的前提下，允许全国范围内的所有增值税一般纳税人抵扣其新购进设备所含的进项税额，未抵扣完的进项税额结转下期继续抵扣。同时，将相应取消进口设备增值税免税政策和外商投资企业采购国产设备增值税退税政策，将小规模纳税人征收率统一调低至3%，将矿产品增值税税率恢复到17%。

2011年3月，第十一届人大四次会议通过的《中华人民共和国国民经济和社会发展第十二个五年（2011—2015年）规划纲要》中明确提出"扩大增值税征收范围，相应调减营业税等税收"。"结合增值税改革，完善生产性服务业税收制度"。

2011年10月26日，国务院常务会议决定开展深化增值税改革，提出上海交通运输业及现代服务业先行试点，并在现行增值税17%和13%的基础上，新增设11%和6%两档低税率，交通运输业适用11%的税率。

2011年11月16日，财政部、国家税务总局印发《营业税改征增值税试点方案》，确定了营业税改征增值税的具体内容。财政部、国家税务总局联合发布《关于在上海市开展交通运输业和部分现代服务业营业税改征增值税试点的通知》，确定了交通运输业和部分现代服务业营业税改征增值税试点实施办法、有关事项的规定及过渡政策等内容。

2011年12月19日，上海市国家税务局、上海市地方税务局发布《关于营业税改征增值税试点纳税人资格认定及相关管理事项的公告》及《关于交通运输业和部分现代服务业营业税改征增值税试点过渡政策具体操作事项的公告》对营业税改征增值税的相关事宜作了具体细化。2012年1月1日，营业税改征增值税在上海交通运输业和现代服务业试点正式启动。

（资料来源：立刻网，www.likelic.com，2013-7-12）

3.1.6 增值税专用发票的使用管理

增值税专用发票是纳税人销售货物或提供应税劳务所使用的一种特殊发票。具有增值税一般纳税人资格的企业都可以到主管国税部门申请领购增值税发票，并通过防伪税控系统开具。由于增值税实行凭专用发票进行税款抵扣的制度，因此增值税专用发票不仅具有商事凭证的作用，而且是兼记销货方销项税额和购货方进行税款抵扣的凭证。

1. 领购使用范围

增值税专用发票只限于增值税一般纳税人领购和使用，增值税的小规模纳税人、非增值税纳税人以及全部销售免税货物的纳税人不得领购和使用专用发票。

2. 开具范围

一般纳税人销售货物（包括视同销售货物在内）、应税劳务等必须向购买方开具专用发票。

商业企业一般纳税人零售的烟、酒、食品、服装、鞋帽（不包括劳保专用的部分）、化妆品等消费品不得开具专用发票。

增值税小规模纳税人需要开具专用发票的，可向主管税务机关申请代开。

销售免税货物不得开具专用发票，法律、法规及国家税务总局另有规定的除外。

3. 基本内容和开具要求

增值税专用发票的主要内容有：

① 购货单位的名称、地址、电话、登记号、开户银行及账号。

② 销售单位的名称、地址、电话、纳税登记号、开户银行及账号。

③ 商品或劳务名称、计量单位、数量、单价、金额、税率、税额。

④ 开票日期、收款签名及开票单位盖章等。

⑤ 字轨号码。

专用发票由基本联次或者基本联次附加其他联次构成。基本联次为三联：发票联、抵扣联和记账联。发票联作为购买方核算采购成本和增值税进项税额的记账凭证，抵扣联作为购买方送税务机关认证和留存备查的凭证，记账联作为销售方核算销售收入和增值税销项税额的记账凭证。其他联次的用途，由一般纳税人自由决定。

3.2 增值税的计算与申报

增值税的纳税人有一般纳税人和小规模纳税人之分，则不同的纳税人增值税的计算方法不同。

3.2.1 一般纳税人增值税的计算

增值税一般纳税人采用税款抵扣的方法计算应纳增值税额。具体计算公式如下：

$$当期应纳税额=当期销项税额-当期进项税额$$

1. 销项税额的计算

销项税额的计算公式为：

$$销项税额=销售额\times适用税率$$

其中，销售额是指不含增值税的销售额，如果是含税销售额要换算为不含税销售额，换算公式如下：

$$不含税销售额=\frac{含税销售额}{1+增值税率}$$

（1）销售额的一般规定

纳税人销售货物或提供应税劳务以销售额为计税依据，销售额是指纳税人销售货物或提供应税劳务向购买方收取的全部价款和价外费用。

所谓价外费用，是指价外向购买方收取的手续费、补贴、基金、集资费、返还利润、奖励费、违约金（延期付款利息）、包装费、包装物租金、储备费、优质费、运输装卸费、代收款项、代垫款项及其他各种性质的价外收费。但下列项目不包括在内：

① 向购买方收取的销项税额（即不含税销售额计税）。

② 受托加工应税消费品所代收代缴的消费税。

③ 同时符合以下两个条件的代垫运费：一是承运部门的运费发票开具给购货方的；二是纳税人将该项发票转交给购货方的。

④ 同时符合以下条件代为收取的政府性基金或者行政事业性收费：

⊙ 由国务院或者财政部批准设立的政府性基金，由国务院或者省级人民政府及其财政、价格主管部门批准设立的行政事业性收费。

⊙ 收取时开具省级以上财政部门印制的财政票据。

⊙ 所收款项全额上缴财政。

⑤ 销售货物的同时代办保险等而向购买方收取的保险费，以及向购买方收取的代购买方缴纳的车辆购置税、车辆牌照费。

凡价外费用，无论其会计制度如何核算，均应并入销售额计算应纳税额。

（2）销售额的特殊规定

① 采取折扣销售方式。折扣销售是指销货方在销售货物或应税劳务时，因购货数量较大等原因，而给予购货方的价格折扣。税法规定，如果销售额和折扣额在同一张发票上分别注明的，可按折扣后的余额作为销售额计算增值税；如果将折扣另外开票，不论其在财务上如何处理，均不得从销售额中减除折扣额。

② 采取以旧换新方式销售。以旧换新是指纳税人在销售自己的货物时，有偿收回旧货物的行为。根据税法规定，采取以旧换新方式销售货物的，应按新货物的同期销售价格确定销售额，不得扣减旧货的收购价格。

③ 采取以物易物方式销售。以物易物是一种较为特殊的购销活动，是指购货双方不是以货币结算，而是以同等价款的货物相互结算，实现货物购销的一种方式。以物易物的双方都应做购销处理，按发出货物核算销售额并计算销项税额，以换回的货物（取得增值税专用发票）核算购货额并计算进项税额。

④ 采取还本销售方式销售。还本销售是企业销售货物后，在一定期限内将全部或部分销货款一次或分次无条件退还给购货方的一种销售方式。企业采取还本销售方式销售，应按销售货物收取的价款作为销售额，不得从销售额中减除还本支出。

⑤ 混合销售。纳税人发生混合销售时，其销售额应是货物或者应税劳务与非应税劳务的销售额的合计，其中非应税劳务的销售额应视同含税销售额处理。

⑥ 兼营不同税率的货物或者应税劳务。纳税人兼营不同税率的货物或者应税劳务，应分别核算不同税率货物或应税劳务的销售额。否则，从高适用税率征收增值税。

（3）对销售价格的确定

纳税人销售货物价格明显偏低并无正当理由或者有视同销售货物行为而无销售额者，按下列顺序确定销售额。

① 按纳税人最近时期同类货物的平均销售价格确定；

② 按其他纳税人最近时期同类货物的平均销售价格确定；

③ 按组成计税价格确定。组成计税价格的公式为：

$$组成计税价格=成本\times(1+成本利润率)$$

属于应征消费税的货物，其组成计税价格中应加计消费税税额，计算公式如下：

$$组成计税价格=\frac{成本\times(1+成本利润率)}{1-消费税税率}$$

公式中的成本是指：销售自产货物的为实际生产成本，销售外购货物的为实际采购成本。公式中的成本利润率由国家税务总局确定。

乙类卷烟、雪茄烟、烟丝、薯类白酒、其他酒、酒精、化妆品、鞭炮焰火、汽车轮胎、中轻型商用车、木制一次性筷子、实木地板为 5%；贵重首饰及珠宝玉石、摩托车为 6%；乘用车为 8%；甲类卷烟、粮食白酒、高尔夫球及球具、游艇以及其他货物和应税劳务为 10%，高档手表 20%。

纳税人按外汇结算销售额的，其销售额的人民币折合率可以选择销售额发生的当天或当月 1 日的国家外汇牌价（原则上为中间价）。纳税人应事先确定采用何种折合率，确定后一年内不得变更。

2. 进项税额的计算

（1）准予从销项税额中抵扣的进项税额的具体范围

① 从销货方取得的增值税专用发票上注明的增值税额。准予抵扣进项税额的货物主要是购入用于生产的原材料，新《增值税暂行条例》规定从 2009 年 1 月 1 日起，购进固定资产的进项税额也准予抵扣，其中可抵扣进项税的固定资产仅指机器、机械、运输工具以及其他与生产、经营有关的设备、工具、器具。

② 从海关取得的完税凭证上注明的增值税额。

③ 增值税一般纳税人购进农产品，可根据农产品收购发票或者销售发票上注明的农产品买价按 13%的扣除率计算抵扣进项税额。

④ 增值税一般纳税人购进或销售应税货物及在生产经营过程中支付的运输费用的，根据运费结算单据所列运输费用和建设基金合计金额依 7%的扣除率计算抵扣进项税额，但随同运费支付的装卸费、保险费等其他杂费不得计算进项税额。新《增值税暂行条例》允许扣除购进固定资产所支付运费计算的增值税。此处的固定资产内容同上。

⑤ 经国务院批准，自 2012 年 1 月 1 日起，对从事蔬菜批发、零售的纳税人销售的蔬菜免征增值税。

（2）不准予抵扣的进项税额

① 未取得合格抵扣凭证的进项税额。

② 用于非应税项目的购进货物或应税劳务的进项税额。

③ 用于免税项目的购进货物或应税劳务的进项税额。

④ 用于集体福利或者个人消费的购进货物的进项税额。

⑤ 非正常损失的购进货物或应税劳务的进项税额。包括自然灾害、管理不善造成的被窃、霉变损失等及其他非正常损失。

⑥ 非正常损失的在产品、产成品耗用的购进货物或应税劳务的进项税额。

⑦ 国务院财政、税务主管部门规定的纳税人自用消费品。

⑧ 第①～⑥项规定的货物的运输费用。

（3）进项税额抵扣时间

增值税一般纳税人取得的 2010 年 1 月 1 日以后开具的增值税专用发票、公路内河货物运输业统一发票和机动车销售统一发票，应在开具之日起 180 日内到税务机关认证，否则不予抵扣进项税额；认证通过的防伪税控系统开具的增值税专用发票，应在认证通过的次月申报期内按照增值税有关规定核算当期进项税额并申报抵扣，否则不予抵扣进项税额。

实行海关进口增值税专用缴款书“先对比后抵扣”管理办法的一般纳税人取得 2010 年 1 月 1 日以后开具的海关缴款书，应在开具之日起 180 天内向主管税务机关报送《海关完税凭证抵扣清单》申请稽核比对。

未实行海关进口增值税专用缴款书“先对比后抵扣”管理办法的一般纳税人取得 2010 年 1 月 1

日以后开具的海关缴款书，应在开具之日起 180 天后的第一个纳税申报期结束以前向主管税务机关申报抵扣进项税额。

3.2.2 小规模纳税人增值税的计算

对于规模较小、会计核算不够健全，未达到一般纳税人标准的小规模纳税人，税法规定采用简易计征的办法计算其应纳的增值税。计算公式为：

$$应纳税额=销售额\times征收率$$

小规模纳税人与一般纳税人在应纳税额的计算方面的区别为：一是小规模纳税人不享受税款抵扣，二是小规模纳税人按征收率计税，三是小规模纳税人不使用增值税专用发票。

小规模纳税人的销售额是指小规模纳税人销售货物或应税劳务向购买方收取的全部价款和价外费用，其含义与一般纳税人相同。若其销售货物采用销售额与应纳税额合并定价的方法，按下列公式计算不含税销售额：

$$不含税销售额=\frac{含税销售额}{1+征收率}$$

3.2.3 进口货物应纳增值税额的计算

纳税人（无论是一般纳税人还是小规模纳税人）进口货物，按组成计税价格和规定的税率计税，不得抵扣任何税额。

进口货物组成计税价格计算公式如下：

$$组成计税价格=关税完税价格+关税+消费税$$

在已知关税完税价格、关税税率及消费税税率的情况下，组成计税价格计算公式如下：

$$组成计税价格=\frac{关税完税价格\times(1+关税税率)}{1-消费税税率}$$

进口货物应纳增值税税额计算公式如下：

$$应纳增值税税额=组成计税价格\times增值税税率$$

上述进口货物增值税的组成计税价格中包括已纳关税税额，如果进口货物属于消费税应税消费品，其组成计税价格中还要包括已纳消费税税额。在计算进口环节的应纳增值税税额时，不得抵扣任何税额，即在计算进口环节的应纳增值税税额时，不得抵扣发生在我国境外的各种税金。一般贸易下，进口货物的关税完税价格以海关审定的成交价格为基础的到岸价格作为完税价格。

3.2.4 增值税的纳税申报

1. 纳税义务发生时间

由于增值税的应税行为包括销售货物、提供应税劳务以及进口货物三种，不同应税行为其纳税义务的发生时间不同。

① 销售货物或者应税劳务，为收讫销售款或者取得索取销售款凭据的当天；先开具发票的，为开具发票的当天。按不同的结算方式，有以下具体的规定。

⊙ 纳税人采取赊销和分期收款结算方式的，其纳税义务的发生时间，为销售合同规定的收款日期的当天。书面没有约定收款日期或无书面合同的，为发出货物的当天。

⊙ 纳税人采取预收款结算方式的，其纳税义务的发生时间，为发出货物的当天。

⊙ 纳税人采取托收承付和委托收款方式销售应税消费品的，其纳税义务的发生时间，为发出货物并办妥托收手续的当天。

⊙ 委托其他纳税人代销货物的，为收到代销单位的代销清单或收到全部或部分货款的当天。未收到代销清单及货款的，为发出代销货物满180天的当天。

⊙ 纳税人采取其他结算方式的，其纳税义务的发生时间，为收讫销售款或者取得索取销售款凭据的当天。

② 进口货物，为报关进口的当天。

③ 纳税人发生视同销售行为中的第③～⑧项的，为货物移送的当天。

2. 增值税的纳税期限

增值税的纳税期限分别为1日、3日、5日、10日、15日、1个月或1个季度。具体纳税期限由税务机关根据纳税人应纳税额的大小分别核定，不能按次纳税，可以按期纳税。

纳税人以1个月或一个季度为一期纳税的，自期满之日起15日内申报纳税，以1、3、5、10、15日为纳税期限的，自期满之日起5日内预缴税款，于次月1日起15日内申报纳税，并结清上月税款。

纳税人进口货物，应自海关填发海关进口增值税专用缴款书之日起15日内缴纳税款。

3. 增值税的纳税地点

① 固定业户一般应当向机构所在地主管税务机关申报纳税。固定业户到外县（市）销售货物的，应向其机构所在地的主管税务机关申请开具外出经营活动税收管理证明，向其机构所在地主管税务机关申报纳税。未开具证明的，到外县（市）销售货物或者应税劳务的，应当向销售地主管税务机关申报纳税，未向销售地主管税务机关申报纳税的，由其机构所在地主管税务机关补征税款。

② 非固定业户一般应当向销售地主管税务机关申报纳税。

③ 进口货物应向报关地海关申报纳税。

4. 申报缴纳增值税应报送的资料

（1）一般纳税人纳税申报应报送的资料

①《增值税纳税申报表（适用于增值税一般纳税人）》及其两个附表和《固定资产进项税额抵扣情况表》。

② 附报资料：

⊙ 已开具的增值税专用发票和普通发票存根联。

⊙ 符合抵扣条件并且在本期申报抵扣的增值税专用发票抵扣联。

⊙ 海关进口货物增值税专用缴款书、运输发票、购进农产品普通发票的复印件。

⊙ 收购凭证的存根联或报查联。

⊙ 代扣代缴税款凭证存根联、发票、合同和付款凭证等。

⊙ 主管税务机关规定的其他备查资料。

（2）小规模纳税人纳税申报应报送的资料

小规模纳税人，不论当期有无销售额，均应按期向主管税务机关报送《增值税纳税申报表》（适用于小规模纳税人）。

5. 增值税的申报方式

增值税的申报方式主要有 4 种。

① 直接申报。直接申报是纳税人需在规定的纳税申报期限内，到主管税务机关窗口报送纳税申报表。

② 电话申报。电话申报就是纳税人在法定的纳税申报期限内，通过拨打特定服务电话，根据语音提示输入相应信息后，银行从纳税人账户或信用卡上直接扣款完成税款划解，并将征收信息实时传输至税务机关，最终完成纳税申报的方式。

③ 银行网点申报。银行网点申报，是税务机关委托银行代收代缴税款的一种方式，纳税人在法定的申报期限内到银行网点进行申报，银行从纳税人账户或信用卡中直接扣款完成税款划解，并将征收信息实时传输到税务机关，最终完成纳税申报的方式。

④ 网上申报。网上申报就是利用互联网这一先进的科技手段，由纳税人利用客户端软件填报各种报表后，传送到税务机关数据接收端进行申报的一种方式。

3.3 一般纳税人增值税的会计处理

3.3.1 一般纳税人增值税的会计账户、报表设置

为了分别反映增值税一般纳税人欠交增值税额和待抵扣增值税的情况，确保企业及时足额上缴增值税，避免出现企业用要在以后月份才能抵扣的进项税额抵消以前月份欠交增值税的情况，故在“应交税费”科目下设置了“应交增值税”、“未交增值税”两个明细科目。

1. “应交税费——应交增值税”账户

一般纳税人在“应交税费——应交增值税”明细账的借、贷方设置分析项目，在借方分析栏内设“进项税额”、“已交税金”、“减免税款”、“出口抵减内销产品应纳税额”和“转出未交增值税”项目；在贷方分析栏内设“销项税额”、“出口退税”、“进项税额转出”、“转出多交增值税”项目。“应交税费——应交增值税”明细账有两种设置办法：一是多栏式设置，二是设 9 个三级明细科目。两种办法的主要区别在于期末结转工作量的不同，由于第二种办法期末结转工作量大，所以本书只介绍第一种设置方法，如表 3-2 所示。

表 3-2　应交增值税明细账

年		凭证		摘要	借方						贷方					借或贷	余额
月	日	种类	编号		合计	进项税额	已交税金	减免税款	出口抵减内销产品应纳税额	转出未交增值税	合计	销项税额	出口退税	进项税额转出	转出多交增值税		

其中 9 个明细专栏具体记录的内容如下。

① “进项税额”专栏：记录企业购入货物或接受应税劳务而支付的、准予从销项税额中抵扣的增值税额。企业购入货物或接受应税劳务支付的进项税额，用蓝字登记；退回所购货物应冲销的进项税额，用红字登记。

②“已交税金”专栏：记录企业已交纳的当月应交增值税额。企业交纳的增值税额用蓝字登记；退回多交的增值税用红字登记。

③“出口抵减内销产品应纳税额”专栏：记录出口企业按规定计算的用以抵减销售产品应纳税额的应退增值税额。

④“转出未交增值税”专栏：记录企业在月份终了将本月应交未交的增值税额转入“未交增值税”明细科目的金额。

⑤“销项税额”专栏：记录企业销售货物或提供应税劳务应收取的增值税额。企业销售货物或提供应税劳务应收取的销项税额，用蓝字登记；退回销售货物应冲销的销项税额，用红字登记。

⑥“出口退税”专栏：记录出口企业按规定计算的应退增值税额。采用先征后退办法的企业计算的应退增值税额不在本专栏中反映。

⑦“进项税额转出”专栏：记录已经记入“进项税额”专栏，但因某种原因不得从销项税额中抵扣需要转出的进项税额，以及出口货物按规定不得退回的进项税部分。

⑧“转出多交增值税”专栏：记录企业月末转出当月多交的增值税的金额。

⑨“转出未交增值税”专栏：记录企业月末转出当月应交未交的增值税的金额。

2.“应交税费——应交增值税”账户

期末的多交或未交增值税额从“应交税费——应交增值税”账户结转至“应交税费——未交增值税”账户（见表3-3）。期末，该账户如果为借方余额，反映多交的增值税额；如果为贷方余额，反映未交的增值税额。

表3-3　应交税费——未交增值税

年		凭证号	摘　要	借　方		贷　方	借或贷	余　额
月	日			转入多交增值税	上交未交增值税	转入未交增值税		

一般纳税人在应交税费下设置“未交增值税”明细账，将多缴税金从“应交增值税”的借方余额中分离出来，解决了多缴税额和未抵扣进项税额混为一谈的问题，使增值税的多缴、未缴、应纳、欠税、留抵等项目一目了然，为申报表的正确编制提供了条件。

3. 增值税报表设置

企业除定期编制财务会计报告、增值税纳税申报表及其附表外，还应按期编制“应交增值税明细表”作为“资产负债表”的附表报送主管税务机关，小规模纳税人可以不填列该表。应交增值税明细表是根据一般纳税人“应交增值税”和“未交增值税”两个二级账的有关数额填写，反映企业应交、已交、欠交、多交、减免、未抵扣的增值税情况。具体格式如表3-4。

表3-4　应交增值税明细表

编制单位：　　　　×年×月　　　　单位：元

项　目	行次	本月数	本年累计数
一、应交增值税			
1. 年初未抵扣数（以负数反映）	1	×	

续表

项　　目	行次	本月数	本年累计数
2．销项税额	2		
出口退税	3		
进项税额转出	4		
转出多交增值税	5		
	6		
	7		
3．进项税额	8		
已交税金	9		
减免税款	10		
出口抵减内销产品应纳税额	11		
转出未交增值税	12		
	13		
4．期末未抵扣数（用“—”号填制）	14	×	
二、未交增值税			
1．年初未交数（多交数以“—”号填列）	15	×	
2．本期转入数（多交数以“—”号填列）	16		
3．本期已交数	17		
4．期末未交数（多交数以“—”号填列）	18	×	

3.3.2 一般纳税人增值税销项税额的会计处理方法

一般纳税人应当根据增值税暂行条例以及有关规定，区别不同情况对销项税额做相应的处理。

1. 正常销售销项税额的会计处理

企业销售存在多种结算方式，不同结算方式下增值税销项税额的会计处理并不完全相同。

（1）采用直接收款方式销售的会计处理

采取直接收款方式销售货物，不论货物是否发出，均于收到销售额或取得索取销售额的凭证，并将提货单交给购买方的当天，确认销售额和纳税义务的发生，借记“银行存款”、“应收账款”等账户，贷记“主营业务收入”、“应交税费——应交增值税（销项税额）”账户。

【例 3-1】 翔远公司销售货物一批，采取直接收款方式销售。开出增值税专用发票注明货款 30 000 元，增值税额 5 100 元。已经取得购货方的支票并将提货单交给购货方。

销售时：

借：银行存款　　35 100

　贷：主营业务收入　　30 000

　　　应交税费——应交增值税（销项税额）　　5 100

（2）托收承付和委托收款销售方式的会计处理

企业采取托收承付和委托银行收款方式销售货物，其纳税义务发生时间为发出货物并办妥托收手续的当天。借记“应收账款”等账户，贷记“主营业务收入”、“应交税费——应交增值税（销项税额）”账户。

（3）采用预收货款结算方式销售的会计处理

按税法规定，采取预收货款方式销售货物，纳税义务发生时间为货物发出的当天。企业向购货单位预收货款时，借记“银行存款”账户，贷记“预收账款”账户；发出商品时，借记“预收账款”账户，贷记“主营业务收入”、“应交税费——应交增值税（销项税额）”账户；收到剩余款项时，借记“银行存款”账户，贷记“预收账款”账户；退回多付的款项时，借记“预收账款”账户，贷记“银行存款”账户。

【例 3-2】 甲公司 8 月 15 日向乙公司销售货物一批，合同金额为 30 000 元，8 月 15 日乙公司已预付 10 000 元货款。9 月 10 日甲公司发货，同时开出增值税专用发票，注明销售额 30 000 元，增值税 5 100 元，乙公司收到货物和发票后补齐剩余款项。

8 月 15 日预收款项时：

借：银行存款	10 000	
贷：预收账款		10 000

9 月 10 日发出货物时：

借：预收账款	35 100	
贷：主营业务收入		30 000
应交税费——应交增值税（销项税额）		5 100

收到余款时：

借：银行存款	25 100	
贷：预收账款		25 100

（4）采取分期收款方式销售货物的会计处理

【例 3-3】 甲公司 3 月 9 日向乙公司以分期收款方式销售货物，销售额为 54 000 元，该批货物成本为 36 000 元，货物已经发出。按合同规定货款分 3 月 9 日、4 月 9 日、5 月 9 日三次付清，本月 9 日为第一次约定付款日。开出增值税专用发票注明销售额 18 000 元，增值税 3 060 元，货款尚未收到。

3 月 9 日发出商品时：

借：分期收款发出商品	36 000	
贷：库存商品		36 000

合同约定付款日为纳税义务的发生时间，应确认收入的实现，同时结转确认收入部分的成本。

借：应收账款	21 060	
贷：主营业务收入		18 000
应交税费——应交增值税（销项税额）		3 060

结转已销产品成本＝36 000×(18 000÷54 000)＝12 000（元）

借：主营业务成本	12 000	
贷：分期收款发出商品		12 000

在以后约定的收款日，作相同的账务处理。

2. 视同销售行为销项税额的会计处理

视同销售是税法上的概念，是相对于销售货物的行为而言，指那些不符合“销售”概念但仍需核算纳税的提供货物的行为，目前，增值税条例列举了 8 种视同销售行为。在这些视同销售行为中，在会计核算时应确认为主营业务收入的包括 5 种：一是将货物交付他人代销；二是采取视同买断方式销售代销货物；三是将自产、委托加工或购买货物对外投资；四是将自产、委托加工或购买货物分配给股东或投资者；五是将自产、委托加工货物用于职工福利或个人消费。其余视同销售行为在会计上不作为销售处理。

（1）委托代销时，委托方和受托方的销项税额的会计处理

按税法规定，将货物交付他人代销和销售代销货物均视同销售行为，计算销项税额。

纳税人接受他人委托，为其代销货物分为两种情况：一是作为自购自销处理，不涉及手续费问题；二是按委托方的代销价销售货物，货物销售后，扣除手续费，余款如数归还委托方，两者的会计处理不同。

如果采用受托方收取手续费方式代销的，委托方发出代销商品时，借记“委托代销商品”账户，贷记“库存商品”账户。收到受托单位的代销清单，按代销清单上注明的已销商品货款，按应收的款项，借记“应收账款”等账户，按实现的收入，贷记“主营业务收入”，按开出增值税专用发票注明的销项税额，贷记“应交税费——应交增值税（销项税额）”账户，按应支付的代销手续费，借记“营业费用”账户，贷记“应收账款”等账户。

受托方收到代销商品时，借记“受托代销商品”账户，贷记“代销商品款”账户。售出受托代销商品后，按销售额和应收取的增值税额，借记“银行存款”、“应收账款”等账户，按应收取的增值税额，贷记“应交税费——应交增值税（销项税额）”账户，按应付给委托单位的款项，贷记“应付账款”账户。与委托单位结算时，按从委托方取得的专用发票上注明的增值税额，借记“应交税费——应交增值税（进项税额）”账户，按应付给委托单位的款项，贷记“应付账款”账户，应收取的手续费时，贷记“主营业务收入”、“其他业务收入”等账户，按其差额，贷记“银行存款”账户。同时借记“代销商品款”账户，贷记“受托代销商品”账户。

如果纳税人将代销货物作为自购自销处理，应在销售货物时，为购买方开具专用发票（不得开具情形除外），专用发票填制方法及会计分录编制方法，与自购自销处理方法相同。

纳税人与委托方结算时，按双方合同所列代销价款及应负担的增值税额，连同代销商品清单一同交还委托方，委托方为其开具专用发票，作为纳税人进货专用发票。按货物金额，借记“应付账款”、“应交税费——应交增值税（进项税额）”账户，按价税合计，贷记“银行存款”等账户。

【例 3-4】 远达工厂委托华美商场代销商品，商场按工厂规定价格销售，每件商品零售价 117 元，每件商品成本为 60 元。远达工厂给商场每件商品 10 元的代销费。5 月远达工厂发出代销商品 1 000 件，华美商场实现销售 600 件，双方已经结算款项。双方均为一般纳税人，适用增值税税率 17%。

A 委托方的会计处理：

① 发出代销商品时

借：委托代销商品	60 000	
贷：库存商品		60 000

② 收到代销清单时

每件商品不含税销售额=117÷(1+17%)=100（元）

销项税额=100×600×17%=10 200（元）

借：应收账款	70 200	
贷：主营业务收入		60 000
应交税费——应交增值税（销项税额）		10 200

③ 计算应支付的代销手续费时

借：营业费用	6 000	
贷：应收账款		6 000

④ 收到代销款时

借：银行存款　　64 200

　　贷：应收账款　　64 200

B 受托方的会计处理：

① 收到代销商品时

借：受托代销商品　　117 000

　　贷：代销商品款　　117 000

② 售出 600 件商品时

借：银行存款　　70 200

　　贷：应交税费——应交增值税（销项税额）　　10 200

　　　　应付账款　　60 000

③ 收到委托方的专用发票时

借：应交税费－应交增值税（进项税额）　　10 200

　　贷：应付账款　　10 200

④ 支付扣除手续费后的代销款时

借：应付账款　　70 200

　　贷：其他业务收入　　6 000

　　　　银行存款　　64 200

（2）将自产或委托加工的货物用于非应税项目的会计处理

非应税项目是指提供非应税劳务（即除了加工、修理、修配外的劳务）、转让无形资产、销售不动产和固定资产、在建工程等。企业将自产或委托加工的货物用于非应税项目时，应按自产或委托加工货物的成本与税务机关核定的货物计税依据乘以适用税率计算的应纳增值税之和，借记“其他业务成本”、“在建工程”等账户，按自产或委托加工货物的成本，贷记“库存商品”、“委托加工物资”等账户，按计算的应纳增值税，贷记“应交税费－应交增值税（销项税额）”账户。

【例 3-5】 企业将自己生产的产品 200 件，用于在建工程。产品单位成本 15 000 元，同类产品对外销售价格为 18 000 元/件，该产品增值税税率 17%。

销项税额=18 000×100×17%=306 000（元）

借：在建工程　　3 306 000

　　贷：库存商品　　3 000 000

　　　　应交税费——应交增值税（销项税额）　　306 000

（3）将自产、委托加工的货物用于集体福利或个人消费的会计处理

企业将自产、委托加工的货物用于集体福利或个人消费时，按移送使用货物的公允价值加上应支付的相关税费，借记“应付职工薪酬”账户，按分配资产已计提的跌价准备，借记“存货跌价准备”账户，按移送使用货物的公允价值，贷记“主营业务收入”账户，按移送使用货物应支付的增值税额，贷记“应交税费——应交增值税（销项税额）”账户，同时结转成本。

【例 3-6】 某企业将自己生产的 A 产品 800 个，生产成本 100 元/个，售价 150 元/个，用于职工福利发给职工（无存货跌价准备），该产品增值税税率 17%。

销项税额=150×800×17%=20 400（元）

借：应付职工薪酬　　140 400

　　贷：主营业务收入　　120 000

　　　　应交税费——应交增值税（销项税额）　　20 400

借：主营业务成本　　80 000

　　贷：库存商品　　80 000

（4）将自产、委托加工或购买的货物作为投资的会计处理

将自产、委托加工或购买的货物作为投资时，按投出资产的公允价值加上应支付的相关税费，借记“长期股权投资”、“长期债权投资”等账户，按投资资产已计提的跌价准备，借记“存货跌价准备”账户，按投出资产的公允价值，贷记“主营业务收入”等账户，按投出资产应支付的增值税额，贷记“应交税费——应交增值税（销项税额）”账户，按应支付的相关税费，贷记“银行存款”账户。同时结转投出资产的成本。

【例 3-7】 甲公司以库存商品作为投资，取得乙公司的长期股权，该库存商品的账面余额为 71 万元，已计提存货跌价准备 2 万元。当期同类产品的不含税售价为 80 万元，在交易过程中以银行存款支付手续费 1 000 元。该产品增值税税率 17%。

销项税额=800 000×17%=136 000（元）

借：长期股权投资　　917 000

　　存货跌价准备　　20 000

　　贷：应交税费——应交增值税（销项税额）　　136 000

　　　　银行存款　　1 000

　　　　主营业务收入　　800 000

借：主营业务成本　　710 000

　　贷：库存商品　　710 000

（5）将自产、委托加工或购买的货物分配给股东或投资者的会计处理

企业将自产、委托加工或购买的货物分配给股东或投资者，按分配货物的公允价值加上应支付的相关税费，借记“应付股利”账户，按分配货物已计提的跌价准备，借记“存货跌价准备”账户，按分配货物的公允价值，贷记“主营业务收入”等账户，按分配货物支付的增值税额，贷记“应交税费——应交增值税（销项税额）”账户，按应支付的相关税费，贷记“银行存款”账户。

【例 3-8】 A 公司以自产的产品作为实物股利分配给投资者。该库存商品的账面余额为 11 万元，已计提存跌价准备 2 万元，当期同类产品的不含税售价为 16 万元。在交易的过程中 A 公司以银行存款支付手续费 1 000 元。

销项税额=160 000×17%=27 200（元）

借：应付股利　　168 200

　　存货跌价准备　　20 000

　　贷：应交税费——应交增值税（销项税额）　　27 200

　　　　主营业务收入　　160 000

　　　　银行存款　　1 000

借：主营业务成本　　110 000

　　贷：库存商品　　110 000

（6）将自产、委托加工或购买的货物无偿赠送他人的会计处理

企业将自产、委托加工或购买的货物无偿赠送他人，按移送使用货物的账面价值加上应支付的相关税费，借记“营业外支出”账户，按移送使用资产已计提的跌价准备，借记“存货跌价准备”账户，按移送使用资产的账面余额，贷记“库存商品”等账户，按应支付的增值税，贷记“应交税费——应交增值税（销项税额）”账户，按应支付的相关税费，贷记“银行存款”账户。

【例 3-9】 英才文具厂将自产的文具直接捐赠给某希望小学，捐赠文具的账面余额为 150 000 元，无存货跌价准备。当期同类产品的不含税售价为 17 000 元，增值税税率 17%。

销售税额=17 000×17%=2 890（元）

借：营业外支出　　17 890

　　贷：库存商品　　15 000

　　　　应交税费——应交增值税（销项税额）　　2 890

（7）设有两个以上机构并实行统一核算的纳税人，将货物从一个机构移送其他机构（不在同一县、市）的会计处理

发出货物机构应按税务机关核定的计税价格，开出增值税专用发票，借记“应收账款”、“银行存款”等账户，贷记“应交税费——应交增值税（销项税额）”账户。

接受货物的机构按取得的专用发票，借记“应交税费——应交增值税（进项税额）”账户，贷记“应付账款”、“银行存款”等账户。由于两个机构实行统一核算，因此移送货物时，只需完成税务处理，不需确认收入。

3. 特殊销售行为销项税额的会计处理

（1）以旧换新销售的会计处理

采取以旧换新方式销售货物的，应按新货物的同期销售价格确定销售额，不得扣减旧货物的收购价格，回收的商品作为购进商品处理。按实际收取的差价款，借记“银行存款”等账户，按收回旧货物的抵偿价值，借记“库存商品”等账户，按新货物的销售额，贷记“主营业务收入”账户，按以销售额计算的增值税额，贷记“应交税费——应交增值税（销项税额）”账户。

【例 3-10】 某商场采用以旧换新方式销售电冰箱，电冰箱零售价格为每台 4 680 元，同品牌的旧冰箱回收价为 200 元，顾客交回新旧电冰箱的差价 4 480 元，可得到一台新冰箱。某月按此方式销售冰箱 2 台。

销项税额=4 680÷(1+17%)×17%×2=1 360（元）

借：现金　　8 960

　　库存商品——旧冰箱　　400

　　贷：主营业务收入　　8 000

　　　　应交税费——应交增值税（销项税额）　　1 360

（2）折扣销售销项税额的会计处理

商业折扣是指销货方在销售货物或应税劳务时，因购货方购货数量较大等原因而给予购货方的价格优惠。税法规定，在折扣销售方式下，只有销售额和折扣额在同一张发票上分别注明的，才能按折扣后的余额作为计税销售额，否则不得从销售额中减去折扣额。

企业按实收金额，借记“应收账款”、“银行存款”账户，按扣除折扣额后的销售额，贷记“主营业务收入”账户。

【例 3-11】某商场从某企业购入电冰箱 100 台，每台销售额 3 000 元（不含税），经协商，企业给予 10%的商业折扣，折扣额和销售额开在同一张专用发票上，货物已发出。

销项税额=3 000×100×90%×17%=45 900（元）

借：应收账款　　315 900

　　贷：主营业务收入　　270 000

　　　　应交税费——应交增值税（销项税额）　　45 900

销售折扣即现金折扣是指销货方在销售货物或提供应税劳务后，为了鼓励购货方及早偿还货款而给予购货方的一种折扣优惠。例如：10天内付款，折扣3%，30天内全款付款。企业在发出商品时，按照销售全额和增值税额借记“应收账款”账户，贷记“主营业务收入”、“应交税费——应交增值税（销项税额）”账户。发生折扣时，计入“财务费用”账户。在销售折扣方式下，无论购货方是否享受折扣，不影响销货方增值税额的计算。

（3）销售折让与退回的核算

销售折让与退回都是在货物销售后，由于品种、质量等原因而给予购货方退货或未予退货而给予购货方的价格折让。由于这种退货或折让是货物本身品种、质量引起的销售额的减少，因此在手续完备的情况下，税法规定允许从退货或折让当期销售额中扣减退货额或折让额。

【例3-12】 翔远公司7月份销售的B产品因质量原因经双方协商同意由翔远公司给予购货方10%的折让，翔远公司8月份收到购货方转来的证明单，所列折让价款40 000元，折让税额6 800元。翔远公司根据证明单开出红字增值税专用发票，货款当即汇出。

翔远公司账务处理如下：

借：主营业务收入	40 000	
贷：银行存款		46 800
应交税费——应交增值税（销项税额）		6 800

（4）混合销售行为销项税额的会计处理

一项销售行为如果既涉及增值税应税货物又涉及非应税劳务，为混合销售行为。混合销售行为应按主业划分原则来确定是征收增值税还是征收营业税。

如果属于征收增值税的混合销售行为，企业应按销售货物和提供非应税劳务收取的款项合计金额，借记“应收账款”、“银行存款”等账户，按货物的销售额贷记“主营业务收入”账户，按非应税劳务的营业额，贷记“其他业务收入”账户，按货物与非应税劳务的销售额合计乘以适用税率计算应纳增值税额，贷记“应交税费——应交增值税（销项税额）”账户。

【例3-13】 某企业为增值税一般纳税人，某月销售产品取得280 000元销售额，已开出专用发票，注明税额为47 600元。在销售过程中，为部分客户提供有偿送货服务，车队取得运费收入23 400元。

混合销售行为的销项税额=[280 000+23 400÷(1+17%)]×17%=51 000（元）

借：银行存款（或应收账款）	351 000	
贷：主营业务收入		280 000
其他业务收入		20 000
应交税费——应交增值税（销项税额）		51 000

（5）兼营行为销项税额的会计处理

兼营行为是指增值税纳税人在从事应税货物销售或提供应税劳务的同时，还提供非应税劳务的行为。

货物的销售和非应税劳务的提供不在同一项销售行为中，没有直接的联系。税法规定，纳税人应分别核算货物或应税劳务和非应税劳务的销售额，对货物或应税劳务、非应税劳务按各自适用的税率计算应纳税额。如果不分别核算或者不能准确核算货物或应税劳务和非应税劳务销售额的，货物或应税劳务和非应税劳务的销售额一并征收增值税。

在销售额能够分别核算的情况下，企业应按销售货物或提供非应税劳务应收取的款项，借记“应收账款”、“银行存款”等账户，按货物的销售额或非应税劳务的营业额，贷记“主营业务收入”、“其他业务收入”账户，按货物的销售额乘以适用税率计算的应纳增值税额，贷记“应交税费——应交增值税（销项税额）”账户；按非应税劳务的营业额乘以适用的税率计算的应纳营业税额，借记“营业税金及附加”账户，贷记“应交税费——应交营业税”账户。

在销售额不能够分别核算或不能准确核算的情况下，企业应按销售货物或提供非应税劳务应收取的款项，借记“应收账款”、“银行存款”等账户，按货物的销售额或非应税劳务的营业额，贷记“主营业务收入”、“其他业务收入”账户，按货物的销售额和非应税劳务的营业额的合计乘以适用税率计算的应纳增值税额，贷记“应交税费——应交增值税（销项税额）”账户。

（6）包装物销售及没收押金的会计处理

① 包装物销售的会计处理。包装物随同产品出售单独计价，按照税法规定，应作为销售计算应纳增值税，借记“银行存款”、“应收账款”等账户，贷记“主营业务收入”、“其他业务收入”、“应交税费——应交增值税（销项税额）”等账户。

【例 3-14】 某企业销售带包装物的产品 100 件，包装物单独计价。增值税专用发票注明货款为 19 000 元，包装物销售价款为 2 000 元，增值税额为 3 230 元，款已收到，存入银行。该产品增值税税率 17%。

销项税额=(19 000+2 000)×17%=3 230（元）

借：银行存款	24 230	
贷：主营业务收入		19 000
应交税费——应交增值税（销项税额）		3 230
其他业务收入		2 000

② 出租包装物的会计处理。企业在销售货物的同时向购买方收取的包装物租金，属于应当计入销售额的价外费用，计入“其他业务收入”账户，并计算增值税。如果企业没有发生销售行为仅仅是出租包装物而向承租方收入的租金，其收入属于营业税的应税范围。

需要注意的是，对于增值税一般纳税人向购买方收取的价外费用，应视为含税收入，在征税时换算为不含税收入再并入销售额计算增值税。

【例 3-15】 甲公司 8 月 1 日销售 A 产品一批，货款 290 000 元，增值税额 49 300 元，随同产品出租包装物 1 000 件，收取一个月的租金 468 元。该产品增值税税率 17%。

包装物租金的增值税销项税额=468÷(1+17%)×17%=68（元）

借：银行存款	339 768	
贷：主营业务收入		290 000
应交税费——应交增值税（销项税额）		49 368
其他业务收入		400

③ 逾期未归还的包装物，没收押金的会计处理。

销售货物收取的包装物押金，逾期没有归还，首先将含税的包装物押金换算为不含税的价格，再计入其他业务收入征税。没收包装物押金适用的是包装货物的适用税率。

对销售除啤酒、黄酒外的其他酒类产品收取的包装物押金，不适用此规定，不论包装物押金是否归还，一并计入酒类产品销售额中征税。

【例 3-16】 某厂某月销售饮料取得不含税收入 25 000 元，收取的包装物押金为 1 000 元。本月有 5 850 元以前月份收取的包装物押金到期，客户退来包装物价值 3 510 元，剩余 2 340 元押金予以没收。

销售产品时：

借：银行存款　　29 250

　　贷：主营业务收入　　25 000

　　　　应交税费——应交增值税（销项税款）　　4 250

收取押金时：

借：银行存款　　1 000

　　贷：其他应付款　　1 000

逾期未归还包装物押金的会计处理：

销项税额=2 340÷(1+17%)×17%=340（元）

借：其他应付款　　5 850

　　贷：银行存款　　3 510

　　　　其他业务收入　　2 000

　　　　应交税费——应交增值税（销售税额）　　340

（7）非货币性资产交换的会计处理

货币性资产，是指企业持有的货币资金和将以固定或可确定的金额收取的资产，包括现金、银行存款、应收账款和应收票据以及准备持有到期的债券投资等。

非货币性资产，是指货币性资产以外的资产。

非货币性资产交换，是指交易双方主要以存货、固定资产、无形资产和长期股权投资等非货币性资产进行的交换。该交换不涉及或只涉及少量的货币性资产（即补价）。

认定涉及少量货币性资产的交换为非货币性资产交换，通常以补价占整个资产交换金额的比例低于25%作为参考。支付的货币性资产占换入资产公允价值（或占换出资产公允价值与支付的货币性资产之和）的比例低于25%（不含25%）的，视为非货币性资产交换；高于25%（含25%）的，则视为货币性资产取得非货币性资产。

如果非货币性资产交换具有商业实质，且换入资产或换出资产的公允价值能够可靠地计量的，应以公允价值作为确认和计量的依据，否则，应以账面价值进行确认与计量。

通常认为，满足下列条件之一的非货币性资产交换具有商业实质：

第一，换入资产的未来现金流量在风险、时间和金额方面与换出资产显著不同。

第二，换入资产与换出资产的预计未来现金流量现值不同，且其差额与换入资产和换出资产的公允价值相比是重大的。

① 以公允价值计量的会计处理

Ⅰ. 不涉及补价

非货币性资产交换具有商业实质，且换入资产或换出资产的公允价值能够可靠地计量的，如果不涉及补价，应当以换出资产的公允价值和应支付的相关税费作为换入资产的成本，公允价值与换出资产账面价值的差额计入当期损益。

换入资产的成本＝换出资产的公允价值＋应支付的相关税费－可抵扣的增值税进项税额＋应支付的增值税销项税额

Ⅱ. 涉及补价

企业在按照公允价值和应支付的相关税费作为换入资产成本的情况下，发生补价的，应当分别下列情况处理：

支付补价的，应当以换出资产的公允价值加上支付的补价（或换入资产的公允价值）和应支付的相关税费，作为换入资产的成本：

换入资产的成本＝(换出资产的公允价值+支付的补价)+应支付的相关税费－可抵扣的增值税进项税额＋应支付的增值税销项税额

收到补价的，应当以换出资产的公允价值减去补价（或换入资产的公允价值）加上应支付的相关税费，作为换入资产的成本：

换入资产的成本＝(换出资产的公允价值－收到的补价)+应支付的相关税费－可抵扣的增值税进项税额+应支付的增值税销项税额

② 以账面价值计量的会计处理

Ⅰ. 不涉及补价

非货币性资产交换不具有商业实质的，换入资产或换出资产的公允价值不能可靠计量的，如果不涉及补价，应当以换出资产的账面价值和应支付的相关税费作为换入资产的成本，不确认损益。

换入资产的成本＝换出资产的账面价值＋应支付的相关税费－可抵扣的增值税进项税额＋应支付的增值税销项税额

Ⅱ. 涉及补价

企业在按照换出资产的账面价值和应支付的相关税费作为换入资产成本的情况下，发生补价的，应当分别下列情况处理：

支付补价的，应当以换出资产的账面价值，加上支付的补价和应支付的相关税费，作为换入资产的成本，不确认损益；

换入资产的成本＝换出资产的账面价值＋支付的补价＋应支付的相关税费－可抵扣的增值税进项税额＋应支付的增值税销项税额

收到补价的，应当以换出资产的账面价值，减去收到的补价并加上应支付的相关税费，作为换入资产的成本，不确认损益；

换入资产的成本＝换出资产的账面价值－收到的补价＋应支付的相关税费－可抵扣的增值税进项税额＋应支付的增值税销项税额

【例 3-17】 甲公司以账面价值为 180 000 元、公允价值为 200 000 元的 A 材料，换入乙公司账面价值为 220 000 元，公允价值为 200 000 元的 B 材料，甲公司支付税费 3 000 元，乙公司支付税费 5 000 元。假设增值税率均为 17%，假设双方交易具有商业实质，且 A、B 材料公允价值可靠。

甲公司账务处理如下：

由于双方交易具有商业实质，该项非货币性资产交换应采用公允价值计价：

收到材料的入账价值=200 000+3 000=203 000（元）

收到材料入账时，根据有关原始凭证：

借：原材料——B 材料	203 000	
应交税费——应交增值税（进项税额）	34 000	
贷：主营业务收入		200 000
应交税费——应交增值税（销项税额）		34 000
银行存款		3 000

根据有关凭证结转成本时：

借：主营业务成本	180 000	
贷：原材料——A 材料		180 000

乙公司账务处理如下：

收到材料的入账价值＝200 000+5 000＝205 000（元）

收到材料入账时，根据有关原始凭证：

借：原材料——A 材料　　205 000

　　应交税费——应交增值税（进项税额）　　34 000

　　贷：银行存款　　5 000

　　　　主营业务收入　　200 000

　　　　应交税费——应交增值税（销项税额）　　34 000

根据有关凭证结转成本时：

借：主营业务成本　　220 000

　　贷：原材料——B 材料　　220 000

【例 3-18】 仍以上例资料，假设双方交易不具有商业实质，不能可靠计量其公允价值。

由于交易不具有商业实质，因此该交易应采用账面价值计价：

甲公司账务处理如下：

收到材料的入账价值=180 000+3 000=183 000（元）

借：原材料——B 材料　　183 000

　　应交税费——应交增值税（进项税额）　　34 000

　　贷：原材料——A 材料　　180 000

　　　　应交税费——应交增值税（销项税额）　　34 000

　　　　银行存款　　3 000

乙公司账务处理如下：

收到材料的入账价值=220 000+5 000=225 000（元）

借：原材料——A 材料　　225 000

　　应交税费——应交增值税（进项税额）　　34 000

　　贷：原材料——B 材料　　220 000

　　　　应交税费——应交增值税（销项税额）　　34 000

　　　　银行存款　　5 000

3.3.3 一般纳税人增值税进项税额的会计处理方法

增值税进项税额会计处理的关键在于：严格把握哪些进项税额可以抵扣，哪些进项税额不得抵扣，并分别进行会计处理。

1. 允许抵扣的进项税额的会计处理

（1）正常外购业务进项税额的会计处理

增值税一般纳税人从国内采购原材料、新《条例》中可抵扣进项税的固定资产等货物，并取得增值税专用发票的，应按取得增值税专用发票上注明的增值税额，借记“应交税费——应交增值税（进项税额）”账户，按确定的货物价值（不含增值税）借记“原材料”、“固定资产”等账户，按应付或实际支付的金额，贷记“应付账款”或“银行存款”等账户。

【例 3-19】 翔远公司购入原材料 400 吨，取得增值税专用发票上注明价款 40 000 元，增值税额 6 800 元，货物已验收入库，支付给承运企业运输费 1 000 元，取得运输普通发票。上述款项已通过银行支付。

可抵扣的进项税额=6 800+1 000×7%=6 870（元）

借：原材料（或在途物资）　　40 930

　　应交税费——应交增值税（进项税额）　　6 870

　　贷：银行存款　　47 800

【例 3-20】 某企业为增值税一般纳税人，6 月份购入机器设备一台，销货方开具的增值税专用发票上注明价款 35 000 元，增值税 5 950 元。款项以银行存款支付，设备直接交付使用。

借：固定资产　　35 000

　　应交税费——应交增值税（进项税额）　　5 950

　　贷：银行存款　　40 950

增值税一般纳税人发生的外购业务，如果属于不得抵扣进项税额的情况，纳税人支付的增值税额不能在“应交税费——应交增值税（进项税额）”账户核算，而应当将其计入外购货物或劳务的成本中。即按照该业务应支付的总金额借记“原材料”、“应付职工薪酬”等账户，贷记“银行存款”等账户。

（2）接受投资转入货物进项税额的会计处理

企业接受投资者转入的货物，按取得增值税专用发票上注明的增值税额，借记“应交税费——应交增值税（进项税额）”账户，按确定的货物价值（不含增值税）借记“原材料”等账户，按其在注册资本中所占的份额，贷记“实收资本”或“股本”账户，按其差额贷记“资本公积”账户。

【例 3-21】 甲公司接受乙公司以原材料进行投资，取得增值税专用发票，注明双方确认价值 800 000 元，增值税 136 000 元。

借：原材料　　800 000

　　应交税费——应交增值税（进项税额）　　136 000

　　贷：实收资本　　936 000

（3）接受捐赠货物进项税额的会计处理

企业接受捐赠的货物，按照增值税专用发票上注明的增值税税额，借记“应交税费——应交增值税（进项税额）”科目，按会计准则确定的货物的入账价值，借记“原材料”、“库存商品”、“固定资产”等账户；按税法确认的接受捐赠货物的价值，贷记“待转资产价值——接受捐赠非货币性资产价值”科目，按企业因接受捐赠而支付或应付的金额，贷记“银行存款”、“应交税费”等科目。

税法规定，企业接受捐赠的资产，应按税法规定确定的入账价值确认为捐赠收入，并入当期的应纳税所得额，计算交纳企业所得税。但金额较大的，可以分 5 年计入应纳税所得额。具体金额应由主管税务机关审核确定。

企业应按照当期应计入应税所得额的待转捐赠资产价值，借记“待转资产价值——接受捐赠货币性资产价值”，或“待转资产价值——接受捐赠非货币性资产价值”科目，按照当期应计入应税所得额的待转捐赠资产价值与现行所得税税率计算的应缴所得税金额，贷记“应缴税费——应交所得税”科目，按其差额，贷记“资本公积——其他资本公积（或接受捐赠非现金资产准备）”科目。

【例 3-22】 翔远公司接受丁公司捐赠的原材料一批，取得增值税专用发票，注明双方确认价值 60 000 元，增值税 10 200 元，捐赠过程中翔远公司支付手续费 2 000 元（该企业适用的所得税率为 25%，受赠方不再单独支付进项税额）。

接受捐赠时，翔远公司的处理如下：

借：原材料　　62 000

应交税费——应交增值税（进项税额）　　10 200
　　贷：待转资产价值——接受捐赠非货币性资产价值　　70 200
　　　　银行存款　　2 000

确认当期所得税费用时，翔远公司的处理如下：

应缴所得税=(60 000+10 200)×25%=17 550（元）

资本公积=60 000+10 200−17 550=52 650（元）

借：待转资产价值——接受捐赠非货币性资产价值　　70 200
　　贷：应交税费——应交所得税　　17 550
　　　　资本公积——接受捐赠非现金资产准备　　52 650

（4）接受应税劳务进项税额的会计处理

接受应税劳务，按专用发票上注明的增值税额，借记“应交税费——应交增值税（进项税额）”科目，按专用发票上注明的应当计入加工、修理修配等货物成本的金额，借记“其他业务成本”、“委托加工物资”、“制造费用”、“销售费用”、“管理费用”等科目，按应支付或实际支付的金额，贷记“银行存款”、“应付账款”等科目。

【例 3-23】 翔远公司为增值税一般纳税人，将价值 30 000 元的材料（非应税消费品）运往某加工厂进行加工，加工完毕收回时，取得加工厂开具的增值税专用发票，注明加工费 3 000 元，增值税 510 元，货物验收入库，加工费尚未支付。

① 发出原材料时：

借：委托加工物资　　30 000
　　贷：原材料——×材料　　30 000

② 收到加工费专用发票时：

借：委托加工物资　　3 000
　　应交税费——应交增值税（进项税额）　　510
　　贷：应付账款　　3 510

③ 加工收回的材料入库时：

借：原材料　　33 000
　　贷：委托加工物资　　33 000

（5）进口货物进项税额的会计处理

企业进口货物，按照海关提供的完税凭证上注明的增值税税额，借记“应交税费——应交增值税（进项税额）”科目；按照进口货物应记入采购成本的金额，借记“材料采购”、“原材料”等科目；按照应付或实际支付的金额，贷记“应付账款”、“银行存款”等科目。

【例 3-24】 某进口公司从境外进口货物一批（非应税消费品），关税完税价格折合人民币 12 万元，该货物适用的关税税率为 15%，增值税率为 17%。货物已验收入库，货款尚未支付。

应纳关税=120 000×15%=18 000（万元）

应纳增值税=(120 000+18 000)×17%=23 460（万元）

借：原材料　　138 000
　　应交税费——应交增值税（进项税额）　　23 460
　　贷：应付账款　　161 460

（6）购进免税农产品的会计处理

企业购进免税农产品时，按买价和 13%的扣除率计算增值税进项税额，借记“应交税费——应交增值税（进项税额）”科目，按买价扣除该进项税额后的数额，借记“原材料”、“库存商品”等科目，按实际支付的价款，贷记“银行存款”等科目。

【例 3-25】 甲公司某月向农业生产者购买免税农产品一批，买价 40 000 元，农产品已验收入库，货款已用银行存款支付。

会计处理如下：

允许抵扣的进项税额=40 000×13%=5 200（元）

借：原材料	34 800	
应交税费——应交增值税（进项税额）	5 200	
贷：银行存款		40 000

（7）发生退货或购货折让时进项税额的会计处理

购货方要求退货或折让时，如果尚未做出账务处理，只需将购货的“发票联”和“税款抵扣联”退还给销货方即可；如果已经做出账务处理，无法将购货的“发票联”和“税款抵扣联”退还给销货方，则须取得当地主管税务机关开具的进货退出或索取折让证明单，销售方以此开具红字专用发票，购货方根据红字专用发票的“发票联”和“税款抵扣联”冲减退货当期的进项税额。

【例 3-26】 翔远公司发现 7 月份购入的甲材料质量不合格，翔远公司要求对方办理了退货，对方开具红字专用发票上注明的价款为 2 000 元，增值税额 340 元，款项已通过银行收讫。

根据红字专用发票，翔远公司应编制如下会计分录：

借：银行存款	2 340	
应交税费——应交增值税（进项税额）	340	
	（方框表示冲销）	
贷：原材料		2 000

2. 进项税额转出的会计处理

企业购进货物、接受的应税劳务用于非应税项目，或者原材料、在产品、产成品等发生非正常损失，由于其原来的进项税额不能形成销项税额，其进项税额不准予从销项税额中抵扣，否则会使应纳税额流失。

（1）外购货物或应税劳务改变用途的会计处理

企业将本应用于应税项目的外购货物或应税劳务，用于非应税项目、免税项目、集体福利或个人消费等其他方面的，需要将原来已计入“应交税费——应交增值税”借方的进项税额，从“应交税费——应交增值税”的贷方转出，即借记有关成本、费用、损失账户，贷记“应交税费——应交增值税（进项税额转出）”账户。

【例 3-27】 翔远公司（一般纳税人）将已抵扣进项税额的库存原材料 5 吨用于在建工程，该批材料的实际成本为 45 000 元。

借：在建工程	52 650	
贷：原材料		45 000
应交税费——应交增值税（进项税额转出）		7 650

【例 3-28】 环宇商城（一般纳税人）3 月份购进 1000 箱饮料，每箱 40 元，取得增值税专用发票上注明价款为 40 000 元，增值税额为 6 800 元，货已验收入库，并支付全部货款。5 月份将其中的 200 箱作为福利分给职工。

3 月份购入 1000 箱饮料时：

借：库存商品　　40 000
　　应交税费——应交增值税（进项税额）　　6 800
　　贷：银行存款　　46 800

5 月份作为福利分给职工时：

应转出的进项税额=6 800×(200÷1 000)=1 360（元）

借：应付职工薪酬　　9 360
　　贷：库存商品　　8 000
　　　　应交税费——应交增值税（进项税额转出）　　1 360

（2）购进货物用于免税项目的会计处理

【例 3-29】 某企业本月全部进项税额为 38 000 元，销售总额为 640 000 元，其中免税销售额为 160 000 元。

不得抵扣的进项税额＝38 000×(160 000÷640 000)＝9 500（元）

借：主营业务成本　　9 500
　　贷：应交税费——应交增值税（进项税额转出）　　9 500

（3）非正常损失货物进项税额转出的会计处理

企业管理不善造成货物被盗、发生霉烂变质或因自然灾害造成的损失均属于非正常损失。遭受损失的可能是购进货物、在产品和产成品等，税法规定，非正常损失的购进货物和非正常损失的在产品、产成品所耗用的购进货物或者应税劳务的进项税额不得抵扣，在发生损失时，应将其进项税额和损失货物成本一起转出，借记“待处理财产损溢”账户，贷记“原材料”等账户，贷记“应交税费——应交增值税（进项税额转出）”账户。

【例 3-30】 某企业某月因遭受火灾，存放在仓库里的原材料发生损失。受损材料账面价值为 28 000 元，增值税税率为 17%。

转出的进项税额=28 000×17%=4 760（元）

借：待处理财产损溢　　32 760
　　贷：原材料　　28 000
　　　　应交税费——应交增值税（进项税额转出）　　4 760

后经有关部门批准，该损失转作营业外支出处理

借：营业外支出　　32 760
　　贷：待处理财产损溢　　32 760

3.3.4 减免增值税的会计处理

对于企业减免及返还的增值税，除国务院、财政部、国家税务总局规定有指定用途的项目外，都应通过“其他业务收入”账户核算，作为企业利润总额的组成部分。对直接减免和即征即退的增值税，应并入企业当年利润征收企业所得税；对于先征后返和先征后退的，应并入企业实际收到退税或返还税款年度的企业利润征收企业所得税。

1. 直接减免的增值税的核算

对于直接减免的增值税，按免缴的增值税额，借记“应交税费——应交增值税（减免税款）”账户，贷记“其他业务收入”账户。

2. 即征即退、先征后退（返）增值税的核算

实行即征即退、先征后退（返）办法进行减免税的企业，不通过“应交税费——应交增值税（减免税款）”账户核算，收到返还的增值税税款时，分不同情况处理。如果是按指定用途返还的，在实际收到返还款的当期，借记“银行存款”账户，贷记“实收资本——国家投入资本”等账户。如果返还款未指定用途的，按收到的退税款，借记“银行存款”账户，贷记“其他业务收入”账户。

3.3.5 一般纳税人结转及缴纳增值税的会计处理

增值税一般纳税人一般通过多栏式账页反映增值税的结转和上缴情况。

1. 结转增值税的会计处理

企业日常应在“应交税费——应交增值税”多栏式明细账中核算增值税的进项税额、销项税额、进项税额转出等项业务，月末，结出借贷方合计数和差额。

如果“应交税费——应交增值税”账户为贷方余额，表示本月应缴未缴的增值税，应将其通过“转出未交增值税”专栏转入“应交税费——未交增值税”账户的贷方。

账务处理如下：

借：应交税费——应交增值税（转出未交增值税）

　　贷：应交税费——未交增值税

如果“应交税费——应交增值税”账户为借方余额，表示本月尚未抵扣的增值税，应将其通过“转出多交增值税”专栏转入“应交税费——未交增值税”账户的借方。

账务处理如下：

借：应交税费——未交增值税

　　贷：应交税费——应交增值税（转出多交增值税）

2. 上缴增值税的会计处理

一般纳税人上缴的增值税包括上缴本期的增值税和上缴上期的增值税两种情况。上缴本期的增值税，通过“应交税费——已交税金”账户核算；上缴上期的增值税，通过“应交税费——未交增值税”账户核算。

当月缴纳当期的增值税时：

借：应交税费——应交增值税（已交税金）

　　贷：银行存款

当月缴纳上期的增值税时：

借：应交税费——未交增值税

　　贷：银行存款

3.4 小规模纳税人增值税的会计处理

小规模纳税人采用简易办法计算增值税应纳税额，不实行进项税额抵扣制度。即使购进货物取得专用发票，也不能进行税款扣除，而应将专用发票上价款和增值税税款相加作为采购成本进行账户处理。

1. 小规模纳税人增值税核算的账户

小规模纳税人在“应交税费”科目下设置“应交增值税”二级科目核算，无须再设明细账户。由于其增值税的核算比较简单，应交增值税明细账户可沿用一般的三栏式账页，见表 3-5。借方反映实际缴纳的增值税额，贷方反映当月销售货物或提供应税劳务应缴纳的增值税额及销售退回用红字冲销税额。期末余额一般在贷方，反映应缴未缴的增值税额。

表 3-5　应交增值税明细账

年		摘　要	凭证号	借　方	贷　方	余　额
月	日					

2. 小规模纳税人增值税的会计处理

小规模纳税人购进货物或接受劳务，不论收到专用发票还是普通发票，在会计上均无须反映进项税额，按实际支付的款项，借记“原材料”、“库存商品”、“物资采购”等账户。

【例 3-31】某企业（小规模纳税人）购进钢材一批，取得专用发票，上面注明价款 13 000 元，增值税 2 210 元，款项已用银行存款支付。

借：原材料　　15 210

　　贷：银行存款　　15 210

小规模纳税人销售货物时，按货物的不含税销售额，贷记“主营业务收入”账户，按货物不含税销售额与适用税率的乘积，贷记“应交税费——应交增值税”账户，按销售额与应交税费的合计，借记“银行存款”、“应收账款”等账户。

【例 3-32】 某商场为小规模纳税人，某月销售食品一批，取得零售收入 30 900 元。

不含税销售额=30 900÷(1+3%)=30 000（元）

应交增值税额=30 000×3%=900（元）

借：银行存款　　30 900

　　贷：主营业务收入　　30 000

　　　　应交税费——应交增值税　　900

月末，小规模纳税人应在规定的纳税期限内，申报缴纳增值税，借记“应交税费——应交增值税”账户，贷记“银行存款”、“现金”等账户。

【例 3-33】某企业（小规模纳税人）本期购入原材料 42 000 元，取得专用发票，支付增值税 7 140 元，企业开出商业承兑汇票，材料尚未收到。本期销售产品，含税价格为 72 100 元，贷款已存入银行。本月实际缴纳增值税 2 100 元。

购进材料时：

借：原材料　　49 140

　　贷：应付票据　　49 140

销售产品时：

应交增值税=72 100÷(1+3%)×3%=2 100（元）

借：银行存款　　72 100

　　贷：主营业务收入　　70 000

　　　　应交税费——应交增值税　　2 100

实际缴纳增值税时：

借：应交税费——应交增值税　　　　2 100

　　贷：银行存款　　　　2 100

本章小结

增值税是对在我国境内销售和进口货物以及提供加工、修理修配劳务的单位和个人，就其货物或劳务的增值额征收的一种税。为了便于纳税人税额的计算和会计核算，便于税务机关的征收管理，我国将增值税纳税人分为一般纳税人和小规模纳税人，规定了不同的税款计算办法、发票使用办法和纳税申报办法。

对增值税的一般纳税人而言，其增值税会计涉及进项税额的核算、进项税额转出的核算、销项税额的核算及增值税缴纳的核算等。增值税的一般纳税人应在“应交税费”账户下设“应交增值税”和“未交增值税”两个二级账户，并在“应交增值税”二级账户的借方和贷方分别设置若干个专栏进行核算。

对于小规模纳税人而言，由于其经济业务简单，只需设置“应交税费——应交增值税”账户核算其销售业务及增值税缴纳业务即可。

思考题

1. 增值税的概念及特点是什么？
2. 如何划分增值税一般纳税人和小规模纳税人？增值税两类纳税人应纳税额的计算方法有何异同？
3. 税法规定的视同销售行为有哪些？会计上对视同销售行为应如何处理？为什么？
4. 什么是进项税额？应如何抵扣？哪些进项税额不得从销项税额中抵扣？
5. 一般纳税人增值税会计处理须设置哪些账户？
6. 小规模纳税人增值税会计处理须设置哪些账户？

习题 3

一、单项选择题

1. 纳税人兼营应税劳务与货物或非应税劳务未分别核算的，其应税劳务与货物应与非应税劳务一并征收（　　）。

A. 增值税　　B. 营业税

C. 消费税　　D. 增值税与营业税

2. 企业对其他单位捐赠而转出的物资，其应交纳的增值税应计入（　　）。

A. 资本公积　　B. 营业税金及附加

C. 营业外支出　　D. 其他业务成本

3. 与企业净利润无关的税金是（　　）。

A. 资源税　　B. 印花税

C. 营业税　　D. 增值税

4. 某酒厂为一般纳税人。本月向一小规模纳税人销售白酒，开具普通发票上注明金额 9 558 000 元，同时收取单独核算的包装物押金 2 000 元，此业务酒厂应计算的销项税额（　　）。

A. 1 360 000 元　　B. 1 389 060 元

C. 1 501 132 元　　D. 1 530 192 元

5. 下列支付的运费中不允许计算扣除进项税额的有（　　）。

A. 销售货物支付的运输费用　　B. 外购原材料支付的运输费用

C. 外购小汽车的运输费用　　D. 向小规模纳税人购买农业产品支付的运输费用

6. 下列不属于视同销售行为计征增值税的是（　　）。

A. 将货物交付他人代销　　B. 将自产货物无偿赠送他人

C. 将购买货物用于对外投资　　D. 将购买货物用于集体福利

7. 某商场采取以旧换新方式销售电视机，每台零售价 3 000 元，本月售出电视机 150 台，旧电视机折价 200 元，共收回 150 台旧电视机，该业务应纳增值税为（　　）。

A. 61 025.64 元　　B. 65 384.62 元

C. 73 500 元　　D. 76 500 元

8. 某电视机厂（一般纳税人）销售给某商场 100 台电视机，不含税单价为 2 300 元/台，已开具专用发票，双方议定送货上门，商场支付运费 1 500 元（开具普通发票）。当月该企业可以抵扣的进项税额为 3 400 元。该企业应纳增值税是（　　）。

A. 35 955 元　　B. 35 917.95 元

C. 35 700 元　　D. 4 127.95 元

9. 下列混合销售行为中，应当征收增值税的是（　　）。

A. 饭店提供餐饮服务并销售酒水

B. 电信部门自己销售移动电话并为客户提供有偿电信服务

C. 装饰公司为客户包工包料装修房屋

D. 零售商店销售家具并实行有偿送货上门

10. 某小规模商业企业，本月销售商品价税合计 7 833 150 元，该企业本期应交增值税为（　　）。

A. 228 150　　B. 241 839

C. 585 650　　D. 685 211

二、多项选择题

1. 下列哪些交易属于征收增值税的范畴（　　）。

A. 汽车修配厂发生的修理修配劳务　　B. 医院按医生所开处方销售给病人的药品

C. 邮局以外的单位销售集邮商品　　D. 作家把作品的著作权连同原稿一并转让给购买方

2. 下列各项中，应视同销售货物行为征收增值税的是（　　）。

A. 将委托加工的货物用于非应税项目　　B. 动力设备的安装

C. 销售代销货物　　D. 邮政局出售集邮商品

3. 纳税人销售货物时，下列情况中不能开具增值税专用发票的有（　　）。

A. 购货方购进免税药品要求开具专用发票　　B. 消费者个人购进计算机要求开具专用发票

C. 销售报关出口货物　　D. 境内易货贸易

4. 纳税人的下列行为中，属于混合销售应征增值税的有（　　）。

A. 某运输公司从甲地运输一批木材到乙地并销售给某贸易公司，取得销售额 56 000 元

B. 某邮局函件、包件传递业务收入 20 万元，邮务物品销售收入 0.5 万元

C. 某铝合金生产企业，销售铝合金产品并负责安装，取得销售额 800 万元

D. 某照相馆在拍照的同时销售镜框，月收入 1.2 万元

5. 下列情况，应按照受托方销售自制应税消费品对待征收增值税的有（　　）。

A. 由受托方提供原材料生产的应税消费品

B. 委托方提供原材料，受托方收取加工费加工的应税消费

C. 受托方先将原材料卖给委托方，然后再加工的应税消费

D. 受托方以委托方名义购进原材料生产的应税消费品

6. 按照现行增值税制度规定，下列单位或个人可以认定为增值税一般纳税人的有（　　）。

A. 某电子配件厂年销售额 80 万元，财务核算健全，其总公司年销售额为 780 万元

B. 某人批发果品，年销售额为 200 万元

C. 年销售额为 110 万元，财务核算健全的锅炉修配厂

D. 某剧团年收入 180 万

7. 混合销售与兼营是为了区分增值税与营业税的界限而作的规定，其区别在于（　　）。

A. 混合销售同时涉及货物销售和非增值税应税劳务，而兼营是指同一纳税人既有工业生产又有商业批发、零售

B. 混合销售是货物销售、应纳增值税劳务和非增值税应税劳务在同一纳税人身上发生，而兼营则是货物销售和非增值税应税劳务在同一项销售行为中发生

C. 混合销售是货物销售和非增值税应税劳务在同一项销售行为中发生，兼营是货物销售应纳增值税劳务和非增值税应税劳务在同一纳税人身上发生

D. 混合销售中销售货物与非应税劳务同时发生在同一购买者身上，而兼营中销售货物和应税劳务与提供非应税劳务则不同时发生在同一购买者身上

8. 增值税一般纳税人可以根据（　　）计算进项税额，准予从销项税额中抵扣。

A. 购进免税农业产品取得的普通发票

B. 购进固定资产支付运费取得的普通发票

C. 税务所代开加盖纳税人发票专用章和税务机关代开增值税专用发票专用章的专用发票

D. 购进免税药品取得的增值税专用发票

9. 应交税费——应交增值税的贷方核算（　　）。

A. 进项税额　　B. 转出多交增值税

C. 出口退税　　D. 转出未交增值税

E. 销项税额　　F. 进项税额税转出

G. 已交税金

10. 下列情况中，已支付的增值税进项税额不能抵扣当期销项税额的是（　　）。

A. 某预制件厂将外购水泥用于本企业的在建工程

B. 某化妆品厂将自产的化妆品发放给职工作为福利

C. 某酒厂以自产的白酒向某农场换取高粱

D. 某纺织厂仓库发生火灾，烧毁部分外购的棉花

三、判断题

1. 增值税一般纳税人将自产的货物无偿赠送他人，不征收增值税。（　　）

2. 一般纳税人如果当月上交上月或以前月份的应交未交增值税时，应借记“应交税费——应交增值税（已交税额）”，贷记“银行存款”账户。（　　）

3. 采取分期收款方式销售货物时，在货物发出的当天就可开具增值税专用发票。（　　）

4. 根据增值税专用发票的使用规定，一般纳税人出售给小规模纳税人的货物，可以不开具增

值税专用发票。（ ）

5. 期末，“应交税费——未交增值税”账户的借方余额反映企业多交或者本期尚未抵扣的增值税。（ ）

6. 已抵扣进项税额的购进货物，如果作为集体福利发放给职工个人，应视同销售计算增值税的销项税额。（ ）

7. 对于一般纳税人应销售货物向购买方收取的价外费用和逾期包装物押金，在征税时，一律视为含税收入，将其换算为不含税收入，据以计算增值税销项税额。（ ）

8. 企业用自产的应税消费品抵偿债务时，由于不是对外销售，不必计入销售额，因而无须计算缴纳增值税。（ ）

9. “转出未交增值税”和“转出多交增值税”这两种情况，在一个企业的同一时期是不会同时存在的。（ ）

10. 已抵扣进项税额的购进货物，如果作为投资，提供给其他单位，应将该货物的进项税额从当期发生的进项税额中扣减。（ ）

11. 某自行车厂购进钢材生产自行车，用于赞助运动会，支付的进项税额允许抵扣。（ ）

12. 按照增值税法规定，计算增值税时，销售折扣可以从销售额中扣减。（ ）

13. 按照增值税法规定，计算增值税时，现金折扣可以从销售额中扣减。（ ）

14. 小规模纳税人销售货物或提供应税劳务，不得开具增值税专用发票，但可由税务机关代开专用发票。（ ）

15. 对于一般纳税人进货退回或折让而不扣减当期进项税额，造成不纳税或少纳税的，都将被认定为偷税行为，并按偷税予以处罚。（ ）

四、综合技能题

1. 某工业企业为增值税一般纳税人，增值税率17%，2013年1月发生如下业务：

（1）购买原材料100吨，每吨100元，专用发票上注明价款10 000元，税额1 700元，支付运费100元。

（2）购买用于厂房建设的材料10吨，每吨100元，取得增值税专用发票。

（3）以上材料均已入库。

（4）本月销售产品1 000件，每件200元，支付销货运费1 000元，货款尚未收到。

（5）将产品100件用于发放职工福利，每件成本150元。

（6）仓库着火，烧毁上月购入的原材料1吨，单价100元/吨。

（7）该企业按月纳税，本月缴纳的增值税税额10 000元。

（8）该企业按月纳税，上月末抵扣的增值税进项税额30 000元。

要求：根据以上资料计算本月应交增值税并编制有关会计分录。

2. 北方公司为增值税一般纳税人，税率为17%，2013年4月发生如下业务：

（1）采购原材料一批，价款180 000元，支付运费1 500元，款项已付，材料入库。

（2）本月销售产品1 500件，每件280元，货款已收到。

（3）在建工程领用企业生产的产品一批，成本75 000元，计税价80 000元。

（4）领用外购原材料一批用于集体福利，进价60 000元，购入时增值税专用发票上注明进项税额为10 200元。

（5）当月上缴增值税45 900元。

要求：根据以上资料计算本月应交增值税并编制有关会计分录。

3. 某商业企业为增值税小规模纳税人，2013 年 3 月份实现商品销售收入 93 600 元，提供加工劳务收入 10 400 元。

要求：计算该企业当月应交增值税，做出应缴和上缴增值税的会计分录。

4. 某副食品商店（一般纳税人），主营各类食品批发，增值税率 13%，2009 年 9 月份该企业发生如下业务：

（1）9 月 13 日卖给新兴商店一批面粉，价值 452 000 元（含税），款项尚未收到。

（2）9 月 14 日该企业账面显示“其他应付款⁻包装物押金”贷方余额 68 000 元，其中 2011 年 1 月 2 日收取押金 10 000 元；2011 年 5 月 4 日收取押金 25000 元；2012 年 3 月 4 日收取押金 15 000 元；2012 年 7 月 8 日收取押金 13 000 元；2012 年 9 月 5 日收取押金 5 000 元。经查，以上几笔押金以前均未征税。

（3）9 月 18 日以分期付款方式卖给某单位食堂一批食用植物油，价税合计 339 000 元，合同约定货款分 3 期分别于 9 月、10 月、11 月等额支付，本期已收到 1/3。

（4）9 月 19 日向农民购进红枣 1 批，购进价 30 000 元，已验收入库，并按规定开具收购凭证。

（5）9 月 20 日购进空调器 1 台，由管理部门使用，取得的增值税专用发票上注明的金额 4 000 元，税额 680 元。

（6）9 月 22 日将购进的红枣用于发给本企业职工，账面成本 7 830 元。

（7）9 月 26 日收回上月委托外单位加工的食品 1 批，应支付加工费 4 000 元（不含税），加工食品已验收入库，并收到受托方开来的增值税专用发票，加工费已支付。

（8）9 月 27 日向某粮油经营部（一般纳税人）购进面粉 1 批，取得的增值税专用发票上注明的销售额为 200 000 元，税额为 26 000 元，面粉已验收入库，另支付运费 800 元，开出一张 3 个月的商业承兑汇票抵付。

（9）9 月 28 日因仓库管理不善，部分库存面粉霉烂，经盘点损失面粉 11 000 元。

（10）9 月 28 日将进价 20 000 元食品无偿赠送他人，该食品售价 25 000 元。

（11）9 月 30 日上缴增值税税金，其中本期税金 30 000 元，上期未支付税金 10 000 元。

要求：请对上述业务做出计算处理。

☞知识拓展阅读

借鉴国际经验推进增值税改革试点

2012 年 1 月 1 日起，上海市交通运输业和部分现代服务业开展营业税改征增值税试点。对此，有人认为，虽各地都有资格申请进行改革试点，但试点不宜一拥而上，试点增值税扩围改革涉及税收管辖、企业核算方法、会计报表等方面的问题，因此，试点范围应该扩大但不宜走得过急，整个改革应在试点基础上逐渐推开。

对此，笔者亦以为然。增值税改革是大方向，然而，目前毕竟还处于试点阶段，试点地区虽然具有代表性，但代表范围有限，试点经验的推广也要考虑地域经济结构差异等因素，因此，不能操之过急。在等待试点的过程中，可以吸收国际经验，参照适合本地经济结构的案例，进行增值税试点的规划。

以法国为例，其成功经验就是建立了一套比较完善的税收征管制度。1954 年，在法国开始实行的增值税从流转税改革而来，其增值税征税范围包含工业生产、批发、零售环节，农业和提供劳务服务。英国与法国情况相像，1973 年，将购买税和特别就业税调整合并为增值税，实行消费型增值税。征税范围较广，农业、工业、批发、零售、服务各交易领域普遍征收增值税。

从增值税发展路径来看，德国与我国的情况比较相近，可供借鉴的经验比较多。德国于 1968 年 1 月 1 日正式推行增值税，到 80 年代中后期以收入型增值税取代地方营业税。在德国，增值税是共享税，按照确定的比例在各级财政部门之间进行分成，这个比例是可以根据实际情况进行调整的。联邦和各州一般每两年进行一次磋商，将各方的财政收支比例充分分析后，为了加以平衡，将会对增值税如何分配的比例作出调整。

高顿研究院认为，稳妥推进增值税“扩围”（扩大抵扣范围和征税范围）改革，完善增值税抵扣链条，保持整体税赋公平，使目前的增值税转向真正的消费型增值税。

一是加快扩大进项税额抵扣范围，如将不动产类固定资产和无形资产纳入抵扣。

二是稳步扩大增值税的征税范围，目前在上海已经试行了将营业税中的交通运输业和部分服务业纳入增值税的征收范围，下一步应当扩大增值税的范围，应首先将与经济发展关系密切的建筑安装、仓储租赁、邮电通信纳入增值税征税范围，在条件成熟时再将销售不动产、部分服务业和娱乐业纳入增值税征收范围，仅将比较难于管理的金融保险业和部分服务业暂时保留征收营业税，取消营业税。

应按照平稳过渡，分步实施的原则逐步开展，首先将与经济发展关系密切的建筑安装、交通运输、仓储租赁、邮电通信纳入增值税征税范围，再待时机成熟时将销售不动产、部分服务业和娱乐业纳入，仅将较难管理的金融保险业和部分服务业暂保留征收营业税。

三是为现有的增值税制度瘦身。积极推进减结构、减税率、减比重的改革我国现行税制结构是以流转税为主体税种的税制结构，依据目前我国经济运行态势及走向，尤其是面对金融海啸引发的国际经济急剧动荡，切实可行的减税方案必须选择增值税：减少税率结构、减低税率、减小收入比重。这方面可以参考东盟成员国的做法，将扩大增值税征税范围与缩小其规模并行，最终实现基本税率（标准税率）在 15%左右、收入比重在 30%以下的消费型增值税制度。

四是全面推进税收的网络建设，建设税收信息系统，推进征管方式现代化，使税收征管和监督有序进行。实现纳税人数据动态共享，早日实现税务信息化管理，提高征管工作的质量和效率。

五是缩小增值税减免税优惠范围，实施进口产品全面征税出口产品彻底退税。其余的税收优惠逐渐缩小，做好过渡时期的衔接工作。

（资料来源：证券日报，2012-04-08，作者：沐籽）

第 4 章

消费税会计

【学习目标】 通过本章学习，了解消费税的纳税人、征收范围、税率、减免税及纳税申报过程；掌握消费税的计算及会计处理方法。

【重点难点】 本章重点为消费税的计算及会计处理方法；难点为自产自用及委托加工应税消费品应纳消费税的会计处理方法。

4.1 消费税概述

4.1.1 消费税的概念及特点

1. 消费税的概念

消费税是对在我国境内从事生产、委托加工以及进口应税消费品的单位和个人，就其销售额或销售数量征收的一种税，属于流转税的范畴。我国现行消费税是 1994 年税制改革中新设置的一个税种。在对货物普遍征收增值税的基础上，对某些需要特殊调节的消费品或消费行为再征收消费税，主要是为了调节产品结构，引导消费方向，保证国家财政收入。

2. 消费税的特点

消费税是对特定的消费品和消费行为征收的一种税。其基本特点如下。

① 征税对象具有选择性。消费税的征收对象是特殊消费品、奢侈品、高能耗消费品、不可再生的稀缺资源消费品等。我国目前实行的是以增值税为普通税种对生产经营活动实行普遍征收，辅之以消费税作为特殊调节税种，选择部分消费品实行交叉征收的双重调节。

② 征收环节的单一性。我国现行消费税只是在消费品的生产、流通和消费的某一环节征收，而不是在所有的环节征收。

③ 征收方法的多样性。我国现行消费税的征收方法采用从价定率、从量定额和复合计税征收方式并存。既对部分应税消费品以销售额为计税依据，实行从价定率的征收方法；也对少数消费品制定单位税额、依据消费品的数量实行从量定额的征收方法；白酒和卷烟实行复合计税方法。

④ 税负具有转嫁性。消费税无论在哪个环节征收，也无论是实行价内征收还是价外征收，消费品中所含的消费税额最终要转嫁到消费者身上，由消费者负担。

4.1.2 纳税义务人

在中华人民共和国境内生产、委托加工和进口应税消费品的单位和个人，以及国务院确定的销售消费暂行条例规定的消费品的其他单位和个人，为消费税纳税义务人。

消费税的纳税人具体分为以下几种：

- ⊙ 生产销售（包括自用）应税消费品的，纳税义务人为生产销售的单位和个人。
- ⊙ 委托加工应税消费品的，委托方为纳税人，受托方为代收代缴义务人。
- ⊙ 进口应税消费品的，纳税义务人为进口的单位和个人或其代理人。
- ⊙ 在我国境内从事金银首饰、钻石及钻石饰品商业零售业务的单位和个人，为金银首饰、钻石及钻石饰品消费税的纳税义务人。

4.1.3 消费税的征税范围、税目与税率

消费税的特点是一物一税，税目税率设置具体。目前，我国只对烟、酒等 14 类消费品征收消费税。我国现行消费税税率分别采用比例税率、定额税率、复合税率三种形式。多数消费品采用比例税率，黄酒、啤酒、成品油等实行定额税率，卷烟、白酒实行复合计税。消费税税目税率（税额）表具体见表 4-1。

表 4-1 消费税税目税率（税额）表

税 目	税 率
一、烟	
1. 卷烟	
（1）甲类卷烟	56%加 0.003 元/支
（2）乙类卷烟	36%加 0.003 元/支
2. 卷烟批发	5%
3. 雪茄烟	36%
4. 烟丝	30%
二、酒及酒精	
1. 白酒	20%加 0.5 元/500 克（或 500 毫升）
2. 黄酒	240 元/吨
3. 啤酒	
（1）甲类啤酒	250 元/吨
（2）乙类啤酒	220 元/吨
4. 其他酒	10%
5. 酒精	5%
三、化妆品	30%
四、贵重首饰及珠宝玉石	
1. 金银首饰、铂金首饰和钻石及钻石饰品	5%
2. 其他贵重首饰和珠宝玉石	10%
五、鞭炮、焰火	15%
六、成品油	
1. 汽油	
（1）无铅汽油	1.0 元/升
（2）含铅汽油	1.4 元/升
2. 柴油	0.8 元/升

续表

税　目	税　率
3. 航空煤油	0.8 元/升
4. 石脑油	1.0 元/升
5. 溶剂油	1.0 元/升
6. 润滑油	1.0 元/升
7. 燃料油	0.8 元/升
七、汽车轮胎	3%
八、摩托车	
1. 汽缸容量（排气量，下同）在 250 毫升（含 250 毫升）以下的	3%
2. 汽缸容量在 250 毫升以上的	10%
九、小汽车	
1. 乘用车	
（1）汽缸容量（排气量，下同）在 1.0 升（含 1.0 升）以下的	1%
（2）汽缸容量在 1.0 升以上至 1.5 升（含 1.5 升）的	3%
（3）汽缸容量在 1.5 升以上至 2.0 升（含 2.0 升）的	5%
（4）汽缸容量在 2.0 升以上至 2.5 升（含 2.5 升）的	9%
（5）汽缸容量在 2.5 升以上至 3.0 升（含 3.0 升）的	12%
（6）汽缸容量在 3.0 升以上至 4.0 升（含 4.0 升）的	25%
（7）汽缸容量在 4.0 升以上	40%
2. 中轻型商用客车	5%
十、高尔夫球及球具	10%
十一、高档手表	20%
十二、游艇	10%
十三、木制一次性筷子	5%
十四、实木地板	5%

在确定消费税税率时，应注意以下两方面的问题。

① 当纳税人兼营不同税率的应税消费品时，应当分别核算不同税率应税消费品的销售额、销售数量，未分别核算不同税率应税消费品的销售额、销售数量的，从高适用税率。纳税人将适用不同税率的应税消费品组成成套消费品销售的，一律从高计税。

② 对于进口卷烟、白包卷烟、手工卷烟、自产自用和委托加工的没有同牌号、规格调拨价格的卷烟、未经国务院批准纳入计划的企业和个人生产的卷烟，除定额税率征收外，一律按 56%的比例税率征收。

③ 从 2009 年 5 月 1 日起，卷烟批发环节加征了一道从价税，在中华人民共和国境内从事卷烟批发业务的单位和个人，批发销售所有牌号规格的卷烟，按其销售额（不含增值税）征收 5%的消费税。

4.1.4　消费税的纳税环节

我国现行的消费税属于单一环节征收，体现了纳税环节的单一性和不重复征收原则。其纳税环节分为以下几种情况。

① 纳税人生产应税消费品，于销售时纳税。

② 纳税人自产自用的应税消费品，用于连续生产应税消费品的，不纳税；用于其他方面的，于移送时纳税。

小资料：日本政府将提高消费税　在日华人忧生活负担加重

据日本新华侨报网报道，2014年4月，日本政府将正式开始实施消费税增税政策，将消费税从5%提高至8%。日本最新一项民意调查显示，因担忧家庭负担增加，超过6成民众反对提高消费税。对此，众多生活在日本的华人也纷纷表示反对，担忧消费税提高，物价上涨，生活压力增大。

7月上旬，日本时事通讯社展开了民意调查。调查显示，“反对”提高消费税的民众比例上升至63.1%。关于理由，回答“家庭负担将增加”的比例最高。在工资上涨动力不足，未惠及家庭生活阶段，日本国民对提高消费税保持谨慎的实际情况浮出水面。

调查显示，“反对”提高消费税民众的比例超过6成。表示“赞成”的比例为35.4%。根据地区类别，经济复苏较迟缓地区反对的比例较高，四国地区为72.7%，东北地区为69.2%。

关于反对理由，回答“家庭负担将增加”的比例为71.7%，最多；回答“低收入者负担将增加，不公平”的比例为50.5%，位居第二位；回答“政府减少行政浪费努力不足”的比例为50.2%。

关于赞成的理由，回答“对社会保障很有必要”的最多，占74.1%；回答“对健全财政很有必要”的比例为57.8%。

7月5～8日，相关人员以全国2000名成年人为对象，采取个别面谈方式实施。有效回答率为64.9%。

在秋田县工作的华人魏晓冉是当地一所语言学校教师。虽然收入还可以，但持续上涨的物价还是让她感到不小的生活压力。对于日本提高消费税，魏晓冉也表示反对。她说：“现在煤气、电力等价格上涨，已经让生活成本增加。如今工资未上调，消费税再提高，生活压力恐将进一步增大。”

（资料来源：中国新闻网，www.chinanws.com，2013-07-16，作者：郭桂玲）

③ 委托加工的应税消费品，由受托方向委托方交货时代收代缴税款。委托加工的应税消费品，委托方用于连续生产应税消费品的，所纳税款准予按规定抵扣。

④ 进口的应税消费品，于报关进口时纳税。

⑤ 金银首饰、钻石及钻石饰品消费税在零售环节征收。

4.2 消费税的计算与申报

根据现行《消费税暂行条例》的规定，消费税应纳税额的计算方法，主要有从价定率计征、从量定额计征和从价从量复合计征三种方法。

4.2.1 从价定率计征方法下应纳消费税的计算

根据《中华人民共和国消费税暂行条例》的规定，实行从价定率办法计算应纳税额的应税消费品有：烟（除卷烟）其他酒、酒精、化妆品、贵重首饰及珠宝玉石、鞭炮焰火、汽车轮胎、摩托车、小汽车、高尔夫球及球具、一次性木制筷子、实木地板、高档手表、游艇。

1. 生产销售应税消费品应纳消费税的计算

从价定率是以应税销售额乘以一定比例税率计算消费税的方法，其计算公式为：

$$\text{应纳税额}=\text{应税消费品的销售额}\times\text{适用税率}$$

应纳税额的计算关键在销售额的确定。销售额包括应向购买方收取的全部价款和价外费用，但不包括应向购买方收取的增值税额。

价外费用指价外收取的基金，集资费、返还利润、补贴、建设基金（延期付款利息）和手续费、集资费、包装费、储备费、优质费、运输装卸费、代收款项、代垫款项以及其他各种性质的价外费用。但下列款项不包括在价外费用内：

（1）同时符合以下两个条件的代垫运费：① 承运部门的运费发票开具给购货方的，② 纳税人将该项发票转交给购货方的。

（2）同时符合以下条件代为收取的政府性基金或者行政事业性收费：

① 由国务院或者财政部批准设立的政府性基金，由国务院或者省级人民政府及其财政、价格主管部门批准设立的行政事业性收费。

② 收取时开具省级以上财政部门印制的财政票据。

③ 所收款项全额上缴财政。承运部门的运费发票开具给购货方的，纳税人将该项发票转交给购货方的。除此之外，其他价外费用，无论是否是纳税人的收入，均应并入销售额计算征税。

在确定销售额时，应注意以下几点。

（1）如果纳税人应税消费品的销售额中未扣除增值税税款，或因不得开具增税专用发票而发生价款和增值税税款合并收取的，在计算销售额时将含税销售额换算为不含税销售额，换算公式如下：

$$\text{应税消费品的销售额}=\frac{\text{含增值税的销售额}}{1+\text{增值税税率}}$$

在换算时，要根据纳税人的资格来选择适用的增值税税率或征收率。如果纳税人被认定为增值税一般纳税人，应适用17%或13%的税率；如果纳税人为小规模纳税人，应适用3%的征收率。

（2）实行从价定率办法计算应纳消费税的应税消费品连同包装物销售的，无论包装物是否单独计价，也不论在会计上如何核算，均应并入应税消费品的销售额中一起征收消费税。对于出租出借的包装物，既作价随同应税消费品销售，又另外收取押金的，如果逾期未收回的包装物不再退还或已收取的时间超过 12 个月的押金，应并入应税消费品的销售额，按照应税消费品的适用税率征收消费税。

从 1995 年 6 月 1 日起，对酒类产品生产企业销售酒类产品（黄酒、啤酒除外）而收取的包装物押金，无论押金是否返还与会计上如何该算，均需计入酒类产品销售额中，依酒类产品的适用税率征收消费税。

（3）纳税人通过自设非独立核算门市部销售自产应税消费品，应当按照门市部对外销售数额或销售数量计算征收消费税。

（4）一般而言，纳税人将生产的应税消费品用于视同销售业务，计算增值税和消费税时，应按同类应税消费品的加权平均价格作为计税依据。但是纳税人用于换取生产资料和消费资料、用以投资入股、抵消债务的应税消费品，应按同类应税消费品的最高销售价格（而非加权平均价格）作为计税依据计算应缴纳的消费税税额，但计算应缴纳的增值税额时，按同类应税消费品的加权平均价格作为计税依据。

（5）酒类关联企业间关联交易消费税问题处理。

根据《中华人民共和国税收征收管理法实施细则》第三十八条规定，纳税人与关联企业之间的购销业务，不按照独立企业之间的业务往来作价的，税务机关可以按照下列方法调整其计税收入额或者所得额，核定其应纳税额：

① 按照独立企业之间进行相同或者类似业务活动的价格。

② 按照再销售给无关联关系的第三者的价格所取得的收入和利润水平。

③ 按照成本加合理的费用和利润。

④ 按照其他合理的方法。

对已检查出的酒类生产企业在本次检查年度内发生的利用关联企业关联交易行为规避消费税问题，各省、自治区、直辖市、计划单列市国家税务局可根据本地区被查酒类生产企业与其关联企业间不同的核算方式，选择以上处理方法，调整其酒类产品消费税计税收入额，核定应纳税额，补缴消费税。

白酒生产企业向商业销售单位收取的“品牌使用费”是随着应税白酒的销售而向购货方收取的，属于应税白酒销售价款的组成部分，因此，不论企业采取何种方式或以何种名义收取价款，均应并入白酒的销售额中缴纳消费税。

（6）兼营不同税率应税消费品的税务处理

纳税人兼营不同税率的应税消费品，应当分别核算不同税率应税消费品的销售额、销售数量。未分别核算销售额、销售数量，或者将不同税率的应税消费品组成成套消费品销售的，从高适用税率。

【例 4-1】 某摩托车厂为增值税一般纳税人，2013 年 3 月份销售某型号的摩托车 480 辆，出厂价 15 000 元/辆，另收取包装费 585 元/辆，计算该厂当月应缴纳的消费税（该型号的摩托车适用 10% 的消费税税率）。

应税消费品的销售额=(15 000+(585÷(1+17%)))×480=7 440 000（元）

应纳消费税=7 440 000×10%=744 000（元）

2. 自产自用税消费品应纳消费税计算

企业自产自用应税消费品采用从价定率办法计算应纳税额时，应按同类消费品的销售价格计算纳税，没有同类消费品销售价格的按组成计税价格纳税，组成计税价格的计算公式为：

$$\text{自产自用应税消费品组成计税价格}=\frac{\text{成本}+\text{利润}}{1-\text{消费税税率}}$$

$$\text{应纳消费税税额}=\text{自产自用消费品组成计税价格}\times\text{适用税率}$$

公式中的“成本”是指应税消费品的产品生产成本，“利润”是指根据应税消费品的全国平均成本利润率计算的利润，该平均成本利润率由国家税务局确定。应税消费品的全国平均成本利润率见表 4-2。

表 4-2 平均成本利润率表

货物名称	利 润 率	货物名称	利 润 率
甲类卷烟	10%	汽车轮胎	5%
乙类卷烟	5%	摩托车	6%
雪茄烟	5%	贵重首饰及珠宝玉石	6%
烟丝	5%	高尔夫球及球具	10%
粮食白酒	10%	高档手表	20%
薯类白酒	5%	游艇	10%
其他酒	5%	木制一次性筷子	5%
酒精	5%	实木地板	5%
化妆品	5%	乘用车	8%
鞭炮、焰火	5%	中轻型商用车	5%

【例 4-2】 2013 年 4 月 28 日，为庆祝五一劳动节，某化妆品公司将自产的一批化妆品用作职工福利，化妆品成本为 8 820 元，该化妆品无同类产品市场销售价格，但已知其成本利润率为 5%，消费税税率为 30%。计算该批化妆品应缴纳的消费税税额。

组成计税价格=8 820×(1+5%)÷(1-30%)=13 230（元）

应纳消费税=13 230×30%=3 969（元）

但是应注意的是，纳税人用于换取生产资料和消费资料、投资入股和抵偿债务等方面的应税消费品，应当以纳税人同类应税消费品的最高销售价格作为计税依据计算消费税。

3. 委托加工应税消费品应纳消费税的计算

委托加工的应税消费品，指委托方提供原料和主要材料，受托方只收取加工费和代垫部分辅助材料加工的应税消费品，对于受托方提供的原材料生产的应税消费品，或由受托方先将原料卖给委托方，然后再接受加工的应税消费品，以及由受托方以委托方名义购进原材料生产的应税消费品，不论纳税人在财务上是否作销售处理，都不得作为委托加工应税消费品。而应当按照销售自制应税消费品缴纳消费税。

委托加工的应税消费品，由受托方在向委托方交货时按同类消费品销售价格代收代缴消费税，受托方没有同类消费品销售价格的，按组成计税价格计税。如受托方是个体经营业主，一律于委托方收回加工的应税消费品后，由委托方在其所在地缴纳消费税。

企业委托加工应税消费品采用从价定率办法计算应纳税额时，应按受托方同类消费品的销售价格计算纳税，没有同类消费品销售价格的按组成计税价格纳税，组成计税价格的计税公式为：

$$\text{委托加工应税消费品组成计税价格}=\frac{\text{材料成本}+\text{加工费}}{1\text{-消费税税率}}$$

应纳消费税的计算公式如下。

（1）有同类消费品销售价格的委托加工应税消费品

$$\text{应纳消费税}=(\text{同类消费品销售单价}\times\text{委托加工数量})\times\text{适用税率}$$

（2）受托方没有同类消费品销售价格的委托加工应税消费品

$$\text{应纳消费税}=\text{组成计税价格}\times\text{适用税率}$$

【例 4-3】 某卷烟厂委托某加工厂加工烟丝，发出烟叶成本为 28 万元，支付不含税加工费 7 万元，该加工厂没有同类烟丝销售价格。计算该加工厂应代收代缴的消费税。

组成计税价格=(280 000+70 000)÷(1-30%)=500 000（元）

代收代缴消费税=500 000×30%=150 000（元）

4. 进口应税消费品应纳消费税的计算

实行从价定率办法核算消费税的进口应税消费品，消费税按组成计税价格计算纳税，计算公式如下：

$$\text{组成计税价格}=\frac{\text{关税完税价格}+\text{关税}}{1-\text{消费税税率}}$$

$$\text{应纳消费税}=\text{组成计税价格}\times\text{适用税率}$$

【例 4-4】 某公司进口 300 辆小轿车（排气量为 2 200 毫升），关税完税价格每辆 18 万元，关税税率 150%，计算应纳消费税。

组成计税价格=18×300×(1+150%)÷(1-9%)=14 835.17（万元）

应纳税额=14 835.17×9%=1 335.16（万元）

4.2.2 从量定额计征方法下应纳消费税的计算

从量定额是指以应税销售量乘以单位税额计算应缴纳税款的一种方法。

实行从量定额办法计算应纳税额，其基本公式为：

应纳消费税税额＝销售数量×单位税额

对作为计税依据的销售数量有如下规定：

① 纳税人销售应税消费品的，为应税消费品的销售数量。

② 自产自用应税消费品的，为应税消费品移送使用的数量。

③ 委托加工应税消费品的，为纳税人收回的应税消费品数量。

④ 进口的应税消费品，为海关核定的应税消费品进口征税的数量。

注意：我国实行从量定额征税的应税消费品在日常生活中的计量单位大部分是“升”，因此税法规定了有关计量单位的换算标准为：

啤酒 1 吨=988 升

润滑油 1 吨=1 126 升

石脑油 1 吨=1 385 升

黄酒 1 吨=962 升

柴油 1 吨=1 176 升

航空煤油 1 吨=1 246 升

燃料油 1 吨=1 282 升

溶剂油 1 吨=1 282 升

汽油 1 吨=1 388 升

【例 4-5】 某炼油厂销售本厂生产的汽油 35 吨，不含税售价 2 986 元/吨，成本 1 875 元/吨，消费税 0.2 元/升。计算该厂销售汽油应纳消费税。

应纳消费税额=35×1 388×0.2=9 716（元）

4.2.3 复合计征方法下应纳消费税的计算

复合计征方法是从价定率与从量定额相结合，计算应纳税额的一种方法，现行消费税的征税范围中，只有卷烟、白酒采用复合计算方法。对于该类商品，不同情况下应纳税额的计算方法也不同。

1. 生产销售应税消费品应纳消费税的计算

销售复合计税的应税消费品的，其应纳税额的计算公式为：

应纳税额=应税销售数量×定额税率+应税销售额×比例税率

生产销售白酒从价定率的计税依据为应税销售额，其含义同一般从价定率计税的应税消费品，但销售卷烟的应税销售额为其计税价格与销售数量的乘积。税法对于卷烟的计税价格作了明确规定：当卷烟的实际销售价格高于调拨价格或核定价格的，应以实际售价作为计税价格计征消费税；当卷烟的实际售价低于调拨价格或核定价格的，以调拨价格或核定价格为计税价格计征消费税。

生产销售卷烟、白酒从量定额计税依据为实际销售数量，进口、委托加工、自产自用卷烟、白酒从量定额计税依据分别为海关核定的进口征税数量，委托方收回数量，移送使用数量。

【例 4-6】 某卷烟厂 2013 年 2 月份销售甲类卷烟 24 箱，每箱销售价格 18 000 元（不含增值税），消费税率 56%，销售乙类卷烟 15 箱（标准箱），每箱价格 7 500 元（不含增值税），消费税率 36%。卷烟每标准箱为 50 000 支，单位税额 0.003 元/支。请计算该卷烟厂某月份应缴消费税额。

甲类卷烟应缴消费税=24×18 000×56%+24×50 000×0.003=241 920+3 600=245 520（元）

乙类卷烟应缴消费税=15×7 500×36%+15×50 000×0.003=40 500+2 250=42 750（元）

2. 自产自用税消费品应纳消费税计算

企业自产自用复合计税的应税消费品的，按照纳税人销售同类应税消费品销售价格计算纳税。如果没有同类消费品销售价格的，按组成计税价格纳税，组成计税价格的计算公式为：

$$组成计税价格=\frac{成本+利润+自产自用数量\times消费税定额税率}{1-消费税比例税率}$$

$$应纳税额=自产自用消费品数量\times定额税率+组成计税价格\times比例税率$$

【例 4-7】 某酒厂 2013 年 2 月份生产一种新的粮食白酒，广告样品使用 0.2 吨，已知该种白酒无同类产品出厂价，生产成本每吨 35 000 元，成本利润率为 10%，粮食白酒定额税率为每斤 0.5 元，比例税率为 20%。计算该厂当月应缴纳的增值税和消费税。

组成计税价格=[0.2×35 000×(1+10%)+0.2×2 000×0.5]÷(1□20%)=9 875（元）

从量税=0.2×2 000×0.5=200（元）

从价税=9 875×20%=1 975（元）

应纳消费税=200+1 975=2 175（元）

应纳增值税=9 875×17%=1 678.75（元）

3. 委托加工税消费品应纳消费税计算

企业委托加工应税消费品采用复合计税办法计算应纳税额时，应按受托方同类消费品的销售价格计算纳税，没有同类消费品销售价格的按组成计税价格纳税，组成计税价格的计税公式为：

$$委托加工应税消费品组成计税价格=\frac{材料成本+加工费+委托加工数量\times定额税率}{1-比例税率}$$

$$应纳税额=委托加工消费品数量\times定额税率+组成计税价格\times比例税率$$

4. 进口应税消费品应纳消费税的计算

实行复合计税办法核算消费税的进口应税消费品，消费税按组成计税价格计算纳税，计算公式如下：

$$组成计税价格=\frac{关税完税价格+关税+进口数量\times消费税定额税率}{1-消费税比例税率}$$

$$应纳消费税=进口消费品数量\times定额税率+组成计税价格\times比例税率$$

4.2.4 用外购或委托加工的应税消费品、连续生产税消费品应纳消费税的计算

① 购买或委托加工收回的下列应税消费品、连续生产的应税消费品，在计税时准予扣除当期生产领用的外购或委托加工收回的应税消费品已纳消费税。

为避免重复征税，现行《消费税暂行条例》规定：在对用外购已税消费品连续生产出来的应税消费品计算征税时，按当期生产领用数量计算，准予扣除外购的应税消费品已纳的消费税税额。

准予扣除外购的应税消费品已纳消费税的有：

⊙ 外购或委托加工收回的已税烟丝生产的卷烟。

⊙ 外购或委托加工收回的已税化妆品生产的化妆品。

⊙ 外购或委托加工收回的已税珠宝玉石生产的贵重首饰及珠宝玉石。

⊙ 外购或委托加工收回的已税鞭炮焰火生产的鞭炮焰火。

⊙ 外购或委托加工收回的已税汽车轮胎（内胎和外胎）生产的汽车轮胎。

⊙ 外购或委托加工收回的已税摩托车生产的摩托车。

⊙ 外购或委托加工收回的已税杆头、杆身和握把为原料生产的高尔夫球杆。

⊙ 外购或委托加工收回已税木制一次性筷子为原料生产的木制一次性筷子。

⊙ 外购或委托加工收回的已税实木地板为原料生产的实木地板。

⊙ 外购或委托加工收回的已税石脑油为原料生产的应税消费品。

⊙ 外购或委托加工收回的已税润滑油为原料生产的润滑油。

值得注意的是：当期允许扣除已纳的应税消费品只限于从工业企业购进的，对从境内商业企业购进的应税消费品的已纳税额一律不得扣除。

纳税人用外购的已税珠宝玉石生产的改在零售环节缴纳消费税的金银首饰（镶嵌首饰），在计税时一律不得扣除外购珠宝玉石的已纳税额。

② 当期准予扣除外购或委托加工收回的应税消费品已纳消费税税额，应按当期生产领用数量计算，计算公式为：

当期准予扣除的外购应税消费品的已纳税款

=(期初库存的外购应税消费品买价+当期购进的应税消费品买价或数量−期末库存的外购应税消费品的买价或数量)×外购应税消费品的适用税率或单位税额

【例 4-8】 某卷烟厂委托 A 厂加工烟丝，卷烟厂和 A 厂均为一般纳税人。卷烟厂提供原料 58 000 元，A 厂收取加工费 5 000 元，增值税 850 元，并代收代缴消费税。假定委托加工后再加工成甲类卷烟 200 标准箱（50 000 支/箱），当月全部销售，卷烟收入 4 500 000 元，期初库存委托加工应税烟丝已纳消费税 95 700 元，期末库存委托加工应税烟丝已纳消费税 19 800 元。计算卷烟厂此项业务应纳的消费税。

A 厂委托加工烟丝代售消费税=(58 000+5 000)÷(1−30%)×30%=27 000（元）

本月销售卷烟应纳消费税=4 500 000×56%+50 000×200×0.003=2 520 000+30 000=2 550 000（元）

当月准予扣除的委托加工烟丝已纳消费税=95 700+27 000−19 800=102 900（元）

本月应纳消费税=2 550 000−102 900=2 447 100（元）

4.2.5 消费税的申报与缴纳

1. 纳税义务发生时间

由于消费税的应税行为包括销售、自产自用、委托加工以及进口应税消费品，不同应税行为其纳税义务的发生时间不同。

① 纳税人销售应税消费品的，按不同的结算方式，其纳税义务发生时间不同。

⊙ 纳税人采取赊销和分期收款结算方式的，其纳税义务的发生时间，为销售合同规定的收款日期的当天。书面没有约定收款日期或无书面合同的，为发出应税消费品的当天。

⊙ 纳税人采取预收款结算方式的，其纳税义务的发生时间，为发出应税消费品的当天。

⊙ 纳税人采取托收承付和委托收款方式销售的应税消费品的，其纳税义务的发生时间，为发出应税消费品并办妥托收手续的当天。

⊙ 纳税人采取其他结算方式的，其纳税义务的发生时间，为收讫销售款或者取得索取销售款凭据的当天。

② 纳税人自产自用的应税消费品，其纳税义务的发生时间，为移送使用的当天。

③ 纳税人委托加工的应税消费品，其纳税义务的发生时间，为纳税人提货的当天。

④ 纳税人进口的应税消费品，其纳税义务的发生时间，为报关进口的当天。

2. 纳税期限

消费税的纳税期限分别为 1、3、5、10、15、1 个月或者 1 个季度，具体纳税期限由主管税务机关据纳税人的应纳税额予以核定，不能按期纳税的，可按次纳税。纳税人以 1 个月或者 1 个季度，为一期纳税的，自期满之日起 15 日内申报纳税，以 1、3、5、10、15 日为纳税期限的，自期满之日起 5 日预缴税款，于次月 1 日起 15 日内申报纳税，并结清上月税款。

纳税人进口应税消费品，应自海关填发税收缴纳书之日起 15 日内缴纳税款。

小资料：液体石油产品 2013 年起均征消费税

国税总局 2012 年 11 月 6 日再出新政，为打击避税行为，统一对液体石油产品征税，新政规定，“纳税人以原油或其他原料生产加工的在常温常压条件下呈液态状（沥青除外）的产品，按规定征收消费税。”且于 2013 年 1 月 1 日开始执行。

此前，纳入国税总局征税范围的液体产品有汽柴油、石脑油、燃料油、溶剂油和润滑油，其中汽柴油、石脑油、溶剂油、润滑油消费税单位税额为每升 1.0 元；柴油、燃料油消费税单位税额为每升 0.8 元；航空煤油暂缓征收。而调整后政策，将 MTBE、芳烃、混芳等用于调油和化工原料的产品亦纳入征收范围，且亦按照 1 元/升来征收。

卓创资讯分析师罗琳对《每日经济新闻(微博)》记者表示，前期有部分油品生产企业在汽油销售时开具 MTBE 的发票避税，新政出台后将有力地打击此类避税行为。同时，一些地方炼厂人士也表示，由于避税的空间大幅度缩窄，市场上以各种名义倒票的贸易商也将有明显的减少。

“对于生产 MTBE 企业而言，一方面，中石化、中石油旗下厂家产品多以自用为主、甚少外出，征收对此影响有限；另一方面，地方炼厂、民营企业产品多为纯度偏低，适宜用于调和汽油，化工用途所占比例甚低，他们也成为该公告执行的最大承受者。”金银岛成品油市场分析师靳婷说道。

据金银岛了解，今年国内 MTBE 生产企业受原料气资源紧张以及汽油市场需求不足的打击，厂家开工率持续维持低位，大约在 35%～40%的水平。靳婷预计，进入明年，该项政策的执行势必将降低 MTBE 资源的流通速度，国内 MTBE 厂家面临着上游原料不足、中间税收加重、下游需求乏力的三重打压，或将迎来行业的洗牌。

新政将直接打击调和汽油的市场成本优势。以山东芳烃汽油为例，密度在 0.72～0.73 为例，征收消费税后其价格将增加 369～389 元/吨。而以华北地区调和国三 93#汽油方案添加，芳烃汽油添加比例在 30%左右。可知，增收消费税后，调和国三 93#汽油成本将增加约 410.3～416.3 元/吨。

目前，国内市场流通比较广泛的液体油品资源多为地方企业的产品，这些资源的用途 85%以上基本用作调和油。卓创资讯分析师陈晴说，在原料成本优势减少的情况下，调油商只能挑选相对质量较好的调和原料，届时调油利润必然大跌，预计调油市场会有相当规模的萎缩。另一方面，为减免成本上升带来的压力，调和商或逐步转向国标原料采购为主，对调和油品质量的升级提供强硬的助推力。“对成品油市场而言，调和油市场萎缩后，‘正规军’的占有率必然大增，两大集团供应上的‘垄断’地位将更牢固。”

（资料来源：中国经济网，www.ce.cn，2012-11-20）

3. 纳税地点

① 纳税人销售应税消费品，以及自产自用的应税消费品，除国家另有规定外，应当向纳税人

机构所在地或居住地主管税务机关申报纳税。

② 委托加工的应税消费品，除受托方为个人外，由受托方向机构所在地或居住地主管税务机关解缴代收的税款。委托个人加工的应税消费品，由委托方向其机构所在地或居住地主管税务机关申报纳税。

③ 纳税人到外县（市）销售或委托外县（市）代销自产应税消费品的，于应税消费品销售后，回机构所在地或居住地缴纳消费税。

④ 进口的应税消费品，由进口人或者其代理人向报关地海关申报纳税。

⑤ 纳税人的总分支机构不在同一县（市）的，应当分别向各自机构所在地的主管税务机关申报纳税；经财政部、国家税务总局或者其授权的财政、税务机关批准，可以由总机构汇总向总机构所在地的主管税务机关申报纳税。

⑥ 纳税人销售的应税消费品，如因质量等原因由购买者退回时，经所在地主管税务机关审核批准后，可退还已征收的消费税款，但不能自行直接抵减应纳税款。

4. 消费税的申报

为了在全国范围内统一规范消费税纳税申报资料，加强消费税管理的基础工作，国家税务总局制定了《烟类应税消费品消费税纳税申报表》、《酒及酒精消费税纳税申报表》、《成品油消费税纳税申报表》、《小汽车消费税纳税申报表》和《其他应税消费品消费税纳税申报表》。

消费税在按税法规定进行纳税申报时，其报缴税款的办法，由主管税务机关视不同情况，于下列办法中核定一种。

① 纳税人按期向税务机关填报纳税申报表，并填写纳税缴款书，向所在地代理银行缴纳税款。

② 纳税人按期向税务机关填报纳税申报表，由税务机关审核后填发缴款书，按期缴纳。

③ 对会计核算不健全的小型业户，税务机关可根据其产销情况，按季或按年核定其应纳税额，分月缴纳。

4.3 消费税的会计处理

4.3.1 会计科目的设置

凡缴纳消费税的企业，应在“应交税费”账户下设置“应交消费税”明细账进行核算，该账户借方登记实际缴纳的消费税或待抵扣的消费税，贷方登记应缴纳的消费税，期末贷方余额表示应交的消费税，借方余额则表示多交或待抵扣的消费税，该明细账采用三栏式。

除了设置“应交税费——应交消费税”账户外，还需要设置其他相关账户，如“营业税金及附加”、“其他业务成本”、“委托加工物资”、“应付职工薪酬”、“营业费用”、“在建工程”、“长期股权投资”、“营业外支出”等账户。

4.3.2 消费税账务处理方法

1. 直接销售应税消费品的会计处理

（1）直接销售应税消费品的会计处理

企业将生产应税消费品直接对外销售时，应按照应纳消费税税额借记“营业税金及附加”科目，贷记“应交税费——应交消费税”科目，实际缴纳消费税时借记“应交税费——应交消费税”科目，贷记“银行存款”科目。发生销售退回及退税时，作相反的会计分录。企业出口应税消费品如按规定不予免税或者退税的，应视同国内销售进行会计处理。

【例 4-9】 某化妆品生产企业为增值税一般纳税人，生产的化妆品适用的消费税率为 30%，当月销售化妆品不含税价为 15 万，款已收，化妆品成本为 6.8 万，则销售实现时：

借：银行存款　　175 500

　　贷：主营业务收入　　150 000

　　　　应交税费——应交增值税（销项税额）　　25 500

结转已销售商品成本时：

借：主营业务成本　　68 000

　　贷：库存商品　　68 000

计提消费税时：

借：营业税金及附加　　45 000

　　贷：应交税费——应交消费税　　45 000

缴纳消费税时：

借：应交税费——应交消费税　　45 000

　　贷：银行存款　　45 000

（2）应税消费品包装物的核算

实行从价定率办法计算应纳税额的应税消费品包装物的核算分为三种情况。

① 随同产品出售且不单独计价的包装物的核算。随同产品出售且不单独计价的包装物，其收入已包含在产品的销售收入中一并计算消费税，不必另行会计处理。

② 随同产品出售且单独计价的包装物的核算。随同产品出售且单独计价的包装物，其收入计入“其他业务收入”账户，其销售成本和应缴纳的消费税通过“其他业务成本”账户核算。

【例 4-10】 甲公司为增值税一般纳税人，当月销售高档化妆品一批，不含税售价为 75 000 元，成本为 32 000 元，随同产品出售单独计价的包装物不含税价为 1 600 元，成本为 1 000 元。贷款已收到。适用的增值税率为 17%，消费税率为 30%。

销售产品及包装物，根据有关原始凭证：

借：银行存款　　89 622

　　贷：主营业务收入　　75 000

　　　　其他业务收入　　1 600

　　　　应交税费——应交增值税（销项税额）　　13 022

结转已销产品及包装物成本，根据有关原始凭证：

借：主营业务成本　　32 000

　　其他业务成本　　1 000

　　贷：库存商品　　32 000

　　　　周转材料——包装物　　1 000

计提应纳消费税时：

借：营业税金及附加　　22 500

　　其他业务成本　　480

　　贷：应交税费——应交消费税　　22 980

③ 没收应税消费品（不包括酒类产品）包装物押金的核算。对于酒类产品外的应税消费品的押金，在收到时不需要纳税，借记“银行存款”账户，贷记“其他应付款”账户；若包装物按期返还而退还押金时，做相反分录。若包装物逾期未返还而没收押金时，按不含增值税的没收押金，贷记“其他业务收入”，按押金应纳增值税，贷记“应交税费——应交增值税（销项税额）”，按没收押金应纳消费税，贷记“应交税费——应交消费税”。

对已作价随同产品出售，又另外收取押金的包装物逾期不返还而没收的押金，也必须计算缴纳消费税和增值税，但须将押金扣除应纳消费税和增值税后的余额计入“营业外收入”账户。

【例 4-11】 飞跃高尔夫用品公司生产销售高尔夫球一批，包装物出借，包装物成本 5 800 元，收取押金 7 605 元，返还包装物的期限为 3 个月。3 个月后购买方未能返还包装物。高尔夫用具适用增值税税率 17%，消费税税率 10%。

飞跃高尔夫用品公司会计处理如下：

应缴纳的增值税＝7 605÷(1+17%)×17%＝1 105（元）

应缴纳的消费税＝7 605÷(1+17%)×10%＝650（元）

收到押金时：

借：银行存款	7 605	
贷：其他应付款		7 605

没收押金计算消费税、增值税时：

借：其他应付款	7 605	
贷：应交税费——应交增值税（销项税额）		1 105
其他业务收入		6 500
借：其他业务成本	650	
贷：应交税费——应交消费税		650

结转包装物成本时：

借：其他业务成本	5 800	
贷：周转材料——包装物		5 800

④ 啤酒、黄酒以外的酒类产品包装物押金的核算。对于销售啤酒、黄酒以外酒类产品而收取的包装物押金，无论押金是否返还及会计上如何核算，均应并入酒类产品的销售额中，以酒类产品的适用税率征收消费税。收取的押金计入“其他应付款”账户，包装物押金应缴纳的消费税和增值税则计入“营业税金及附加”或“销售费用”账户。

（3）外购应税消费品已纳消费税税款扣除的核算

税法规定，纳税人用外购已税消费品生产销售应税消费品，在计算征收消费税时，为避免重复征税，准予按当期生产领用数量计算扣除外购已税消费品已纳的消费税额。

纳税人在外购应税消费品时，应将支付的消费税，借记“应交税费——应交消费税”，贷记“银行存款”等科目；待连续生产的应税消费品对外销售计算消费税时，借记“营业税金及附加”，贷记“应交税费——应交消费税”。应交消费税明细账借、贷方发生额相抵后的余额，为实际缴纳的消费税。

需要注意的是，税法和会计制度在外购应税消费品已纳消费税款的抵扣时间的规定上存在不一致。税法规定只能按当期实际生产领用数量扣除外购应税消费品的已纳税款，而会计制度规定购进应税消费品时就借记“应交税费——应交消费税”，即当期外购应税消费品已纳税额全部可以在当期扣除。为此，此类业务的会计处理应遵循以下两个原则。

① 消费税税额抵扣的会计处理时间应在生产领用外购已纳消费税的消费品时，只有该消费品投入生产领用，才准许抵扣其已纳消费税税款。

② 准许抵扣的外购应税消费品的已纳消费税税额，应当按期生产领用数量逐笔计算。

为了清晰反映纳税人的外购应税消费品已纳消费税税款的支付与扣除过程，纳税人可增设“代扣税费”账户。

【例 4-12】 某卷烟厂 2013 年 4 月份购进已税烟丝一批用于生产 A 牌卷烟，价款 180 000 元，增值税专用发票上注明的税款 30 600 元，已验收入库，货款以银行存款支付。当月以外购烟丝生产 A 牌卷烟 15 标准箱（50 000 支/箱）并销售，不含增值税销售额 300 000 元。期初库存外购已税烟丝价款为 157 000 元，期末库存外购已税烟丝价款为 136 800 元。A 牌卷烟消费税定额税率为 0.003 元/支，比例税率为 56%，烟丝消费税率为 30%。

当月外购烟丝已纳消费税=180 000×30%=54 000（元）

领用烟丝的成本=157 000+180 000−136 800=200 200（元）

准予扣除的外购已税烟丝已纳消费税=200 200×30%=60 060（元）

销售卷烟应纳消费税=15×50 000×0.003+300 000×56%=168 000+2 250=170 250（元）

本月应纳消费税=170 250−60 060=110 190（元）

购进烟丝时的会计处理：

借：原材料——烟丝	180 000	
应交税费——应交增值税（进项税额）	30 600	
代扣税费	54 000	
贷：银行存款		264 600

生产领用烟丝时的会计处理：

借：生产成本	200 200	
贷：原材料		200 200

同时：

借：应交税费——应交消费税	60 060	
贷：代扣税费		60 060

销售卷烟时的会计处理：

借：银行存款	351 000	
贷：主营业务收入		300 000
应交税费——应交增值税（销项税额）		51 000

计算消费税时：

借：营业税金及附加	170 250	
贷：应交税费——应交消费税		170 250

本月实际缴纳消费税时：

借：应交税费——应交消费税	110 190	
贷：银行存款		110 190

2. 自产自用应税消费品应纳消费税的核算

自产自用的应税消费品用于连续生产应税消费品的，不纳消费税，只进行成本的核算。

自产自用的应税消费品用于其他方面的视同销售业务，包括纳税人将生产的应税消费品用于连续生产非应税消费品、抵消债务、发放股利、馈赠、在建工程、广告、样品、职工福利、对外投资入股、换取生产资料和消费资料等。

以上视同销售可分别借记"生产成本"、"应付账款"、"应付股利"、"营业外支出"、"在建工程"、"营业费用"、"应付职工薪酬"、"长期股权投资"、"原材料"等科目，贷记"应交税费——应交消费税"。交纳税金时借记"应交税费——应交消费税"，贷记"银行存款"。

【例 4-13】 某化妆品生产企业 2013 年 3 月将自制的化妆品 800 件用于发放给本厂女职工作为"三八"节福利，该企业化妆品的消费税率为 30%，增值税率 17%，当月同类化妆品最高售价为 120 元/件，最低售价 80 元/件，平均售价为 100 元/件，该化妆品的单位生产成本为 60 元/件。

应纳增值税＝800×100×17%＝13 600（元）

应纳消费税＝800×100×30%＝24 000（元）

发放化妆品时的账务处理：

借：应付职工薪酬　93 600

　贷：主营业务收入　80 000

　　应交税费——应交增值税（销项税额）　13 600

计提消费税时的账务处理：

借：营业税金及附加　24 000

　贷：应交税费——应交消费税　24 000

【例 4-14】 某酒厂将自产的甲类啤酒 2 吨用于广告宣传，同类产品平均售价为 5 000 元/吨，成本为 2 800 元/吨，消费税率为 250 元/吨，增值税率 17%。

应纳增值税＝5 000×2×17%＝1 700（元）

应纳消费税＝2×250＝500（元）

借：销售费用　12 200

　贷：库存商品　10 000

　　应交税费——应交增值税（销项税额）　1 700

　　应交税费——应交消费税　500

【例 4-15】 某汽车制造厂将自产的中轻型商用客车 8 辆投资于某客运公司，该类客车当月最高售价 15 万元，最低售价 12 万元，平均售价 13.5 万元，适用消费税税率 5%，增值税税率 17%。

应纳增值税＝135 000×8×17%＝183 600（元）

应纳消费税＝150 000×8×5%＝60 000（元）

对外投资时的账务处理：

借：长期股权投资　1 263 600

　贷：主营业务收入　1 080 000

　　应交税费——应交增值税（销项税额）　183 600

计提消费税时的账务处理：

借：营业税金及附加　60 000

　贷：应交税费——应交消费税　60 000

【例 4-16】 甲公司销售一批产品给乙公司，含税价为 27 万元，乙公司因特殊情况，无法按合同规定偿还债务，2013 年 7 月 20 日，经双方协议，甲公司同意乙公司用自产的应税消费品一批抵偿该应收账款。该产品公允价值为 15 万元，增值税税率 17%，消费税税率 5%。产品成本 12.3 万元。该产品已于当日交付给甲公司，甲公司为该项债权计提了坏账准备 500 元。假定不考虑其他税费。

重组债务的账面价值与转让的非现金资产公允价值之间的差额，计入当期的“营业外收入（债务重组利得）”账户，抵债资产为存货的，应当视同销售处理，按其公允价值确认商品销售收入，同时结转销售成本；抵债资产为固定资产、无形资产的，其公允价值和账面价值的差额，计入“营业外收入”账户或“营业外支出”账户；抵债资产为长期股权投资的，其公允价值和账面价值的差额，计入“投资收益”账户。

抵偿债务的乙公司账务处理如下：

应交增值税＝150 000×17%＝25 500（元）

应交消费税＝150 000×5%＝7 500（元）

债务重组利得＝270 000－150 000－25 500＝94 500（元）

用自产的产品抵债，根据有关原始凭证：

借：应付账款	270 000	
贷：主营业务收入		150 000
应交税费——应交增值税（销项税额）		25 500
营业外收入		94 500

结转成本，根据有关原始凭证：

借：主营业务成本	123 000	
贷：库存商品		123 000

计提消费税时的账务处理：

借：营业税金及附加	7 500	
贷：应交税费——应交消费税		7 500

甲公司收到应税消费品作为存货的，应以存货的公允价值，借记“库存商品”、“原材料”等账户，以收到增值税专用发票上注明的税额，借记“应交税费——应交增值税（进项税额）”账户，同时转出已计提的坏账准备；贷记“应收账款”账户，借贷方之间的差额，计入“营业外支出——债务重组损失”账户。账务处理如下：

借：库存商品	150 000	
应交税费——应交增值税（进项税额）	25 500	
坏账准备	500	
营业外支出——债务重组损失	94 000	
贷：应收账款		270 000

3. 委托加工应税消费品的会计处理

委托加工应税消费品，委托方为消费税纳税义务人，为了征收方便，税法规定由受托方向委托方交货时代收代缴消费税，如果受托方为个体经营者，一律由委托方收回后在委托方所在地缴纳消费税。

委托加工应税消费品缴纳的消费税，应分两种情况处理。

① 委托方将加工完成的应税消费品提回后用于连续生产应税消费品的，其已纳的消费税准予按规定从连续生产的应税消费品应纳消费税税额中扣除。借记“应交税费——应交消费税”账户，贷记“银行存款”或“应付账款”等账户。

需要注意的是，同外购应税消费品已纳税款的扣除一样，税法和会计制度在委托加工应税消费品已纳消费税款的抵扣时间的规定上存在不一致。税法规定只能按当期实际生产领用数量扣除委托加工应税消费品的已纳税款，而会计制度规定收回用于连续生产应税消费品的委托加工应税消费品时就借记“应交税费——应交消费税”，即当期委托加工应税消费品已纳税额全部可以在当期扣除。因此，此类业务会计处理时应遵循的原则同核算外购应税消费品已纳税款的扣除时相同。

同样，为了清晰反映纳税人的委托加工应税消费品已纳消费税税款的支付与扣除过程，纳税人可增设“代扣税费”账户。

② 委托方将委托加工的应税消费品收回后直接对外销售的，应将受托方代收代缴的消费税计入委托加工货物的成本，借记“委托加工物资”或“自制半成品——委托外部加工”或“生产成本——委托外部加工”等账户，贷记“银行存款”或“应付账款”等账户。委托方将收回的已由受托方代收消费税的消费品出售时，不再交纳消费税。

【例 4-17】 承例 4-8，委托方卷烟厂应做出如下的会计处理：

① 发出原料时：

借：委托加工物资　　58 000

　　贷：原材料　　58 000

② 支付加工费时：

借：委托加工物资　　5 000

　　应交税费——应交增值税（进项税额）　　850

　　贷：银行存款　　5 850

③ 支付消费税时：

借：待扣税费　　27 000

　　贷：银行存款　　27 000

④ 加工的烟丝入库时：

借：原材料　　63 000

　　贷：委托加工物资　　63 000

⑤ 生产领用烟丝时：

计算生产领用烟丝的成本＝102 900÷30%×(1□30%)＝240 100（元）

借：生产成本　　240 100

　　贷：原材料　　240 100

同时结转当月准予抵扣的消费税：

借：应交税费——应交消费税　　102 900

　　贷：待扣税费　　102 900

⑥ 销售甲类卷烟取得收入时：

借：银行存款　　5 265 000

贷：主营业务收入　　4 500 000

　　应交税费——应交增值税（销项）　　765 000

⑦ 计提消费税时：

借：营业税金及附加　　2 550 000

贷：应交税费——应交消费税　　2 550 000

⑧ 当月实际上缴消费税时：

借：应交税费——应交消费税　　2 447 100

　　贷：银行存款　　2 447 100

【例 4-18】 承例 4-8，如果烟丝收回后直接出售，取得不含税收入 125 000 元。

则卷烟厂的会计处理如下：

① 发出原料时：

借：委托加工物资　　58 000

　　贷：原材料　　58 000

② 支付加工费时：

借：委托加工物资　　5 000

　　应交税费——应交增值税（进项税额）　　850

　　贷：银行存款　　5 850

③ 支付消费税时：

借：委托加工物资　　27 000

　　贷：银行存款　　27 000

④ 加工的烟丝入库时：

借：库存商品　　90 000

　　贷：委托加工物资　　90 000

⑤ 出售烟丝时：

借：银行存款　　146 250

　　贷：主营业务收入　　125 000

　　　　应交税费——应交增值税（销项税额）　　21 250

销售烟丝时，不再缴纳消费税。

上述两种情况，尽管委托方的会计处理不同，但受托方的会计处理却相同。

受托方A厂在收到卷烟厂支付的加工费、辅助材料及代收代缴的消费税时，会计处理为：

借：银行存款　　32 850

　　贷：主营业务收入　　5 000

　　　　应交税费——应交增值税（销项税额）　　850

　　　　应交税费——应交消费税　　27 000

4. 进口应税消费品的会计处理

纳税人进口应税消费品按规定应缴纳的消费税，应与关税一起计入应税消费品的成本中，不需通过“应交税费——应交消费税”账户。纳税人应根据海关提供的完税凭证上注明的消费税税额，借记“固定资产”、“材料采购”、“原材料”等账户，同时贷记“银行存款”等账户。

【例4-19】甲汽车制造厂从国外进口一批汽车轮胎，关税完税价19.4万美元，关税税率为20%，当日的美元汇率为7元人民币，轮胎消费税税率3%。

进口关税=194 000×7×20%=271 600（元）

组成计税价格=(194 000×7+271 600)÷(1−3%)=1 680 000

进口消费税=1 680 000×3%=50 400（元）

进口环节的增值税=1 680 000×17%=285 600（元）

借：材料采购　　1 680 000

　　应交税费——应交增值税（进项税额）　　285 600

　　贷：银行存款　　1 965 600

本章小结

消费税是对在我国境内从事生产、委托加工以及进口应税消费品的单位和个人，就其销售额或销售数量征收的一种税，属于流转税的范畴。在对货物普遍征收增值税的基础上，对某些需要特殊调节的消费品或消费行为再征收消费税，主要是为了调节产品结构，引导消费方向，保证国家财政收入。

根据我国现行的《消费税暂行条例》的规定，我国消费税的纳税范围包括 14 大类消费品。消费税应纳税额的计算方法主要有从价定率计征、从量定额计征和从价从量复合计征三种。

消费税的核算主要包括生产企业销售应税消费品、自用应税消费品、委托加工应税消费品以及进口应税消费品的核算等几个方面。消费税的计算与缴纳应通过“应交税费——应交消费税”账户核算，作为一种价内税，计提消费税时对应的账户一般为“营业税金及附加”。

思考题

1. 简述消费税的特点。
2. 消费税的征税范围是如何规定的？
3. 如何理解消费税与增值税的关系？
4. 消费税的计算方法有几种，具体内容是什么？
5. 企业销售应税消费品如何进行会计处理？
6. 如何核算自产自用的应税消费品？
7. 纳税人不再退还的包装物押金应如何进行会计核算？
8. 简述企业将委托加工收回的应税消费品用于直接销售和用于连续生产应税消费品的会计处理方法有何不同之处？

习题 4

一、单项选择题

1. 根据我国《消费税暂行条例》及其实施细则的规定，纳税人自产自用应税消费品的消费税，其纳税环节为（　　）。

A. 消费环节　　B. 生产环节　　C. 移送环节　　D. 加工环节

2. 根据我国《消费税暂行条例》及其实施细则的规定，纳税人销售应税消费品向购买方收取的下列税金、价外费用中，不应并入应税消费品销售额征税的是（　　）。

A. 向购买方收取的手续费　　B. 向购买方收取的价外基金

C. 向购买方收取的增值税税款　　D. 向购买方收取的消费税税款

3. 纳税人经营不同税率应税消费品的，其税率运用正确的是（　　）。

A. 未分别核算不同税率应税消费品的，从低适用税率计算应纳消费税

B. 未分别核算不同税率应税消费品的，从高适用税率计算应纳消费税

C. 将不同税率消费品成套销售，分别核算各自销售额，按各自适用税率计算应纳税额

D. 将不同税率消费品组成套装销售，从高适用税率计算应纳消费税

4. 自产自用应税消费品的组成计税价格公式为（　　）。

A. (材料成本 + 加工费) ÷ (1-消费税税率)　　B. (成本 + 利润) ÷ (1-消费税税率)

C. (材料成本 + 加工费) ÷ (1 + 消费税税率)　　D. (成本 + 利润) ÷ (1 + 消费税税率)

5. A酒厂3月份委托B酒厂生产酒精30吨，一次性支付加工费9 500元（不含增值税）。已知A酒厂提供原料的成本为57 000元，B酒厂无同类产品售价，酒精适用税率5%，则该批酒精的消费税组成计税价格是（　　）元。

A. 50 000　　B. 60 000　　C. 70 000　　D. 63 333.33

6. 某外贸进出口公司2008年3月进口100辆小轿车，每辆车关税完税价格为人民币14.1万元，每辆缴纳关税4.1万元。已知小轿车适用的消费税税率为9%。该批进口小轿车应缴纳的消费税税额为（　　）万元。

A. 76　　B. 87　　C. 123　　D. 180

7. 根据我国《消费税暂行条例》及其实施细则的规定，纳税人用于投资入股的应税消费品，应当以纳税人同类应税消费品的（　　）作为计税依据计算缴纳消费税。

A. 最低销售价格　　B. 销售价格的简单算术平均价格

C. 销售价格的加权平均价格　　D. 最高销售价格

8. 委托加工应税消费品受托方代收代缴消费税的时间为（　　）。

A. 委托方交付原材料时　　B. 委托方支付加工费时

C. 委托方加工完毕交货时　　D. 委托方加工收回的应税消费品入库时

9. 根据消费税法律制度的有关规定，纳税人采取赊销方式销售货物的，其消费税纳税义务发生时间为（　　）。

A. 发出货物的当天　　B. 收到货物的当天

C. 合同约定的收款日期当天　　D. 签订合同的当天

10. 根据消费税法律制度的有关规定，下列各项中，属于委托加工应税消费品的是（　　）。

A. 委托方提供原材料，受托方代垫辅助材料加工的应税消费品

B. 受托方以委托方名义购进原材料加工的应税消费品

C. 受托方提供原材料加工的应税消费品

D. 委托方向受托方购进原材料，并要求受托方加工的应税消费品

11. 纳税人销售应税消费品的计税依据为（　　）。

A. 含消费税而不含增值税的销售额　　B. 含消费税也含增值税的销售额

C. 不含消费税也不含增值税的销售额　　D. 含增值税而不含消费税的销售额

12. 某啤酒厂9月份生产了15000吨生啤酒，当月销售了10000吨，取得含税销售收入117万元。则啤酒厂计算其应纳消费税的计税依据为（　　）。

A. 100万元　　B. 117万元　　C. 10 000吨　　D. 15 000吨

13. 下列情况中，不属于消费税征收范围的是（　　）。

A. 首饰厂销售给金银首饰商店的金银首饰　　B. 化妆品厂用于广告的化妆品

C. 将自产的应税消费品发给职工使用　　D. 自制应税消费品用于对外投资

14. 按照现行消费税制度的规定，当期准予扣除外购应税消费品已纳消费税的扣除时限是（　　）。

A. 购进时全部扣除　　B. 购进入库时扣除

C. 出库实耗时扣除　　D. 销售实耗时扣除

15. 以收取手续费方式受托代销金银首饰，受托方销售实现时作的会计分录为（　　）。

A. 借：代购代销收入
　　贷：应交税费——应交消费税

B. 借：营业税金及附加
　　贷：应交税费——应交消费税

C. 借：其他业务成本　　　　　　　　　　D. 借：主营业务收入
　　贷：应交税费——应交消费税　　　　　　　贷：应交税费——应交消费税

二、多项选择题

1. 根据消费税法律制度的规定，下列各项中，适用从量定额与从价定率相结合的复合计税方法的有（　　）。

A. 汽油　　B. 卷烟　　C. 白酒　　D. 啤酒

2. 根据消费税法律制度的规定，下列各项中，应缴纳消费税的有（　　）。

A. 销售白酒而取得的包装物作价收入　　B. 销售白酒而取得的包装物押金收入

C. 将自产白酒作为福利发给本厂职工　　D. 使用自产酒精生产白酒

3. 下列关于应税消费品销售数量的确定，正确的有（　　）。

A. 自产自用的应税消费品，为纳税人入库时的数量

B. 进口的应税消费品，为海关核定的进口征税数量

C. 委托加工的应税消费品，为纳税人发出原材料的数量

D. 销售应税消费品，为销售数量

4. 根据我国《消费税暂行条例》规定，下列各项中，属于消费税征收范围的有（　　）。

A. 卷烟　　B. 化妆品　　C. 游艇　　D. 小汽车

5. 根据我国《消费税暂行条例》及其实施细则的规定，下列各项中，纳税人应缴纳消费税的有（　　）。

A. 将自产的应税消费品用于职工福利

B. 随同应税消费品销售而取得的包装物作价收入

C. 将自产的应税消费品用于连续生产应税消费品

D. 销售应税消费品收取的包装费

6. 消费税应在应税消费品的（　　）环节缴纳。

A. 消费环节　　B. 生产环节　　C. 移送环节　　D. 加工环节

7. 从价定率计征消费税时，计税销售额中应包括（　　）。

A. 价款　　B. 价外费用　　C. 消费税税金　　D. 增值税税金

8. 根据消费税法律制度的有关规定，纳税人外购和委托加工的特定应税消费品，用于继续生产应税消费品的，已缴纳的消费税税款准予从应纳的消费税税额中抵扣，下列各项中，可以抵扣已缴纳的消费税的有（　　）。

A. 外购的已税化妆品用于生产化妆品　　B. 委托加工收回的已税玉石用于生产玉石首饰

C. 外购的已税汽车用于改装成小汽车　　D. 外购的已税烟丝用于生产卷烟

9. 根据我国《消费税暂行条例》规定，纳税人用于（　　）的应税消费品，应当以纳税人同类应税消费品的最高销售价格作为计税依据计算缴纳消费税。

A. 换取生产资料　　B. 换取消费资料

C. 投资入股　　D. 抵偿债务

10. 下列商品中，适用定额税率征收消费税的有（　　）。

A. 汽油　　B. 柴油　　C. 鞭炮焰火　　D. 白酒

11. 企业计算出的应该缴纳的消费税可能借记的科目有（　　）。

A. 其他业务成本　　B. 长期股权投资

C. 在建工程　　D. 应付职工薪酬

12. 某酒厂（增值税一般纳税人）受托加工啤酒，则该酒厂在向委托方移送啤酒时，应向委托

方收取的费用包括（　　）。

A. 加工费　　B. 增值税税款

C. 代垫辅助材料成本　　D. 代收代缴消费税税款

13. 按现行消费税法规定，下列各项中应并入应税销售额计税的有（　　）。

A. 购货方违约延期付款而支付的利息

B. 因物价上涨，向购买方收取的差价补贴

C. 将承运部门开具的运费发票转交给购买方而向购买方收取的代垫运费

D. 因采用新的包装材料而向购买方收取的包装费

14. 下列各项中，符合消费税纳税地点规定的有（　　）。

A. 委托加工的应税消费品，由委托方向所在地税务机关申报缴纳

B. 进口的应税消费品，由进口人或其代理人向报关地海关申报缴纳

C. 纳税人总机构与分支机构不在同一县（市）的，分支机构应回总机构申报缴纳

D. 纳税人到外县（市）销售自产应税消费品的，应回纳税人核算地申报缴纳

15. 下列项目中，不可直接作为消费税计税依据的是（　　）。

A. 销售应税消费品开具普通发票上的价款　　B. 各种从价计征的酒类产品包装物的押金

C. 销售白酒收取的品牌使用费　　D. 用于换取生产资料的应税消费品的平均价格

三、判断题

1. 消费税是价内税，应税消费品的销售价格中包括收取的增值税和消费税的税款。（　　）

2. 在现行消费税的征税范围中，除卷烟、白酒之外，其他一律不得采用从价定率和从量定额相结合的混合计税方法。（　　）

3. 纳税人到外县（市）销售自产应税消费品，应于销售实现后，回纳税人核算地或所在地缴纳消费税，而不是在销售地缴纳消费税。（　　）

4. 纳税人将自产的应税消费品用作广告或样品的，应于移送使用时按销售应税消费品计算纳税。（　　）

5. 纳税人委托加工的应税消费品，缴纳的消费税一律计入委托加工物资成本。（　　）

6. 委托加工应税消费品，以受托的单位为消费税的纳税义务人。（　　）

7. 消费税的纳税人采取预收货款结算方式的，其纳税义务发生时间为销售合同规定的收款日期的当天。（　　）

8. 纳税人兼营不同税率的应税消费品，将不同税率的应税消费品组成成套消费品销售的，凡是分别核算不同税率消费品的销售额的，应按各自适用税率计算缴纳消费税。（　　）

9. 纳税人通过自设的非独立核算的销售门市部销售的自产应税消费品，应当按照门市部对外销售额或销售数量征收消费税。（　　）

10. 实行从价定率办法的应税消费品连同包装物销售的，不论包装物是否单独计价，也不论在财务上如何核算，均应并入应税消费品的销售额中征收消费税。（　　）

11. 纳税人用于换取生产资料和消费资料、投资入股和抵偿债务等方面的应税消费品，应当以同类应税消费品的平均市场售价为依据计算消费税。（　　）

12. 委托加工应税消费品，受托方在交货时已代收代缴消费税的，委托方收回后直接出售的仍需缴纳消费税。（　　）

13. 企业用自产的应税消费品抵偿债务时，由于不是对外销售，不必计入销售额，因而无须记入“主营业务收入”账户。（　　）

14. 凡是征收消费税的消费品都征收增值税。（　　）

15. 委托加工的应税消费品的纳税义务人是受托方。　　（　　）

四、业务题

1. A厂提供原料19万元委托B厂加工酒精。提货时支付加工费等2.3万元，取得专用发票。该批酒精按B厂同类酒精的市场售价计算价值25.3万元。收回品后加工成医用酒精出售，本月取得收入28万元。（注：A、B厂均为增值税一般纳税人，以上所有金额均为不含税金额。）

要求：根据以上资料编制A、B厂相关会计分录。

2. 某外贸单位本月进口雪茄烟，海关审定完税价格为72万元，关税率40%，消费税税率36%，增值税税率17%，款项已支付，雪茄烟已验收入库。

要求：根据以上资料编制会计分录。

3. 某酒厂8月份发生以下业务。

（1）出售自产粮食白酒3吨，收入35 000元；包装物单独计价，售价500元。

（2）该酒厂出售自产葡萄酒6吨，收入68 000元，出借包装物，收取押金2 340元。

（3）为厂庆活动特制白酒2 000千克，全部发放职工，无同类产品售价。每千克成本为15元。（注：某酒厂为增值税一般纳税人，以上所有金额均为不含税额。）

要求：计算某酒厂应交消费税和增值税额，并作相应的会计处理。

4. 某轮胎制造厂为增值税一般纳税人，20××年5月发生如下经济业务：

（1）销售汽车轮胎1 000个，开具的增值税专用发票上注明销售额28万元，货物已发出，款项已收取。企业管理部门用车使用同型号轮胎200个，每个成本150元，已移送使用。

（2）从橡胶厂购入生产用原材料一批，取得增值税专用发票上注明价款20万元、增值税3.40万元，取得运输部门开具的普通发票上注明支付运输费用2万元。原材料已验收入库。

（3）进口汽车内胎500个，关税完税价格10万元，假定关税税率30%，货物已验收入库。该进口内胎准备用于生产成套汽车轮胎。

（4）领用进口汽车内胎的40%，与本企业生产的汽车外胎连续生产汽车轮胎，本月销售400条，取得不含税销售额10万元。货已发出，款项已收取。

（5）销售农用拖拉机专用轮胎，取得不含税销售额15万元；销售子午线轮胎，取得不含税销售额5万元。

要求：根据上述资料，编制会计分录并计算该厂本期应纳增值税、消费税税额。

5. 某化妆品厂8月份委托某化工厂加工某种化妆品，发出材料40万元，支付加工费5.5万元。受托方代收代缴消费税。

要求：分以下两种情况做出有关会计处理。

（1）化妆品厂将委托加工化妆品收回后用于连续生产化妆品。当月销售用其连续生产的化妆品100箱，销售价格6000元/箱。月底结账时，账面反映月初库存的委托加工化妆品2000千克，价款20万元；月底库存委托加工化妆品3000千克，价款30万元。消费税税率为30%，销售价格均为不含税价格。

（2）化妆品厂将委托加工化妆品收回后不再继续加工，而是直接对外销售，售价50万元。

☞知识拓展阅读

消费税：期待发挥“绿色化”调节作用

《关于2013年深化经济体制改革重点工作的意见》提出：“合理调整消费税征收范围和税率，将部分严重污染环境、过度消耗资源的产品等纳入征税范围。”可见，消费税改革的“绿色化”倾向非常明显。那么，我国消费税在保护生态环境与节约资源方面的调节作用有哪些不足？消费税改革为何呈现出“绿色化”倾向？消费税改革将产生什么样的影响？

消费税尚未充分发挥“绿色化”调节作用

我国消费税属于特种消费税，可以根据政府调控需要进行选择性征收，通过对特定消费品的选择性征税，改变商品价格，间接影响消费者行为。消费税具有税负转嫁的特点，在市场机制的作用下，依据商品的供求状况和供求弹性，生产者与消费者将共同承担消费品的消费税。因此，根据消费水平和消费结构变化，对消费税税率和征税范围进行适当调整，能够引导有关产品生产与消费，充分发挥消费税的调节功能。

与发达国家相比，我国现行消费税存在课税范围较为狭窄、税率档次单一的问题，并且在保护生态环境与节约资源等方面，尚未充分发挥其应有的调节作用。这主要体现在以下四个方面：首先，对资源类产品的征税力度较小。美国、瑞典、德国等发达国家已经形成了对煤炭、天然气、轻质燃料油与汽油征税的完整体系。而我国目前仅对成品油等少部分产品征收消费税，作为不可再生资源的煤炭和天然气等却被排除在征收范围之外。同时，对资源类消费品征收的税率也偏低。我国成品油中税率最高的是含铅汽油，为 1.4 元/升。按当前汇率测算，澳大利亚、韩国和日本成品油的相关税率分别为 1.63 元/升、2.87 元/升和 4.07 元/升，欧盟成员国的平均税率达 4.48 元/升，均高于我国的相关税率；美国对燃油课税的税率为 0.81 元/升，但其在燃油使用环节对二氧化碳、二氧化硫的排放课以环境税。

其次，污染类消费品没有纳入消费税的调节范围。发达国家对污染物普遍征税，污染物主要分为废气、废水、固体废弃物、噪声等四类，比较常见的课税对象主要包括废气污染物中的二氧化硫、二氧化碳、氮氧化物，废水排放物，会产生固体废物的一次性餐具、含磷洗衣粉、废旧轮胎、电子产品与生活用品，造成噪音污染的机场等。我国目前消费税征收范围只包括了轮胎。

再次，征税税目有待细化。经合组织国家均对汽油征税，一些国家在此基础上，还专门对含铅汽油征收附加税。同时，比利时、芬兰等国征税时会考虑汽油中的含硫量。此外，美国、瑞士等国还会对具有清洁性的混合汽油实施低税率的优惠。而我国成品油的税率仅区分了成品油的种类，对汽油设置了含铅与不含铅两档税率，而没有结合其他相应的环保因素。另外，以小汽车为例，目前我国小汽车的税率确定仅以气缸容量为标准，而没有具体区分节能与非节能小汽车之间的税率差别。同时，对企业所使用的低能耗节能产品与清洁能源也缺乏相应的税收优惠力度。

最后，没有形成专款专用的机制。为了降低工商业的能源消耗，英国于 2001 年开始征收气候变化税；为了补偿沙石开采所带来的环境成本，又在 2002 年开征了采石税。这两个税种的收入大部分用于设立专项基金，前者用于筹集政府能源效率计划基金，后者用于筹集可持续发展基金，以改善沙石开采地区当地的环境质量。此外，大部分发达国家都将对固定废弃物征收的税款归当地市政府管理，规定该项税收收入只得用于处理废弃物等方面。

“绿色化”扩围符合发展潮流和经济结构转变要求

近年来，越来越多的国家认为消费税对消费行为调节作用的意义应远远大于其组织收入的意义。我国的消费税不仅在征收水平方面还有很大的提升空间，而且还需要进一步加强和完善体系建设，发挥对经济与社会的调节作用。

我国提出在“十二五”时期应加快转变经济发展方式，坚持把建设资源节约型、环境友好型社会作为加快转变经济发展方式的重要着力点。在当前经济发展速度放缓、经济增长的资源环境约束逐渐强化的背景下，消费税的“绿色化”扩围符合世界发展潮流和国内经济结构转变的要求，理应提上日程。尤其是在我国目前的税制体系中，能够体现绿色理念、发挥保护环境与节约资源调节作用的税种较少。基于当前的税收征管与经济情况，即使面对越来越高的开征环境税呼声，开征一项新税种的难度也依旧较大。因此，目前最有效的策略就是将环保理念融入消费税的设计中。

从理论层面看，消费税“绿色化”扩围具有较强的理论基础。环境与资源属于公共物品范畴，具有非竞争性和非排他性。因此需要政府的介入，通过增加税负来提高消费者使用公共产品的成本，降低对公共物品的使用程度。

从实践层面看，消费税的“绿色化”扩围对我国目前经济发展具有重大战略意义。一是可以体现国家产业导向，通过降低税率、税收抵免等方法降低企业税负，从而鼓励环境保护型、资源节约型产业发展，体现税收在促进资源合理配置中的积极作用。二是可以引导纳税人进行科学合理的消费决策，调节消费结构，进一步促进纳税人树立生态意识和可持续发展观念。三是促进企业形成节能减排的动力，通过健全资源的税收约束机制，帮助企业更好地完成“十二五”规划中提出的节能减排各项指标。四是增加政府专项治理环境的财政收入，使政府有更多资金用于环保项目。

改革完善消费税　推进全面“绿色化”

从消费税发展以及经济社会科学发展的角度，我国应当在协调环境税与消费税关系的前提下，尽快改革完善消费税，推进消费税的全面“绿色化”。

首先，应将煤炭与天然气等不可再生能源纳入消费税的征收范围，并根据消费用量，设计累进税制，抑制高耗能企业的发展。

其次，应在条件成熟时逐步将产生污染物的电子产品、工业产品与生活产品以及化学农药等纳入消费税的征收范围。对此，可以根据污染物有害性的大小制定税率档次，并按一定比例适时调增，同时参照已有污染物的税率水平确定新的污染物税率。此外，对引进的重污染、高能耗工业设备加征进口环节消费税。

再次，应进一步界定科学合理的节能产品标准，运用低税率、税额减免等多种税收优惠政策工具引导公众绿色消费理念的形成。

第四，从环境保护与规范税制的角度出发，可以考虑对在生产经营过程中损害环境的消费行为，比如废水、废气、废渣的排放加征消费税。

第五，与能源和资源相关的消费税款建议专款专用，放入环境基金。比如，针对污染物征收的消费税，可以将税收收入用于污染物的治理与环保补贴的发放。

最后，消费税的改革应与资源税、车船税、城市维护建设税等税种进行统筹规划，配套进行。比如可以适度将车辆购置税、车船税与对小汽车征收的消费税合并，从而达到简化税制、突出环保理念的目的。

（资料来源：中国纪检监察报，2013-07-15，

作者：岳树民、王怡璞，单位：中国人民大学中国财政金融政策研究中心）

第 5 章

出口货物退（免）税会计

【学习目标】 通过本章学习，了解出口货物退（免）税的概念、政策内容、一般退（免）税的出口货物应具备的条件；掌握出口货物应退增值税和应退消费税的计算及会计处理方法。

【重点难点】 本章重点为出口货物应退增值税的计算及会计处理方法；难点为实行“免、抵、退”办法的生产企业出口货物应退增值税的计算及会计处理方法。

5.1 出口货物退（免）税概述

出口货物退（免）税是国际贸易中通常采用的并为世界各国普遍接受的、目的在于鼓励各国出口货物公平竞争的一种退还或免征间接税的税收措施。对货物出口退税是国际贸易中通行的并为各国接受的，旨在鼓励本国出口货物公平竞争的一项税收优惠措施，可以有效地避免国际双重课税。

我国的出口货物退（免）税是指在国际贸易业务中，对我国报关出口的货物退还或免征其在国内各生产和流转环节按税法规定缴纳的增值税和消费税，即对增值税出口货物实行零税率，对消费税出口货物免税。

增值税出口货物的零税率，从税法上理解有两层含义：一是对本道环节生产或销售货物的增值部分免征增值税，二是对出口货物前道环节所含的进项税额进行退付。

通常对于符合《增值税暂行条例》和《消费税暂行条例》规定的应税范围的出口货物，除另有规定外，可以在货物报关出口并确认销售收入后，凭有关凭证按月报送当地主管出口退税的税务机关批准退还出口货物相关的增值税、消费税等税金。

5.1.1 出口货物退（免）税基本政策

对货物出口的不同情况，国家在遵循“征多少、退多少”、“未征不退和彻底退税”基本原则的基础上，我国的出口货物税收政策分为以下三种形式。

（1）出口免税并退税

出口免税是指对货物在出口销售环节不征增值税、消费税，这是把货物出口环节与出口前的销售环节都同样视为一个征税环节。出口退税是指对货物在出口前实际承担的税收负担，按规定的退税率计算后予以退还。

（2）出口免税不退税

出口免税与上述第（1）项含义相同。出口不退税是指适用这个政策的出口货物因在前一道生产、销售环节或进口环节是免税的，因此，出口时该货物的价格中本身就不含税，也无须退税。

（3）出口不免税也不退税

出口不免税是指对国家限制或禁止出口的某些货物的出口环节视同内销环节。照常征税、出口不退税是指对这些货物出口不退还出口前其所负担的税款。适用这个政策的主要是税法列举限制或禁止出口的货物，如天然牛黄、麝香等。

5.1.2 出口货物和劳动增值税退（免）税政策

1. 适用增值税退（免）税政策的范围

（1）出口企业出口货物

出口企业，是指依法办理工商登记、税务登记、对外贸易经营者备案登记，自营或委托出口货物的单位或个体工商户，以及依法办理工商登记、税务登记但未办理对外贸易经营者备案登记，委托出口货物的生产企业。

出口货物，是指向海关报关后实际离境并销售给境外单位或个人的货物，分为自营出口货物和委托出口货物两类。

生产企业，是指具有生产能力（包括加工修理修配能力）的单位或个体工商户。

（2）出口企业或其他单位视同出口货物

具体是指：

① 出口企业对外援助、对外承包、境外投资的出口货物。

② 出口企业经海关报关进入国家批准的出口加工区、保税物流园区、保税港区、综合保税区、珠澳跨境工业区（珠海园区）、中哈霍尔果斯国际边境合作中心（中方配套区域）、保税物流中心（B型）（以下统称特殊区域）并销售给特殊区域内单位或境外单位、个人的货物。

③ 免税品经营企业销售的货物（国家规定不允许经营和限制出口的货物、卷烟和超出免税品经营企业《企业法人营业执照》规定经营范围的货物除外）。具体是指：

- ⊙ 中国免税品（集团）有限责任公司向海关报关运入海关监管仓库，专供其经国家批准设立的统一经营、统一组织进货、统一制定零售价格、统一管理的免税店销售的货物。
- ⊙ 国家批准的除中国免税品(集团)有限责任公司外的免税品经营企业，向海关报关运入海关监管仓库，专供其所属的首都机场口岸海关隔离区内的免税店销售的货物。
- ⊙ 国家批准的除中国免税品(集团)有限责任公司外的免税品经营企业所属的上海虹桥、浦东机场海关隔离区内的免税店销售的货物。

国家规定不允许经营和限制出口的货物是指：

- ⊙ 《中华人民共和国禁止出境物品表》（海关总署令 1993 第 43 号）所列的货物。
- ⊙ 《卫生部、对外经贸经济合作部、海关总署关于进一步加强人体血液、组织器官管理有关问题的通知》（卫药发[1996]第 27 号）规定的血液和血液制品、人体组织和器官（包括胎儿）以及利用人体组织和器官（包括胎儿）加工生产的制剂。

商务部会同有关部门公布的《禁止出口货物目录》所列的货物；

- ⊙ 《濒危野生动物国际贸易公约》所列的附录一、二、三级的动物、动物产品和植物、植物产品。

⊙ 林业部、农业部发布的《国家重点保护野生动物名录》所列的一、二级保护的野生动物及货物。

⊙ 国家食品药品监督管理局、公安部、卫生部发布的《精神药品管制品种目录》、《麻醉药品管制品种目录》所列的货物。

⊙ 国家环保总局、海关总署发布的《中华人民共和国禁止或严格限制的有毒化学品目录》所列的货物。

④ 出口企业或其他单位销售给用于国际金融组织或外国政府贷款国际招标建设项目的中标机电产品（以下称中标机电产品）。上述中标机电产品包括外国企业中标再分包给出口企业或其他单位的机电产品。

⑤ 生产企业向海上石油天然气开采企业销售的自产的海洋工程结构物。

⑥ 出口企业或其他单位销售给国际运输企业用于国际运输工具上的货物。上述规定暂仅适用于外轮供应公司、远洋运输供应公司销售给外轮、远洋国轮的货物，国内航空供应公司生产销售给国内和国外航空公司国际航班的航空食品。

⑦ 出口企业或其他单位销售给特殊区域内生产企业生产耗用且不向海关报关而输入特殊区域的水（包括蒸汽）、电力、燃气（以下称输入特殊区域的水电气）。

（3）视同自产出口货物的范围

① 持续经营以来从未发生骗取出口退税、虚开增值税专用发票或农产品收购发票、接受虚开增值税专用发票（善意取得虚开增值税专用发票除外）行为且同时符合下列条件的生产企业出口的外购货物，可视同自产货物适用增值税退（免）税政策：

⊙ 已取得增值税一般纳税人资格。

⊙ 已持续经营 2 年及 2 年以上。

⊙ 纳税信用等级 A 级。

⊙ 上一年度销售额 5 亿元以上。

⊙ 外购出口的货物与本企业自产货物同类型或具有相关性。

② 持续经营以来从未发生骗取出口退税、虚开增值税专用发票或农产品收购发票、接受虚开增值税专用发票（善意取得虚开增值税专用发票除外）行为但不能同时符合本附件第一条规定的条件的生产企业，出口的外购货物符合下列条件之一的，可视同自产货物申报适用增值税退（免）税政策：

A．同时符合下列条件的外购货物：

⊙ 与本企业生产的货物名称、性能相同；

⊙ 使用本企业注册商标或境外单位或个人提供给本企业使用的商标。

⊙ 出口给进口本企业自产货物的境外单位或个人。

B．与本企业所生产的货物属于配套出口，且出口给进口本企业自产货物的境外单位或个人的外购货物，符合下列条件之一的：

⊙ 用于维修本企业出口的自产货物的工具、零部件、配件；物。

⊙ 不经过本企业加工或组装，出口后能直接与本企业自产货物组合成成套设备的货物。

C．经集团公司总部所在地的地级以上国家税务局认定的集团公司，其控股（按照《公司法》第二百一十七条规定的口径执行）的生产企业之间收购的自产货物以及集团公司与其控股的生产企业之间收购的自产货物。

D．同时符合下列条件的委托加工货物：

⊙ 与本企业生产的货物名称、性能相同，或者是用本企业生产的货物再委托深加工的货物。

⊙ 出口给进口本企业自产货物的境外单位或个人。

⊙ 委托方与受托方必须签订委托加工协议，且主要原材料必须由委托方提供，受托方不垫付资金，只收取加工费，开具加工费（含代垫的辅助材料）的增值税专用发票。

E．用于本企业中标项目下的机电产品。

F．用于对外承包工程项目下的货物。

G．用于境外投资的货物。

H．用于对外援助的货物。

I．生产自产货物的外购设备和原材料（农产品除外）。

（4）出口企业对外提供加工修理修配劳务

对外提供加工修理修配劳务，是指对进境复出口货物或从事国际运输的运输工具进行的加工修理修配。

2. 增值税退（免）税办法

适用增值税退（免）税政策的出口货物劳务，按照下列规定实行增值税免抵退税或免退税办法。

（1）免抵退税办法。生产企业出口自产货物和视同自产货物（视同自产货物的具体范围见附件4）及对外提供加工修理修配劳务，以及列名生产企业（具体范围见附件5）出口非自产货物，免征增值税，相应的进项税额抵减应纳增值税额（不包括适用增值税即征即退、先征后退政策的应纳增值税额），未抵减完的部分予以退还。

（2）免退税办法。不具有生产能力的出口企业（以下称外贸企业）或其他单位出口货物劳务，免征增值税，相应的进项税额予以退还。

3. 增值税出口退税率

（1）除财政部和国家税务总局根据国务院决定而明确的增值税出口退税率（以下称退税率）外，出口货物的退税率为其适用税率。国家税务总局根据上述规定将退税率通过出口货物劳务退税率文库予以发布，供征纳双方执行。退税率有调整的，除另有规定外，其执行时间以货物（包括被加工修理修配的货物）出口货物报关单（出口退税专用）上注明的出口日期为准。

（2）退税率的特殊规定

① 外贸企业购进按简易办法征税的出口货物、从小规模纳税人购进的出口货物，其退税率分别为简易办法实际执行的征收率、小规模纳税人征收率。上述出口货物取得增值税专用发票的，退税率按照增值税专用发票上的税率和出口货物退税率孰低的原则确定。

② 出口企业委托加工修理修配货物，其加工修理修配费用的退税率，为出口货物的退税率。

③ 中标机电产品、出口企业向海关报关进入特殊区域销售给特殊区域内生产企业生产耗用的列名原材料、输入特殊区域的水电气，其退税率为适用税率。如果国家调整列名原材料的退税率，列名原材料应当自调整之日起按调整后的退税率执行。

④ 海洋工程结构物退税率的适用，见表5-1。

（3）适用不同退税率的货物劳务，应分开报关、核算并申报退（免）税，未分开报关、核算或划分不清的，从低适用退税率。

表 5-1　海洋工程结构物退税表

序号	海洋工程结构物的具体范围（海关税则中货物名称）	被包含在的海关税则号	对应的常见名称	退税率
1	钢铁制桥梁及桥梁体段	7308100000	过渡段；生活模块；处理模块	15%
2	钢铁制门窗及其框架、门槛	7308300000		
	其他钢铁结构体及部件（包括结构体用的已加工钢板、型材）	7308900000		
4	钻探深度≥6 千米其他石油钻探机	8430411100	钻机模块	17%
5	钻探深度＜6 千米其他钻探机（自推进的）	8430412900		
6	载重不超过 15 万吨的原油船	8901202100	浮式生产储油轮；浮式储油轮；穿梭油轮	17%
7	载重不超过 10 万吨的原油船	8901201100		
8	10 万吨＜载重量≤30 万吨成品油船	8901201200		
9	机动多用途船	8901905000	三用工作船	17%
10	拖船及顶推船	8904000000		
11	15 万吨＜载重量≤30 万吨的原油船	8901202200	浮式生产储油轮；浮式储油轮；单点系泊系统；水下油汽罐；栈桥码头	17%
12	其他不以航行为主要功能的船舶	8905909000		
13	含植物性材料的浮动结构体	8907900010		
14	其他浮动结构体	8907900090		
15	浮动或潜水式钻探或生产平台	8905200000	自升式、半潜式钻井船；浮式钻井船；钻井平台；生产平台；处理平台；生活平台；烽火台	17%

小资料：2013 年纺织品服装出口结构性退税再发力

随着退税新政大大加快了加工贸易企业的发展，为进一步减轻企业负担，国家税务局积极出台有效措施，据悉，明年将要研究实施促进扩大内需、支持发展实体经济、推进城镇化等税收政策，完善和落实促进战略性新兴产业、流通业等发展的税收优惠政策。

出口退税新政实施已有半年时间。但是，一些加工贸易企业并没有因新政的实施而欢喜。对于新政中“调整外贸企业委托加工修理、修配原材料的出口退税规定，申报退税的增值税专用发票的加工费应包含原材料金额，统一按出口货物的退税率退税”的表述，使部分从事外贸出口的人士感到茫然。

2012 年 12 月 25 日至 26 日召开的全国税务工作会议上，国家税务总局局长肖捷说，明年结构性减税将在税制改革、严查“过头税”、优化纳税服务等方面继续发挥作用。

明年多项税制改革值得期待。肖捷表示，要扩大“营改增”试点范围，合理调整消费税税率结构、征收范围和征税环节，完善资源税，制定环境保护税改革方案，落实新修改的个人所得税法。

小资料：2013 年纺织品服装出口结构性退税再发力（续）

实行结构性减税，结合推进税制改革，用减税、退税或抵免的方式减轻税收负担，促进企业投资和居民消费，是实行积极财政政策的重要内容。

增值税转型改革，是我国历史上单项税制改革减税力度最大的一次。企业新增机器设备类固定资产所含的进项增值税税金准予在计算销项税额时予以抵扣。此举可有效避免企业设备购置的重复征税，有利于促进企业技术进步、产业结构调整和经济增长方式的转变。

为缓解出口企业经营压力，2008 年下半年以来我国多次调整出口退税政策。在 2008 年 8 月 1 日调高部分产品出口退税率的基础上，2012 年 11 月 1 日起调高服装、纺织品、塑料制品、日用及艺术陶瓷制品、家具等产品的出口退税率；12 月 1 日起进一步提高部分劳动密集型产品、机电产品等 3770 项出口商品的退税率；2013 年 1 月 1 日起，又提高部分技术含量和附加值高的机电产品的出口退税率，主要包括：将航空惯性导航仪、工业机器人（300024）等产品的出口退税率由 13%、14%提高到 17%；将摩托车、缝纫机等产品的出口退税率由 11%、13%提高到 14%.上述调整，是我国主动应对当前复杂多变的国内外经济形势而采取的重要举措，有利于缓解企业困难，增强克服金融危机的信心。

（资料来源：全球纺织网，www.tnc.com.cn，2013-01-03）

5.1.3 出口货物和劳务增值税免税政策

适用增值税免税政策的出口货物和劳务，是指：

（1）出口企业或其他单位出口规定的货物，具体是指：

① 增值税小规模纳税人出口的货物。

② 避孕药品和用具、古旧图书。

③ 软件产品，具体范围是指海关税则号前 4 位为“9803”的货物。

④ 含黄金、铂金成分的货物，钻石及其饰品。

⑤ 国家计划内出口的卷烟。

⑥ 已使用过的设备，具体范围是指购进时未取得增值税专用发票、海关进口增值税专用缴款书但其他相关单证齐全的已使用过的设备。

⑦ 非出口企业委托出口的货物。

⑧ 非列名生产企业购进的非视同自产货物。

⑨ 农业生产者自产农产品（农产品的具体范围按照《农业产品征税范围注释》（财税[1995]52 号）的规定执行）。

⑩ 油画、花生果仁、黑大豆等财政部和国家税务总局规定的出口免税的货物。

⑪ 外贸企业取得普通发票、废旧物资收购凭证、农产品收购发票、政府非税收入票据的货物。

⑫ 来料加工复出口的货物。

⑬ 特殊区域内的企业出口的特殊区域内的货物。

⑭ 以人民币现金作为结算方式的边境地区出口企业从所在省（自治区）的边境口岸出口到接壤国家的一般贸易和边境小额贸易出口货物。

⑮ 以旅游购物贸易方式报关出口的货物。

（2）出口企业或其他单位视同出口的下列货物：

① 国家批准设立的免税店销售的免税货物，包括进口免税货物和已实现退（免）税的货物。

② 特殊区域内的企业为境外的单位或个人提供加工修理修配劳务。

③ 同一特殊区域、不同特殊区域内的企业之间销售特殊区域内的货物。

（3）出口企业或其他单位未按规定申报或未补齐增值税退（免）税凭证的出口货物劳务。

具体是指：

① 未在国家税务总局规定的期限内申报增值税退（免）税的出口货物劳务。

② 未在规定期限内申报开具《代理出口货物证明》的出口货物劳务。

③ 已申报增值税退（免）税，却未在国家税务总局规定的期限内向税务机关补齐增值税退（免）税凭证的出口货物劳务。

对于适用增值税免税政策的出口货物劳务，出口企业或其他单位可以依照现行增值税有关规定放弃免税，并依照有关规定缴纳增值税。”

小资料：7.4亿出口退税为企业纾困

导报讯　10日，东营市国税局相关部门透露，今年1～6月份，全市共办理出口退税7.40亿元，免抵4.61亿元，分别比去年同期增长28%和36%。今年以来，国际经济形势面临诸多困难与挑战，世界经济复苏乏力，美国量化宽松货币政策导致的人民币汇率升值直接影响了中国制造业出口，面对诸多不利条件，东营市外向型经济的发展受到较大影响。东营市国税局强化三级审核流程，同时以出口退税函调系统和预警评估平台为后盾，从细节和技术角度细化出口退税各项指标的管理，将出口退税每一项技术指标纳入系统范围、责任落实到人。通过及时更新业务知识，切实将国家支持外向经济发展的政策规定落实到位，确保企业及时、最大限度享受到国家政策。出口退税资金的及时到位为企业发展赢得了机会，从一定程度上缓解了企业因为经济不景气导致的经营困境，为全市经济发展增添了动力。

（资料来源：经济导报（济南），2013-07-15，作者：蒋积海　韩其龙）

5.1.4　出口货物增值税征税政策

适用增值税征税政策的出口货物劳务，是指：

（1）出口企业出口或视同出口财政部和国家税务总局根据国务院决定明确的取消出口退（免）税的货物（不包括来料加工复出口货物、中标机电产品、列名原材料、输入特殊区域的水电气、海洋工程结构物）。

（2）出口企业或其他单位销售给特殊区域内的生活消费用品和交通运输工具。

（3）出口企业或其他单位因骗取出口退税被税务机关停止办理增值税退（免）税期间出口的货物。

（4）出口企业或其他单位提供虚假备案单证的货物。

（5）出口企业或其他单位增值税退（免）税凭证有伪造或内容不实的货物。

（6）出口企业或其他单位未在国家税务总局规定期限内申报免税核销以及经主管税务机关审核不予免税核销的出口卷烟。

（7）出口企业或其他单位具有以下情形之一的出口货物劳务：

① 将空白的出口货物报关单、出口收汇核销单等退（免）税凭证交由除签有委托合同的货代公司、报关行，或由境外进口方指定的货代公司（提供合同约定或者其他相关证明）以外的其他单位或个人使用的。

② 以自营名义出口，其出口业务实质上是由本企业及其投资的企业以外的单位或个人借该出口企业名义操作完成的。

③ 以自营名义出口，其出口的同一批货物既签订购货合同，又签订代理出口合同（或协议）的。

④ 出口货物在海关验放后，自己或委托货代承运人对该笔货物的海运提单或其他运输单据等上的品名、规格等进行修改，造成出口货物报关单与海运提单或其他运输单据有关内容不符的。

⑤ 以自营名义出口，但不承担出口货物的质量、收款或退税风险之一的，即出口货物发生质量问题不承担购买方的索赔责任（合同中有约定质量责任承担者除外）；不承担未按期收款导致不能核销的责任（合同中有约定收款责任承担者除外）；不承担因申报出口退（免）税的资料、单证等出现问题造成不退税责任的。

⑥ 未实质参与出口经营活动、接受并从事由中间人介绍的其他出口业务，但仍以自营名义出口的。

5.2 出口货物退（免）税的计算与申报

5.2.1 出口货物增值税的计算

1. 增值税退（免）税的计算

出口货物只有在适用既免税又退税的政策时，才会涉及如何计算退税的问题。由于各类出口企业对出口货物的会计核算办法不同，有的对出口货物单独核算，有的对出口和内销的货物统一核算。为了与出口企业的会计核算办法相一致，我国《出口货物退（免）税管理办法》规定了两种出口货物应退增值税计算办法：一种是“免、抵、退”办法，主要适用于自营和委托出口自产货物的生产企业；另一种是“先征后退”办法，目前主要用于收购货物出口的外贸企业。

（1）增值税退（免）税的计税依据

① 生产企业出口货物劳务（进料加工复出口货物除外）增值税退（免）税的计税依据，为出口货物劳务的实际离岸价（FOB）。实际离岸价应以出口发票上的离岸价为准，但如果出口发票不能反映实际离岸价，主管税务机关有权予以核定。

② 生产企业进料加工复出口货物增值税退（免）税的计税依据，按出口货物的离岸价（FOB）扣除出口货物所含的海关保税进口料件的金额后确定。

本通知所称海关保税进口料件是指海关以进料加工贸易方式监管的出口企业从境外和特殊区域等进口的料件，包括出口企业从境外单位或个人购买并从海关保税仓库提取且办理海关进料加工手续的料件，以及保税区外的出口企业从保税区内的企业购进并办理海关进料加工手续的进口料件。

③ 生产企业国内购进无进项税额且不计提进项税额的免税原材料加工后出口的货物的计税依据，按出口货物的离岸价（FOB）扣除出口货物所含的国内购进免税原材料的金额后确定。

④ 外贸企业出口货物（委托加工修理修配货物除外）增值税退（免）税的计税依据，为购进出口货物的增值税专用发票注明的金额或海关进口增值税专用缴款书注明的完税价格。

⑤ 外贸企业出口委托加工修理修配货物增值税退（免）税的计税依据，为加工修理修配费用

增值税专用发票注明的金额。外贸企业应将加工修理修配使用的原材料（进料加工海关保税进口料件除外）作价销售给受托加工修理修配的生产企业，受托加工修理修配的生产企业应将原材料成本并入加工修理修配费用开具发票。

⑥ 出口进项税额未计算抵扣的已使用过的设备增值税退（免）税的计税依据，按下列公式确定：

退（免）税计税依据=增值税专用发票上的金额或海关进口增值税专用缴款书注明的完税价格×已使用过的设备固定资产净值÷已使用过的设备原值

已使用过的设备固定资产净值=已使用过的设备原值-已使用过的设备已提累计折旧

本通知所称已使用过的设备，是指出口企业根据财务会计制度已经计提折旧的固定资产。

⑦ 免税品经营企业销售的货物增值税退（免）税的计税依据，为购进货物的增值税专用发票注明的金额或海关进口增值税专用缴款书注明的完税价格。

⑧ 中标机电产品增值税退（免）税的计税依据，生产企业为销售机电产品的普通发票注明的金额，外贸企业为购进货物的增值税专用发票注明的金额或海关进口增值税专用缴款书注明的完税价格。

⑨ 生产企业向海上石油天然气开采企业销售的自产的海洋工程结构物增值税退（免）税的计税依据，为销售海洋工程结构物的普通发票注明的金额。

⑩ 输入特殊区域的水电气增值税退（免）税的计税依据，为作为购买方的特殊区域内生产企业购进水（包括蒸汽）、电力、燃气的增值税专用发票注明的金额。

（2）生产企业“免、抵、退”税的计算

自2002年1月1日起，生产企业自营或委托外贸企业代理出口自产货物，除另有规定外，增值税一律实行免、抵、退税管理办法。“免”税，是指对生产企业出口的自产货物，免征本企业生产销售环节增值税；“抵”税，是指生产企业出口自产货物所耗用的原材料、零部件、燃料、动力等所含应予退还的进项税额，抵顶内销货物的应纳税额；“退”税是指生产企业出口的自产货物在当月内应抵顶的进项税额大于应纳税额时，对未抵顶完的部分予以退税。

此处的生产企业，是指独立核算，经主管国税机关认定为一般增值税纳税人，并且具有实际生产能力的企业和企业集团。增值税小规模纳税人出口自产货物继续实行免征增值税办法。生产企业出口自产的属于应征消费税的产品，实行免征消费税办法。

具体计算方法与计算公式如下。

第一步，出口货物销售免税，即出口货物不需核算增值税销项税额。

第二步，按下列公式计算当期的应纳税额。

当期应纳税额 = 当期内销货物的销项税额 - (当期进项税额-当期免抵退税不得免征和抵扣税额)-上期末留抵税额

其中：

当期免抵退税不得免征和抵扣税额 = 当期出口货物离岸价×外汇人民币牌价×(出口货物征税率-出口货物退税率)-当期免抵退税不得免征和抵扣税额抵减额

出口货物离岸价（FOB）以出口发票计算的离岸价为准。出口发票不能如实反映实际离岸价的，企业必须按照实际离岸价向主管国税机关申报，同时主管税务机关有权依照《中华人民共和国税收征收管理法》、《中华人民共和国增值税暂行条例》等有关规定予以核定。

当期免抵退税不得免征和抵扣税额抵减额 = 当期免税购进原材料价格×(出口货物征税率-出口货物退税率)

免税购进原材料包括从国内购进免税原材料和进料加工免税进口料件，其中进料加工免税进口料件的价格为组成计税价格。

进料加工免税进口料件的组成计税价格＝货物到岸价＋海关实征关税和消费税

如果当期没有免税购进原材料价格，前述公式中的免抵退税不得免征和抵扣税额抵减额，以及后面公式中的免抵退税额抵减额，就不用计算。

第三步，按下列公式计算当期的免抵退税。

当期免抵退税额＝当期出口货物离岸价×外汇人民币牌价×出口货物退税率−当期免抵退税额抵减额

当期免抵退税额抵减额＝当期免税购进原材料价格×出口货物退税率

其中：

① 出口货物离岸价以出口发票计算的离岸价为准。

② 免税购进原材料价格包括当期从国内购进的无进项税额且不计提进项税额的免税原材料价格和当期进料加工保税进口料件的价格，其中当期进料加工保税进口料件的价格为组成计税价格。

当期进料加工保税进口料件的组成计税价格＝当期进口料件到岸价格＋海关实征关税＋海关实征消费税

第四步，确定当期的应退税额和免抵税额。

① 如果当期期末留抵税额≤当期免抵退税额，那么当期应退税额=当期期末留抵税额，则：当期免抵税额=当期免抵退税额−当期应退税额。

② 如果当期期末留抵税额＞当期免抵退税额，那么当期应退税额=当期免抵退税额，则：当期免抵税额=0。

下面通过几个具体例题来说明生产企业“免、抵、退”税的计算过程。

【例 5-1】 某自营出口生产企业是增值税一般纳税人，出口货物的征税税率为 17%，退税率为 15%。2013 年 5 月有关经营业务为：购原材料一批，取得的增值税专用发票注明的价款为 200 万元，外购货物准予抵扣进项税额为 34 万元，货已验收入库。当月进料加工免税进口料件的组成计税价格 100 万元。上期末留抵税款 6 万元。本月内销货物不含税销售额 100 万元，收款 117 万元存入银行，本月出口货物销售额折合人民币 200 万元。试计算该企业当期的“免、抵、退”税额。

按照“免、抵、退”税计算该企业出口退税如下：

① 免抵退税不得免征和抵扣税额抵减额=免税购进原材料价格×(出口货物征税率出口货物退税率)=100×(17%−15%)=2（万元）

② 免抵退税不得免征和抵扣税额=出口货物离岸价格×外汇人民币牌价×(出口货物征税率−出口货物退税率)−免抵退税不得免征和抵扣税额抵减额=200×(17%−15%)−2=2（万元）

③ 当期应纳税额=100×17%−(34−2)−6=−21（万元）

④ 免抵退税额抵减额=免税购进原材料价格×出口货物退税率=100×15%=15（万元）

⑤ 出口货物免抵退税额=200×15%−15=15（万元）

⑥ 按规定，如果当期期末留抵税额＞当期免抵退税额，则当期应退税额＝当期免抵退税额，即该企业应退税额=15（万元）

⑦ 当期免抵税额=当期免抵退税额−当期应退税额＝15−15=0（万元）

⑧ 当月期末留抵结转下期继续抵扣税额=21−15=6（万元）

【例 5-2】 长兴公司是有自营进出口权的生产企业，为增值税一般纳税人，出口货物的征税率为 17%，退税率为 13%。2013 年 3 月，该公司发生如下业务：购进原材料，取得增值税专用发票，注明价款 100 万元，进项税额 17 万元，增值税专用发票已通过认证。当月进料加工免税料件组成计税价格为 60 万元。上期留抵税额 5 万元。本月内销货物不含税销售额 50 万元。本月出口货物销售额折合人民币 150 万元。计算本期应退税额。

按照“免、抵、退”税计算该企业出口退税如下：

① 免抵退税不得免征和抵扣税额抵减额＝免税购进原材料价格×(出口货物征税率-出口货物退税率)=60×(17%-13%)=2.4（万元）

② 免抵退税不得免征和抵扣税额=出口货物离岸价格×外汇人民币牌价×(出口货物征税率-出口货物退税率)-免抵退税不得免征和抵扣税额抵减额=150×(17%-13%)-2.4=3.6（万元）

③ 当期应纳税额=50×17%-(17-3.6)-5=-9.9（万元）

④ 免抵退税额抵减额=免税购进原材料价格×出口货物退税率=60×15%=9（万元）

⑤ 出口货物免抵退税额=150×15%-9=13.5（万元）

⑥ 按规定，如当期期末留抵税额＜当期免抵退税额时，则有：当期应退税额=当期期末留抵税额，即该企业应退税额=9.9（万元）

⑦ 当期免抵税额=当期免抵退税额－当期应退税额=13.5-9.9=3.6（万元）

⑧ 当月期末无留抵税额，全部予以退税。

（3）外贸企业“先征后退”的计算方法

外贸企业及实行外贸企业财务制度的工贸企业收购货物出口，其出口销售环节的增值税免征；其收购货物的成本部分因外贸企业在支付收购货款的同时也向生产经营该类商品的企业支付了增值税款，因此在货物出口后，应按收购成本与退税税率计算退税退还给外贸企业，同时将征、退税之差计入企业成本。

外贸企业出口货物劳务增值税免退税，依下列公式计算：

①外贸企业出口委托加工修理修配货物以外的货物：

应退税额＝不含增值税的购进金额×退税税率

【例 5-3】 某进出口公司 2013 年 2 月出口美国平纹布 4 500 米，进货的增值税专用发票上注明的单价为 22 元/米，增值税率 17%，退税率 13%。出口销售取得收入 315 000 元。

应退税额=4 500×22×13%=12 870（元）

②外贸企业出口委托加工修理修配货物：

出口委托加工修理修配货物的增值税应退税额＝委托加工修理修配的增值税退（免）税计税依据×出口货物退税率

【例 5-4】 某进出口公司 2013 年 6 月购进牛仔布委托加工成服装出口，取得牛仔布增值税专用发票一张，注明计税金额 10 000 元（退税税率 13%），取得服装加工费计税金额 2 000 元（退税税率 17%）。

应退税额=10 000×13% + 2000×17%=1 640（元）

注意：出口企业既有适用增值税免抵退项目，也有增值税即征即退、先征后退项目的，增值税即征即退和先征后退项目不参与出口项目免抵退税计算。出口企业应分别核算增值税免抵退项目和增值税即征即退、先征后退项目，并分别申请享受增值税即征即退、先征后退和免抵退税政策。

用于增值税即征即退或者先征后退项目的进项税额无法划分的，按照下列公式计算：

无法划分进项税额中用于增值税即征即退或者先征后退项目的部分=当月无法划分的全部进项税额×当月增值税即征即退或者先征后退项目销售额÷当月全部销售额、营业额合计

2. 免征增值税的出口货物和劳务进项税额的处理计算

适用增值税免税政策的出口货物劳务，其进项税额不得抵扣和退税，应当转入成本。

出口卷烟，依下列公式计算：

不得抵扣的进项税额=出口卷烟含消费税金额÷(出口卷烟含消费税金额+内销卷烟销售额)×当期全部进项税额

（1）当生产企业销售的出口卷烟在国内有同类产品销售价格时

出口卷烟含消费税金额=出口销售数量×销售价格

“销售价格”为同类产品生产企业国内实际调拨价格。如实际调拨价格低于税务机关公示的计税价格的，“销售价格”为税务机关公示的计税价格；如高于公示计税价格的，销售价格为实际调拨价格。

（2）当生产企业销售的出口卷烟在国内没有同类产品销售价格时

出口卷烟含税金额=(出口销售额＋出口销售数量×消费税定额税率)÷(1−消费税比例税率)

“出口销售额”以出口发票上的离岸价为准。若出口发票不能如实反映离岸价，生产企业应按实际离岸价计算，否则，税务机关有权按照有关规定予以核定调整。

（3）除出口卷烟外，适用增值税免税政策的其他出口货物劳务的计算，按照增值税免税政策的统一规定执行。其中，如果涉及销售额，除来料加工复出口货物为其加工费收入外，其他均为出口离岸价或销售额。

3. 应征增值税的出口货物和劳务应纳税额的处理计算

适用增值税征税政策的出口货物劳务，其应纳增值税按下列办法计算。

（1）一般纳税人出口货物

销项税额=(出口货物离岸价−出口货物耗用的进料加工保税进口料件金额)÷(1+适用税率)×适用税率

出口货物若已按征退税率之差计算不得免征和抵扣税额并已经转入成本的，相应的税额应转回进项税额。

① 出口货物耗用的进料加工保税进口料件金额=主营业务成本×(投入的保税进口料件金额÷生产成本)

主营业务成本、生产成本均为不予退（免）税的进料加工出口货物的主营业务成本、生产成本。当耗用的保税进口料件金额大于不予退（免）税的进料加工出口货物金额时，耗用的保税进口料件金额为不予退（免）税的进料加工出口货物金额。

② 出口企业应分别核算内销货物和增值税征税的出口货物的生产成本、主营业务成本。未分别核算的，其相应的生产成本、主营业务成本由主管税务机关核定。

进料加工手册海关核销后，出口企业应对出口货物耗用的保税进口料件金额进行清算，公式为：

清算耗用的保税进口料件总额＝实际保税进口料件总额−退（免）税出口货物耗用的保税进口料件总额−进料加工副产品耗用的保税进口料件总额

若耗用的保税进口料件总额与各纳税期扣减的保税进口料件金额之和存在差额时，应在清算的当期相应调整销项税额。当耗用的保税进口料件总额大于出口货物离岸金额时，其差额部分不得扣减其他出口货物金额。

（2）小规模纳税人出口货物

应纳税额=出口货物离岸价÷(1+征收率)×征收率

5.2.2 出口货物应退消费税的计算

对纳税人出口应税消费品，免征消费税；国务院另有规定的除外。

1. 出口免税并退税

有出口经营权的外贸企业购进应税消费品直接出口，以及外贸企业受其他外贸企业委托代理出口的应税消费品，消费税实行免税并退税的政策。出口货物的消费税应退税额的计税依据，按购进出口货物的消费税专用缴款书和海关进口消费税专用缴款书确定。其应退的消费税款分如下三种情况处理：属于从价定率计征消费税的，为已征且未在内销应税消费品应纳税额中抵扣的购进出口货物金额；属于从量定额计征消费税的，为已征且未在内销应税消费品应纳税额中抵扣的购进出口货物数量；属于复合计征消费税的，按从价定率和从量定额的计税依据分别确定。

① 属于从价定率计征消费税的应税消费品，应依照外贸企业从工厂购进货物时征收消费税的价格计算应退的消费税税款，其公式为：

$$应退消费税=出口货物的工厂不含增值税的销售额\times 税率$$

【例 5-6】 某外贸企业从某汽车厂购进 5 辆小汽车（汽缸容量为 1.8 升）出口，单价为 300 000 元/辆，请计算该项出口业务应退的消费税。

应退消费税税款=5×300 000×5%=75 000（元）

② 属于从量定额计征消费税的应税消费品，应依货物购进和报关的数量计算应退消费税税款，其公式为：

$$应退消费税=出口数量\times 单位税额$$

③ 属于复合计征办法计征消费税的应税消费品，应依货物从价定率和从量定额计算的消费税之和计算应退消费税税款，其公式为：

$$应退消费税=出口货物的工厂不含增值税的销售额\times 税率+出口数量\times 单位税额$$

综上所述，当期消费税应退税额计算如下：

$$消费税应退税额=从价定率计征消费税的退税计税依据\times 比例税率+从量定额计征消费税的退税计税依据\times 定额税率$$

2. 出口免税但不退税

对于有出口权的生产企业自营出口或者生产企业委托外贸企业代理出口自产的应税消费品，依据其实际出口数量免征消费税，不予办理退还消费税。免征消费税是指对生产性企业按其实际出口数量免征生产环节的消费税。不予办理退还消费税，因已免征生产环节的消费税，该应税消费品出口时，已不含有消费税，所以无须再办理退还消费税。

3. 出口不免税也不退税

除生产企业、外贸企业外的其他企业，具体指一般商贸企业，这类企业委托外贸企业代理出口应税消费品一律不予退（免）税。出口货物的消费税应退税额的计税依据，按购进出口货物的消费税专用缴款书和海关进口消费税专用缴款书确定。

5.2.3 出口退（免）税的申报

1. 出口货物退（免）税的登记

有进出口经营权的生产企业在取得进出口经营权之日起30日内应向主管税务机关申请办理《出

口企业退税登记证》。没有进出口经营权的生产企业应在发生第一笔委托出口业务之前，持代理出口协议向主管税务机关申请办理临时出口退税登记。来办理出口退税登记证的出口企业，一律不予办理出口货物的退税或免税。

出口企业如果发生撤并、变更等情况，应于批准撤并、变更之日起 30 日内，由所在地主管出口退税业务的税务机关办理注销或变更退税登记手续。

2. 办理出口退税人员

出口企业应设专职或兼职办理出口退税的人员，经税务机关培训考核后，发给《办税员证》。没有《办税员证》的人员不得办理出口退税业务。企业更换办税员，要及时通知主管其退税业务的税务机关，注销原《办税员证》。凡未及时通知的，原办税员在被更换后与税务机关发生的一切退税活动和责任，均由企业负责。

3. 出口退税凭证

办理出口退税时，必须提供以下凭证。

① 购进货物的增值税专用发票（抵扣联）或普通发票、出口销售发票。

② 盖有海关验讫章的出口货物报关单（出口退税专用）。

③ 由外汇管理部门核准开具的出口收汇核销单（出口退税专用）。

④ 查账时提供出口货物销售明细账。

⑤ 有委托业务的需提供由受托方税务机关签发的代理出口证明；有远期收汇业务时需提供由当地外经贸主管部门签发的中、远期结汇证明。

⑥ 申请退消费税的企业，还应提供“税收（出口货物专用）缴款书”或“出口货物完税分割单”。

4. 出口货物退（免）税的申报

出口企业向征税机关的退税部门办理免、抵、退税申报时，应提供申报表和经征税部门审核签章的当期《增值税纳税申报表》及有关退税凭证。从 2006 年 1 月 1 日起，启用新的出口货物退免税申报表：生产企业的申报表有《生产企业出口货物免、抵、退税申报汇总表》（见表 5-1）、《生产企业出口货物免、抵、退税申报明细表》（见表 5-2）；外贸企业的申报表有《外贸企业出口退税汇总申报表》、《出口货物进货凭证申报表》。

5.3 出口退（免）税的会计核算

5.3.1 生产性企业实行“免、抵、退”办法的账务处理

1. “免、抵、退”办法下会计账户的设置

在免抵退税的会计处理中，主要涉及“应交税费——应交增值税”和“应交税费——未交增值税”两个二级账户。其中在“应交增值税”二级账户下设置“出口抵减内销产品应纳税额”、“出口退税”、“进项税额转出”、“转出多交增值税”明细项目。

（1）“出口抵减内销产品应纳税额”明细项目

出口退税实际退的是以前环节的进项税额，会计上按照相反方向记账的原理，出口退税的金额应计入“应交税费”账户的贷方。实行“免、抵、退”办法的企业，应退税额首先须抵减内销产品的销项税额，会计上按照相反方向记账的原理，出口抵减内销产品应纳税额应计入“应交税费”账户的借方。

表 5-2 生产企业出口货物免、抵、退税申报汇总表

单位：元至角分

企业代码：		企业名称：		
纳税人识别号：		所属期：　　年　　月		
项目	栏次	当期	本年累计	与增值税纳税申报表差额
当期免抵退出口货物销售额（美元）	（1）	（a）	（b）	（c）
当期免抵退出口货物销售额	（2）＝（3）＋（4）			
其中：单证不齐销售额	（3）			
单证齐全销售额	（4）			
前期出口货物当期收齐单证销售额	（5）			
单证齐全出口货物销售额	（6）＝（4）＋（5）			
不予免抵退出口货物销售额	（7）			
出口销售额乘征退税率之差	（8）			
上期结转免抵退税不得免征和抵扣税额抵减额	（9）			
免抵退税不得免征和抵扣税额抵减额	（10）			
免抵退税不得免征和抵扣税额	（11）[如（8）＞（9）＋（10）则为（8）－（9）－（10），否则为 0]			
结转下期免抵退税不得免征和抵扣税额抵减额	（12）[如（9）＋（10）＞（8）则为（9）＋（10）－（8），否则为 0]			
出口销售额乘退税率	（13）			
上期结转免抵退税额抵减额	（14）			
免抵退税额抵减额	（15）			
免抵退税额	（16）[如（13）＞（14）＋（15）则为（13）－（14）－（15），否则为 0]			
结转下期免抵退税额抵减额	（17）[如（14）＋（15）＞（13）则为（14）＋（15）－（13），否则为 0]			
增值税纳税申报表期末留抵税额	（18）			
计算退税的期末留抵税额	（19）＝（18）－（11）			
当期应退税额	（20）[如（16）＞（19）则为（19），否则为（16）]			
当期免抵税额	（21）＝（16）－（20）			
出口企业 兹声明以上申报无讹并愿意承担一切法律责任。 经办人： 财务负责人：　　　　（公章） 企业负责人：　　　年　月　日		退税部门 经办人： 复核人：　　　　（章） 负责人：　　　年　月　日		

注：① 本表一式四联，退税部门审核签章后返给企业两联，其中一联作为下期《增值税纳税申报表》的附表，退税部门留存一联，报上级退税机关一联。

② 第（c）列“与增值税纳税申报表差额”为退税部门审核确认的第（b）列“累计”申报数减《增值税纳税申报表》对应项目的累计数的差额，企业应作相应账务处理调整并在下期增值税纳税申报时对《增值税纳税申报表》进行调整。

表 5-3　生产企业出口货物免、抵、退税申报明细表

企业代码：

企业名称：

纳税人识别号：　　　　　　　　　　　　　所属期：　　年　　月　　　　　　　　　　　　　　　单位：元至角分

序号	出口发票号码	出口报关单号	出口日期	代理证明号	核销单号	出口商品代码	出口商品名称	计量单位	出口数量	出口销售额		征税税率	退税税率	出口销售额乘征退税率之差	出口销售额乘退税率	海关进料加工手册	单证齐全标志	备注
										美元	人民币							
(1)	(2)	(3)	(4)	(5)	(6)	(7)	(8)	(9)	(10)	(11)	(12)	(13)	(14)	(15)=(12)×[(13)−(14)]	(16)=(12)×(14)	(17)	(18)	(19)
合　计																		

出口企业	退税部门
兹声明以上申报无讹并愿意承担一切法律责任。 （公章） 经办人：　　财务负责人：　　企业负责人： 年　月　日	（章） 经办人：　　复核人：　　负责人： 年　月　日

企业在货物出口后，按规定计算的应“免、抵、退”税额，借记本项目，贷记“应交税费——应交增值税（出口退税）”。应“免、抵、退”税额可根据两种方法计算确定：一是税务机关的批准数，二是企业退税申报数，两者各有利弊。实务中，一般按税务机关的批准数进行会计处理，可避免因申报数与审批数不同引起的调账问题。

（2）“出口退税”明细项目

该项目记录企业凭有关单证向税务机关申报办理出口退税而应收的出口退税款及应“免、抵”税额。出口货物应退回的增值税额，用蓝字登记，退税后又发生退货、退关而补缴已退税款时，用红字登记。企业货物出口后，按规定计算的应“免、抵”税额，借记“出口抵减内销产品应纳税额”，贷记“应交税费——应交增值税（出口退税）”。因应抵扣税额大于应纳税额而未全部抵扣，按规定应退回的税款，借记“其他应收款——应收出口退税”，贷记“应交税费——应交增值税（出口退税）”。

（3）“进项税额转出”明细项目

企业在核算出口货物免税收入的同时，对免税收入按征退税率之差计算的不得抵扣税额，借记“主营业务成本”，贷记本明细项目。企业收到税务机关出具的《进料加工贸易免税证明》和《生产企业进料加工贸易免税核销证明》后 ，按“证明”上注明的“不得抵扣税额抵减额”，以红字作上述分录。企业支付国外运保、佣金费用时，按出口货物征退税率之差计算的分摊额，也作上述红字会计分录。

（4）“转出多交增值税”明细项目

月末，企业应将多交的增值税通过本项目转出，转出后，“应交税费——应交增值税”账户借方余额为尚未抵扣的进项税额，但在税务会计处理时，也可以将“应交税费——应交增值税”的借方余额全部转出，转出后，该账户无余额。因后者更有利于进行免抵退税会计处理，故税务机关更倾向于后者。不论采用哪种方法，企业在纳税申报时，“上期留抵税额”均不应包括多交的部分。

2. “免、抵、退”办法下的账务处理

实行“免、抵、退”办法的有进出口经营权的生产性企业，其产品销售应按内、外销分别设账，对自营出口销售、委托代理出口销售、来料加工出口销售、深加工结转出口销售等，分别设置多栏式明细账，对不同征税率、不同退税率的出口销售，还应分设账页。

实行“免、抵、退”办法的有进出口经营权的生产型企业，按规定计算的当期出口货物不予免证、抵扣和退税的税额，计入出口货物的成本，借记“主营业务成本”等账户，贷记“应交税费——应交增值税（进项税额转出）”账户。按规定计算的当期应予抵扣的税额，借记“应交税费——应交增值税（出口抵减内销产品应纳税额）” 账户，贷记“应交税费——应交增值税（出口退税）”账户。因应抵扣的税额大于应纳税额而未全部抵扣，按规定予以退回的税款，借记“其他应收款——应收出口退税（增值税）”账户，贷记“应交税费——应交增值税（出口退税）”账户；收到退回的税款，借记“银行存款”账户，贷记“其他应收款——应收出口退税（增值税）”账户。

下面就分三种情况举例说明实行“免、抵、退”办法的生产性企业增值税出口退税的账务处理过程。

（1）如果当期应纳税额＞0，则当期期末留抵税额为 0，应退税额=0，当期免抵税额=当期免抵退税额

【例 5-7】 A 公司为有进出口经营权的生产性企业，自产货物既出口销售又对国内销售。该企业 2013 年 2 月份购进所需原材料等货物，不含增值税的价款为 500 万元，允许抵扣的进项税额为 85 万元。内销产品取得不含税的销售额 300 万元，出口货物离岸价格折合人民币 2 400 万元。假设上期留抵税款 5 万元，增值税税率 17%，退税率 13%。

根据上述资料，企业应做出如下账务处理：

① 外购原材料等货物时，会计处理为：

借：原材料等科目	5 000 000	
应交税费——应交增值税（进项税额）	850 000	
贷：银行存款		5 850 000

② 内销产品，会计处理为：

借：银行存款等科目	3 510 000	
贷：主营业务收入		3 000 000
应交税费——应交增值税（销项税额）		510 000

③ 产品出口时，免征出口环节的增值税，其会计处理为：

借：银行存款等科目	24 000 000	
贷：主营业务收入		24 000 000

④ 计算当期免抵退税不得免征和抵扣的税额，计入出口货物的成本：

当期免抵退税不得免征和抵扣的税额=24 000 000×(17%-13%)=960 000（元）

借：主营业务成本　　960 000

　　贷：应交税费——应交增值税（进项税额转出）　　960 000

⑤ 计算当期应纳税额：

当期应纳税额=3 000 000×17%-(850 000-960 000)-50 000=570 000（元）

由于当期应纳税额＞0，所以当期期末留抵税额为 0，应退税额=0，当期免抵税额=当期免抵退税额。

⑥ 结转“应交税费——应交增值税”期末余额：

借：应交税费——应交增值税（转出未交增值税）　　570 000

　　贷：应交税费——应交增值税（未交增值税）　　570 000

结转后，“应交税费——应交增值税”账户期末无余额。

⑦ 下月初，实际缴纳增值税时：

借：应交税费——未交增值税　　570 000

　　贷：银行存款　　570 000

（2）如果当期免抵退税额≥期末留抵税额＞0，则当期应退税额=当期期末留抵税额，当期免抵税额=当期免抵退税额-当期应退税额

【例 5-8】 依据例 5-2 的资料，对长兴公司 2013 年 3 月的业务进行有关会计处理。

根据上述资料，长兴公司应做出如下账务处理：

① 外购原材料等货物时，会计处理为：

借：原材料等科目　　1 000 000

　　应交税费——应交增值税（进项税额）　　170 000

　　贷：银行存款　　1 170 000

② 内销产品，会计处理为：

借：银行存款等科目　　585 000

　　贷：主营业务收入　　500 000

　　　　应交税费——应交增值税（销项税额）　　85 000

③ 产品出口时，免征出口环节的增值税，其会计处理为：

借：银行存款等科目　　1 500 000

　　贷：主营业务收入　　1 500 000

④ 计算当期免抵退税不得免征和抵扣的税额，计入出口货物的成本：

借：主营业务成本　　36 000

　　贷：应交税费——应交增值税（进项税额转出）　　36 000

⑤ 申请出口退税，计算应退税额和应免抵税额，做如下会计处理：

借：其他应收款——应收出口退税（增值税）　　99 000

　　应交税费——应交增值税（出口抵减内销产品销项税额）　　36 000

　　贷：应交税费——应交增值税（出口退税）　　135 000

⑥ 收到退税款，做如下会计处理：

借：银行存款　　99 000

　　贷：其他应收款——应收出口退税（增值税）　　99 000

（3）如果当期期末留抵税额＞当期免抵退税额，则当期应退税额＝当期免抵退税额，当期免抵税额=0

【例 5-9】 依据例 5-1 的资料，对该企业 2013 年 5 月的业务进行有关会计处理。

① 外购原材料等货物时，会计处理为：

借：原材料等科目	2 000 000	
应交税费——应交增值税（进项税额）	340 000	
贷：银行存款		2 340 000

② 内销产品，会计处理为：

借：银行存款等科目	1 170 000	
贷：主营业务收入		1 000 000
应交税费——应交增值税（销项税额）		170 000

③ 产品出口时，免征出口环节的增值税，其会计处理为：

借：银行存款等科目	2 000 000	
贷：主营业务收入		2 000 000

④ 计算当期免抵退税不得免征和抵扣的税额，计入出口货物的成本：

借：主营业务成本	20 000	
贷：应交税费——应交增值税（进项税额转出）		20 000

⑤ 申请出口退税，计算应退税额和应免抵税额，做如下会计处理：

借：其他应收款——应收出口退税（增值税）	150 000	
贷：应交税费——应交增值税（出口退税）		150 000

⑥ 月份终了，企业应将已交的待扣增值税自“应交税费——应交增值税”科目转入“应交税费——未交增值税”科目，其会计处理为：

借：应交税费——未交增值税	60 000	
贷：应交税费——应交增值税（转出多交增值税）		60 000

5.3.2 外贸企业出口货物退免增值税的核算

外贸企业出口货物退免增值税，实行“先征后退”的办法。

外贸企业购进货物时，应按照增值税专用发票上注明的增值税额，借记“应交税费——应交增值税（进项税额）”账户，按照专用发票上记载的应计入采购成本的金额，借记“库存商品”账户，按照应付或实际支付的金额，贷记“应付账款”、“应付票据”或“银行存款”等账户。

外贸企业按照出口货物购进时取得的增值税专用发票上记载的进项税额或应分摊的进项税额与按照国家规定的退税率计算的应退税额的差额，借记“主营业务成本”账户，贷记“应交税费——应交增值税（进项税额转出）”账户。

外贸企业按照规定退税率计算应收出口退税款时，借记“其他应收款——应收出口退税”账户，贷记“应交税费——应交增值税（出口退税）”账户；收到出口退税款时，借记“银行存款”账户，贷记“其他应收款——应收出口退税”账户。

【例 5-10】 某外贸进出口公司，2013 年 3 月出口销售 A 产品 2 800 件，进货的增值税专用发票注明计税金额为 56 万元，增值税税率 17%，退税率 13%。出口取得收入 126 万元。

根据上述资料，该外贸公司应做如下账务处理。

① 外购商品时，其会计处理为：

借：库存商品 560 000

应交税费——应交增值税（进项税额） 95 200

贷：银行存款 655 200

② 出口货物时，其会计处理为：

借：银行存款 1 260 000

贷：主营业务收入 1 260 000

③ 计算不得退税应计入成本的税额：

不得退税应计入成本的税额=560 000×(17%-13%)=22 400（元）

借：主营业务成本 22 400

贷：应交税费——应交增值税（进项税额转出） 22 400

④ 申请出口退税时，其会计处理为：

应退税款=560 000×13%=72 800（元）

借：其他应收款——应收出口退税（增值税） 72 800

贷：应交税费——应交增值税（出口退税） 72 800

⑤ 收到退税款时，其会计处理为：

借：银行存款 72 800

贷：其他应收款——应收出口退税（增值税） 72 800

5.3.3 出口应税消费品的会计处理

1. 生产企业出口应税消费品

对于有进出口权的生产企业自营出口应税消费品，直接免征消费税，因此，不做消费税的会计处理。

对于无进出口经营权的企业，产品出口应通过外贸企业，通常有两种形式。如果该企业将产品出售给外贸企业由外贸企业自营出口的，企业仅需在销售实现时，按计提的消费税，借记“营业税金及附加”账户，贷记“应交税费——应交消费税”账户。消费税的出口退税则由外贸企业办理。

如果该企业采用先征后退的方式委托外贸企业代理出口应税消费品，其应退消费税的会计处理包括以下内容：计征消费税时，借记“其他应收款——应收出口退税（消费税）”账户，贷记“应交税费——应交消费税”账户；缴纳消费税时，借记“应交税费——应交消费税”账户，贷记“银行存款”账户；收到退还的消费税时，借记“银行存款”账户，贷记“其他应收款——应收出口退税（消费税）”账户；上述应税消费品发生退关、退货时，做相反的会计分录。

【例 5-11】 某生产企业（无进出口经营权）委托某外贸企业代理出口一批应税消费品。出口消费品的销售额为人民币 80 万元，增值税率 17%，增值税退税率 9%，消费税税率为 10%。已在主管税务机关办理出口退税审批手续。

出口应税消费品应退的消费税=800 000×10%=80 000（元）

会计处理如下：

① 计征消费税时：

借：其他应收款——应收出口退税（消费税） 80 000

贷：应交税费——应交消费税 80 000

② 缴纳其消费税时：

借：应交税费——应交消费税　　　　80 000

　　贷：银行存款　　　　80 000

③ 收到退还的消费税时：

借：银行存款　　　　80 000

　　贷：其他应收款——应收出口退税（消费税）　　　　80 000

2. 外贸企业出口应税消费品

（1）外贸企业自营出口应税消费品的账务处理

外贸企业收购应税消费品自营出口的，应在收购的应税消费品出口后，办理申请退税时，借记“其他应收款——应收出口退税（消费税）”账户，贷记“主营业务成本”账户，等实际收到退税时，借记“银行存款”账户，贷记“其他应收款——应收出口退税”。

【例 5-12】 某外贸公司 2013 年 5 月从某汽车制造厂购入小汽车（汽缸容量 1.8 升）20 辆，价款 480 万元，消费税税率 5%，款项均以银行存款支付。外贸公司将该批小汽车出口，出口离岸价折合人民币 620 万元，并按申报规定办理出口退税。退税款收到后，该批汽车中有 1 辆因质量问题被退货，该外贸公司按规定补缴已退税款。

根据上述资料，该外贸公司应做如下关于消费税出口退税的会计处理：

① 外贸公司报关出口应税消费品后申请出口退税时：

应退消费税=4 800 000×5%=240 000（元）

借：其他应收款——应收出口退税（消费税）　　　　240 000

　　贷：主营业务成本　　　　240 000

② 实际收到出口应税消费品退回的税金时：

借：银行存款　　　　240 000

　　贷：其他应收款——应收出口退税（消费税）　　　　240 000

③ 出口应税消费品发生退关或退货而补缴已退的消费税时：

应补缴的消费税=4 800 000÷20×5%=12 000（元）

借：其他应收款——应收出口退税（消费税）　　　　12 000

　　贷：银行存款　　　　12 000

（2）外贸企业代理出口应税消费品的账务处理

① 外贸企业委托其他外贸企业代理出口应税消费品的账务处理。外贸企业委托其他外贸企业代理出口应税消费品，发出委托出口货物时，借记“发出委托销售货物（出口）”，贷记“库存商品”；收到出口代销清单及出口货物报关单等资料时，借记“应收账款”等，贷记“出口销售收入——委托销售”；期末结转出口销售货物成本时，借记“出口销售成本——委托销售成本”，贷记“发出委托销售货物（出口）”；按规定应向税务机关申请的消费税出口退税，借记“其他应收款——应收出口退税（消费税）”，贷记“出口销售成本——委托销售成本”；收到代理方交回的代理出口货款（已扣除代销手续费）时，借记“银行存款”、“出口销售费用——代销手续费”，贷记“应收账款”；收到消费税出口退税时，借记“银行存款”，贷记“其他应收款——应收出口退税（消费税）”。

【例 5-13】 沿用例 5-12 资料，假定该外贸公司收购小汽车后委托兴达外贸公司出口，并支付 1%的销售手续费，当月产品全部出口，并收到出口代销清单及出口货物报关单，款项已通过银行收付。

该外贸公司应做出如下会计处理。

发出委托出口货物时：

借：发出委托销售货物（出口）　　4 800 000

　　贷：库存商品　　4 800 000

收到出口代销清单及出口货物报关单等资料时：

借：应收账款　　6 200 000

　　贷：出口销售收入——委托销售　　6 200 000

结转出口销售货物成本时：

借：出口销售成本——委托销售成本　　4 800 000

　　贷：发出委托销售货物（出口）　　4 800 000

向税务机关申请的消费税出口退税时：

借：其他应收款——应收出口退税（消费税）　　240 000

　　贷：出口销售成本——委托销售成本　　240 000

收到代理方交回的代理出口货款时：

借：银行存款　　6 138 000

　　出口销售费用——代销手续费　　62 000

　　贷：应收账款　　6 200 000

收到消费税出口退税时：

借：银行存款　　240 000

　　贷：其他应收款——应收出口退税（消费税）　　240 000

② 外贸企业代理出口应税消费品的账务处理。外贸企业代理出口应税消费品的，应按照一般的受托代销业务进行会计处理，作为受托人的外贸企业仅按照其收取的手续费缴纳营业税，出口退税事宜均由委托人负责申请办理。

【例 5-14】 上海某服装进出口公司受理龙腾服装厂代理出口服装业务，2013 年 4 月发生如下业务。

4 月 2 日，收到储运部门转来代理业务入库单，列明入库男西服 800 套，每套 350 元。

4 月 5 日，收到储运部门转来代理业务出库单，列明出库男西服 800 套，每套 350 元。

4 月 6 日，收到业务部转来代理销售男西服的发票副本和银行回单，发票开列男西服 800 套，每套 62.50 美元 CIF（成本加运费价格），共计货款 50 000 美元，佣金 1 000 美元，当日美元汇率的中间价为 6.20 元。

4 月 6 日，同时根据代理业务出库单（转账联）结转代理出口男西服销售成本。

4 月 7 日，签发转账支票 2 张，分别支付某运输公司将西服运送上海港运杂费 956 元，支付上海港西服的装船费 700 元。

4 月 8 日，签发转账支票 2 张，分别支付外轮运输公司的运费 800 美元，保险公司的保险费 150 美元，当日美元汇率的中间价为 6.20 元。

4 月 20 日，收到银行转来分割收结汇的收账通知，金额为 2 150 美元，其中代理业务代垫国内运费 956 元，装船费 700 元；代垫国外运费 800 美元，保险费 150 美元；代理手续费 1 000 美元，款项全部存入外币存款户。当日美元汇率的中间价为 6.20 元。

4 月 20 日，同时根据银行转来分割结汇通知，划拨龙腾服装厂收汇余额 47 850 美元。

该服装进出口公司按代理出口销售手续费收入的 5%计提营业税。

根据上述资料，该进出口公司应作如下会计处理。

收到受托代销商品时：

借：受托代销商品——龙腾服装厂　280 000

　　贷：代销商品款——龙腾服装厂　280 000

发出商品时：

借：待运和发出商品——受托代销商品　280 000

　　贷：受托代销商品——龙腾服装厂　280 000

受托代销商品销售时：

借：应收外汇账款（US$49 000×6.20）　303 800

　　贷：应付账款——龙腾服装厂　303 800

结转已销受托代销商品成本时：

借：代销商品款——龙腾服装厂　280 000

　　贷：待运和发出商品——受托代销商品　280 000

支付有关运杂费和装船费时：

借：应付账款——龙腾服装厂　1 656

　　贷：银行存款　1 656

支付外轮运输公司的运费和保险费时：

借：应付账款　5 890

　　贷：银行存款——外币存款（US$950×6.20）　5 890

收到银行收账通知时：

借：银行存款——外币存款（US$2 150×6.20）　13 330

　　贷：应收外汇账款（US$2 150×6.20）　13 330

将款项划转给龙腾服装厂，并收取手续费时：

借：应付账款——龙腾服装厂　296 670

　　贷：其他业务收入（US$1 000×6.20）　6 200

　　　　应收外汇账款（US$46 850×6.20）　290 470

计提应交营业税时：

借：其他业务成本　414

　　贷：应交税费——应交营业税　414

本章小结

我国的出口货物退（免）税是指在国际贸易业务中，对我国报关出口的货物退还或免征其在国内各生产和流转环节按税法规定缴纳的增值税和消费税。目前我国的出口货物税收政策分为三种形式：出口免税并退税、出口免税不退税、出口不免税也不退税。

我国《出口货物退（免）税管理办法》规定了两种出口货物应退增值税核算办法：第一种办法是“免、抵、退”办法，主要适用于自营和委托出口自产货物的生产企业；第二种办法是“先征后退”办法，目前主要用于收购货物出口的外贸企业。

生产企业与外贸企业出口货物应退消费税的核算方法也有很大的差异。有进出口权的生产企业自营出口应税消费品，直接免征消费税。无进出口经营权的企业可以采取两种方式出口，即委托外贸企业代理出口或将产品销售给外贸企业出口，两种方式下的应退消费税的核算也不同。而外贸企业自营出口或委托其他外贸企业代理出口应税消费品，消费税实行免税并退税的政策。

思考题

1. 我国的出口退税政策有哪些？你认为，我国的出口退税政策是否需要完善？

2. 一般退（免）税货物的条件是什么？

3. 特准不予退税的免税出口货物有哪些？

4. 办理出口退税时，必须提供哪些凭证？

5. 简述“免、抵、退”的基本程序。

6. 我国近几年多次调低部分商品的出口退税率，甚至取消了部分商品的出口退税优惠。请思考，国家出于何种考虑采取了这些措施？这些措施对出口企业会产生什么影响？

习题 5

一、单项选择题

1. 生产企业进料加工复出口货物，其增值税的退（免）税计税依据是（　　）。

A. 出口货物的实际离岸价（FOB）

B. 按出口货物的离岸价（FOB）扣除出口货物所含的海关保税进口料件的金额后确定

C. 按出口货物的离岸价（FOB）扣除出口货物所含的国内购进免税原材料的金额后确定

D. 出口货物的到岸价

2. 下列各项中，符合增值税纳税人放弃免税权有关规定的是（　　）。

A. 纳税人可以根据不同的销售对象选择部分货物放弃免税权

B. 纳税人应以书面形式提出放弃免税权申请，报主管税务机关审批

C. 纳税人自税务机关受理其放弃免税权声明的当月起12个月内不得再申请免税

D. 符合条件但尚未认定为增值税一般纳税人的纳税人放弃免税权，应当认定为增值税一般纳税人

3. 下列关于增值税出口“免、抵、退”税政策说法不正确的是（　　）。

A. “免”税是指对生产企业出口的自产货物，在出口时免征本企业生产销售环节的增值税

B. “抵”税是指生产企业出口自产货物所耗用的原材料、零部件、燃料、动力等所含应予退还的进项税额，抵顶内销货物的应纳税额

C. “退”税是指生产企业出口的自产货物在当月内应抵顶的进项税额大于应纳税额时，对未抵顶完的部分予以退税。

D. 出口退税并不是退还进项税，而是退还的销项税

4. 外贸企业从工厂购进应税消费品直接出口的，如果该应税消费品是属于从价定率征收消费税的，其退税公式为（　　）。

A. 应退消费税税款=出口应税消费品的离岸价×消费税税率

B. 应退消费税税款=出口应税消费品的出口价×消费税税率

C. 应退消费税税款=出口应税消费品的到岸价×消费税税率

D. 应退消费税税款=出口应税消费品的工厂销售额×消费税税率

5. 企业出口货物先征后退收到增值税退款时，应贷记（　　）账户。

A. 主营业务收入　　B. 其他应收款

C. 营业外收入　　D. 应交税费——应交增值税（出口退税）

6. 外贸企业自营出口应税消费品，申请消费税退税时，分录为（　　）。

A. 借：其他应收款
　　贷：主营业务成本

B. 借：其他应收款
　　贷：营业税金及附加

C. 借：其他应收款
　　贷：应交税费——应交消费税

D. 借：应交税费——应交消费税
　　贷：主营业务成本

7. 生产企业小规模纳税人委托外贸企业代理出口自产货物，给予（　　）。

A. 免税并退税　　B. 免税不退税

C. 不免税也不退税　　D. 以上方法都可

8. 出口企业应当在获得出口经营权或者发生准予退税业务之日起（　　）日内，向所在地主管出口退税的税务机关办理《出口企业退税登记证》。

A. 25　　B. 10　　C. 5　　D. 30

9. 生产企业出口货物“免、抵、退”税，如果当期期末留抵税额＞当期免抵退税额，则：当期应退税额等于（　　）。

A. 0　　B. 当期期末留抵税额

C. 当期免抵退税额　　D. 当期进项税额

10. 出口企业发生出口业务，在财务上做销售处理的时间为（　　）。

A. 货物出口，取得运单并向银行办妥交单手续之日

B. 货物出口并取得收汇单证之日

C. 开具外销发票之日

D. 同外商签订合同之日

二、多项选择题

1. “免、抵、退”税方法适用于（　　）。

A. 生产企业自营出口货物　　B. 生产企业委托出口货物

C. 生产性外商投资企业自营出口货物　　D. 外贸企业出口收购货物

2. 下列自产货物中，实行增值税即征即退政策的有（　　）。

A. 以垃圾为燃料生产的热力

B. 以立窑法工艺生产的水泥熟料

C. 以工业废气为原料生产的高纯度二氧化碳产品

D. 以废旧沥青混凝土为原料生产的再生沥青混凝土

3. 下列货物的出口，适用增值税征税政策的有（　　）。

A. 以旅游购物贸易方式报关出口的货物

B. 特殊区域内的企业出口的特殊区域内的货物

C. 出口企业或其他单位销售给特殊区域内的生活消费用品和交通运输工具

D. 出口企业或其他单位提供虚假备案单证的货物

E. 以自营名义出口，但不承担出口货物的质量、收款或退税风险之一的

4. 下列出口货物实行增值税免税并退税的企业有（　　）。

A. 来料加工复出口的企业

B. 生产企业委托外贸企业代理出口自产货物

C. 在国内采购货物运往境外作为国外投资的企业

D. 从小规模纳税人购进并持有普通发票的货物出口的外贸企业

5. 我国出口货物的退税税种是（　　）。

A. 增值税　　B. 营业税　　C. 消费税　　D. 城建税

E. 企业所得税

6. 生产企业出口的视同自产货物，可以实行“免、抵、退”税管理办法。下列货物视同自产货物的有（　　）。

A. 外购的与本企业所生产的产品名称、性能相同，使用本企业注册商标，并出口给进口本企业自产货物的外商的产品

B. 外购的与本企业所生产的产品配套出口，不经过本企业加工或组装，出口后能直接与本企业自产货物组合成成套产品，并出口给进口本企业自产货物的外商的产品

C. 外购的与本企业所生产的产品配套出口，出口给进口本企业自产货物外商的，用于维修本企业出口的自产货物的零部件

D. 委托加工收回的与本企业所生产的产品名称、性能不同的产品，出口给进口本企业自产货物的外商的产品

E. 用本企业生产的货物再委托深加工收回的货物，出口给进口本企业代理出口货物的外商

7. 生产企业申报办理免、抵、退税时，须提供下列资料（　　）。

A. 《生产企业出口货物免、抵、退税申报汇总表》

B. 《生产企业出口货物免、抵、退税申报明细表》

C. 经征税部门审核签章的当期《增值税纳税申报表》

D. 《增值税纳税申报情况汇总表》

8. 出口货物免、抵、退税的核算，涉及“应交税费——应交增值税”的以下明细栏目（　　）。

A. 出口产品抵减内销货物应纳税额　　B. 出口退税

C. 进项税额转出　　D. 已交税金

9. 纳税人销售应税消费品，以外汇结算销售额，计税时其销售额的人民币折合率可以选择（　　）国家外汇牌价。

A. 上次申报纳税时的　　B. 当月1日的

C. 结算当天的　　D. 事先确定并经税务机关核准的

10. 适用于出口只免税不退税的货物有（　　）。

A. 来料加工复出口的货物　　B. 避孕药品和用具

C. 农业生产者销售的自产农业产品　　D. 古旧图书

三、判断题

1. 目前，外贸企业出口货物增值税的退税实行的是“免、抵、退”税法。（　　）

2. 外贸企业从小规模纳税人购进并持有普通发票的货物出口，一律免税但不予退税。（　　）

3. 出口货物应退消费税的退税率（或单位税额）与其征税率相同，即出口货物的消费税能够做到彻底退税。（　　）

4. 只有进出口经营权的生产企业自营或委托外贸企业代理出口货物，其增值税才适用“免、抵、退”税办法。（　　）

5. “先征后退”法是对出口货物先按内销方法缴纳增值税，再按出口货物离岸价和退税率计算应退税额。（　　）

6. 属于从价定率计征消费税的应税消费品，按出口货物的购进成本和消费税税率计算应退消费税税款。（　　）

7. 外贸企业自营出口应收出口退税款时，借记“其他应收款”账户，贷记“营业外收入”账户。（　　）

8. 生产企业直接出口应税消费品或通过外贸企业出口应税消费品，应由生产企业先计算缴纳消费税。 (　　)

9. 没有办《税员证》的人员不得办理出口退税业务。 (　　)

10. 出口货物的零税率，在税法上有两层含义：一是对本道环节的生产或销售不征增值税、消费税；二是对销售的出口货物前道环节所含的进项税额进行退付，即出口货物退税。 (　　)

四、业务题

1. 某有进出口经营权的外贸企业，自营出口业务，购进甲商品一批，取得的专用发票上注明价款 40 万元，增值税 6.8 万元。该批商品均已报关出口，并已向主管税务机关办理出口退税手续。收到外销款项 8.6 万美元，报关出口当日美元与人民币汇率为 1∶8.30。甲商品增值税退税率为 13%。购销款项均以银行存款收支。要求：编制相应会计分录。

2. A 化妆品厂将自产化妆品（消费税率 30%）一批销售给 B 外贸公司，不含税售价 70 万元，生产成本 55 万元。款项以银行存款结清。B 公司将该批化妆品出口，离岸价格 11 万美元，当日美元与人民币汇率为 1∶8.30。出口货物增值税退税率为 17%。要求：编制 A 化妆品厂和 B 外贸公司各自相应的会计分录。

3. 某外贸公司购进供出口的商品一批，取得的增值税专用发票上注明价款为 22 万元，增值税为 37 400 元，该批商品的一半已办理了出口报关手续，并已收到销货款 1.5 万美元，当日美元与人民币汇率为 1∶8.30，出口商品增值税退税率为 9%。要求：编制相应会计分录。

4. 某自营出口的生产企业为增值税一般纳税人，适用的增值税税率 17%，增值税退税率 15%。2013 年 1、2 月份的生产经营情况如下。

（1）1 月份。外购原材料取得增值税专用发票注明价款 850 万元，增值税 144.5 万元，材料已验收入库；外购动力取得增值税专用发票注明价款 150 万元，增值税 25.5 万元，其中 20%用于企业基建工程；以外购原材料 80 万元委托某公司加工货物，支付加工费取得增值税专用发票注明价款 30 万元，增值税 5.1 万元；支付加工货物的运输费用 10 万元并取得运输公司开具的普通发票。内销货物取得不含税销售额 300 万元，支付销售货物运输费用 18 万元并取得运输公司开具的普通发票；出口销售货物取得销售额 500 万元。

（2）2 月份。出口货物销售取得销售额 600 万元；内销货物 600 件，开具普通发票销售额 140.4 万元；将与内销货物相同的自产货物 200 件用于本企业基建工程，货物已移送。

要求：采用“免、抵、退”方法计算企业 2013 年 1 月份和 2 月份应纳（或应退）的增值税并编制相应会计分录。

☞知识拓展阅读

大量行业去年出口负增　2013 难大规模提高出口退税

“企业这方面的需求不大。”1 月 14 日，说起目前的出口退税率调整，中国家电行业协会秘书长徐东生要说的话不多。由于国际金融危机影响，中国出口增速缓慢，为此，在 2009 年 7 月份工信部召开的行业分析会上，钢铁、机械、石化协会分别提出对高附加值产品、轴承、化工产品的出口退税率上调的建议，此后国家多次针对不同的行业和产品提高了出口退税率，部分行业退税率已达 17%。

随着 2012 年出口形势低迷，进一步提高出口退税率的呼声再起。考虑到去年全年出口没有完成 10%的年度目标，加上出口形势仍难以有大的好转，商务部门也提出要在一些领域加大出口退税力度的建议。不过财政部进行研究后认为，今年大规模调整出口退税率的可能性不大。原因是，2013

年的出口退税额度已经达到1万亿，综合退税率已经达到12.9%，继续再大幅提高退税空间的可能性不大。

部分行业出口负增长

记者获悉，由于2012年全国出口形势并不理想，大量的行业出口负增长。2012年，中国外贸进出口总值38667.6亿美元，比上年增长6.2%。其中出口20498.3亿美元，增长7.9%；进口18178.3亿美元，增长4.3%；均未完成10%的年度增长目标。其中，煤炭、锯材、生丝、未锻轧铝、彩色电视接收机、摩托车等出口的数量和额度均为负增长。为此，包括中国汽车工业协会，机械工业联合会、中国木材与木制品流通协会等，都有给相关部门提出对某些出口产品提高出口退税率的说法。

这些行业目前的出口情况的确并不乐观。比如以摩托车为例，2012年摩托车和有动力装置的脚踏车出口1101万辆，出口额为55亿美元，分别同比下降14.2%、5.4%。而这样的情况，与“十二五”规划的目标相距甚远。比如，商务部《机电和高新技术产品进出口十二五规划》提出，摩托车在2015年要达到出口1300万辆，行业出口额为90亿美元，年均增长7%。

中国汽车工业协会副秘书长陈彬近期指出，将摩托车的出口退税率恢复到17%，这对摩托车达到“十二五”规划的出口要求具有重要的意义。目前城市普遍限制摩托车，农村由于购买力低下，这导致全国的摩托车行业产销负增长，企业利润很低。“244家企业，1年3000万辆产量，利润只相当于一个哈雷企业。”

至于2013年出口的情况，根据中国国际经济交流中心分析师张永军的说法，预计比2012年会有小幅反弹，最主要的原因是国际经济形势会有一定幅度的好转，但不大可能是比较明显的好转。

出口退税率将以稳定为主

记者也获悉，目前尽管一些行业对一些产品有提高出口退税率的要求，但是实际在2013年没有大的调整的可能。

财政部一位人士指出，2012年前11个月出口退税是9231亿元，增长11.9%。预计2012年全年出口退税1万亿。目前，退税率有5%、9%、13%、15%、16%、17%几种。综合退税率为12.9%，如果去掉“两高一资”产品，综合退税率达到13.7%。由于财政部在全国增值税的综合税率是11%，因此尽管有部门提出加大出口退税的力度，但是实际无论是退税总额和综合税率，已经难有更大的新增退税的空间。“2013年的出口退税以稳定税率为主，难以实施大规模出口退税幅度提高的可能。”这位权威人士说。记者也了解到，目前很多行业的出口税率已经很高。如在2009年时，电视、空调、电动真空吸尘器、电视用发送设备等17种产品的出口退税率提高至17%，台扇、落地扇、壁扇等5种产品的出口退税率提高至15%。

中国家电行业协会秘书长徐东生指出，目前像电视、空调的出口退税率已经达到最高，无法再提高出口退税率。至于电扇之类的，即使提高2个百分点，达到最高的出口退税率，对于企业的利润影响并不大。“很多企业其实出口是靠出口退税在挣钱，现在提高出口退税率，也就增几块钱而已。国外进口企业知道提高出口退税率后，还会对进口产品压价。”徐东生说。

目前，纺织行业的产品的出口退税率已经达到16%，即便上升到17%的最高出口退税率，实际对于增加出口额度意义不大。第一纺织网分析师汪前进认为，中国的纺织和服装占据全球市场份额太大，国际市场占到30%～40%，即使再提升出口力度，也难有大的见效。

目前，纺织和服装企业已经告别了过去低成本增长的阶段，进入品牌经营的阶段。“中国纺织服装最需要做的是提高产品附加值，如果拼价格成本，已经做不过东南亚国家了，那里人力成本更便宜。”汪前进说。

（资料来源21世纪网——《21世纪经济报道》，作者：定军，2013-01-15）

第 6 章

营业税会计

【学习目标】通过本章学习，了解营业税的纳税人、征收范围、税率、减免税及纳税申报过程；掌握营业税的计算及会计处理方法。

【重点难点】本章重点为营业税的计算及会计处理方法；难点为各项应税劳务应纳营业税的会计处理方法。

6.1 营业税概述

6.1.1 营业税的概念及特点

营业税是对在我国境内提供应税劳务、转让无形资产和销售不动产的单位和个人，就其营业额所征收的一种流转税。现行营业税的基本规范是 2009 年 1 月 1 日起实施的《中华人民共和国营业税暂行条例》。

与其他税种相比较，营业税具有以下特点。

① 征收范围广泛。营业税征税范围以劳务为主，几乎涉及整个第三产业。对增值税还不能涉及的有关领域（交通运输业、建筑业、销售不动产等）征收营业税，可以有效弥补增值税的不足。

② 一般以营业额全额为计税依据，税源稳定。除少部分外，大多数营业税应税项目以纳税人取得的营业收入全额为计税依据，税收收入不受成本、费用变化的影响，具有稳定性。

③ 按行业大类设计税目、税率，且税率较低。营业税主要以第三产业为征收范围，为了保证物价基本稳定、比价合理，税率设计的总体水平较低。由于不同行业赢利水平的差异，营业税实行行业差别比例税率，同一行业同一税率，不同行业不同税率，保证了纳税人能在大体平衡的税负条件下平等竞争。

④ 计算简便、便于征管。营业税在纳税人取得营业收入的环节缴纳，税率档次少，税款计算方法方便，便于申报纳税和税款征收。

6.1.2 纳税义务人和扣税义务人

1. 纳税义务人的一般规定

按照营业税暂行条例规定，在中华人民共和国境内提供应税劳务、转让无形资产或者销售不动产的单位和个人，为营业税的纳税义务人。其中，“在中华人民共和国境内”是指国家税收行政管辖权的区域；“应税劳务”是指属于交通运输业、建筑业、金融保险业、邮电通信业、文化体育业、娱乐业、服务业等税目征收范围的劳务；“单位”是指国有企业、集体企业、私有企业、股份制企业、外商投资企业、外国企业、其他企业、行政单位、事业单位、军事单位和社会团体等；“个人”是指个体工商户以及其他有经营行为的中国公民和外国公民。

2. 纳税义务人的特殊规定

营业税的征税范围使有些会计主体与纳税主体不一致，为此税法对特殊行为的纳税人做出了具体规定。

① 铁路运输业的纳税人：中央铁路运营业务的纳税人为中国铁路总公司；合资铁路运营业务的纳税人为合资铁路公司；地方铁路运营业务的纳税人为地方铁路管理机构；铁路专用线运营业务的纳税人为企业或其指定的管理机构；基建临管线铁路运营业务的纳税人为基建临管线管理机构。

② 从事水路运输、航空运输、管道运输或其他陆路运输业务并负有营业税纳税义务的单位为从事运输业并计算盈亏的单位。“从事运输业并计算盈亏的单位”是指具备以下条件：一是利用运输工具，从事运输业务，取得运输收入；二是指在银行开设有结算账户；三是指在财务上能独立计算出营业收入、营业支出、经营利润。

③ 单位以承包、承租、挂靠方式经营的，承包人、承租人、挂靠人（以下统称承包人）发生应税行为，承包人以发包人、出租人、被挂靠人（以下统称发包人）名义对外经营并由发包人承担相关法律责任的，以发包人为纳税人，否则以承包人为纳税人。

承租人或承包人是指具有独立的经营权，在财务上独立核算，并定期向出租者或发包者上缴租金或承包费的承租人或承包人。

④ 建筑安装行业业务实行分包或转包的，分包或转包者为纳税人。

⑤ 金融保险业纳税人包括：

⊙ 银行，包括人民银行、商业银行、政策性银行。

⊙ 信用合作社。

⊙ 证券公司。

⊙ 金融租赁公司、证券基金管理公司、财务公司、信托投资公司、证券投资基金。

⊙ 保险公司。

⊙ 其他经中国人民银行、中国证监会、中国保监会批准成立且经营金融保险业务的机构等。

3. 营业税的扣缴义务人

在现实生活中，有些具体情况难以确定纳税人，因此税法规定了扣缴义务人。营业税的扣缴义务人主要有以下几种。

（1）中华人民共和国境外的单位或者个人在境内提供应税劳务、转让无形资产或者销售不动产，在境内未设有经营机构的，以其境内代理人为扣缴义务人；在境内没有代理人的，以受让方或者购买方为扣缴义务人。

（2）国务院财政、税务主管部门规定的其他扣缴义务人。

① 委托金融机构发放贷款的，以受托发放贷款的金融机构为扣缴义务人。

② 非本企业雇员为企业提供非有形商品推销、代理等服务劳动，从聘用的企业取得收入，其营业税由企业代扣代缴。

③ 建筑安装业实行分包或转包的，以总承包人为扣缴义务人。

④ 单位或个人进行演出由他人售票的，以售票者为扣缴义务人。演出经纪人为个人的，其办

理演出业务的应纳税款也以售票者为扣缴义务人。

⑤ 分保险业务，以初保人为扣缴义务人。

⑥ 个人转让除土地使用权外的其他无形资产，以受让者为扣缴义务人。

⑦ 财政部规定的其他扣缴义务人。

6.1.3 营业税的征税范围

在我国境内提供应税劳务、转让无形资产和销售不动产的行为，均为营业税的纳税范围。具体确定营业税的纳税范围时，应注意以下几方面。

（1）要正确界定营业税应税劳务的范围

并不是所有提供劳务的行为都是营业税的纳税范围，例如：

① 加工、修理修配劳务属于增值税的征税范围，因此不属于营业税的应税劳务。

② 单位或个人经营者聘用的员工为本单位或雇主提供的劳务，也不属于营业税的应税劳务。

（2）要正确判别境内与境外行为

根据《中华人民共和国营业税暂行条例》的规定，所谓在中国境内，具体是指以下 7 种情形。

① 所提供的应税劳务发生在境内，主要指：凡境内纳税人在境内提供应税劳务，其应税行为均属于营业税管辖范围；境外单位或个人在境内提供应税劳务，无论其在境内是否设有经营机构，其应税行为均属于营业税管辖范围；境内纳税人在境外提供劳务，由于应税劳务发生在境外，其劳务行为不属于我国营业税的征税范围。

② 在境内载运旅客或货物出境。凡是将旅客或货物由境内载运出境的，均属于营业税管辖范围；凡是将旅客或货物由境外载运境内的，均不属于我国营业税的征税范围。

③ 在境内组织旅客出境旅游。在境内组织旅客出境旅游，属于营业税管辖范围；在境外组织游客入境旅游，则不属于我国营业税的征税范围。

④ 转让的无形资产在境内使用。凡是转让的无形资产，不论其在何处转让，也不论转让人或受让人是谁，只要该项无形资产在境内使用，就属于营业税的征税范围。

⑤ 所销售的不动产在境内。只要是境内的不动产，不论其所有权归属境内还是境外，也不论是否在境内或境外销售，均属于营业税管辖范围。

⑥ 在境内保险机构提供的除出口货物保险、出口信用保险以外的保险劳务。所谓境内保险机构，是指机构位于中国境内的一切保险机构，包括中资保险机构、外资保险机构和中外合资保险机构。

⑦ 境外保险机构以境内的物品为标的提供的保险劳务，皆属在我国境内提供应税劳务，属于营业税管辖范围。所谓境外保险机构，是指机构位于中国境外的所有保险机构，包括我国设于境外的保险机构。

（3）要区分有偿与无偿行为

营业税应税行为所指的提供应税劳务、转让无形资产或销售不动产，是指有偿提供应税劳务、有偿转让无形资产所有权或使用权、有偿转让不动产所有权的行为。所谓“有偿”，是指从购买方（受让方）取得货币、货物或其他经济利益。

纳税人有下列情形之一的，视同发生应税行为：

① 单位或者个人将不动产或者土地使用权无偿赠送其他单位或者个人。

② 单位或者个人自己新建建筑物后销售，其所发生的自建行为。

③ 财政部、国家税务总局规定的其他情形。

小资料：营业税的起源和发展

营业税起源甚早，早在我国周代对“商贾虞衡”的课税，汉代对商人征收的“算缗钱”，明代开征的市肆门摊税、课铁；清代开征的铺间房税、当税、屠宰税等税，皆属营业税性质，惟未名营业税。欧洲中世纪政府对营业商户每年征收一定金额始准营业，称为许可金。后因许可金不论营业商户营业规模之大小均无区别，负担不均。1791 年，法国始改许可金为营业税，以其营业额大小征收。其后，各国相继仿效。1931 年，中国国民党政府制定《营业税法》，开征此税。新中国成立后，废止旧的营业税，于 1950 年公布《工商业税暂行条例》。其中规定，凡在中国境内的工商营利事业，均应按营业额于营业行为所在地缴纳营业税。1958 至 1984 年，营业税不作为独立税种，而在试行的工商统一税及后来试行的工商税中设置若干税目征收。1984 年恢复征收营业税。

1993 年 12 月 13 日，国务院发布《中华人民共和国营业税暂行条例》。1993 年 12 月 27 日，财政部颁布《中华人民共和国营业税暂行条例实施细则》，并从 1994 年 1 月 1 日起实行。2008 年 11 月 5 日，国务院第 34 次常务会议修订通过新的《中华人民共和国营业税暂行条例》，自 2009 年 1 月 1 日起施行。

（资料来源：纳税服务网，www.cnnsr.com.cn）

6.1.4 税目与税率

1. 税目

营业税的税目按照行业、类别的不同分别设置，现行营业税共设置了 9 个税目。

（1）交通运输业

交通运输业是指使用运输工具或人力、畜力将货物或旅客送达目的地，使其空间位置得以转移的业务活动，包括陆路运输、水陆运输、航空运输、管道运输和装卸搬运五大类。

① 陆路运输是指通过陆地（地上或地下）运送货物或者旅客的运输业务，包括铁路运输、公路运输、缆车运输、索道运输及其他陆路运输。

② 水陆运输是指通过江、河、湖、川等天然、人工水道或海洋运送货物或旅客的运输业务。尽管打捞不是运输业务，但与水路运输有着密切关系，所以打捞也可比照运输的办法征税。

③ 航空运输是指空中航线运送货物或旅客的运输业务。与航空有关的通用航空业务、航空地面服务业也按照航空运输业务征税。

④ 管道运输是指通过管道设施输送气体、液体、固体物资的运输业务。

⑤ 装卸搬运是指使用装卸工具或人力、畜力将货物在运输工具之间、装卸现场之间或运输工具与装卸现场之间进行装卸搬运的业务。

对远洋运输企业从事程租、期租业务和航空运输企业从事湿租业务取得的收入，按“交通运输业”税目征收营业税。

自 2005 年 6 月 1 日起，对公路经营企业收取的高速公路车辆通行费收入统一减按 3%的税率征收营业税。

（2）建筑业

建筑业是指建筑安装工程作业等，包括建筑、安装、修缮、装饰和其他工程作业五项内容。

① 建筑是指新建、改建、扩建各种建筑物、构筑物的工程作业，包括与建筑物相连的各种设备或支柱、操作平台的安装或装设的工程作业，以及各种窑炉金属结构工程作业在内。

② 安装是指生产设备、动力设备、起重设备、运输设备、传动设备、医疗实验设备及其他各种设备或支柱、操作平台的安装或装设的工程作业。

③ 修缮是指对建筑物、构筑物进行修补、加固、养护、改善，使之恢复原来的使用价值或延长其使用期限的工程作业。

建筑业中的修缮与增值税“修理修配”劳务的区分主要看修理（修缮）的对象是什么，如果修缮的对象是建筑物、构筑物等不动产，应征营业税；如果是对货物进行修理，应征增值税。

④ 装饰是指对建筑物、构筑物进行修饰，使之美观或具有特定用途的工程作业。

⑤ 其他工程作业是指除建筑、安装、修缮、装饰工程作业以外的各种工程作业，如代办电信工程、水利工程、道路修建、疏浚、钻井（打井）、拆除建筑物、平整土地、搭脚手架、爆破等工程作业。

（3）金融保险业

金融保险业包括经营金融、保险的业务和典当业务。

① 金融业务是指经营货币资金融通活动的业务，包括贷款、融资租赁、金融商品转让、金融经纪业和其他金融业务。其中，贷款是指将资金贷与他人使用的业务，包括金融企业自有资金贷款和银行外汇转贷业务。融资租赁是指具有融资性质和所有权转移特点的设备租赁业务，即出租人根据承租人所要求的规格、型号、性能等条件购入设备租赁给承租人，合同期内设备所有权属于出租人。金融商品转让是指转让外汇、有价证券或非货物期货所有权的行为。金融经纪业务和其他金融业务，是指受托代他人经营金融活动的中间业务，如委托贷款、代理业务、咨询业务等。

② 保险业务是指通过契约形式集中起来的资金，用以补偿保险人的经济利益的业务，但普通人寿险、养老金保险、健康保险等险种免征营业税。

③ 典当业的抵押贷款业务，无论其资金来源如何，均按自有资金贷款征税。

对于我国境内外资金融机构取得的利息收入以外的离岸业务收入，为便于管理，暂比照利息收入的处理办法，以其机构所在地确定其营业税应税劳务发生地。

所称“离岸银行业务”，是指银行吸收非居民的资金，服务于非居民的金融活动。离岸银行业务包括：外汇存款，外汇贷款，同业外汇拆借，国际结算，发行大额可转让存款证，外汇担保，咨询、见证业务，国家外汇管理局批准的其他业务。

（4）邮电通信业

邮电通信业是指专门办理信息传递的业务，包括邮政业务和电信业务。邮政业务是指提供专递函件或包件、邮汇、报刊发行、邮务物品销售、邮政储蓄和其他邮政业务。电信业务是指提供电报、电话、电话机安装、电信物品销售及其他电信业务。

（5）文化体育业

文化体育业是指经营文化、体育活动的业务，包括文化业和体育业。其中，文化业是指精英文化活动的业务，包括表演、播映和其他文化业务；体育业是指举办各种体育比赛和为体育比赛、体育活动提供场所的业务。

（6）娱乐业

娱乐业是指为经营娱乐活动提供场所和服务的业务。其具体征税范围包括：经营歌厅、舞厅、卡拉 OK 歌舞厅、音乐茶座、台球、高尔夫球、保龄球场、网吧、游艺场等娱乐场所，以及以娱乐场所为顾客进行娱乐活动提供服务的业务。

（7）服务业

服务业是指利用设备、工具、场所、信息或技能为社会提供服务的业务。征税范围包括代理业、租赁业、旅店业、饮食业、旅游业、仓储业、广告业和其他服务业。

自 2012 年 1 月 1 日起，旅店业和饮食业纳税人销售非现场消费的食品应当缴纳增值税，不交纳营业税。

自 2012 年 1 月 1 日起，福利彩票机构发行福利彩票取得的收入不征收营业税，对福利彩票机构以外的代销单位销售福利彩票取得的手续费收入应按规定征收营业税。

对社保基金投资管理人、社保基金托管人从事社保基金管理活动取得的收入，依照税法规定征收营业税。

（8）转让无形资产

转让无形资产是指转让无形资产的所有权或使用权的行为。征税范围包括：转让土地使用权、转让商标权所有权或使用权、转让专利权所有权或使用权、转让非专利技术所有权或使用权、转让著作权所有权或使用权、转让商誉使用权、出租电影拷贝等。

（9）销售不动产

销售不动产是指有偿转让不动产所有权的行为。不动产是指不能移动，移动后会引起性质、形态改变的财产。其征税范围包括：销售建筑物或构筑物、销售其他土地附着物。

在销售不动产时连同不动产所占土地使用权一并转让的行为，比照销售不动产征收营业税。

小资料：国务院决定进一步扩大营业税改征增值税试点

中新网4月10日电　国务院总理李克强 10 日主持召开国务院常务会议，决定进一步扩大营业税改征增值税试点。

会议指出，实行“营改增”是推进财税体制改革的“重头戏”。2012 年 1 月启动试点以来，有关地区和部门精心组织实施，改革成效逐步显现。产业结构得到优化，服务业特别是现代服务业发展加快，工业转型升级迈出新步伐。中小规模纳税人税收负担得到减轻，促进了中小企业特别是小微企业发展。税制得到简化和规范，有利于解决税制不统一和重复征税问题。

会议决定进一步扩大“营改增”试点，并逐步在全国推行，这有利于解决因局部地区试点导致的政策差异和税收征管风险等问题。

（1）扩大地区试点，自 2013 年 8 月 1 日起，将交通运输业和部分现代服务业“营改增”试点在全国范围内推开，适当扩大部分现代服务业范围，将广播影视作品的制作、播映、发行等纳入试点。据测算，全部试点地区 2013 年企业将减轻负担约 1200 亿元。

（2）扩大行业试点，择机将铁路运输和邮电通信等行业纳入“营改增”试点。力争“十二五”期间全面完成“营改增”改革。通过实行“营改增”，激发企业活力，形成新的增长点，不断扩大就业，增加居民收入，促进经济持续健康发展。

会议要求，各地区、各有关部门要认真总结试点经验，完善改革试点方案，精心组织，确保试点平稳有序推进。跟踪分析试点中的新情况新问题，及时采取应对措施。随着“营改增”试点范围扩大，要推动进一步完善增值税制度，加强增值税专用发票管理，研究合理调整增值税分成比例，理顺中央与地方分配关系。各级政府要转变政风，倡俭治奢，过紧日子，把钱用在刀刃上，为推进“营改增”创造条件。

（资料来源：中国新闻网，2013-04-10，编辑:马婷婷）

2. 税率

营业税按照行业、类别的不同分别采用了不同的比例税率，具体规定见表 6-1。

表 6-1　营业税税率表

税　目	征 收 范 围	税率
交通运输业	陆路运输、水路运输、航空运输、管道运输、装卸搬运	3%
建筑业	建筑、安装、修缮、装饰及其他工程作业	3%
金融保险业	金融、保险、典当（抵押贷款业务）	5%
邮电通信业	邮政、集邮、邮汇、报刊发行、邮务物品销售、电报、电话、电话安装	3%
文化体育业	表演、播映、经营游览场所、其他文化体育业	3%
娱乐业	歌厅、舞厅、卡拉 OK 歌舞厅、音乐茶座、台球、高尔夫球、保龄球、游艺	5%～20%
服务业	代理业、旅店业、饮食业、旅游业、仓储业、租赁业、广告及其他服务业	5%
转让无形资产	转让土地使用权、专利权、非专利业、商标权、著作权、商誉	5%
销售不动产	销售建筑物及其他土地附着物	5%

从表 6-1 可以看出，营业税税率目前分为以下几类：

① 交通运输业、建筑业、邮电通信业、文化体育业，税率为 3%。

② 金融保险业、服务业、销售不动产、转让无形资产，税率为 5%。

③ 娱乐业执行 5%～20%的幅度税率，具体适用税率由各省、自治区、直辖市人民政府根据当地的实际情况，在税法规定的幅度内决定。

应注意如下几点：

① 从 2001 年 5 月 1 日起，对夜总会、歌厅、舞厅、射击、狩猎、跑马、游戏、高尔夫球、游艺、电子游戏厅等娱乐行业一律按 20%的税率征收营业税。自 2004 年 7 月 1 日起，保龄球、台球减按 5%的税率征税营业税，税目仍属于“娱乐业”。

② 纳税人兼营不同税率的应税项目，应当分别核算不同税目的营业额，适用不同税率计算应纳税额；未分别核算营业额的，从高适用税率。

③ 居民个人按市场价格出租居住用房减按 3%的税率征收。

6.1.5　税收优惠

现行营业税的税收优惠包括减免税和起征点。

1. 营业税的起征点

营业税的起征点适用于个人。纳税人的营业额未达到起征点的不纳税，营业额达到起征点的，应按营业额全额计算应纳税额。自 2011 年 11 月 1 日起，按期纳税的起征点为月营业额 5 000 元～20 000 元；按次纳税的起征点为每次（日）营业额 300～500 元。各省、自治区、直辖市人民政府所属地方税务机关可以在规定的幅度内，根据实际情况确定本地适用的起征点，并报国家税务总局备案。

2. 法定免税项目

（1）根据《中华人民共和国营业税暂行条例》的规定，下列项目免征营业税

① 托儿所、幼儿园、养老院、残疾人福利机构提供的育养服务，婚姻介绍，殡葬服务。

② 残疾人员个人提供的劳务。

③ 学校和其他教育机构提供的教育劳务，学生勤工俭学提供的劳务。

④ 农业机耕、排灌、病虫害防治、植保、农牧保险以及相关技术培训业务，家禽、牲畜、水生动物的配种和疾病防治。

⑤ 纪念馆、博物馆、文化馆、美术馆、展览馆、书画院、图书馆、文物保护单位举办文化活动的门票收入，宗教场所举办文化、宗教活动的门票收入。

（2）根据国家的其他规定，下列项目免征营业税

① 个人转让著作权，免征营业税。

② 将土地使用权转让给农业生产者用于农业生产，免征营业税。

③ 对住房公积金管理中心用住房公积金在指定委托银行发放个人住房贷款取得收入，免征营业税。

④ 对按政府规定价格出租的公有住房和廉租住房暂免征收营业税。

⑤ 人民银行对金融机构的贷款业务不征税。

⑥ 金融机构往来业务暂不征收营业税。

⑦ 对金融机构的出纳长款业务，不征收营业税。

⑧ 保险业取得的追偿款不征收营业税。

⑨ QFⅡ委托境内公司在我国从事证券买卖业务取得差价收入，免征营业税。

⑩ 纳税人将土地使用权归还给土地所有者时，只要出具县级（含）以上地方人民政府收回土地使用权的正式文件，无论支付征地补偿费的资金来源是否为政府财政资金，该行为均属于土地使用者将土地使用权归还给土地所有者的行为，按照《国家税务总局关于印发〈营业税税目注释（试行稿）〉的通知》（国税发〔1993〕149号）规定不征收营业税。不征营业税。

⑪ 个人无偿赠与不动产、土地使用权，属于下列情形之一的，暂免征收营业税：

⊙ 离婚财产分割。

⊙ 无偿赠与配偶、父母、子女、祖父母、外祖父母、孙子女、外孙子女、兄弟姐妹。

⊙ 无偿赠与对其承担直接抚养或赡养义务的抚养人或赡养人。

⊙ 房屋产权所有人死亡，依法取得房屋产权的法定继承人、遗嘱继承人或者受遗赠人。

⑫ 为支持住房改革，企业、行政事业单位按房改成本价、标准价出售住房的收入，暂不缴纳营业税。

⑬ 纳税人在资产重组过程中，通过合并、分立、出售、置换等方式，将全部或者部分实物资产以及与其相关联的债权、债务和劳动力一并转让给其他单位和个人的行为，不属于营业税征收范围，其中涉及的不动产、土地使用权转让不征收营业税。

6.2 营业税的计算与申报

6.2.1 营业税的计税依据

营业税的计税依据是应税营业额。应税营业额是纳税人提供应税劳务、转让无形资产或者销售不动产向对方收取的全部价款和价外费用。所谓价外费用是指向对方收取的手续费、基金、集资费、代收款项、代垫款项及其他各种性质的价外收费。但不包括同时符合以下条件代为收取的政府性基金或者行政事业性收费：

① 由国务院或财政部批准设立的政府性基金，由国务院或省级人民政府及其财政、价格主管部门批准设立的行政事业性收费。

② 收取时开具省级以上财政部门印制的财政票据。

③ 所收款项全额上缴财政。

如果主管税务机关认为纳税人提供的营业额明显偏低且无正当理由时，主管税务机关应依下列顺序核定其营业额：

① 按纳税人最近时期发生同类应税行为的平均价格核定。

② 按其他纳税人最近时期发生同类应税行为的平均价格核定。

③ 按下列公式核定计税价格：

$$计税价格=\frac{营业成本或工程成本\times(1+成本利润率)}{1-营业税税率}$$

公式中的成本利润率由省、自治区、直辖市人民政府所属税务机关确定。

6.2.2 应纳营业税的计算

营业税应纳税额的计算比较简单，通常按照营业额和规定的适用税率相乘，就可以计算出应纳营业税税额。其计算公式为：

$$应纳营业税额=应税营业额\times适用营业税税率$$

从上述公式可以看出，应纳营业税额计算的关键在于应税营业额的确定，而不同行业和不同应税行为应税营业额的具体内容也有所不同。

1. 交通运输业

交通运输业的计税营业额，原则上为运输业务的收入总额，包括运输企业实际取得的客运收入、货运收入、装卸搬运收入及其他运输业务收入和运输票价中包含的保险费收入和各种建设基金。但是下列运输业务有特殊规定：

（1）运输企业自我国境内载运旅客或货物出境，在境外改由其他运输企业载运的，以全程运费减去付给转运企业的运费后的余额为计税营业额。

（2）纳税人将承揽的运输业务分给其他单位或个人的，以其取得的全部价款和价外费用扣除支付给其他单位和个人的运输费用后的余额为营业额。

值得注意的是：自 2010 年 1 月 1 日起，对中华人民共和国境内的单位或个人提供的国际运输劳务免征营业税。国际运输劳务是指：① 在境内载运旅客或者货物出境；② 在境外载运旅客或者货物入境；③ 在境外发生载运旅客或者货物的行为。

（3）自 2011 年 9 月 26 日起合资铁路运输公司、股改铁路运输企业和其他铁路运输企业相互之间合作完成运输业务，承运人应以取得的全部价款和价外费用扣除支付给其他合作运输方的运输费用后的余额为营业额计算缴纳营业税，其营业额扣除凭证为《铁路运输企业提供服务清算票据》。

【例 6-1】 某汽车运输公司 2013 年 4 月份取得客运收入 100 万元，其中联运业务支出 18 万元。货运收入 42 万元，其中跨省货运业务有两项：一项由下属非独立核算的外省的分公司转运，支付运费 16 万元；另一项由外省其他公司转运，支付运费 20 万元。当月还承担一项国际运输业务，全程收费为 75 万元，货物运抵境外由该国某汽车公司转运，支付运费 30 万元。

该汽车运输公司 4 月份的应纳营业税额的计算如下：

计税营业额=100−18+42−20+75−30=149（万元）

应纳营业税额=149×3%=4.47（万元）

2. 建筑业

建筑业的计税营业额，为承接建筑、安装、修缮、装饰和其他工程作业向建设单位收取的工程价款及工程价款之外的各种费用之和。具体应注意以下特殊规定。

① 纳税人提供建筑业劳务（不含装饰劳务）的，其营业额应当包括工程所用原材料、设备及其他物资和动力价款在内，但不包括建设方提供的设备的价款。此规定仅适用于纳税人向建设单位总承包工程的环节。

② 纳税人从事安装工程作业，凡安装的设备价值作为安装产值的，其计税营业额应包括设备价值。但安装的设备价值不作为安装产值的，其计税营业额不包括设备的价值。

③ 自建行为和单位或个人将不动产无偿赠与他人，由主管税务机关按规定顺序核定营业额。

自建行为是指纳税人自己建造房屋的行为。纳税人自建自用的房屋不用纳税；如纳税人（包括个人自建自用住房）将自建的房屋对外销售，其自建行为应按建筑业缴纳营业税，再按销售不动产征收营业税。

④ 建筑业的总承包人将工程分包或者转包给他人的，以工程的全部承包额减去付给分包者或转包者的价款后的余额作为营业额，同时总承包人应扣缴分包人或转包人应缴的营业税。

⑤ 纳税人受托进行建筑物拆除、平整土地并代委托方向原土地使用权人支付拆迁补偿费的过程中，其提供建筑物拆除、平整土地劳务取得的收入应按照“建筑业”税目缴纳营业税；其代委托方向原土地使用权人支付拆迁补偿费的行为属于“服务业——代理业”行为，应以提供代理劳务取得的全部收入减去其代委托方支付的拆迁补偿费后的余额为营业额计算缴纳营业税。

【例 6-2】 某建筑公司承包一项工程，工程总造价 5 600 万元，该公司将 1 300 万元的安装工程分包给 A 建筑公司。工程竣工后，建设单位支付给该建筑公司材料差价款 450 万元，提前竣工奖 180 万元。公司又将其中的材料差价款 220 万元和提前竣工奖 60 万元支付给 A 公司，计算公司应缴纳的营业税及代扣代缴的营业税。

应缴纳的营业税=(5 600−1 300+450−220+180−60)×3%=139.5（万元）

代扣代缴的营业税=(1 300+220+60)×3%=47.4（万元）

3. 金融保险业

金融业的应税营业额包括贷款利息、融资租赁收益、金融商品转让收益以及从事金融经纪业和其他金融业务的手续费收入等。根据取得收入方式不同，金融业营业额分以下几种情况确定。

① 一般贷款业务，除人民银行对金融机构的贷款业务不征税外，其他不论是否为金融机构，只要发生将资金贷与他人使用的行为，都视为发生贷款行为，征收营业税。应税营业额为贷款利息收入全额（包括各种加息、罚息等）。

金融企业发放贷款（包括自营贷款和委托贷款）后，凡在规定应收未收利息核算期内发生的应收利息，均应按规定申报营业税；贷款应收利息自结息之日起，超过应收未受利息核算期限或贷款本金到期（含展期）超过 90 天后尚未收回的，按照实际收到的利息申报缴纳营业税。

② 经批准经营融资租赁业务的单位，以其向承租人收取的全部价款和价外费用（包括残值）减去出租方承担的出租货物的实际成本后的余额，以直线法折算出本期的营业额。计算方法为：

本期营业额=(应收取的全部价款和价外费用-实际成本)×(本期天数÷总天数)

实际成本=货物购入原价+关税+增值税+消费税+运杂费+安装费+保险费+支付给境外的外汇借款利息支出和人民币借款利息

③ 典当业抵押贷款业务，其计税营业额以利息收入和保管费等其他多种费用金额确定（即全

额征税）。

④ 金融经纪业务和其他金融业务（中间业务）的应税营业额为金融机构收取的手续费（佣金）的全部收入。

⑤ 外汇、有价证券、期货买卖业务，以卖出价减去买入价后的余额为营业额计征营业税。

注意：对金融机构的货物期货买卖，征收增值税，不征收营业税。对非金融机构和个人的金融商品转让不征营业税。

【例 6-3】 某商业银行 2013 年第二季度存款利息支出 360 万元，取得贷款利息收入 1 950 万元；转贷利息收入 1 760 万元，转贷利息支出 1 480 万元；转让某企业债券的买卖差价 30 万元；销售黄金取得收入 18 万元，黄金的购入价 15 万元；办理结算业务收取手续费 10 万元；理财咨询业务收入 24 万元。计算该商业银行第二季度应纳营业税。

应纳营业税额=(1 950+1 760+30+10+24)×5%=188.7（万元）

保险业应税营业额是利息收入、保费收入以及其他收入之和。具体确定时应注意以下几点。

① 保险业初保业务的营业额为纳税人经营保险业务向对方收取的全部价款，即向被保险人收取的全部保险费。

保险业实行分保业务的，初保人以全部保费收入减去付给分保人的保费后的余额为应税营业额，同时初保人应扣缴分保接受人应缴的营业税。为简化手续，在实际征收过程中，可对初保人按其向投保人收取的保费收入总额征税，对分保人取得的保费收入不再征收营业税。

但是境内保险人将其承保的以境内标的物为保险标的的保险业务，向境外再保险人办理分保的，以全部保费收入减去分保费后的余额为营业额。境外保险人应就其分保收入承担营业税纳税业务，并由境内保险人扣缴境外再保险人应缴纳的营业税税额。

② 保险公司办理储金业务的营业额，以纳税人在纳税期内的储金平均余额乘以人民银行公布的一年期存款利率折算的月利率计算。按上述规定计算储金业务的营业额以后，在计算保险企业其他业务的营业额时，应相应从“保费收入”账户（营业收入）中扣除储金业务的保费收入。

③ 保险企业的无赔偿奖励支出不可从营业额中扣除。

④ 保险业已征收过营业税的应收未收保费，凡在财务会计制度规定的核算期内未收回的，允许从营业额中减除。

【例 6-4】 某保险公司 5 月份取得财产保费收入 65 万元，其中无赔偿奖励支出 4 万元；初保业务取得保费收入 83 万元，付给分保人保费 38 万元。计算该保险公司 5 月份应纳营业税。

应纳营业税=65×5%+(83−38)×5%=5.5（万元）

4. 邮电通信业

邮电通信业务的计税营业额，大多数情况下依据其取得的收入全额确定。但下列业务的具体规定如下。

① 邮政电信单位与其他单位合并，共同为用户提供邮政电信业务及其他服务，并由邮政电信单位统一收取价款的，以全部收入减去支付给合作方价款后的余额为营业额。

② 电信部门以集中受理方式为集团客户提供跨省的出租电路业务，由受理地区的电信部门按取得的全部价款减去分割给参与提供跨省电信业务的电信部门的价款后的差额为营业额计征营业税；对参与提供跨省电信业务的电信部门，按各自取得的全部价款为营业额计征营业税。

③ 对中国移动通信集团公司通过手机短信公益特服号“8858”为中国儿童少年基金会接受捐款业务，以全部收入减去支付给中国儿童少年基金会的价款后的余额为营业额，计算征收营业税。

④ 电信单位销售的各种有价电话卡，由于其计费系统只能按有价电话卡面值出账并按有价电话卡面值确认收入，不能直接在销售发票上注明折扣折让额，以按面值确认的收入减去当期财务会计上体现的销售折扣折让后的余额为营业额。

【例 6-5】 某市电信部门 8 月份发生下列业务：长途话费收入 1 250 万元；市内电话收入：月租费收入 1 080 万元，通话费收入 3 260 万元，电话咨询服务业收入 220 万元；销售电信物品、移动电话机等收入 40 万元。计算该电信企业 8 月份的应纳营业税。

应纳营业税额=(1 250+1 080+3 260+220)×3%=174.3（万元）

5. 文化体育业

文化体育业的计税营业额，是指纳税人经营文化业、体育业取得的全部收入。其中包括演出收入、播映收入、其他文化收入以及经营娱乐场所收入和体育收入等。

单位或个人演出，应以全部收入减去付给提供演出场地的单位、演出公司或经纪人等费用后的余额为计税营业额；播映收入不包括广告播映收入；经营游乐场所的收入为取得的门票收入，不包括文化体育场所的出租收入。

【例 6-6】 某影剧院经地方税务机关确定其税款征收方式为查账计征。2013 年 5 月份发生业务如下：放映业务门票收入 135 000 元，代某歌舞团收取的表演门票收入 36 000 元，并从中获取场地租赁费 5 200 元，付给经纪人（个人）3 800 元。计算该影剧院本月应纳营业税款额及代扣税款。

放映收入应纳营业税额=135 000×3%=4 050（元）

场地租赁收入应纳营业税额=5 200×5%=260（元）

该影剧院对歌舞团应代扣的营业税额=(36 000−5 200−3 800)×3%=810（元）

该影剧院对经纪人应代扣的营业税额=3 800×5%=190（元）

6. 娱乐业

娱乐业的计税营业额，是指经营娱乐场所向顾客收取的各种费用所形成的收入额。包括门票、台位费、点歌费、烟酒、饮料、茶水、鲜花、小吃等收费及经营娱乐业的其他各项收入。对娱乐业提供的饮食服务和其他服务以及提供饮食服务场所提供的娱乐服务均按娱乐业征税。

文化体育业与娱乐业征税范围的区分：凡是观众参与听、视和游览某项活动的行为，属于文化体育业税目征税范围；亲自参与某项活动并以自娱自乐为主要目的的行为，属于娱乐业税目的征税范围。

【例 6-7】 某市某歌厅 2 月份收入如下：门票收入 16 500 元，台位收入 3 250 元，饮料收入 2 840 元，点歌、自唱收入 5 360 元，计算该歌厅本月应纳营业税额。

应纳营业税额=(16 500+3 250+2 840+5 360)×20%=5 590（元）

7. 服务业

服务业的计税营业额，是指纳税人提供代理业、旅店业、租赁业、饮食业、旅游业、仓储业、广告业或其他服务业的应税劳务向对方收取的全部价款和价外费用。

下列业务营业额的具体规定如下：

① 广告业计税营业额。自营广告业务应以取得的收入全额为计税营业额；广告代理业应以代理者向委托方收取的全部价款和价外费用减去付给广告发布者的广告发布费后的余额为计税营业额。

② 代理业、租赁业、仓储业等其他服务业均以向客户收取的费用全额为计税营业额；融资租赁业务按“金融业”征税。

③ 代购货物行为同时具备以下条件的，应按服务业征收营业额：受托方不垫付资金；销售方将发票开具给委托方，并由受托方将该项发票转交给委托方；受托方按销售方实际收取的销售额和增值税额与委托方结算货款并另收取手续费。

④ 从事物业管理的单位，以与物业管理有关的全部收入减去代业主支付的水、电、燃气以及代承租者支付的水、电、燃气、房屋租金的价款后的余额为营业额。

⑤ 旅游企业营业额。旅游企业组织旅游团在境内旅游的，以收取的旅游费减去替旅游者支付给其他单位或个人的住宿费、餐费、交通费、旅游景点门票和支付给其他接团旅游企业的旅游费后的余额为计税营业额；旅游企业利用自己的交通工具、饮食服务设施为游客提供必须的吃、住、行服务所发生的费用不得扣除。

⑥ 对单位和个人在旅游景区经营旅游游船、观光电梯、观光电车、景区环保客运车所取得的收入应按"服务业-旅游业"征收营业税。单位和个人在旅游景区兼有不同税目应税行为并采取"一票制"收费方式的，应当分别核算不同税目的营业额；未分别核算或核算不清的，从高适用税率。

⑦ 电脑福利彩票代销点代销福利彩票取得的任何形式的手续费收入，征收营业税。

⑧ 对经过国家版权局注册登记，销售时一并转让著作权、所有权的计算机软件征收营业税。

⑨ 对拍卖行向委托方收取的手续费征收营业税。

⑩ 从事物业管理的单位，以与物业管理有关的全部收入减去代业主和承租者支付的水、电、燃气、房屋租金以及其他代付费用后的余额为营业额

⑪ 纳税人从事无船承运业务，以其向委托人收取的全部价款和价外费用扣除其支付的海运费以及报关、港杂、装卸费用后的余额为计税营业额申报缴纳营业税。

纳税人从事无船承运业务，应按照其从事无船承运业务取得的全部价款和价外费用向委托人开具发票，同时应凭其取得的开具给本纳税人的发票或其他合法有效凭证作为差额缴纳营业税的扣除凭证。

【例 6-8】 某旅行社 10 月份组织旅客去泰国旅游，收取旅游费 15 万元，在境内替旅游者支付给其他单位食宿、交通费 2.5 万元，离开国境时改由境外旅游公司接团，付给境外旅游公司 6.8 万元。计算该旅行社应的交营业税。

应纳营业税额=(150 000−25 000−68 000)×5%=2 850（元）

8. 转让无形资产

转让无形资产的计税营业额是指转让无形资产向对方收取的全部价款及价外费用。但下列业务的具体规定如下：

① 单位和个人销售或转让其受让的土地使用权的，以全部收入减去土地使用权受让原价后的余额为营业额。

② 单位和个人销售或转让抵债所得的不动产土地使用权的，以全部收入减去抵债时该项土地使用权作价后的余额为营业额

③ 自 2003 年 1 月 1 日起，以无形资产投资入股，参与受资方的利润分配、共担风险的行为免征营业税；在投资后转让其股权的也不征收营业税。以无形资产投资为条件，按销售额或营业额的一定比例提取转让费或取得固定收入的，由于其不承担风险，不属于投资入股行为，应征营业税。

④ 一方提供土地使用权，另一方提供资金，合作建房并按协议分配住房的行为。以地换房行为按"转让无形资产"中的"转让土地使用权"税目征税，而以房换地行为按"销售不动产"税目征税。

【例 6-9】 A 公司将自己的一项专利使用权转让给甲企业，甲企业付给 A 公司 8 万元。A 公司在该项专利的研制、开发过程中共耗资 3.6 万元。计算 A 公司此项转让收入的应纳营业税。

应纳营业税=80 000×5%=4 000（元）

9. 销售不动产

销售不动产的计税营业额，是指销售不动产的销售额，包括向对方收取的全部价款及价外费用。具体应注意以下几点。

① 房地产企业销售不动产取得的收入以及预售不动产取得收入均应计算缴纳营业税。

② 单位和个人销售或转让其购置的不动产的，以全部收入减去不动产的购置或受让原价后的余额为营业额。

③ 单位和个人销售或转让抵债所得的不动产的，以全部收入减去抵债时该项不动产作价后的余额为营业额。

④ 自 2003 年 1 月 1 日起，以不动产投资入股，参与受资方的利润分配、共担风险的行为免征营业税；在投资后转让其股权的也不征收营业税。以不动产投资入股，收取固定收入的，由于其属于不承担风险的行为，应按“服务业”项目中的“租赁业”征收营业税。

⑤ 单位或个人将不动产或者土地使用权无偿赠予他人，视同销售不动产，征收营业税。

⑥ 对以“还本”方式销售不动产的行为，应按向购买者收取的全部价款及价外费用计算缴纳营业税，不得减除“还本”支出。

⑦ 以房换房行为属于销售不动产，应征营业税。

⑧ 自 2010 年 1 月 28 日起，个人将购买不足 5 年的非普通住宅对外销售的，全额征收营业税；个人将购买超过 5 年（含 5 年）的非普通住房或者不足 5 年的普通住房对外销售的，按照其销售收入减去购买房屋的价款后的差额征收营业税；个人将购买超过 5 年（含 5 年）的普通住房对外销售的，免征营业税。

⑨ 纳税人自建自售建筑物时，其自建行为按建筑业 3%的税率计算营业税；出售建筑物按销售不动产 5%的税率计算营业税。

【例 6-10】 某房地产开发公司 2013 年 6 月销售商品房收入 280 万元，预售商品房定金收入 40 万元。计算该公司当月应纳营业税。

应纳营业税=(2 800 000+400 000)×5%=160 000（元）

【例 6-11】 某房地产开发公司自建楼房一栋竣工，建筑安装总成本 2 400 万元，建成后，一半自用，一半出售。无同类工程造价，成本利润率 10%，出售部分取得收入 2 800 万元，本月预收 2 200 万元。根据以上资料，计算施工单位应缴纳的营业税。

建筑业应交营业税=2 400×50%×(1+10%)÷(1−3%)×3%=40.82（万元）

销售不动产营业税=2 200×5%=110（万元）

自建不动产出售共缴纳营业税=110+40.82=150.82（万元）

6.2.3 营业税的申报

纳税人应按营业税法有关规定及时办理纳税申报，并如实填写《营业税纳税申报表》。金融保险业从 2000 年 7 月开始实行电子申报办法。营业税申报表一式两联：一联为申报联，申报时交税务机关收存；另一联为收执联，申报时交税务机关确认并收后作为核算凭证。

1. 营业税纳税义务的发生时间

根据《中华人民共和国营业税暂行条例》的规定，营业税的纳税义务发生时间，为纳税人收讫营业收入款项或者取得索取营业收入款项凭据的当天。营业税的扣缴税款义务发生时间，为扣缴义务人代纳税人收讫营业收入款项或者取得索取营业收入款项凭据的当天。对某些具体项目则分别规定如下。

① 纳税人转让土地使用权或者销售不动产，采用预收款方式的，其纳税义务发生时间为收到预收款的当天。

② 纳税人提供建筑业或者租赁业劳务，采取预收款方式的，其纳税义务发生时间为收到预收款的当天。

③ 纳税人自己新建建筑物后销售，为自建行为。其自建行为的纳税义务发生时间，为其销售自建建筑物并收讫营业额或者取得索取营业额凭据的当天。

④ 纳税人将不动产无偿赠与他人，其纳税义务发生时间为不动产所有权转移的当天。

⑤ 自 2003 年 1 月 1 日起，金融机构的贷款逾期（含占期）未满 90 天（含 90 天）的，纳税义务发生时间为纳税人取得利息收入权利的当天；原有的应收未收贷款利息逾期 90 天以上的，该笔贷款新发生的应收未收利息，其纳税义务发生时间均为实际取得利息收入当天。

2. 营业税的纳税期限

纳税期限分别为 5 日、10 日、15 日、1 个月或者 1 个季度。纳税人的具体纳税期限，由主管税务机关根据纳税人应纳税额的大小分别核定，不能按固定期限纳税的，可以按次纳税。

纳税人以 1 个月或者 1 个季度为一期纳税的，自期满之日起 15 日内申报纳税；以 5 日、10 日、15 日为一期纳税的，自期满之日起 5 日内预缴税款，于次月 1 日起 15 日内申报纳税并结清上月应纳税款。

扣缴义务人解缴税款期限，比照上述规定执行。

银行、财务公司、信托投资公司、信用社、外国企业常驻代表机构的纳税期限为 1 个季度，自纳税期满之日起 15 日内申报纳税。保险业的纳税期限为 1 个月。

3. 营业税的纳税地点

营业税原则上实行属地征收管理，其纳税地点是一般应根据纳税人的不同情况和便于税收征管的原则确定，具体规定如下：

① 纳税人提供应税劳务，应当向其机构所在地/居住地主管税务机关申报纳税。

② 纳税人转让土地使用权，应当向土地所在地主管税务机关申报纳税；纳税人转让其他无形资产，应当向其机构所在地或居住地主管税务机关申报纳税。

③ 单位和个人出租土地使用权、不动产的营业税纳税地点为土地、不动产所在地；单位和个人出租物品、设备等动产的营业税纳税地点为出租单位机构所在地或个人居住地。

④ 纳税人销售不动产，应当向不动产所在地主管税务机关申报纳税。

⑤ 在中华人民共和国境内的电信单位提供电信业务的营业税纳税地点为电信单位机构所在地。

⑥ 在中华人民共和国境内的单位提供的设计（包括在开展设计时进行的勘探、测量等业务）、工程监理、调试和咨询等应税劳务的，其营业税纳税地点为单位机构所在地。

⑦ 在中华人民共和国境内的单位通过网络为其他单位和个人提供培训、信息和远程调试、检测等服务的，其营业税纳税地点为单位机构所在地。

6.3 营业税的会计处理

6.3.1 会计科目的设置与运用

为了反映营业税的缴纳情况，应设置“应交税费——应交营业税”账户。该账户借方反映企业实际缴纳的营业税，贷方反映企业按规定计算应缴纳的营业税，期末借方余额反映企业多缴的营业税，贷方余额反映企业应缴未缴的营业税。

营业税属于价内税，企业应交的营业税都要记入损益类账户，但由于缴纳营业税的行业较多，具体记入账户名称各不相同。

① 工商企业、金融保险企业、旅游饮食服务业、邮电通信业、民用航空业、农业、房地产开发业等企业应借记“营业税金及附加”账户。

② 若应税行为在企业属其他业务如代购代销商品手续费收入等，则记入“其他业务成本”账户。

③ 对于房地产开发企业已作为固定资产使用的房屋等不动产进行销售时，由于其不再是房地产开发企业的主营业务，应缴纳的营业税计入“固定资产清理”账户。除房地产开发企业外销售不动产应缴纳的营业税，应借记“固定资产清理”账户。

④ 企业按规定代扣的营业税，借记“应付账款”等账户，贷记“应交税费——应交营业税”账户。

实际缴纳营业税时，应借记“应交税费——应交营业税”账户，贷记“银行存款”账户。

6.3.2 营业税的会计处理

1. 提供应税劳务应纳营业税的核算

（1）建筑企业应纳营业税的核算

【例 6-12】 某建筑公司承建商住两用楼一幢，工程总造价 3 750 万元。该公司将地基工程转包给某工程队，支付转包费 800 万元，其他工程自己施工。该工程提前竣工，建设单位支付给建筑公司提前竣工费 25 万元，该公司又将其中的 5 万元支付给工程队。

该建筑公司的会计处理如下：

应纳营业税额=(3 750−800+25−5)×3%=89.1（万元）

扣缴工程队营业税额=(800+5)×3%=24.15（万元）

结算工程价款时：

借：银行存款	37 750 000	
贷：主营业务收入		29 700 000
应付账款		8 050 000

计算应纳营业税及代扣营业税时：

借：营业税金及附加	891 000	
应付账款	241 500	
贷：应交税费——应交营业税		1 132 500

支付工程队工程价款时：

借：应付账款	7 808 500	
贷：银行存款		7 808 500

（2）房地产开发企业应纳营业税的核算

【例 6-13】 某房地产开发企业，本期竣工住宅楼一栋，建造成本共计 450 万元，该省规定成本利润率为 8%。本期出售商品房 1 650 平方米，商品房价款共计 285 万元，其中 57.4 万元已于上年预缴。

该公司业务的会计处理如下：

应缴建筑业营业税=450×(1+8%)÷(1−3%)×3%=15.03（万元）

应缴销售不动产营业税=(285−57.4)×5%=11.38（万元）

本期应缴营业税=15.03+11.38=26.41（万元）

借：营业税金及附加　　264 100

　　贷：应交税费——应交营业税　　264 100

房地产开发企业以经营房地产为其主要业务，其税款缴纳办法可以采用按上月实际税额预缴，下月初结清上月税款的办法。

【例 6-14】 某房地产公司 8 月份商品房销售收入 230 万元，配套设施销售收入 43 万元，代建工程结算收入 30 万元，租金收入 16 万元，上月营业税税款为 5.4 万元，纳税期限为 10 天。

该公司会计处理如下：

① 每次预缴税款时：

借：应交税费——应交营业税　　18 000

　　贷：银行存款　　18 000

② 月末计算税款时：

销售房屋、配套设施应交营业税=(230+43)×5%=13.65（万元）

代建工程应交营业税=300 000×3%=9 000（元）

租金收入应交营业税=160 000×5%=8 000（元）

应交营业税合计=136 500+9 000+8 000=153 500（元）

借：营业税金及附加　　153 500

　　贷：应交税费——应交营业税　　153 500

③ 下月初结清上月税款时：

应补缴的税款=153 500−54 000=99 500（元）

借：应交税费——应交营业税　　99 500

　　贷：银行存款　　99 500

【例 6-15】 某房地产开发公司预售商品房一批，收到预售款 1 068 万元（按总售价 1 780 万元的 60%一次性收取），余款在交付商品房时结算。

会计处理分录如下：

① 收到预售款时：

借：银行存款　　10 680 000

　　贷：预收账款　　10 680 000

② 按预收款上缴营业税时：

应交营业税=1 068×5%=53.4（万元）

借：应交税费——应交营业税　　534 000

　　贷：银行存款　　534 000

（3）金融保险业应纳营业税的核算

【例 6-16】 某银行本季度取得贷款利息收入 36.5 万元，转贷利息收入 19.2 万元，转贷资金利息支出 13.8 万元。

会计处理分录如下：

应纳营业税额=(36.5+19.2)×5%=2.785（万元）

借：营业税金及附加	27 850	
贷：应交税费——应交营业税		27 850

【例 6-17】 某保险公司本月境内业务保费收入为 328 万元，其中将 45 万元向境外再保险机构办理分保。计算该保险公司本月应纳营业税税额及代扣税款。

该保险公司应纳营业税额=328×5%=16.4（万元）

应扣缴境外再保险人营业税=45×5%=2.25（万元）

借：营业税金及附加	164 000	
应付账款——境外再保险人	22 500	
贷：应交税费——应交营业税		186 500

（4）旅游、饮食服务业应纳营业税的核算

【例 6-18】 某旅行社 10 月份组织旅客去泰国旅游，收取旅游费 180 000 元，在境内替旅游者支付给其他单位食宿、交通费 17 000 元，离开国境时改由境外旅游公司接团，付给境外旅游公司 65 000 元。

该旅行社应交营业税的计算如下：

应纳营业税额=(180 000−17 000−65 000)×5%=4 900（元）

借：营业税金及附加	4 900	
贷：应交税费——应交营业税		4 900

【例 6-19】 某公园本月份取得营业收入 13 500 元，其中门票收入 4 800 元，附设卡拉 OK 舞厅收入 8 700 元。

会计分录如下：

门票收入营业税额=4 800×3%=144（元）

卡拉 OK 舞厅营业税额=8 700×20%=1 740（元）

借：营业税金及附加	1 884	
贷：应交税费——应交营业税		1 884

2. 转让无形资产应纳营业税的核算

企业转让无形资产，大体有两种形式：一是所有权转让；二是使用权转让。两者在性质和内容上有本质不同，在会计处理上也有很大的区别。

（1）无形资产所有权转让的核算

若企业转让无形资产的所有权，首先应结转所转让无形资产的账面价值；其次应将收入大于其账面价值及计提营业税的差额计入“营业外收入”账户，如果收入小于其账面价值及计提营业税的差额计入“营业外支出”账户。

【例 6-20】 某工业企业本期将某产品的商标权以 100 万元转让给另一家企业，按 5%的税率计征营业税 5 万元。该商标的账面余额为 70 万元，计提减值准备 8 万元。

做如下会计分录：

借：银行存款　　　　1 000 000
　　无形资产减值准备　　　　80 000
　　贷：无形资产　　　　700 000
　　　　应交税费——应交营业税　　　　50 000
　　　　营业外收入　　　　330 000

（2）无形资产使用权的转让

若企业转让的是无形资产的使用权，则其转让使用权的收入应计入“其他业务收入”账户，转让使用权的有关费用，如按规定应由出让方提供的维修、技术服务等费用，应记入“其他业务成本”账户。

【例 6-21】 A 企业将某项专利的使用权转让给 B 企业，转让期为 2 年，协议规定每年收取使用费 37 500 元，A 企业每年向 B 企业提供技术服务，费用为 3 800 元。

A 企业会计处理如下：

① 每年收取使用费时：

借：银行存款　　　　37 500
　　贷：其他业务收入　　　　37 500

② 发生技术服务费时：

借：其他业务成本　　　　3 800
　　贷：银行存款　　　　3 800

③ 计提应纳的营业税时：

借：其他业务成本　　　　1 875
　　贷：应交税费——应交营业税　　　　1 875

3. 销售不动产应纳营业税的核算

【例 6-22】 某企业因搬迁，将其原有房屋、建筑物及土地附着物转让给另一企业，作价 750 万元，该不动产的账面原值 2 460 万元，已计提折旧 1 780 万元；清理费支出 2.5 万元。

房地产开发企业之外的企业销售不动产是其非主营业务，做如下会计分录：

① 将不动产转作清理时：

借：固定资产清理　　　　6 800 000
　　累计折旧　　　　17 800 000
　　贷：固定资产　　　　24 600 000

② 收到转让收入时：

借：银行存款　　　　7 500 000
　　贷：固定资产清理　　　　7 500 000

③ 发生清理费用时：

借：固定资产清理　　　　25 000
　　贷：银行存款　　　　25 000

④ 计算营业税时：

应交营业税=750×5%=37.5（万元）

借：固定资产清理　　　　375 000
　　贷：应交税费——应交营业税　　　　375 000

⑤ 结转清理净收益时：

借：固定资产清理 300 000

　　贷：营业外收入 300 000

4. 减免营业税的会计处理

（1）企业对法定直接减免营业税，国家未指定用途的，不做会计处理；指定用途的做如下处理

借：应交税费——应交营业税

　　贷：实收资本等

（2）实行即征即退营业税的

借：银行存款

　　贷：应交税费——应交营业税

同时：

借：应交税费——应交营业税

　　贷：营业税金及附加等

（3）实行先征后退营业税的

借：银行存款

　　贷：营业税金及附加等

本章小结

营业税是对在我国境内提供应税劳务、转让无形资产和销售不动产的单位和个人，就其营业额所征收的一种流转税。

营业税会计是对纳税人和代扣代缴义务人营业税涉税行为的核算。营业税的核算应区分不同行业、不同业务对待，主要包括提供应税劳务应纳营业税的核算、销售无形资产应纳营业税的核算、销售不动产应纳营业税的核算、减免营业税的核算等。

营业税的计算与缴纳均应通过“应交税费——应交营业税”账户核算，由于营业税属于价内税，除特殊情况外，企业应缴纳的营业税均应记入“营业税金及附加”账户。

思 考 题

1. 营业税的应税项目有哪些？营业税与增值税的征税范围应怎样划分？
2. 如何确定营业税的扣缴义务人？
3. 营业税的计税依据是如何规定的？
4. 营业税的核算应设置哪些账户？如何核算不同行业的应纳营业税？
5. 简述企业销售不动产应纳营业税的核算方法。
6. 简述企业销售无形资产应纳营业税的核算方法。

习 题 6

一、单项选择题

1. 下列各项行为中，不征收营业税的是（　　）。

A. 物业管理公司代供电部门收取电费取得的收入

B. 金融机构实际收到的结算罚款、罚息收入

C. 国家进出口银行办理出口信用保险业务取得的收入

D. 拍卖行受理拍卖文物古董取得的手续费收入

2. 下列项目中，应作为营业税计税依据的是（　　）。

A. 建筑企业不扣除其转包工程额的全部承包额

B. 非金融机构买卖外汇，卖出价减去买入价后的金额

C. 旅行社组团在境内旅游收取的全部旅游费用

D. 娱乐业向顾客收取的包括烟酒、饮料、水果、糕点收费在内的各项费用

3. 下列各项中，可以作为营业税计税依据的是（　　）。

A. 融资租赁业务中的租赁费

B. 广告代理企业向委托方收取的全部价款

C. 无形资产投资入股时的评估价值

D. 实行分保险业务以外的保险业的全部保费收入

4. 根据营业税暂行条例的规定，企业发生的下列业务中不属于营业税征收范围的是（　　）。

A. 房地产开发公司预收购房定金

B. 运输企业销售货物并负责运输所售货物

C. 企业将闲置的设备出租给其他企业使用

D. 某足球俱乐部的门票收入

5. 营业税纳税人按次缴纳税款的，其起征点为（　　）元。

A. 200　　B. 800　　C. 200 ~ 800　　D. 50

6. 根据我国《营业税暂行条例》的规定，纳税人销售不动产，其申报缴纳营业税的地点是（　　）。

A. 纳税人居住地　　B. 不动产所在地

C. 纳税人经营所在地　　D. 销售不动产行为发生地

7. 根据我国《营业税暂行条例》的规定，下列各项中，属于营业税征收范围的是（　　）。

A. 销售货物　　B. 进口货物

C. 转让无形资产　　D. 提供修理修配劳务

8. 某邮局本月取得邮汇业务收入 10 万元，邮寄物品销售收入 2 万元，报刊发行收入 20 万元，行李传递收入 82 万元，其应纳营业税为（　　）万元。

A. 3.33　　B. 3.36　　C. 7.28　　D. 7.36

9. 根据我国《营业税暂行条例》的规定，个人转让专利取得收入时，其应纳营业税的扣缴义务人是（　　）。

A. 转让人所在单位　　B. 专利权批准机构

C. 专利权受让者　　D. 专利权转让合同的保证人

10. 下列收入中免征营业税的有（　　）。

A. 公园收取的门票收入　　B. 文化馆开办少儿英语班收取的学费

C. 寺院出售纪念品的收入　　D. 残疾人福利机构提供殡葬服务收取的费用

11. 对邮电部门出售手提电话、寻呼机并为用户提供无线通信服务，其所得收入应按（　　）征税。

A. 服务业　　B. 邮电通信业　　C. 混合销售　　D. 兼营业务

12. 对于自建自售建筑物，营业税政策规定（　　）。

A. 不征税　　B. 按建筑业征税

C. 按销售不动产征税　　D. 既按销售不动产征税，又按建筑业征税

二、多项选择题

1. 下列各项中，属于营业税扣缴义务人的有（　　）。

A. 向境外联运企业支付运费的国内运输企业

B. 境外单位在境内发生应税行为而境内未设机构的，其代理人或购买者

C. 个人转让专利权的受让人

D. 分保险业务的初保人

2. 下列转让房屋产权的行为中，应纳营业税的有（　　）。

A. 销售商品房　　B. 交换私有住房

C. 单位将房产无偿赠送他人　　D. 个人将房产赠送亲属

3. 下列各项中，属于现行营业税适用税率的有（　　）。

A. 3%　　B. 5%　　C. 8%　　D. 5%~20%

4. 营业税纳税义务的确认，正确的是（　　）。

A. 纳税人自建建筑物后再出售，其纳税义务的确认，为其销售自建建筑物并收讫营业额或取得索取营业额凭据的当天

B. 纳税人将不动产无偿赠送他人，其纳税义务发生时间为不动产转移的当天

C. 纳税人转让土地使用权，采用预收款方式的，纳税义务发生时间为收到预收款的当天

D. 纳税人销售不动产，采用预收款方式的，纳税义务发生时间为收到预收款的当天

5. 下列有关营业税的特点，正确的有（　　）。

A. 按行业设计税目税率　　B. 征收面广、税负低

C. 营业税是价内税　　D. 营业税是中央税

6. 下列项目中，应由纳税人向其机构所在地主管税务机关申报缴纳营业税的是（　　）。

A. 销售不动产　　B. 跨省、自治区、直辖市承包工程

C. 经营运输业务　　D. 转让土地使用权

7. 营业税的扣缴义务人包括（　　）。

A. 委托金融机构发放贷款的，其应纳税款以受托发放贷款的金融机构为扣缴义务人

B. 建筑安装业实行转包的，其应纳税款以发包方为扣缴义务人

C. 个人转让著作权，其应纳税款以受让者为扣缴义务人

D. 歌舞团举行演出由他人售票，应纳税款以售票者为扣缴义务人

8. 对于邮电业务，不应征收营业税的有（　　）。

A. 集邮商品的生产与调拨　　B. 邮政部门销售集邮商品

C. 个人发行报刊　　D. 电信部门销售移动电话

9. 甲乙合作建房，甲以土地使用权换取乙的房屋所有权，则（　　）。

A. 甲按转让无形资产缴纳营业税　　B. 甲按销售不动产缴纳营业税

C. 乙按转让无形资产缴纳营业税　　D. 乙按销售不动产缴纳营业税

10. 企业按规定计提的营业税计入（　　）账户。

A. 营业税金及附加　　B. 其他业务成本

C. 固定资产清理　　D. 管理费用

11. 下列有关金融企业计税营业额的确定方法中，符合税法规定的是（　　）。

A. 一般贷款业务以利息收入全额为营业额

B. 有价证券买卖业务以卖出价为营业额

C. 外汇转贷业务以贷款利息收入减去利息支出后的余额为营业额

D. 外汇买卖业务以卖出价减去买入价后的余额为营业额

12. 下列行为中应缴纳营业税的有（　　）。

A. 企业将资金贷给其他企业使用的

B. 单位将不动产无偿赠与他人的

C. 单位将土地使用权转让给农业生产者用于农业生产的

D. 非金融机构买卖有价证券的

13. 营业额是纳税人向对方收取的全部价款和价外费用，其中价外费用包括（　　）。

A. 手续费　　B. 服务费　　C. 基金　　D. 集资费

14. 下列不属于营业税免税项目的有（　　）。

A. 每次收入50元以下　　B. 医疗机构取得的医疗服务收入

C. 个人转让专利权收入　　D. 高等学校开办的对外餐饮企业

15. 下列行为中只缴纳营业税的有（　　）。

A. 建材商场销售建材并从事装修、装饰业务　　B. 空调专卖店销售空调并负责安装

C. 与著作权和所有权一起转让的计算机软件　　D. 电话局为客户安装电话并销售电话机

三、判断题

1. 征收营业税的劳务不征收增值税，征收增值税的劳务不征收营业税。（　　）

2. 营业税的纳税人在从事应税劳务的同时，兼营货物或非应税劳务的，应分别核算、分别纳税。未分别核算或不能准确核算的，应一并征收营业税。（　　）

3. 营业税纳税人兼营不同税目的应税劳务，未分别核算营业额，按平均税率计税。（　　）

4. 单位和个人将不动产无偿赠与他人，因未取得收入，所以不征营业税。（　　）

5. 个人转让无形资产的，以受让人为营业税扣缴义务人。（　　）

6. 企业租赁或者承包给他人经营的，以出租人或发包人为营业税的纳税人。（　　）

7. 以无形资产、不动产投资入股，参与投资方的利润分配、共同承担投资风险的行为，不征营业税；投资后转让其股权的也不征收营业税。（　　）

8. 中国人民银行即中央银行，是管理金融机构的机关，所以中国人民银行对金融机构及企业的贷款或委托金融机构发放的贷款一律不征营业税。（　　）

9. 某纳税人销售不动产，1月份收取定金，5月份收取全部价款。所以5月份为纳税义务发生时间，应在5月份计算缴纳营业税。（　　）

10. 对营业税纳税人销售某项不动产价格明显偏低而又没有正当理由的，税务机关首先应按纳税人当月销售的同类不动产的平均价格核定其营业额。（　　）

11. 营业税的计税营业额，只包括纳税人提供的应税劳务、转让无形资产或者销售不动产向对方收取的全部价款。（　　）

12. 金融机构从事外汇、有价证券等买卖业务，以卖出价减去买入价后的余额为营业额。（　　）

13. 纳税人承包的工程跨省、自治区、直辖市的，应在工程所在地缴纳营业税。（　　）

14. 融资租赁也是一种租赁业务，所以应按租赁费全额计征营业税。（　　）

15. 营业税暂行条例规定，单位自己新建建筑物后销售，其自建行为视同提供应税劳务缴纳营业税。（　　）

四、业务题

1. （1）华兴饭庄是集住宿、饮食、卡拉OK歌舞厅、旅游为一体的服务企业。8月份营业收入分别为：客房收入600万元，餐饮收入135万元，歌舞厅收入50万元（歌舞厅营业税税率为14%），

预收的旅游费用 70 万元，组织出国旅游支付给境外旅行社接团费 30 万元。该旅游团本月底回国解体。

（2）该饭庄于本月 10 日出售一处附属建筑物，原价 500 万元，已使用 10 年，提取折旧费 100 万元，出售价格为 450 万元。

（3）该饭庄于本月 25 日将一食品制作专利出售，收入 40 万元，原购买时花费 30 万元，此专利尚未开始摊销。

要求：根据资料，计算该饭庄应纳营业税额，并做出相应的会计分录。

2. 某旅行社 5 月份的全部营业收入为 1 000 万元，其代付的门票住宿等各项费用为 200 万元。

要求：根据资料，计算该旅行社 5 月份应纳营业税额，并做出相应的会计分录。

3. 某建筑工程公司 4 月份有关资料如下。

（1）当月承包工程取得主营业务收入 390 万元，其中包括应支付给某工程队的分包工程价款 30 万元。

（2）建筑公司提供工程用材料 32 万元。

（3）取得其他业务收入共 13 万元，其中机械作业收入为 3 万元、无形资产使用权转让收入 10 万元。

要求：根据所给条件做出该建筑公司上述业务的会计分录（按照规定，该公司的纳税期限为一个月）。

4. 某房地产开发公司预售商品房一批，收到预收房款 600 万（按总售价 1 000 万元的 60%一次性收取），余款在交付商品房时结算。

要求：计算该公司应交营业税，并做相应的会计分录。

5. 某银行分理处 2013 年第一季度利息收入 50 万元，转贷业务利息收入 20 万元，转贷业务利息支出 8.8 万元，手续费收入 7 万元，受某企业委托进行贷款，本季度收取贷款利息收入 6.4 万元。

要求：根据资料，计算该分理处第一季度应纳营业税额，并做出相应的会计分录。

☞知识拓展阅读

营改增再扩张减税效应放大　2013 年将减负 1200 亿

4 月 19 日召开的国务院常务会议决定进一步扩大营业税改征增值税（下称“营改增”）试点。自今年 8 月 1 日起，将交通运输业和部分现代服务业“营改增”试点在全国范围内推开，并择机将铁路运输和邮电通信等行业纳入“营改增”试点。

国务院总理李克强要求，各地区、各有关部门要认真总结试点经验，完善改革试点方案，确保试点平稳有序推进。

本次从范围和行业两方面扩大试点，这对企业来说无疑是一个利好消息。此外，试点范围的扩大或可打破此前“营改增”试点中遇到的一些局限。

国家信息中心预测部主任、首席经济学家祝宝良对《中国经济周刊》表示：“中国正处于加快转变经济发展方式、调整经济结构的重要时期，大力发展第三产业，尤其是现代服务业，对稳增长和调结构具有重要意义。将营业税改征增值税，可以消除重复征税、降低企业税收成本，增强企业发展能力。”

他认为，将交通运输业和部分现代服务业“营改增”试点在全国范围内推开，有利于企业减轻负担，也可以让国家更好地总结试点经验，完善“营改增”机制。

2013 年“营改增”将减负 1200 亿

中国的“营改增”试点诞生于 2012 年 1 月，上海成为第一个试点城市。6 个月后，时任国务院总理温家宝要求，自 2012 年 8 月 1 日起至年底，将交通运输业和部分现代服务业营业税改征增值税试点范围，由上海市分批扩大至北京、天津、江苏、浙江、安徽、福建、湖北、广东、厦门和深圳 10 个省市。经过半年左右的试验，各试点地区的绝大多数企业都尝到了“营改增”的甜头。

以经济强省江苏为例，从 2012 年 10 月 1 日开始实施“营改增”5 个月以来，江苏减税 50.2 亿元，试点纳税人的减税面达 96.3%。其中，试点纳税人减税 21.6 亿元，非试点的增值税一般纳税人购进试点服务减税 28.6 亿元。

开始试点以来，江苏已有 16.7 万户纳税人经确认纳入试点范围。改革实施 5 个月以来，试点小规模纳税人税收下降幅度达 36.1%，试点一般纳税人增值税税负率为 3.0%，比缴纳营业税降低了 1%。

分行业看，江苏的制造业减税幅度最大。据统计，试点 5 个月来，江苏省增值税一般纳税人接受试点纳税人开具的专用发票增值税抵扣 76.2 亿元，批发业、装卸搬运和运输代理业、化学原料和化学制品制造业等 10 个行业增值税抵扣额居前，增值税抵扣税额 45.6 亿元，占增值税抵扣总额的 59.8%。这 10 个行业中，制造业占据 6 席，增值税抵扣额 16.2 亿元，占增值税抵扣总额的 21.2%，减税最明显、受益最大。

在上海，一位从事物流辅助行业的老板告诉《中国经济周刊》：“上海开始试点后，我们缴纳的增值税只要 3%，而试点前缴纳的营业税则是 5%。我们一年销售额还不到 50 万元，能减少税负我们很满意。”这位负责人给记者算了一笔账，如果按照 50 万销售额计算的话，试点前需缴纳营业税 2.5 万元，而改增值税则缴 1.5 万元，为企业节省了 1 万元的税负。

来自财政部的数据显示，2012 年我国纳入营改增试点范围的纳税人超过 100 万户，试点地区共为企业直接减税 426.3 亿元。据测算，此次进一步扩大“营改增”试点，2013 年企业将减轻负担约 1200 亿元。

突破行业、地区局限　延伸抵扣链条

“营改增”试点的不断扩大，不仅对企业带来减负利好，或还将推动试点地区破解各种局限。

最近上海市政府在对外介绍“营改增”成效的时候表示，2012 年以来，上海成功实现了“1+6”试点行业（“1”即交通运输业；“6”即现代服务业的 6 个行业）从原营业税税制向增值税税制的顺利转换，将增值税征收范围覆盖到了试点行业所有的货物和劳务。截至 2013 年 2 月底，该市共有 16.4 万户企业纳入了“营改增”试点范围。从试点至今，上海区域内合计减税约 200 亿元。

但是在试点过程中，一些行业、区域方面的局限性也表露无遗。

上海市副市长屠光绍对媒体表示，上海在试行“营改增”过程中也发现了比较突出的主要问题：

一是改革试点的“行业局限”成为部分现代服务业试点企业税负有所增加的主要原因。“1+6”行业的抵扣链条不完整，抵扣项目较少，使得部分现代服务业试点企业因此出现了税负有所增加的情况。

二是改革试点的“地区局限”成为部分交通运输业试点企业税负增加较多的重要因素。交通运输业企业大多具有跨省市经营的特点。实行“营改增”后，交通运输业试点企业购买外省市物流辅助服务等业务，因兄弟省市未纳入试点范围，其物流辅助服务企业不能开具增值税专用发票，使得试点企业增值税的进项抵扣链条不完整，导致部分试点企业税负增加较为明显。

而随着“营改增”试点 2013 年 8 月 1 日在全国推广，铁路运输和邮电通信等行业纳入试点行业范围，相关局限与问题或可得以解决。

屠光绍认为，随着“营改增”试点地区和试点行业范围的进一步扩大，增值税的抵扣链条将逐步在全国范围内打通和延伸，实现增值税更全面、更充分的进项抵扣，使税制改革和结构性减税效应进一步传导、扩大至全国范围，这无疑将为我国和上海现代服务业的加快发展提供更加完善的税制保障，产生更大的联动放大效应。

上海市政府表示，下一步将按照国家关于择机将邮电通信等行业纳入“营改增”试点范围的统一部署，进一步加强对邮电通信等行业纳入“营改增”试点范围的测算分析和预案研究。同时跟踪研究试点企业及行业税负变动趋势，密切关注试点过程中出现的新情况、新问题，着力从税制上研究完善相关政策措施，更加注重构建有利于促进完善“营改增”试点政策的长效机制。

中国社科院财经战略研究院税收研究室主任张斌认为，“营改增”是税收制度本身完善之需。此外，“营改增”改革在当下这一时点得以推进，短期而言会对稳增长、扭转宏观经济下行产生周期性效应，长期则能降低企业税负，利好中国经济结构调整。

（资料来源：中国经济周刊，2013 年 04 月 23 日，记者：孙维晨）

第 7 章

企业所得税会计

【学习目标】 通过本章学习，了解企业所得税的纳税人、征收范围、税率、减免税及纳税申报过程，掌握企业所得税的计算及会计处理方法。

【重点难点】 本章重点内容包括应税所得额的确定、应纳所得税的计算以及资产负债表债务法下所得税的会计处理；难点为应税所得额的确定及资产负债表债务法下所得税的会计处理。

7.1 企业所得税概述

7.1.1 企业所得税的概念及特点

企业所得税是对我国境内企业和其他取得收入的组织的生产经营所得和其他所得所征收的一种税收，是国家参与企业利润分配的重要手段。现行企业所得税法的基本规范是 2007 年 3 月 16 日第十届全国人民代表大会第五次全体会议通过的《中华人民共和国企业所得税法》和 2007 年 11 月 28 日国务院第 197 次常务会议通过的《中华人民共和国企业所得税实施条例》，两者均于 2008 年 1 月 1 日起施行。

企业所得税是规范和处理国家与企业分配关系的重要形式，具有与商品劳务税不同的性质，其特点主要包括以下 4 方面。

（1）将企业划分为居民企业和非居民企业

现行企业所得税将企业划分为居民企业和非居民企业两大类。居民企业负无限纳税义务，即来源于我国境内、境外的所得都要向中国政府缴纳所得税。非居民企业负有限纳税义务，即中国境内的所得向中国政府缴纳所得税。

（2）征税对象为应纳税所得额

企业所得税以应纳税所得额为课税对象，应纳税所得额是按照企业所得税法规的规定，为企业在一个纳税年度内的应税收入总额扣除各项成本、费用、税金和损失后的余额，而不是依据会计制度的规定计算出来的利润总额。

（3）征税以量能负担为原则

企业所得税以企业的生产、经营所得和其他所得为征税对象，所得多的多缴税，所得少的少缴税，没有所得的不缴税，充分体现税收的公平负担原则，而不是像流转税那样只要取得收入就应缴税，不管赢利还是亏损。

（4）实行按年计征、分期预缴的办法

企业所得税以企业一个纳税年度的应纳税所得额为计税依据，平时分月或分季预缴，年度终了后进行汇算清缴，多退少补。

7.1.2 纳税义务人

企业所得税的纳税义务人是指在中华人民共和国境内的企业和其他取得收入的组织（以下统称企业）。个人独资企业、合伙企业不征收企业所得税，而征收个人所得税。

按照地域管辖权和居民管辖权的双重管辖权标准，我国将企业所得税的纳税人分为居民企业和非居民企业，这是确定纳税人是否负有全面纳税义务的标准。

（1）居民企业

居民企业是指依法在中国境内成立，或者依照外国（地区）法律成立但实际管理机构在中国境内的企业。其中，实际管理机构是指对企业的生产经营、人员、账务、财产等实施实质性全面管理和控制的机构。

居民企业具体包括国有企业、集体企业、私营企业、联营企业、股份制企业、外商投资企业、外国企业，以及有生产、经营所得和其他所得的其他组织。其中，有生产、经营所得和其他所得的其他组织是指经国家有关部门批准，依法注册、登记的事业单位、社会团体等组织。

（2）非居民企业

非居民企业是指依照外国（地区）法律成立且实际管理机构不在中国境内，但在中国境内设立机构、场所的，或者在中国境内未设立机构、场所，但有来源于中国境内所得的企业。

上述所称机构、场所是指在中国境内从事生产经营活动的机构、场所，包括：① 管理机构、营业机构、办事机构；② 工厂、农场、开采自然资源的场所；③ 提供劳务的场所；④ 从事建筑、安装、装配、修理、勘探等工程作业的场所；⑤ 其他从事生产经营活动的机构、场所。

非居民企业委托营业代理人在中国境内从事生产经营活动的，包括委托单位或者个人经常代其签订合同，或者存储、交付货物等，该营业代理人视为非居民企业在中国境内设立的机构、场所。

7.1.3 征税对象

企业所得税的征税对象是指企业的生产经营所得、其他所得和清算所得。

（1）居民企业的征税对象

居民企业应就来源于中国境内、境外的所得作为征税对象。所得，包括销售货物所得、提供劳务所得、转让财产所得、股息红利等权益性投资所得，以及利息所得、租金所得、特许权使用费所得、接受捐赠所得和其他所得。

（2）非居民企业的征税对象

非居民企业在中国境内设立机构、场所的，应当就其所设机构、场所取得的来源于中国境内的所得，以及发生在中国境外但与其所设机构、场所有实际联系的所得，缴纳企业所得税，非居民企业在中国境内未设立机构、场所的，或者虽设立机构、场所但取得的所得与其所设机构、场所没有实际联系的，应当就其来源于中国境内的所得缴纳企业所得税。

上述所称实际联系，是指非居民企业在中国境内设立的机构、场所拥有据以取得所得的股权、债权，以及拥有、管理、控制据以取得所得的财产。

小资料：中西方“所得”的不同学说

中西方学者对“所得”有不同的见解，由此形成不同的所得税税基，主要的代表性学说如下。

源泉说：认为具有连续性、规则性来源的收入才是所得，而一时性和偶发性所得，因其来源没有规律性，故不应对其征税。依据这种学说，资本利得和损失不应计入所得征税。英国所得税制就是依据这种学说。

净资产增加说：认为“所得”是在一定时间内净资产的增加，包括收益和利润，具有代表性税制是美国所得税。

交易说：认为“所得”是实现交易的收入扣除为取得收入所发生的成本费用后的余额，我国企业所得税税基的主要部分是与这一学说一致的。

（3）所得来源的确定

不同种类所得，是来源于境内还是境外，应按以下原则划分。

① 销售货物所得：按照交易活动的发生地确定。

② 提供劳务所得：按照劳务发生地确定。

③ 转让财产所得：不动产转让所得按照不动产所在地确定；动产转让所得按照转让动产的企业或者机构、场所所在地确定；权益性投资资产转让所得按照被投资企业所在地确定。

④ 股息、红利权益性投资所得：按分配所得的企业所在地确定。

⑤ 利息所得、租金所得、特许权使用费所得：按照实际负担或支付所得的企业或机构、场所所在地确定。

⑥ 其他所得：由国务院财政、税务主管部门确定。

7.1.4 税目与税率

企业所得税实行比例税率，现行规定如下。

① 基本税率为 25%，适用于居民企业和在中国境内设有机构、场所且所得与机构、场所有关联的非居民企业。

② 低税率为 20%，适用于在中国境内未设立机构、场所的，或者虽设立机构、场所但取得的所得与其所设机构、场所没有实际联系的非居民企业，但实际征税时适用 10%的税率。

7.1.5 税收优惠

税收优惠，是指国家运用税收政策在税收法律、行政法规中规定对某一部分特定企业和课税对象给予减轻或免除税收负担的一种措施，是税法原则性和灵活性相结合的体现，是发挥税收特殊调节作用的重要手段。2008 年 1 月 1 日起，我国企业所得税的减免税优惠政策主要有以下 6 方面。

1. 促进技术创新和科技进步

① 国家对需要重点扶持和鼓励发展的产业和项目，给予企业所得税优惠，其中，对国家需要重点扶持的高新技术企业，减按 15%的所得税税率征收企业所得税。

② 企业为开发新技术、新产品、新工艺发生的研究开发费用，未形成无形资产计入当期损益

的，在按照规定据实扣除的基础上，按照研究开发费用的50%加计扣除；形成无形资产的，按照无形资产成本的150%摊销。

③ 创业投资企业采取股权投资方式投资于未上市的中小高新技术企业2年以上（含2年）的，凡符合下列条件的，可以按照其投资额的70%在股权持有满2年的当年抵扣该创业投资企业的应纳税所得额，当年不足抵扣的，可以在以后纳税年度结转抵扣：

⊙ 创业投资企业投资的中小高新技术企业职工人数不超过500人，年销售额不超过2亿元，资产总额不超过2亿元。

⊙ 创业投资企业申请投资抵扣应纳税所得额时，所投资的中小高新技术企业当年用于高新技术及其产品研究开发经费须占本企业销售额的5%以上（含5%），技术性收入与高新技术产品销售收入的合计须占本企业当年总收入的60%以上（含60%）。

④ 企业的固定资产由于技术进步等原因，确需加速折旧的，可以缩短折旧年限或者采取加速折旧的方法。可采用以上折旧方法的固定资产是指：由于技术进步，产品更新换代较快的固定资产；常年处于强震动、高腐蚀状态的固定资产。

采取缩短折旧年限方法的，最低折旧年限不得低于规定折旧年限的60%；采取加速折旧方法的，可以采取双倍余额递减法或者年数总和法。

⑤ 对符合条件的技术转让所得免征、减征企业所得税。具体是指一个纳税年度内，居民企业转让技术所有权所得不超过500万元的部分，免征企业所得税；超过500万元的部分，减半征收企业所得税。

2. 鼓励基础设施建设

企业从事国家重点扶持的公共基础设施项目的投资经营的所得，自项目取得第一笔生产经营收入所属纳税年度起，第一年至第三年免征企业所得税，第四年至第六年减半征收企业所得税。企业所得税法所称国家重点扶持的公共基础设施项目，是指《公共基础设施项目企业所得税优惠目录》规定的港口码头、机场、铁路、公路、电力、水利等项目。

3. 鼓励农业发展及环境保护与节能

（1）企业从事农、林、牧、渔业项目的所得，可以免征、减征企业所得税

具体包括如下：

① 企业从事下列项目的所得，免征企业所得税：

⊙ 蔬菜、谷物、薯类、油料、豆类、棉花、麻类、糖料、水果、坚果的种植。

⊙ 农作物新品种的选育。

⊙ 中药材的种植。

⊙ 林木的培育和种植。

⊙ 牲畜、家禽的饲养。

⊙ 林产品的采集。

⊙ 灌溉、农产品初加工、兽医、农技推广、农机作业和维修等农、林、牧、渔服务业项目；

⊙ 远洋捕捞。

② 企业从事下列项目的所得，减半征收企业所得税：

⊙ 花卉、茶以及其他饮料作物和香料作物的种植。

⊙ 海水养殖、内陆养殖。

（2）企业从事符合条件的环境保护、节能节水项目的所得，自项目取得第一笔生产经营收入所

属纳税年度起，第一年至第三年免征企业所得税，第四年至第六年减半征收企业所得税。

符合条件的环境保护、节能节水项目，包括公共污水处理、公共垃圾处理、沼气综合开发利用、节能减排技术改造、海水淡化等。项目的具体条件和范围由国家财政、税务主管部门同国务院有关部门制定，报国务院批准后公布施行。

③ 企业综合利用资源，生产符合国家产业政策规定的产品所取得的收入，可以在计算应纳税所得额时减计收入。

④ 企业购置并实际使用《环境保护专用设备企业所得税优惠目录》、《节能节水专用设备企业所得税优惠目录》和《安全生产专用设备企业所得税优惠目录》规定的环境保护、节能节水、安全生产等专用设备的，该专用设备的投资额的10%可以从企业当年的应纳税额中抵免；当年不足抵免的，可以在以后5个纳税年度结转抵免。

4. 促进公益事业和照顾弱势群体

① 企业安置残疾人员的，在按照支付给残疾职工工资据实扣除的基础上，按照支付给残疾职工工资的100%加计扣除。残疾人员的范围适用《中华人民共和国残疾人保障法》的有关规定。企业安置国家鼓励安置的其他就业人员所支付的工资的加计扣除办法，由国务院另行规定。

② 民族自治地方的自治机关对本民族自治地方的企业应缴纳的企业所得税中属于地方分享的部分，可以决定减征或者免征。自治州、自治县决定减征或者免征的，须报省、自治区、直辖市人民政府批准。

对民族自治地方内国家限制和禁止行业的企业，不得减征或者免征企业所得税。

③ 对设在西部地区（包括重庆市、四川省、贵州省、云南省、西藏自治区、陕西省、甘肃省、宁夏回族自治区、青海省、新疆维吾尔自治区、新疆生产建设兵团、内蒙古自治区和广西壮族自治区。湖南省湘西土家族苗族自治州、湖北省恩施土家族苗族自治州、吉林省延边朝鲜族自治州，可以比照西部地区执行），以国家鼓励类产业项目为主营业务，且其当年的主营业务收入占企业总收入70%以上的企业，实行企业自行申请，税务机关审核的管理办法，经税务机关审核确认后，在2001－2010年期间，减按15%的所得税税率征收企业所得税。

对在西部地区新办交通、电力、水利、邮政、广播电视企业，上述项目业务收入占企业总收入70%以上的，可以享受企业所得税如下优惠政策：内资企业自开始生产经营之日起，第一年至第二年免征企业所得税，第三年至第五年减半征收企业所得税。

上述企业同时符合本规定条件的，第三年至第五年减半征收所得时，按15%所得税税率计算出应纳所得税额后减半执行。

④ 小型微利企业减按20%的所得税税率征收企业所得税。小型微利企业的条件如下：

- 工业企业，年度应纳税所得额不超过30万元，从业人数不超过100人，资产总额不超过3 000万元。
- 其他企业，年度应纳税所得额不超过30万元，从业人数不超过80人，资产总额不超过1 000万元。

5. 特殊企业

（1）非居民企业减按10%的所得税税率征收企业所得税。非居民企业取得下列所得，免征企业所得税：

- 外国政府向中国政府提供贷款取得的利息所得。
- 国际金融组织向中国政府和居民企业提供优惠贷款取得的利息所得。
- 经国务院批准的其他所得。

（2）创投企业

创业投资企业采取股权投资方式投资于未上市的中小高新技术企业2年以上的，可以按照其投资额的70%在股权持有满2年的当年抵扣该创业投资企业的应纳税所得额；当年不足抵扣的，可以在以后纳税年度结转抵扣。

6. 特殊行业优惠

（1）软件产业和集成电路产业

① 软件企业实行增值税即征即退政策所退还的税款，由企业专项用于软件产品研发和扩大再生产并单独进行核算，可作为不征税收入，不予征收企业所得税。

② 我国境内新办集成电路设计企业和符合条件的软件企业，经认定后，在2017年12月31日前自获利年度起，第一年至第二年免征企业所得税，第三年至第五年按25%的法定税率减半征收企业所得税。

③ 国家规划布局内的重点软件企业和集成电路设计企业，如当年未享受免税优惠，可减按10%的税率征收企业所得税。

④ 集成电路设计企业和符合条件的软件企业的职工培训费用，按实际发生额在计算应纳税所得额时扣除。

⑤ 集成电路设计企业和符合条件的软件企业外购的软件，凡符合固定资产或无形资产确认条件的，可按固定资产或无形资产进行核算，其折旧或摊销年限可以适当缩短，最短可为2年。

⑥ 集成电路生产企业的生产设备，其折旧年限可以适当缩短，最短可为3年。

⑦ 集成电路线宽小于0.25微米或投资额超过80亿元的集成电路生产企业，减按15%税率征收所得税。其中，经营期在15年以上的，自获利年度起，第一年至第五年免征企业所得税，第六年至第十年减半征收企业所得税。

⑧ 生产线宽不超过0.8微米（含）的集成电路产品的生产企业，经认定后，自获利年度起，第一年至第二年免征企业所得税，第三年至第五年减半征收企业所得税。

（2）证券投资基金

① 对证券投资基金从证券市场中取得的收入，包括买卖股票、债券的差价收入，股权的股息、红利收入，债券的利息收入及其他收入，暂不征收企业所得税。

② 对投资者从证券投资基金分配中取得的收入，暂不征收企业所得税。

③ 对证券投资基金管理人运用基金买卖股票、债券的差价收入，暂不征收企业所得税。

（3）节能服务公司

自2011年1月1日起，对符合条件的节能服务公司实施合同能源管理项目，符合企业所得税税法有关规定的，自项目取得第一笔生产经营收入所属纳税年度起，第一年至第三年免征企业所得税，第四年至第六年按照25%的法定税率减半征收企业所得税。

本条所称“符合条件”是指同时满足以下条件：

① 具有独立法人资格，注册资金不低于100万元，且能够单独提供用能状况诊断、节能项目设计、融资、改造（包括施工、设备安装、调试、验收等）、运行管理、人员培训等服务的专业化节能服务公司。

② 服务公司实施合同能源管理项目相关技术应符合国家质量监督检验检疫总局和国家标准化管理委员会发布的《合同能源管理技术通则》（GB/T24915—2010）规定的技术要求。

③ 节能服务公司与用能企业签订《节能效益分享型》合同，其合同格式和内容，符合《合同法》和国家质量监督检验检疫总局和国家标准化管理委员会发布的《合同能源管理技术通则》

（GB/T24915—2010）等规定。

④ 节能服务公司实施合同能源管理的项目符合《财政部 国家税务总局国家发展改革委关于公布环境保护节能节水项目企业所得税优惠目录（试行）的通知》（财税〔2009〕166号）“4、节能减排技术改造”类中第一项至第八项规定的项目和条件。

⑤ 节能服务公司投资额不低于实施合同能源管理项目投资总额的70%。

⑥ 节能服务公司拥有匹配的专职技术人员和合同能源管理人才，具有保障项目顺利实施和稳定运行的能力。

⑦ 如果一个企业符合上述两项或几项减免税优惠政策条件的，可以选择其中一项最优惠的政策执行，不能两项或几项优惠政策累加执行。

⑧ 为了新、旧企业所得税法规的顺利衔接，新企业所得税法规做了明确的过渡规定：即新企业所得税法公布前（2007年3月16日）已经批准设立（已经完成工商登记注册）的企业，依照当时的税收法律、行政法规规定，享受低税率优惠的，按照国务院规定，可以在企业所得税法施行后5年内，逐步过渡到新企业所得税法规定的税率；享受定期减免税优惠的，按照国务院规定，可以在企业所得税法施行后继续享受到期满为止，但因未获利而尚未享受优惠的，优惠期限从企业所得税法施行年度起计算。

⑨ 享受企业所得税过渡优惠政策的企业，应按照新税法和实施条例中有关收入和扣除的规定计算应纳税所得额。

⑩ 企业所得税过渡优惠政策与新税法及《实施条例》规定的优惠政策存在交叉的，由企业选择最优惠的政策执行，不得叠加享受，且一经选择，不得改变。

纳税人申请减免税，必须向主管税务机关提供如下书面资料：

- 减免税申请报告，包括减免税的依据、范围、年限、金额、企业的基本情况等。
- 纳税人的财务会计报表。
- 工商执照和税务登记证的复印件。
- 根据不同的减免税项目，税务机关要求提供的其他材料。
- 减免税受理的截止日期为年度终了后2个月内，逾期税务机关不再办理减免税申请。

7.2 企业所得税的计算与申报

7.2.1 居民企业应纳税所得额的计算

企业所得税的征收方式包括核算征收和核定征收两种。核算征收是指纳税人自行申报，税务机关查账核准征收的方式；核定征收是指由于纳税人的会计账簿不健全，资料残缺难以查账，或者其他原因难以准确地确定纳税人应纳税额时，由税务机关采用合理的方法依法核定纳税人应纳税款的一种征收方式。不同方式下，应税所得额的计算方法不同。按照企业所得税法的规定，对于核算征收应纳税额的居民企业，应纳税所得额为企业每一个纳税年度的收入总额，减除不征税收入、免税收入、各项扣除以及允许弥补的以前年度亏损后的余额。计算公式为：

应纳税所得额=收入总额 - 不征税收入 - 免税收入 - 各项扣除 - 以前年度亏损

在实际中，应纳税所得额也可采用间接计算法来计算。在间接计算法下，在会计利润总额的基础上加或减按照税法规定调整的项目金额后，即为应纳税所得额。计算公式为：

应纳税所得额 = 利润总额 + 纳税调整增加额 - 纳税调整减少额

纳税调整项目金额包括两方面的含义：一是指纳税人的财务会计处理和税收规定不一致时，予以调整的金额；二是纳税人按税法规定予以调增或调减的税收金额。税收调整项目金额可通过“企业所得税纳税调整项目表”进行归集和计算，将计算出的税收调整项目金额与利润总额相加（减），即可求得应纳税所得额。

国家税法规定，纳税人在计算应纳税所得额时，其财务会计处理办法同国家有关税收的规定有抵触的，应当依照国家有关税收的规定计算纳税。

1. 收入总额的确定

企业的收入总额包括以货币形式和非货币形式从各种来源取得的收入，具体包括销售货物收入、提供劳务收入、转让财产收入、股息、红利等权益性投资收益、利息收入、租金收入、特许权使用费收入、接受捐赠收入、其他收入等。

（1）一般收入的确认

① 销售货物收入，是指企业销售商品、产品、原材料、包装物、低值易耗品及其他存货取得的收入。

② 劳务收入，是指企业从事建筑安装、修理修配、交通运输、仓储租赁、金融保险、邮电通信、咨询经纪、文化体育、科学研究、技术服务、教育培训、餐饮住宿、中介代理、卫生保健、社区服务、旅游、娱乐、加工及其他劳务服务活动取得的收入。

③ 财产转让收入，是指企业转让固定资产、生物资产、无形资产、股权、债权等财产取得的收入。

④ 股息、红利等权益性投资收益，是指企业因权益性投资从被投资方取得的收入。股息、红利等权益性投资收益，除国务院财政、税务主管部门另有规定外，按照被投资方做出利润分配决定的日期确认收入的实现。

⑤ 利息收入，是指企业将资金提供他人使用但不构成权益性投资，或者因他人占用企业资金取得的收入，包括存款利息、贷款利息、债券利息、欠款利息等收入。利息收入，按照合同约定的债务人应付利息的日期确认收入的实现。

⑥ 租金收入，是指企业提供固定资产、包装物或者其他有形财产的使用权取得的收入。租金收入，按照合同约定的承租人应付租金的日期确认收入的实现。

⑦ 特许权使用费收入，是指企业提供专利权、非专利技术、商标权、著作权及其他特许权的使用权而取得的收入。特许权使用费收入，按照合同约定的特许权使用人应付特许权使用费的日期确认收入的实现。

⑧ 接受捐赠收入，是指企业接受的来自其他企业、组织或者个人无偿给予的货币性资产、非货币性资产。接受捐赠收入，按照实际收到的捐赠资产的日期确认收入的实现。

⑨ 其他收入，是指企业取得的除以上收入外的其他收入，包括企业资产溢余收入、逾期未退包装物押金收入、确实无法偿付的应付款项、已做坏账损失处理后又收回的应收款项、债务重组收入、补贴收入、违约金收入、汇兑收益等。

（2）特殊收入的确认

① 以分期收款方式销售商品的，可以按合同约定的购买人应付货款的日期确定销售收入的实现。

② 企业受托加工制造为大型机械设备、船舶、飞机以及从事建筑、安装、装配工程和提供劳务，持续时间超过12个月的，可以按纳税年度内完成进度或完成的工作量确定收入的实现。

③ 采取产品分成方式取得收入的，按照企业分得产品的日期确认收入的实现，其收入额按照产品的公允价值确定。

④ 企业发生非货币性资产交换，以及将货物、财产、劳务用于捐赠、偿债、赞助、集资、广告、样品、职工福利或者利润分配等用途的，应当视同销售货物、转让财产或者提供劳务，但国务院财政、税务主管部门另有规定的除外。

（3）处置资产收入的确认

① 企业发生下列情形的处置资产，除将资产转移至境外以外，由于资产所有权属在形式和实质上均不发生改变，可作为内部处置资产，不视同销售确认收入，相关资产的计税基础延续计算。

⊙ 将资产用于生产、制造、加工另一产品。

⊙ 改变资产形状、结构或性能。

⊙ 改变资产用途（如自建商品房转为自用或经营）。

⊙ 将资产在总机构及其分支机构之间转移。

⊙ 上述两种或两种以上情形的混合。

⊙ 其他不改变资产所有权属的用途。

② 企业将资产移送他人的下列情形，因资产所有权属已发生改变而不属于内部处置资产，应按规定视同销售确定收入。

⊙ 用于市场推广或销售。

⊙ 用于交际应酬。

⊙ 用于职工奖励或福利。

⊙ 用于股息分配。

⊙ 用于对外捐赠。

⊙ 其他改变资产所有权属的用途。

③ 企业发生本通知第二条规定情形时，属于企业自制的资产，应按企业同类资产同期对外销售价格确定销售收入；属于外购的资产，可按购入时的价格确定销售收入。

（4）企业转让上市公司限售股有关所得税的处理

① 纳税义务人的范围界定问题

根据企业所得税法第一条及其实施条例第三条的规定，转让限售股取得收入的企业（包括事业单位、社会团体、民办非企业单位等），为企业所得税的纳税义务人。

② 企业转让代个人持有的限售股征税问题

因股权分置改革造成原由个人出资而由企业代持有的限售股，企业在转让时按以下规定处理：

⊙ 企业转让上述限售股取得的收入，应作为企业应税收入计算纳税。

上述限售股转让收入扣除限售股原值和合理税费后的余额为该限售股转让所得。企业未能提供完整、真实的限售股原值凭证，不能准确计算该限售股原值的，主管税务机关一律按该限售股转让收入的15%，核定为该限售股原值和合理税费。

依照本条规定完成纳税义务后的限售股转让收入余额转付给实际所有人时不再纳税。

⊙ 依法院判决、裁定等原因，通过证券登记结算公司，企业将其代持的个人限售股直接变更到实际所有人名下的，不视同转让限售股。

③ 企业在限售股解禁前转让限售股征税问题

企业在限售股解禁前将其持有的限售股转让给其他企业或个人（以下简称受让方），其企业所得税问题按以下规定处理：

⊙ 企业应按减持在证券登记结算机构登记的限售股取得的全部收入，计入企业当年度应税收入计算纳税。

⊙ 企业持有的限售股在解禁前已签订协议转让给受让方，但未变更股权登记、仍由企业持有的，企业实际减持该限售股取得的收入，依照本条第一项规定纳税后，其余额转付给受让方的，受让方不再纳税。

（5）相关收入实现的确认

① 企业销售商品同时满足以下条件的，应确认收入的实现：

⊙ 商品销售合同已经签订，企业已将商品所有权相关的主要风险和报酬转移给购货方。

⊙ 企业对已售出的商品既没有保留通常与所有权相联系的继续管理权，也没有实施有效控制。

⊙ 收入的金额能够可靠计量。

⊙ 已发生或将发生的销售方成本能够可靠地核算。

② 符合上述收入确认条件，采取下列商品销售方式的，应按以下规定确认收入实现时间：

⊙ 销售商品采用托收承付方式的，在办妥托收手续时确认收入。

⊙ 销售商品采取预收款方式的，在发出商品时确认收。

⊙ 销售商品需要安装和检验的，在购买接受商品以及安装和检验完毕时确认收入。

⊙ 销售商品采用支付手续费方式委托代销的，在收到代销清单时确认收入。

③ 采用售后回购方式销售商品的，销售的商品按售价确认收入，回购的商品作为刚进商品处理。

④ 销售商品以旧换新的，销售商品应当按照销售商品收入确认条件确认收入，回收的商品作为刚进商品处理。

⑤ 企业为促进商品的销售而在商品价格上给予的价格扣除属于商业折扣，商品销售涉及商业折扣的，应当按照扣除商业折扣后的金额确定销售商品收入金额。

现金折扣：按扣除现金折扣前的金额确定销售商品收入金额，现金折扣在实际发生时计入财务费用。

销售折让：企业已确认销售收入的售出商品发生销售折让和销售退回，应当在发生当期冲减当期销售商品收入。

⑥ 企业在各个纳税期末，提供劳务交易的结果能够可靠估计的，应采用完工进度（完工百分比）法确认提供劳务收入。

⑦ 企业以买一赠一等方式组合销售本企业商品的，不属于捐赠，应将总的销售金额按各项商品的公允价值的比例来分摊各项的销售收入。

⑧ 企业取得财产（包括各类资产、股权、债权等）转让收入、债务重组收入、接受捐赠收入、无法偿付的应付款收入等，不论是以货币形式、还是非货币形式体现，除另有规定外，均应一次性计入确认收入的年度计算缴纳企业所得税。

（6）不征税收入和免税收入

① 不征税收入。不征税收入主要包括：财政拨款、依法收取并纳入财政管理的行政事业性收费和政府性基金以及国务院规定的其他不征税收入。

② 免税收入。

⊙ 国债利息收入。为鼓励企业积极购买国债，支援国家建设项目，税法规定，企业因购买国债所得的利息收入，免征企业所得税。企业转让国债，应作为转让财产，其取得的收益（损失）应作为企业应纳税所得额计算纳税。

企业转让或到期兑付国债取得的价款，减除其购买国债成本，并扣除其持有期间按照本公告第一条计算的国债利息收入以及交易过程中相关税费后的余额，为企业转让国债收益（损失）。

- ⊙ 符合条件的居民企业之间的股息、红利等权益性收益。居民企业直接投资于其他居民企业取得的投资收益，在被投资方已缴纳企业所得税，且投资方与被投资方企业所得税税率相同的情况下，不再计入应纳税所得额。
- ⊙ 在中国境内设立机构、场所的非居民企业从居民企业取得与该机构、场所有实际联系的股息、红利等权益性投资收益。该收益不包括非居民企业连续持有居民企业公开发行并上市流通的股票不足 12 个月取得的投资收益。
- ⊙ 符合条件的非营利组织的收入。

2. 扣除项目

（1）扣除项目的范围

企业所得税法规定，企业实际发生的与取得收入有关的、合理的支出，包括成本、费用、税金、损失等其他支出，准予在计算应纳税所得额时扣除。

① 成本，是指企业在生产经营活动中发生的销售成本、销货成本、业务支出及其他耗费，包括直接成本和间接成本。直接成本是指可直接计入有关成本计算对象或劳务的经营成本中的直接材料、直接人工等。间接成本是指多个部门为同一成本对象提供服务的共同成本，或者同一种投入可以制造、提供两种或两种以上的产品或劳务的联合成本。

② 费用，是指企业每一个纳税年度为生产、经营商品和提供劳务等所发生的销售（经营）费用、管理费用和财务费用。已计入成本的有关费用除外。

销售费用是指应由企业负担的为销售商品而发生的费用，包括广告费、运输费、装卸费、包装费、展览费、保险费、销售佣金（能直接认定的进口佣金调整商品进价成本）、代销手续费、经营性租赁费及销售部门发生的差旅费、工资、福利费等费用。

管理费用是指企业的行政管理部门为管理组织经营活动提供各项支援性服务而发生的费用。

财务费用是指企业筹集经营性资金而发生的费用，包括利息净支出、汇兑净损失、金融机构手续费及其他非资本化支出。

③ 税金，是指企业发生的除企业所得税和允许抵扣的增值税以外的企业缴纳的各项税金及其附加，即企业按规定缴纳的消费税、营业税、城市维护建设税、关税、资源税、土地增值税、房产税、车船税、土地使用税、印花税、教育费附加等产品销售税金及附加。

④ 损失，是指企业在生产经营活动中发生的固定资产和存货的盘亏、毁损、报废损失，转让财产损失，呆账损失，坏账损失，自然灾害等不可抗力因素造成的损失及其他损失。

企业发生的损失减除责任人赔偿和保险赔款后的余额，依照国务院财政、税务主管部门的规定扣除。

企业已经作为损失处理的资产，在以后纳税年度又全部收回或者部分收回时，应当计入当期收入。

⑤ 可以扣除的其他支出，是指除成本、费用、税金、损失外，企业在生产经营活动中发生的与生产经营活动有关的、合理的支出。

（2）部分税前扣除项目的具体范围和标准

在计算应纳税所得额时，下列项目可按照实际发生额或规定的标准扣除。

① 工资、薪金支出。企业发生的合理的工资、薪金支出准予据实扣除。工资、薪金支出是企业每一纳税年度支付给在本企业任职或与其有雇佣关系的员工的所有现金或非现金形式的劳动报酬，包括基本工资、奖金、津贴、补贴、年终加薪、加班工资，以及与任职或者受雇有关的其他支出。

② 职工福利费、工会经费、职工教育经费。企业发生的职工福利费、工会经费、职工教育经费按标准扣除，未超过标准的按实际数扣除，超过标准的只能按标准扣除。

⊙ 企业发生的职工福利费支出，不超过工资薪金总额14%的部分准予扣除。

⊙ 企业拨缴的工会经费，不超过工资薪金总额2%的部分准予扣除。

⊙ 除国务院财政、税务主管部门另有规定外，企业发生的职工教育经费支出，不超过工资薪金总额2.5%的部分准予扣除，超过部分准予结转以后纳税年度扣除。

③ 社会保险费。

⊙ 企业依照国务院有关主管部门或者省级人民政府规定的范围和标准为职工缴纳的“五险一金”，即基本养老保险费、基本医疗保险费、失业保险费、工伤保险费、生育保险费等基本社会保险费和住房公积金，准予扣除。

⊙ 企业为投资者或者职工支付的补充养老保险费、补充医疗保险费，在国务院财政、税务主管部门规定的范围和标准内，准予扣除。企业依照国家有关规定为特殊工种职工支付的人身安全保险费和符合国务院财政、税务主管部门规定可以扣除的商业保险费准予扣除。

⊙ 企业为投资者或者职工支付的商业保险费，不得扣除。

⊙ 企业参加财产保险，按照规定缴纳的保险费，准予扣除。

④ 利息费用。企业在生产、经营活动中发生的利息费用，按下列规定扣除。

⊙ 非金融企业向金融机构借款的利息支出、金融企业的各项存款利息支出和同业拆借利息支出、企业经批准发行债券的利息支出可据实扣除。

⊙ 非金融企业向非金融机构借款的利息支出，不超过按照金融企业同期同类贷款利率计算的数额的部分可据实扣除，超过部分不许扣除。

⊙ 关联企业利息费用的扣除。标准之一：企业从其关联方接受的债权性投资与权益性投资的比例超过规定标准而发生的利息支出，不得在计算应纳税所得额时扣除（接受关联方债权性投资与其权益性投资比例为：金融企业，为5∶1；其他企业，为2∶1）。标准之二：企业从其关联方接受的债资比例未超过规定标准而发生的利息支出，不超过按照金融企业同期同类贷款利率计算的数额的部分可据实扣除，超过部分不允许扣除。

⊙ 企业向自然人借款的利息支出企业所得税税前扣除。

企业向股东或其他与企业有关联关系的自然人借款的利息支出，应根据《中华人民共和国企业所得税法》（以下简称税法）第四十六条及《财政部、国家税务总局关于企业关联方利息支出税前扣除标准有关税收政策问题的通知》（财税〔2008〕121号）规定的条件，计算企业所得税扣除额。

企业向除第一条规定以外的内部职工或其他人员借款的利息支出，其借款情况同时符合以下条件的，其利息支出在不超过按照金融企业同期同类贷款利率计算的数额的部分，准予扣除。

条件一：企业与个人之间的借贷是真实、合法、有效的，并且不具有非法集资目的或其他违反法律、法规的行为；

条件二：企业与个人之间签订了借款合同。

⑤ 借款费用。

⊙ 企业在生产经营活动中发生的合理的不需要资本化的借款费用，准予扣除。

⊙ 企业为购置、建造固定资产、无形资产和经过12个月以上的建造才能达到预定可销售状态的存货发生的借款的，在有关资产购置、建造期间发生的合理的借款费用，应予以资本化，作为资本性支出计入有关资产的成本；有关资产交付使用后发生的借款利息，可在发生当期扣除。

⊙ 关于企业融资费用支出税前扣除问题　企业通过发行债券、取得贷款、吸收保户储金等方式融资而发生的合理的费用支出，符合资本化条件的，应计入相关资产成本；不符合资本化条件的，应作为财务费用，准予在企业所得税前据实扣除。

⑥ 汇兑损失。企业在货币交易中，以及纳税年度终了时将人民币以外的货币性资产、负债按照期末即期人民币汇率中间价折算为人民币时产生的汇兑损失，除已经计入有关资产成本以及与向所有者进行利润分配相关的部分外，准予扣除。

⑦ 业务招待费。企业发生的与其生产、经营业务有关的业务招待费支出，按照发生额的 60%扣除，但最高不得超过当年销售（营业）收入的 5‰。

对从事股权投资业务的企业（包括集团公司总部、创业投资企业等），其从被投资企业所分配的股息、红利以及股权转让收入，可以按规定的比例计算业务招待费扣除限额。

企业在筹建期间，发生的与筹办活动有关的业务招待费支出，可按实际发生额的 60%计入企业筹办费，并按有关规定在税前扣除

⑧ 广告费和业务宣传费。企业发生的符合条件的广告费和业务宣传费支出，除国务院财政、税务主管部门另有规定外，不超过当年销售（营业）收入 15%的部分，准予扣除；超过部分，准予结转以后纳税年度扣除。

企业在筹建期间发生的广告费和业务宣传费，可按实际发生额计入企业筹办费，并按有关规定在税前扣除。

企业申报扣除的广告费支出应与赞助支出严格区分。企业申报扣除的广告费支出必须符合下列条件：广告是通过工商部门批准的专门机构制作的；已实际支付费用，并已取得相应发票；通过一定的媒体传播。

⑨ 环境保护专项资金。企业依照法律、行政法规有关规定提取的用于环境保护、生态恢复等方面的专项资金，准予扣除。上述专项资金提取后改变用途的，不得扣除。

⑩ 租赁费。企业根据生产经营需要租入固定资产支付的租赁费，按照以下方法扣除。

- 以经营租赁方式租入固定资产发生的租赁费支出，按照租赁期限均匀扣除。经营性租赁是指所有权不转移的租赁。
- 以融资租赁方式租入固定资产发生的租赁费支出，按照规定构成融资租入固定资产价值的部分应当提取折旧费用，分期扣除。融资租赁是指在实质上转移与一项资产所有权有关的全部风险和报酬的一种租赁。

⑪ 劳动保护费。企业发生的合理的劳动保护支出，准予扣除。

⑫ 公益性捐赠支出。公益性捐赠，是指企业通过公益性社会团体或者县级以上人民政府及其部门，用于《中华人民共和国公益事业捐赠法》内定的公益事业的捐赠。

企业发生的公益性捐赠支出，不超过年度利润总额 12%的部分，准予扣除。年度利润总额，是指企业依照国家统一会计制度的规定计算的年度会计利润。

⑬ 有关资产的费用。企业转让各类固定资产发生的费用，允许扣除。企业按规定计算的固定资产折旧费、无形资产和递延资产的摊销费，准予扣除。

⑭ 总机构分摊的费用。非居民企业在中国境内设立的机构、场所，就其中国境外总机构发生的与该机构、场所生产经营有关的费用，能够提供总机构出具的费用汇集范围、定额、分配依据和方法等证明文件，并合理分摊的，准予扣除。

⑮ 资产损失。企业当期发生的固定资产和流动资产盘亏、毁损净损失，由其提供清查盘存资料经主管税务机关审核后，准予扣除；企业因存货盘亏、毁损、报废等原因不得从销项税金中抵扣的进项税金，应视同企业财产损失，准予与存货损失一起在所得税前按规定扣除。

⑯ 依照有关法律、行政法规和国家有关税法规定准予扣除的其他项目。例如，会员费、合理

的会议费、差旅费、违约金、诉讼费等。

⑰ 加计扣除项目（参见税收优惠部分）。

⑱ 手续费和佣金

Ⅰ. 企业发生与生产经营有关的手续费及佣金支出扣除限额：

⊙ 保险企业：财产保险企业按当年全部保费收入扣除退保金等后余额的15%（含本数，下同）计算限额；人身保险企业按当年全部保费收入扣除退保金等后余额的10%计算限额。

⊙ 其他企业：按与具有合法经营资格中介服务机构或个人（不含交易双方及其雇员、代理人和代表人等）所签订服务协议或合同确认的收入金额的5%计算限额。

Ⅱ. 企业应与具有合法经营资格中介服务企业或个人签订代办协议或合同，并按国家有关规定支付手续费及佣金。除委托个人代理外，企业以现金等非转账方式支付的手续费及佣金不得在税前扣除。企业为发行权益性证券支付给有关证券承销机构的手续费及佣金不得在税前扣除。

Ⅲ. 企业不得将手续费及佣金支出计入回扣、业务提成、返利、进场费等费用。

Ⅳ. 企业已计入固定资产、无形资产等相关资产的手续费及佣金支出，应当通过折旧、摊销等方式分期扣除，不得在发生当期直接扣除。

Ⅴ. 企业支付的手续费及佣金不得直接冲减服务协议或合同金额，并如实入账。

Ⅵ. 企业应当如实向当地主管税务机关提供当年手续费及佣金计算分配表和其他相关资料，并依法取得合法真实凭证。

Ⅶ. 电信企业在发展客户、拓展业务等过程中（如委托销售电话入网卡、电话充值卡等），需向经纪人、代办商支付手续费及佣金的，其实际发生的相关手续费及佣金支出，不超过企业当年收入总额5%的部分，准予在企业所得税前据实扣除。

Ⅷ. 从事代理服务、主营业务收入为手续费、佣金的企业（如证券、期货、保险代理等企业），为取得该类收入而实际发生的营业成本（包括手续费及佣金支出），准予在企业所得税前据实扣除。

⑲ 保险公司缴纳的保险保障基金

保险保障基金，是指按照《中华人民共和国保险法》和《保险保障基金管理办法》规定缴纳形成的，在规定情形下用于救助保单持有人、保单受让公司或者处置保险业风险的非政府性行业风险救助基金。

Ⅰ. 保险公司按下列规定缴纳的保险保障基金，准予据实税前扣除：

⊙ 非投资型财产保险业务，不得超过保费收入的0.8%；投资型财产保险业务，有保证收益的，不得超过业务收入的0.08%，无保证收益的，不得超过业务收入的0.05%。

⊙ 有保证收益的人寿保险业务，不得超过业务收入的 0.15%；无保证收益的人寿保险业务，不得超过业务收入的0.05%。

⊙ 短期健康保险业务，不得超过保费收入的0.8%；长期健康保险业务，不得超过保费收入的0.15%。

⊙ 非投资型意外伤害保险业务，不得超过保费收入的0.8%；投资型意外伤害保险业务，有保证收益的，不得超过业务收入的0.08%，无保证收益的，不得超过业务收入的0.05%。

Ⅱ. 如果财产保险公司的保险保障基金余额达到公司总资产 6%的，或人身保险公司的保险保障基金余额达到公司总资产 1%的，其缴纳的保险保障基金不得在税前扣除。

Ⅲ. 保险公司按国务院财政部门的相关规定提取的未到期责任准备金、寿险责任准备金、长期健康险责任准备金、已发生已报案未决赔款准备金和已发生未报案未决赔款准备金，准予在税前扣除。已发生已报案未决赔款准备金，按最高不超过当期已经提出的保险赔款或者给付金额的 100%

提取；已发生未报案未决赔款准备金按不超过当年实际赔款支出额的8%提取。

Ⅳ．保险公司实际发生的各种保险赔款、给付，应首先冲抵按规定提取的准备金，不足冲抵部分，准予在当年税前扣除。

3. 不得扣除的项目

在计算应纳税所得额时，下列支出不得扣除。

① 向投资者支付的股息、红利等权益性投资收益款项。

② 企业所得税税款。

③ 税收滞纳金，是指纳税人违反税收法规，被税务机关处以的滞纳金。

④ 罚金、罚款和被没收财物的损失，是指纳税人违反国家有关法律、法规规定，被有关部门处以的罚款，以及被司法机关处以的罚金和被没收财物。

⑤ 超过规定标准的捐赠支出。

⑥ 赞助支出，是指企业发生的与生产经营活动无关的各种非广告性质支出。

⑦ 未经核定的准备金支出，是指不符合国务院财政、税务主管部门规定的各项资产减值准备、风险准备等准备金支出。

⑧ 企业之间支付的管理费、企业内营业机构之间支付的租金和特许权使用费，以及非银行企业内营业机构之间支付的利息，不得扣除。

⑨ 与取得收入无关的其他支出。

4. 亏损弥补

亏损是指企业依照企业所得税法和暂行条例的规定，将每一纳税年度的收入总额减除不征税收入、免税收入和各项扣除后小于零的数额。税法规定：企业某一纳税年度发生的亏损可以用下一年度的所得弥补，下一年度的所得不足以弥补的，可以逐年延续弥补，但最长不得超过5年。而且，企业在汇总计算缴纳企业所得税时，其境外营业机构的亏损不得抵减境内营业机构的赢利。

企业筹办期间企业筹办期间不计算为亏损年度，企业自开始生产经营的年度，为开始计算企业损益的年度。企业从事生产经营之前进行筹办活动期间发生筹办费用支出，不得计算为当期的亏损，企业可以在开始经营之日的当年一次性扣除，也可以按照新税法有关长期待摊费用的处理规定处理，但一经选定，不得改变。

税务机关对企业以前年度纳税情况进行检查时调增的应纳税所得额，凡企业以前年度发生亏损、且该亏损属于企业所得税法规定允许弥补的，应允许调增的应纳税所得额弥补该亏损。弥补该亏损后仍有余额的，按照企业所得税法规定计算缴纳企业所得税。对检查调增的应纳税所得额应根据其情节，依照《税收征收管理法》有关规定进行处理或处罚。

对企业发现以前年度实际发生的、按照税收规定应在企业所得税前扣除而未扣除或者少扣除的支出，企业做出专项申报及说明后，准予追补至该项目发生年度计算扣除，但追补确认期限不得超过5年。

企业由于上述原因多缴的企业所得税税款，可以在追补确认年度企业所得税应纳税款中抵扣，不足抵扣的，可以向以后年度递延抵扣或申请退税。

亏损企业追补确认以前年度未在企业所得税前扣除的支出，或盈利企业经过追补确认后出现亏损的，应首先调整该项支出所属年度的亏损额，再按照弥补亏损的原则计算以后年度多缴的企业所得税款，并按前款规定处理。

7.2.2 非居民企业应纳税所得额的计算

对于在中国境内未设立机构、场所的，或者虽设立机构、场所但取得的所得与其所设机构、场所没有实际联系的非居民企业的所得，按照下列方法计算应纳税所得额。

① 股息、红利等权益性投资收益和利息、租金、特许权使用费所得，以收入全额为应纳税所得额。

② 转让财产所得，以收入全额减除财产净值后的余额为应纳税所得额。

③ 其他所得，参照前两项规定的方法计算应纳税所得额。

其中，财产净值是指财产的计税基础减除已经按照规定扣除的折旧、折耗、摊销、准备金等后的余额。

7.2.3 企业所得税应纳税额的计算

1. 核算征收方法

在核算征收方法下，企业应纳税额等于应纳税所得额乘以适用税率，减除减免和抵免的税额后的余额。基本计算公式为：

企业应纳税额＝应纳税所得额×适用税率－减免税额－抵免税额

公式中的减免税额和抵免税额，是指依照企业所得税法和国务院的税收优惠规定减征、免征和抵免的应纳税额。

根据计算公式可以看出，应纳税额的多少，取决于应纳税所得额和适用税率。前文提到，应纳税所得额的计算方法有直接法和间接法两种。

【例 7-1】 假定某企业为居民企业，2012 年经营业务如下。

① 取得销售收入 2 500 万元，国债利息收入 50 万元。

② 销售成本 1 100 万元。

③ 发生销售费用 670 万元（其中广告费 450 万元）；管理费用 480 万元（其中业务招待费 15 万元）；财务费用 60 万元。

④ 销售税金 160 万元（含增值税 120 万元）。

⑤ 营业外收入 70 万元，营业外支出 50 万元（含通过公益性社会团体向贫困山区捐款 30 万元，支付税收滞纳金 6 万元）。

⑥ 计入成本、费用中的实发工资总额 150 万元、拨缴职工工会经费 3 万元、支出职工福利费和职工教育经费 29 万元。

要求：计算该企业 2012 年度实际应缴纳的企业所得税。

采用间接法计算该企业 2012 年度应缴所得税过程如下。

① 2008 年利润总额=2 500+50−1 100−670−480−60−（160−120)+70−50=220（万元）

② 国债利息收入免税，故 50 万元国债利息应作纳税调整减少。

③ 广告费扣除限额=2 500×15%=375（万元），而实际发生的广告费为 450 万元，超过扣除限额 75 万元，超过部分当期不得在税前扣除，应作纳税调整增加。

④ 由于业务招待费应按发生额的 60%扣除且不超过销售收入的 15%，故业务招待费的扣除限额=9（万元）（15×60%=9＜2 500×5‰=12.5），而实际发生的业务招待费为 15 万元，超过扣除限额 6 万元，超过部分不得在税前扣除，应做纳税调整增加。

⑤ 税收滞纳金不得在税前扣除，6 万元税收滞纳金应全部作为纳税调整增加。

⑥ 按税法规定，可以扣除的公益救济性捐赠=220×12%=26.4（万元），实际支出公益性捐赠为30 万元，超过部分 3.6 万元不得在税前扣除，应作纳税调整增加。

⑦ 按税法规定，三项经费扣除限额合计=150×(2%+14%+2.5%)=27.75（万元），实际支出的三项经费=3+29=32（万元），超过扣除限额 4.25 万元，超过部分不得在税前扣除，应作纳税调整增加。

⑧ 应纳税所得额=220−50+(450−375)+(15−9)+(30−26.4)+6+(32−27.75)=264.85（万元）

⑨ 应纳所得税=264.85×25%=66.212 5（万元）

2. 核定征收方法

（1）核定征收企业所得税的适用范围

① 依照税收法律规定可以不设账簿的或按照税法规定应设但未设置账簿的。

② 只能准确核算收入总额，或收入总额能够查实，但其成本费用支出不能准确核算的。

③ 只能准确核算成本费用支出，或成本费用支出能够查实，但其收入总额不能准确核算的。

④ 收入总额及成本费用支出均不能准确核算，不能向主管税务机关提供真实、准确、完整纳税资料、难以查实的。

⑤ 账目设置和核算虽然符合规定，但并未按规定保存有关账簿、凭证及有关纳税资料的。

⑥ 发生纳税义务，未按照税收法律法规规定的期限办理纳税申报，经税务机关责令限期申报，逾期仍不申报的。

⑦ 纳税人申报的计税依据明显偏低，又无正当理由的。

（2）核定征收的办法

核定征收的方式包括：定额征收、核定应税所得率征收及其他合理的办法。下面主要介绍定额征收、核定应税所得率征收方式。

① 定额征收，是指税务机关按照一定的标准、程序和方法，直接核定纳税人年度应纳企业所得税税额，由纳税人按规定进行申报缴纳的办法。

② 核定应税所得率征收，是指税务机关按照一定的标准、程序和方法，预先核定纳税人的应税所得率，由纳税人根据年度内收入总额或成本费用等项目的实际发生额，按预先核定纳税人的应税所得率计算缴纳企业所得税的方法。

纳税人具有下列情形的，采用核定应税所得率征收企业所得税：一是能正确核算（查实）收入总额，但不能正确核算（查实）成本费用总额的；二是能正确核算（查实）成本费用总额，但不能正确核算（查实）收入总额的；三是通过合理方法，能计算和推定纳税人收入总额或成本费用总额的。

纳税人不属于以上情形的，采用定额征收。

采用核定应税所得率办法征收的，应纳税所得额的计算公式为：

$$\text{应纳税所得额} = \text{应税收入总额} \times \text{应税所得率}$$

或

$$\text{应纳所得税额} = \text{成本费用支出额} \div (1 - \text{应税所得率}) \times \text{应税所得率}$$

应税所得率按表 7-1 的标准执行。

企业经营多业的，无论其经营项目是否单独核算，均由主管税务机关根据其主营项目，核定其适用的某一行业的应税所得率。纳税人年度应纳所得税额或应税所得率一经核定，一般一个纳税年度内不得调整。

表 7-1 应税所得率表

经营的行业	适用的应税所得率	经营的行业	适用的应税所得率
农、林、牧、渔业	3%～10%	建筑业	8%～20%
制造业	5%～15%	饮食业	8%～25%
批发和零售贸易业	4%～15%	娱乐业	15%～30%
交通运输业	7%～15%	其他行业	10%～30%

3. 境外所得抵扣税额的计算

企业取得的下列所得已在境外缴纳的所得税税额，可以从其当期应纳税额中抵免，抵免限额为该项所得依照本法规定计算的应纳税额；超过抵免限额的部分，可以在以后 5 个年度内，用每年度抵免限额抵免当年应抵税额后的余额进行抵补。

- 居民企业来源于中国境外的应税所得。
- 非居民企业在中国境内设立机构、场所，取得发生在中国境外但与该机构、场所有实际联系的应税所得。

居民企业从其直接或者间接控制的外国企业分得的来源于中国境外的股息、红利等权益性投资收益，外国企业在境外实际缴纳的所得税税额中属于该项所得负担的部分，可以作为该居民企业的可抵免境外所得税税额，在企业所得税税法规定的抵免限额内抵免。

直接控制，是指居民企业直接持有外国企业 20%以上股份。间接控制，是指居民企业以间接持股方式持有外国企业 20%以上股份，具体认定办法由国务院财政、税务主管部门另行制定。

已在境外缴纳的所得税税额，是指企业来源于中国境外的所得依照中国境外税收法律及相关规定应当缴纳并已经实际缴纳的企业所得税性质的税款。企业依照企业所得税法的规定抵免企业所得税税额时，应当提供中国境外税务机关出具的税款所属年度的有关纳税凭证。

抵免限额，是指企业来源于中国境外的所得，依照企业所得税法和本条例的规定计算的应纳税额。除国务院财政、税务主管部门另有规定外，该抵免限额应当分国（地区）不分项计算，计算公式为：

抵免限额＝中国境内（外）所得依照企业所得税法和条例规定计算的应纳税总额×来源于某国（地区）的应纳税所得额÷中国境内（外）应纳税所得总额

前述 5 个年度，是指从企业取得的来源于中国境外的所得，已经在中国境外缴纳的企业所得税性质的税额超过抵免限额的当年的次年起连续 5 个纳税年度。

【例 7-2】 某企业 2012 年的境内所得为 1 600 万元，在新加坡办的企业所得 200 万元，已纳税 45 万元，在日本办的企业所得 200 万元，已纳税 62 万元。计算该企业 2008 年应纳所得税。

该企业 2008 年应纳所得税计算如下：

应纳税总额=(1 600+200+200)×25%=500（万元）

新加坡的扣除限额=200×25%=50（万元）　（扣除 45 万元）

日本的扣除限额=200×25%=50（万元）　（扣除 50 万元）

应纳税额=500−45−50=405（万元）

7.2.4 企业所得税的申报

1. 纳税期限

企业所得税按年计征，分月或者分季预缴，年终汇算清缴，多退少补。

企业所得税的纳税年度，自公历每年1月1日起至12月31日止。企业在一个纳税年度的中间开业，或者由于合并、关闭等原因终止经营活动，使该纳税年度的实际经营期不足12个月的，应当以其实际经营期为一个纳税年度。企业清算时，应当以清算期间作为一个纳税年度。

自年度终了之日起5个月内，向税务机关报送年度企业所得税纳税申报表，并汇算清缴，结清应缴应退税款。

企业在年度中间终止经营活动的，应当自实际经营终止之日起60日内，向税务机关办理当期企业所得税汇算清缴。

2. 纳税地点

① 除税收法律、行政法规另有规定外，居民企业以企业登记注册地为纳税地点；但登记注册地在境外的，以实际管理机构所在地为纳税地点。企业注册登记地是指企业依照国家有关规定登记注册的住所地。

② 居民企业在中国境内设立不具有法人资格的营业机构的，应当汇总计算并缴纳企业所得税。企业汇总计算并缴纳企业所得税时，应当统一核算应纳税所得额，具体办法由国务院财政、税务主管部门另行制定。

③ 非居民企业在中国境内设立机构、场所的，应当就其所设机构、场所取得的来源于中国境内的所得，以及发生在中国境外但与其所设机构、场所有实际联系的所得，以机构、场所所在地为纳税地点。非居民企业在中国境内设立两个或者两个以上机构、场所的，经税务机关审核批准，可以选择由其主要机构、场所汇总缴纳企业所得税。非居民企业经批准汇总缴纳企业所得税后，需要增设、合并、迁移、关闭机构、场所或者停止机构、场所业务的，应当事先由负责汇总申报缴纳企业所得税的主要机构、场所向其所在地税务机关报告；需要变更汇总缴纳企业所得税的主要机构、场所的，依照前款规定办理。

④ 非居民企业在中国境内未设立机构、场所的，或者虽设立机构、场所但取得的所得与其所设机构、场所没有实际联系的所得，以扣缴义务人所在地为纳税地点。

⑤ 除国务院另有规定外，企业之间不得合并缴纳企业所得税。

3. 纳税申报

按月或按季预缴的，应当自月份或者季度终了之日起15日内，向税务机关报送预缴企业所得税纳税申报表，预缴税款。

企业在报送企业所得税纳税申报表时，应当按照规定附送财务会计报告和其他有关资料。

企业应当在办理注销登记前，就其清算所得向税务机关申报并依法缴纳企业所得税。

依照企业所得税法缴纳的企业所得税，以人民币计算。所得以人民币以外的货币计算的，应当折合成人民币计算并缴纳税款。

企业在纳税年度内无论赢利或者亏损，都应当依照企业所得税法规定的期限，向税务机关报送预缴企业所得税纳税申报表、年度企业所得税纳税申报表、财务会计报告和税务机关规定应当报送的其他有关资料。

7.3 所得税的会计处理

所得税会计就是研究如何处理按照会计准则计算的税前会计利润与按照税法计算的应税所得额之间差异的会计理论和方法。目前，我国企业会计准则规定所得税会计处理应采用资产负债表债务法。

7.3.1 资产负债表债务法的概念

资产负债表债务法是从资产负债表出发，通过比较资产负债表上列示的资产、负债按照企业会计准则规定确定的账面价值与按照税法规定确定的计税基础，对于两者之间的差额分别应纳税暂时性差异与可抵扣暂时性差异，确认相关的递延所得税负债与递延所得税资产，并在此基础上确定每一会计期间利润表中的所得税费用的一种所得税会计处理方法。

小资料：所得税会计处理方法比较

一、所得税会计的处理方法

（1）应付税款法

应付税款法是指企业不确认时间性差异对所得税的影响金额，按照当期计算的应缴所得税确认为当期所得税费用的方法。在这种方法下，当期所得税费用等于当期应缴的所得税。

（2）纳税影响会计法中的递延法与债务法

纳税影响会计法是指企业确认时间性差异对所得税的影响金额，按照当期应缴所得税和时间性差异对所得税影响的金额，确认当期的所得税费用。在这种方法下，时间性差异对所得税的影响金额，递延和分配到以后各期。因此，在采用纳税影响会计法时，企业首先应当合理划分时间性差异和永久性差异的界限。

纳税影响会计法在税率变动和开征新税种情况下具体运用时，又可以分为递延法和债务法两种。在采用递延法核算时，在税率变动或开征新税种时，不需要对原已确认的时间性差异的所得税影响金额进行调整，但是，在转回时间性差异的所得税影响金额时，应当按照原所得税税率计算转回。采用债务法核算时，在税率变动或开征新税时，应当对原已确认的时间性差异的所得税影响金额进行调整，在转回时间性差异的所得税影响金额时，应当按照现行所得税税率计算转回。

（3）资产负债表债务法

资产负债表债务法是从暂时性差额产生的本质出发，分析暂时性差额产生的原因及其对期末资产负债的影响。其特点是：当税率或税基变动时，必须按预期税率对“递延所得税负债”和“递延所得税资产”账户余额进行调整。其计算过程为：首先确定资产负债表上期末递延所得税资产（负债），然后，倒推出损益表项目当期所得税费用。

二、正确选择所得税会计的核算方法

（1）小企业可选择“应付税款法”

在《小企业会计制度》中明确规定，小企业因业务简单，核算成本较低，会计信息质量要求不高，允许采用“应付税款法”。

（2）大中型企业应选择“纳税影响会计法”

执行《企业会计制度》的企业必须使用“纳税影响会计法”，具体属于“利润表债务法”。

（3）我国上市公司只能选择“资产负债表债务法”

执行《企业会计准则 2006》的企业（目前主要是上市公司和部分大型国有企业），必须使用“资产负债表债务法”，以保证会计信息的质量。

（资料来源：四海企业服务中心，www.foshansihai.com，2013-7-21）

采用资产负债表债务法核算所得税时，一般应在每一资产负债表日进行所得税的核算，核算程序如下。

① 确定资产负债表中除递延所得税资产和递延所得税负债以外的其他资产和负债项目的账面价值。其中，资产、负债的账面价值，是指企业按照相关会计准则的规定进行核算后在资产负债表中列示的金额。

② 按照资产和负债计税基础的确定方法，以适用的税收法规为基础，确定资产负债表中有关资产、负债项目的计税基础。

③ 比较资产、负债的账面价值与其计税基础，对于两者之间存在差异的，分析差异的性质，除准则中规定的特殊情况外，分别应纳税暂时性差异与可抵扣暂时性差异，确定该资产负债表日与应纳税暂时性差异及可抵扣暂时性差异相关的递延所得税负债和递延所得税资产的应有金额，并将该金额与期初递延所得税资产和递延所得税负债的余额相比，确定当期应予进一步确认的递延所得税资产和递延所得税负债的金额或应予转销的金额，作为构成利润表中所得税费用的一个组成部分——递延所得税。

④ 按照税法规定计算当期的应纳税所得额及应交所得税，作为利润表中应予以确认的所得税费用的另一个组成部分——当期所得税。

⑤ 确定利润表中的所得税费用。利润表中的所得税费用包括当期所得税和递延所得税两个组成部分，企业在计算确定了当期所得税和递延所得税后，两者之和（或差）就是利润表中的所得税费用。

7.3.2 资产、负债的计税基础

1. 资产的计税基础

资产的计税基础，是指企业收回资产账面价值过程中，计算应纳税所得额时按照税法规定可以自应税经济利益中抵扣的金额，即该资产在未来使用或处置时，允许作为成本或费用在税前列支的金额，即：

资产的计税基础＝未来期间按照税法规定可以列支的金额

除非货币资产交易、债务重组等特殊方式下取得的资产外，资产在初始确认时，其计税基础一般为取得成本。在持续持有过程中，其计税基础是指资产的取得成本减去以前期间按照税法规定已经税前扣除的金额。

下面就有关资产项目的计税基础的确定进行具体说明。

（1）固定资产

以各种方式取得的固定资产，初始确认时按照会计准则确定的入账价值一般等于计税基础。固定资产在持有期间进行后续计量时，会计准则规定按照“成本－累计折旧－固定资产减值准备”进行计量，企业所得税法规定按照“成本－按照税法规定已在以前期间税前扣除的折旧额”进行计量。由于会计与税法规定的差异，固定资产账面价值与计税基础的差异主要产生于折旧方法、折旧年限的不同及固定资产减值准备的提取。

① 因提取固定资产减值准备而造成的差异。在持有固定资产的期间内，会计准则规定可以计提固定资产减值准备并将其作为费用扣除。税法上规定按照会计准则计提的资产减值准备在资产发生实质性损失前，不允许税前扣除。这就造成了固定资产账面价值与计税基础之间的差异。

② 因折旧方法、折旧年限不同产生的差异。计提固定资产折旧时，会计准则规定企业应当根据固定资产经济利益的预期实现方式合理选择折旧方法，可以采取直线法计提折旧，也可以采取双

倍余额递减法、年数总和法等加速折旧法计提折旧，前提是有关的折旧方法能够反映固定资产为企业带来的经济利益消耗情况。而税法一般会规定固定资产的折旧方法，除某些按规定可以加速折旧的情况外，基本上可以税前扣除的是按直线法计提的折旧。

此外，税法明确规定了各类固定资产的折旧年限，如果会计上折旧年限短于税法规定的最低折旧年限，就会产生固定资产持有期间账面价值与计税基础的差异。

【例 7-3】 ABC 公司于 2012 年年末以 450 万元购入某项设备，使用年限 10 年，预计净残值为 0，会计上按双倍余额递减法计提折旧；但不符合税法要求的条件，税法上不允许加速折旧，只能采用直线法提折旧，其他情况会计与税法规定一致。2012 年 12 月 31 日，企业对固定资产计提了 65 万元的减值准备。

该固定资产 2012 年 12 月 31 日账面价值与计税基础计算如下：

会计上按双倍余额递减法提取的 2011 年的折旧额=(450−0)×2/10=90（万元）

该项固定资产在 2012 年 12 月 31 日的账面价值=450−90−65=295（万元）

税法上按照直线法计提的 2011 年折旧额=450÷10=45（万元）

该项固定资产在 2012 年 12 月 31 日的计税基础=450−45=405（万元）

该项固定资产账面价值 295 万元与计税基础 405 万元之间的差额为 110 万元，在本期会增加应纳税所得额和应交所得税，而在未来期间会减少应纳税所得额和应交所得税。

（2）无形资产

除内部研究开发形成的无形资产外，以其他方式取得的无形资产，初始确认时按照会计准则规定确定的入账价值与按照税法规定确定的计税成本之间一般不存在差异。无形资产账面价值与计税基础之间的差异主要产生于内部研究开发形成的无形资产和使用寿命不确定的无形资产。

① 对于内部研究开发形成的无形资产，会计准则规定，有关研究开发活动分为两个阶段，研究阶段的支出应当费用化计入当期损益，而开发阶段符合资本化条件以后至达到预定用途前发生的支出应当资本化作为无形资产的成本；税法规定，企业研究新产品、新技术、新工艺发生的技术开发费一般可按当期实际发生的研究开发支出的 150%在税前加计扣除。

内部研究开发形成的无形资产初始确认时，其成本为符合资本化条件以后发生的支出金额，而按照税法规定，该部分研究开发支出在发生当期已税前扣除，所形成的无形资产在以后期间可税前扣除的金额为 0，其计税基础为 0。两者之间的差额在未来期间应计入企业应税所得额。

② 无形资产后续计量中，会计与税收的差异主要产生于对无形资产是否需要摊销及无形资产减值准备的提取。

会计准则规定，应根据无形资产的使用寿命情况，将其分为使用寿命有限的无形资产和使用寿命不确定的无形资产。对于使用寿命不确定的无形资产，不要求摊销，但在持有期间每年应进行资产减值测试。税法规定，企业取得的无形资产成本，应采取直线法在一定期间内摊销，法律、合同或者企业申请书没有规定使用年限的无形资产，摊销期限不得少于 10 年。对于使用寿命不确定的无形资产在持有期间，因摊销规定的不同，会造成其账面价值与计税基础的差异。

【例 7-4】 ABC 公司当期发生研究开发支出 2 500 万元，其中研究阶段支出 450 万元，开发阶段符合资本化条件前发生的支出为 450 万元，符合资本化条件后至达到预定用途前发生的支出为 1 600 万元。税法规定，企业为开发新技术、新产品、新工艺发生的研究开发费用，未形成无形资产计入当期损益的，按照研究开发费用的 50%加计扣除；形成无形资产的，按照无形资产成本的 150%摊销。假定开发形成的无形资产在当期期末已达到预定用途（尚未开始摊销）。

ABC 公司当期发生的研究开发支出中，按照会计准则规定应予以费用化的金额为 900 万元，形成无形资产的成本为 1 600 万元，即期末无形资产的账面价值为 1 600 万元。

ABC 公司当期发生的 2 500 万元研究开发支出，按照税法规定可以在当期税前扣除的金额为 1 350 万元。所形成无形资产在未来期间可予税前可扣除金额为 2 400 万元，即该项无形资产的计税基础为 2 400 万元。

该项无形资产账面价值 1 600 万元与计税基础 2 400 万元之间的差额 800 万形成暂时性差异。

（3）以公允价值计量且其变动计入当期损益的金融资产

按照会计准则规定，对于以公允价值计量且其变动计入当期损益的金融资产，期末的账面价值为公允价值；税法规定资产在持有期间公允价值变动损益在计税时不予考虑，待处置时一并计入应纳税所得额，即有关金融资产在某一会计期末的计税基础为取得成本。会计与税法的不同规定造成在公允价值变动的情况下，该类金融资产账面价值与计税基础之间的差异。

企业持有的可供出售金融资产计税基础的确定，与以公允价值计量且其变动计入当期损益的金融资产原理一样。

【例 7-5】 2012 年 11 月 5 日，ABC 公司自公开市场取得一项权益性投资，支付价款 580 万元，作为交易性金融资产核算。2011 年 12 月 31 日，该项权益性投资的市价为 650 万元。

该项交易性金融资产的期末市价为 650 万元，按照会计准则规定，该项交易性金融资产 2012 年 12 月 31 日的账面价值为 650 万元。

税法规定，交易性金融资产在持有期间公允价值变动不应计入应纳税所得额，其在 2012 年 12 月 31 日的计税基础应维持原取得成本不变，即 580 万元。

该项交易性金融资产账面价值 650 万元与计税基础 580 万元之间的差额 70 万元将于未来期间计入企业的应税所得额，产生未来期间应交所得税的义务。

（4）投资性房地产

企业持有的投资性房地产进行后续计量时，会计准则规定可以采用两种模式，一种是成本模式，采用这种模式计量的投资性房地产，其账面价值与计税基础的确定与固定资产、无形资产相同；另一种是只有在符合特定条件的情况下才可以采用的公允价值模式。采用公允价值模式对投资性房地产进行后续计量，其计税基础的确定类似以公允价值计量且其变动计入当期损益的金融资产。

【例 7-6】 ABC 公司 2012 年 1 月 1 日将一自用房屋对外出租，该房屋的成本为 360 万元，预计使用年限为 20 年。转为投资性房地产之前已使用了 5 年，公司按照平均年限法计提折旧，预计净残值为零。转为投资性房地产核算后，因能够持续可靠地取得该投资性房地产的公允价值，该公司采用公允价值模式对该项投资性房地产进行后续计量。假定对该房屋，税法规定的折旧方法、折旧年限及净残值与会计规定相同。该项投资性房地产在 2012 年 12 月 31 日的公允价值为 420 万元。

ABC 公司对该项投资性房地产选择公允价值模式进行后续计量，其在 2012 年 12 月 31 日的账面价值为其公允价值 420 万元。

税法规定，资产在持有期间公允价值的变动不计入应纳税所得额，则该项投资性房地产的计税基础为取得成本扣除按税法规定允许税前扣除的折旧额后的金额。则：

该投资性房地产 2012 年 12 月 31 日的计税基础=360−360÷20×6=252（万元）

该项投资性房地产账面价值 420 万元与计税基础 252 万元之间产生的 168 万元差异，将会增加企业未来期间应纳税所得额。

（5）其他计提了资产减值准备的各项资产

有关资产计提了减值准备后，其账面价值会随之下降；但税法规定，资产在发生实质性损失之前，不允许税前扣除，即计税基础不会因提取了减值准备而变化，从而造成了资产账面价值与计税基础之间的差异。

【例 7-7】 ABC 公司 2012 年购入某项原材料，成本 1 000 万元，因部分生产线停工，当年未领用任何该原材料，2012 年资产负债表日考虑到该原材料的市价及用其生产产成品的市价情况，估计其可变现净值为 600 万元。假定该原材料在 2011 年期初余额为 0。

该项原材料因期末可变现净值低于其成本，应计提存货跌价准备，金额=1 000−600=400（万元），计提存货跌价准备后，该项原材料的账面价值为 600 万元。

因计算应交所得税时，按照会计准则规定计提的资产减值准备不允许税前扣除，该项原材料的计税基础不会因存货跌价准备的提取而发生变化，仍为取得成本 1 000 万元。

该存货的账面价值 600 万元与计税基础 1 000 万元之间产生了 400 万元的暂时性差异，该差异会减少企业在未来期间应纳税所得额和应交所得税。

2. 负债的计税基础

负债的计税基础，是指负债的账面价值减去未来期间计算应纳税所得额时按照税法规定可予抵扣的金额。用公式表示：

负债的计税基础＝账面价值－未来期间按照税法规定可予税前扣除的金额。

一般情况下，负债的确认与偿还不会影响企业的损益，也不会影响其应纳税所得额，未来期间计算应纳税所得额时按照税法规定可予抵扣的金额为 0，计税基础即为账面价值。例如企业的短期借款、应付账款等。

但是，某些情况下负债的确认可能会影响企业的损益，进而影响不同期间的应纳税所得额，使其计税基础与账面价值之间产生差异。

（1）企业因销售商品或提供售后服务等原因确认的预计负债

按照会计准则的规定，企业对于预计提供售后服务将发生的支出在满足有关确认条件时，销售当期即应确认为费用，同时确认预计负债。但按税法规定，与销售产品相关的支出应在实际发生时税前扣除。因该类事项产生的预计负债在期末的计税基础为其账面价值与未来期间可税前扣除的金额之间的差额，而其未来期间可税前扣除的金额与账面价值相等，故该负债的计税基础为零。

因其他事项确认的预计负债，应按照税法规定的计税原则确定其计税基础。

【例 7-8】 ABC 公司 2012 年因产品售后服务等原因在当期利润表中确认了 50 万元的销售费用，同时确认为预计负债，当年度未发生任何售后服务费用。

该预计负债的账面价值与计税基础分析如下。

该项预计负债在 ABC 公司 2012 年 12 月 31 日的资产负债表中的账面价值为 50 万元。

税法规定，有关产品售后服务等与取得经营收入直接相关的费用应于实际发生时允许税前扣除。

该项预计负债的计税基础=账面价值－未来期间按照税法规定可以税前扣除的金额=50 万元−50 万元=0。

该项预计负债的账面价值 50 万元与其计税基础 0 之间形成了 50 万元的差异，未来期间将会减少企业的应纳税所得额。

（2）预收账款

企业在收到客户预付的款项时，因不符合收入确认条件，会计上将其确认为负债。税法中对于收入确认的原则一般与会计规定相同，即会计上未确认收入时，计税时一般也不计入应纳税所得额，该部分经济利益在未来期间计税时可以税前扣除的金额为 0，计税基础等于账面价值。

但某些情况下，因不符合会计准则规定的收入确认条件，未确认为收入的预收款项，按照税法规定应计入当期应纳税所得额时，有关预收账款的计税基础为 0，即因其产生时已经计算缴纳所得税，未来期间可以全额税前扣除。例如，企业转让土地使用权或者销售不动产时所收到的预收款项。

【例 7-10】 某房地产开发公司销售期房，2012 年 12 月 15 日收到一笔预付款，金额为 980 万元，公司将其作为预收账款核算。

该预收账款在房地产开发公司 2012 年 12 月 31 日资产负债表中的账面价值为 980 万元。

按照税法规定，该预收账款应计入当期应纳税所得额计算缴纳所得税。由于与该项负债相关的经济利益已在当期计算纳税，则未来期间按照税法规定确认收入时，不再计入应纳税所得额，即其在未来期间计税时税前扣除金额为 980 万元，故：该预收账款的计税基础=账面价值-未来期间按照税法规定可以税前扣除的金额=980 万元-980 万元=0。

该项负债的账面价值 980 万元与计税基础 0 之间形成了 980 万元的差异，未来期间将会减少企业的应纳税所得额。

（3）应付职工薪酬

会计准则规定，企业为获得职工提供的服务给予的各种形式的报酬以及其他相关支出均应作为企业的成本费用，在未支付之前确认为负债。税法中对于合理的职工薪酬基本允许税前扣除，但税法中如果规定了税前扣除标准的，按照会计准则规定计入成本费用支出的金额超过规定标准部分，应进行纳税调整。因超过部分在发生当期不允许税前扣除，在以后期间也不允许税前扣除，即该部分差额对未来期间计税不产生影响，所产生应付职工薪酬负债的账面价值等于计税基础。

【例 7-11】 甲企业 2012 年 12 月计入成本费用的职工工资总额为 4 000 万元，至 2012 年 12 月 31 日尚未支付。按照适用税法规定，当期计人成本费用的 4 000 万元工资支出中，可予税前扣除的合理部分为 3 000 万元。

该项应付职工薪酬负债于 2012 年 12 月 31 日的账面价值为 4 000 万元。

该项应付职工薪酬负债于 2012 年 12 月 31 日的计税基础=账面价值 4 000 万元-未来期间计算应纳税所得额时按照税法规定可予抵扣的金额=4 000 万元。

该项负债的账面价值 4 000 万元与其计税基础 4 000 万元相同，不形成暂时性异。

（4）其他负债

诸如企业应交的税收罚款和滞纳金等其他负债，在尚未支付前按照会计规定应确认为费用，同时作为负债反映。税法规定，纳税人因违反税法规定，被处以的滞纳金、罚款不得在税前扣除，即这部分费用无论是在发生当期还是在以后期间均不允许税前扣除，其计税基础为账面价值减去未来期间可以税前抵扣的金额 0 后的差额，则计税基础等于账面价值。

7.3.3 暂时性差异

暂时性差异是指资产或负债的账面价值与其计税基础之间的差额。企业应于每个资产负债表日，比较资产、负债的账面价值与其计税基础，确认暂时性差异的金额。

按照暂时性差异对未来期间应税金额的不同影响，暂时性差异可分为应纳税暂时性差异和可抵扣暂时性差异两类。

某些不符合资产、负债的确认条件，未作为资产、负债确认的项目，如果按照税法规定可以确定其计税基础的，该计税基础与账面价值之间的差额也属于暂时性差异。另外，税法规定的可以结转以后年度的未弥补亏损及税款抵减，也视同可抵扣暂时性差异处理。

1. 应纳税暂时性差异

应纳税暂时性差异，是指在确定未来收回资产或清偿负债期间的应纳税所得额时，将导致产生应税金额的暂时性差异。该差异在未来期间转回时会增加转回期间的应纳税所得额，增加未来期间的应交所得税。

通常情况下，当资产的账面价值大于其计税基础，或负债的账面价值小于其计税基础时，所产生的暂时性差异为应纳税暂时性差异。

【例 7-12】 ABC 公司 2012 年 11 月 10 日，用银行存款 300 万元取得一项交易性金融资产，2012 年 12 月 31 日，该项资产市价为 380 万元。

分析：根据会计准则规定，交易性金融资产期末应以公允价值进行计量，公允价值的变动计入当期损益。按照税法规定，交易性金融资产在持有期间公允价值的变动不计入应纳税所得额，即其计税基础保持不变，出售时，一并计算应计入应纳税所得额的金额。因此，2012 年 12 月 31 日：

该交易性金融资产账面价值=380（万元）

该交易性金融资产计税基础=300（万元）

资产账面价值大于计税基础，两者差异 80 万元，该暂时性差异在未来期间转回时会增加未来期间的应纳税所得额，导致企业应交所得税的增加，因此，为应纳税暂时性差异。

2. 可抵扣暂时性差异

可抵扣暂时性差异，是指在确定未来收回资产或清偿负债期间的应纳税所得额时，将导致产生可抵扣金额的暂时性差异。该差异在未来期间转回时会减少转回期间的应纳税所得额，减少未来期间的应交所得税。

通常情况下，当资产的账面价值小于其计税基础，或负债的账面价值大于其计税基础时，所产生的暂时性差异为可抵扣暂时性差异。

【例 7-13】 ABC 公司于 2011 年 12 月 5 日，购入一台大型设备，原价 1 000 万元，预计使用年限为 10 年，会计上采用双倍余额递减法计提折旧；税法规定采用直线法计提折旧。假定该设备预计净残值为 0。2012 年年底，企业对该设备计提了 80 万元的减值准备。请根据上述资料计算确定 2012 年 12 月 31 日，该固定资产的账面价值、计税基础及暂时性差异。

直线法折旧率=100÷1 000=10%

双倍余额折旧率=10%×2=20%

2012 年 12 月 31 日，该项固定资产账面价值=1 000−1 000×20%−(1 000−1 000×20%)×20%−80=560（万元）

2012 年 12 月 31 日，该项固定资产计税基础=1 000−100−100=800（万元）

资产账面价值小于计税基础，两者差异 240 万元，该暂时性差异在未来期间转回时会减少未来期间的应纳税所得额，导致企业应交所得税的减少，因此，为可抵扣暂时性差异。

3. 特殊项目产生的暂时性差异

（1）未作为资产、负债确认的项目产生的暂时性差异

某些交易或事项发生以后，因为不符合资产、负债的确认条件而未体现为资产负债表中的资产或负债，但按照税法规定能够确定其计税基础的，其账面价值 0 与计税基础之间的差异也构成暂时性差异，如企业在开始正常经营活动以前发生的筹建费用。

【例 7-14】 ABC 公司在开始正常经营活动之前发生了 1 200 万元的筹建费用，在发生时已计入当期损益，按照税法规定，企业在筹建期间发生的费用，允许在开始正常生产经营活动之后 5 年内分期税前扣除。

按照会计准则规定，该项费用支出在发生时已计入当期损益，不体现为资产负债表中的资产，

即如果将其视为资产，账面价值为 0。

按照税法规定，该费用可以在开始正常经营活动后 5 年内分期税前扣除，假定企业在 2011 年开始正常经营活动，当期税前扣除了 300 万元，其于未来期间可税前扣除的金额为 900 万元，即其在 2012 年 12 月 31 日的计税基础为 900 万元。

该项资产的账面价值 0 与计税基础 900 万元之间产生了 900 万元的暂时性差异，在未来期间转回时会减少未来期间的应纳税所得额，导致企业应交所得税的减少，因此为可抵扣暂时性差异。

（2）可抵扣亏损及税款抵减产生的暂时性差异

对于税法规定的可以结转以后年度的未弥补亏损及税款抵减，虽不是因资产、负债的账面价值与计税基础不同而产生的差异，但本质上与可抵扣暂时性差异具有相同的作用，均能够减少未来期间的应纳税所得额，在会计处理上，视同可抵扣暂时性差异，符合条件的情况下，应确认与其相关的递延所得税资产。

【例 7-15】 ABC 公司于 2012 年因政策性原因发生经营亏损 3 000 万元，按照税法规定，该亏损可用于抵减以后 5 个年度的应纳税所得额。该公司预计其于未来 5 年期间能够产生足够的应纳税所得额利用该经营亏损。

该经营亏损虽不是因资产、负债的账面价值与计税基础不同而产生的，但从其性质上来看可以减少企业未来期间的应纳税所得额和应交所得税，应视同可抵扣暂时性差异。在企业预计未来能够产生足够的应纳税所得额利用该可抵扣亏损时，应确认相关的递延所得税资产。

7.3.4 递延所得税负债与递延所得税资产

1. 递延所得税负债的确认与计量

由于应纳税暂时性差异在转回期间将增加企业的应纳税所得额和应交所得税，导致企业经济利益的流出，在其发生当期构成企业应支付税金的义务，所以应作为递延所得税负债确认。

（1）递延所得税负债确认的一般原则

企业在确认应纳税暂时性差异产生的递延所得税负债时，应遵循如下原则。

第一，除企业会计准则中明确规定可以不确认递延所得税负债的情况以外，对于所有的应纳税暂时性差异均应确认相关的递延所得税负债。

有些情况下，虽然资产、负债的账面价值与其计税基础不同，产生了应纳税暂时性差异，但出于各方面考虑，准则中规定不确认相应的递延所得税负债，主要包括：

① 商誉的初始确认。非同一控制下的企业合并中，企业合并成本大于合并中取得的被购买方可辨认净资产公允价值份额的差额，按照会计准则规定应确认为商誉。因会计与税收的划分标准不同，会计上作为非同一控制下的企业合并，但如果按照税法规定计税时作为免税合并的情况下，商誉的计税基础为零，其账面价值与计税基础形成应纳税暂时性差异，准则中规定不确认与其相关的递延所得税负债。应予说明的是，按照会计准则规定在非同一控制下企业合并中确认了商誉，并且按照所得税法规的规定商誉在初始确认时计税基础等于账面价值的，该商誉在后续计量过程中因会计准则与税法规定不同产生暂时性差异的，应当确认相关的所得税影响。

② 除企业合并以外的其他交易或事项中，如果该项交易或事项发生时既不影响会计利润，也不影响应纳税所得额，则所产生的资产、负债的初始确认金额与其计税基础不同，形成应纳税暂时性差异的，交易或事项发生时不确认相应的递延所得税负债。

③ 对与子公司、联营企业、合营企业的投资相关的应纳税暂时性差异，一般应确认相关的递延所得税负债，但同时满足以下两个条件的除外：一是投资企业能够控制暂时性差异转回的时间；

二是该暂时性差异在可预见的未来很可能不会转回。

第二，除直接计入所有者权益的交易或事项及企业合并外，在确认递延所得税负债的同时，应增加利润表中的所得税费用。

具体确认方法包括以下三方面：① 交易或事项发生时影响到会计利润或应纳税所得额的，相关的所得税影响应作为利润表中所得税费用的组成部分，即递延所得税负债的确认应导致利润表中所得税费用的增加；② 与直接计入所有者权益的交易或事项相关的，其所得税影响应计入所有者权益；③ 企业合并产生的相关的递延所得税影响应调整购买日应确认的商誉或是计入合并当期损益的金额。

（2）递延所得税负债的计量

企业应于资产的负债表日，按照当期确认的应纳税暂时性差异与适用所得税税率计算确认递延所得税负债。税率通常应采用相关应纳税暂时性差异转回期间适用的所得税税率。但是，在我国除享受优惠政策的情况以外，企业适用的所得税税率在不同年度之间一般不会发生变化，所以，可采用现行适用税率为基础计算确定。递延所得税负债的确认不要求折现。

（3）递延所得税负债的账务处理

企业应设置“递延所得税负债”账户核算企业根据所得税准则确认的应纳税暂时性差异产生的递延所得税负债。该账户应当按照应纳税暂时性差异项目进行明细核算。

企业在确认相关资产、负债时，根据所得税准则应予确认的递延所得税负债，借记“所得税——递延所得税费用”、“资本公积——其他资本公积”等账户，贷记本账户。

资产负债表日，企业根据所得税准则应予确认的递延所得税负债大于本账户余额的，借记“所得税——递延所得税费用”、“资本公积——其他资本公积”等账户，贷记本账户；应予确认的递延所得税负债小于本账户余额的，做相反的会计分录。

本账户期末贷方余额，反映企业已确认的递延所得税负债的余额。

【例 7-16】 ABC 公司于 20××年 12 月 10 日购入一项环保设备，取得成本为 300 万元，会计上采用直线法计提折旧，预计使用年限为 10 年，预计净残值为零，计税时要求按照双倍余额递减法计列折旧，预计使用年限及净残值与会计相同。ABC 公司适用的所得税税率为 25%。假定该企业不存在其他会计与税收处理的差异。该项固定资产在期末未发生减值。

分析：20××年资产负债表日，该项固定资产按照会计规定计提的折旧额为 30 万元，计税时允许扣除的折旧额为 60 万元，则该固定资产的账面价值 270 万元与其计税基础 240 万元的差额 30 万元构成应纳税暂时性差异，企业应确认递延所得税负债 7.5 万元（30 万元×25%）。20××年 12 月 31 日，有关会计分录如下：

借：所得税费用——递延所得税费用　　75 000

　　贷：递延所得税负债　　75 000

2. 递延所得税资产的确认与计量

由于可抵扣暂时性差异在转回期间将减少未来期间以应交所得税方式流出企业的经济利益，在其发生当期构成企业的资产，所以应作为递延所得税资产确认。

（1）递延所得税资产确认的一般原则

企业在确认可抵扣暂时性差异产生的递延所得税资产时，应遵循如下原则。

第一，递延所得税资产产生于可抵扣暂时性差异。递延所得税资产的确认应以未来期间可能取得的应纳税所得额为限。只有在企业有明确的证据表明其于可抵扣暂时性差异转回的未来期间能够产生足够的应纳税所得额，进而利用可抵扣暂时性差异的，则才能以可能取得的应纳税所得额为限，确认相关的递延所得税资产。

第二，除直接计入所有者权益的交易或事项以及企业合并外，在确认递延所得税资产的同时，应减少利润表中的所得税费用。

递延所得税资产的具体确认方法包括以下三方面：① 交易或事项发生时影响到会计利润或应纳税所得额的，相关的所得税影响应作为利润表中所得税费用的组成部分，即递延所得税资产的确认应导致利润表中所得税费用的调整；② 与直接计入所有者权益的交易或事项相关的，其所得税影响应计入所有者权益；③ 企业合并产生的相关的递延所得税影响应调整购买日应确认的商誉或是计入合并当期损益的金额。

确认递延所得税资产时，应关注以下问题。

① 如果在可抵扣暂时性差异转回的未来期间内，企业无法产生足够的应纳税所得额用以抵减可抵扣暂时性差异的影响，使得与递延所得税资产相关的经济利益无法实现的，该部分递延所得税资产不应确认。

考虑到可抵扣暂时性差异转回的期间内可能取得应纳税所得额的限制，因无法取得足够的应纳税所得额而未确认相关的递延所得税资产的，应在会计报表附注中进行披露。

② 对与子公司、联营企业、合营企业的投资相关的可抵扣暂时性差异，同时满足下列条件的，应当确认相关的递延所得税资产：一是暂时性差异在可预见的未来很可能转回；二是未来很可能获得用来抵扣可抵扣暂时性差异的应纳税所得额。

③ 对于按照税法规定可以结转以后年度的未弥补亏损和税款抵减，应视同可抵扣暂时性差异处理。在有关的亏损或税款抵减金额得到税务部门的认可、且预计可利用可弥补亏损或税款抵减的未来期间内能够取得足够的应纳税所得额时，应当以很可能取得的应纳税所得额为限，确认相应的递延所得税资产，同时减少确认当期的所得税费用。

企业在确认与可弥补亏损或税款抵减相关的递延所得税资产时，应在会计报表附注中说明在可弥补亏损或税款抵减到期前，企业能产生足够的应纳税所得额的估计基础。

（2）不确认递延所得税资产的情况

某些情况下，企业发生的某项交易或事项不属于企业合并，并且交易发生时既不影响会计利润也不影响应纳税所得额，且该项交易中产生的资产、负债

的初始确认金额与其计税基础不同，产生可抵扣暂时性差异的，所得税准则中规定在交易或事项发生时不确认相应的递延所得税资产。

【例 7-17】 *沿用例 7-5，ABC 公司进行内部研究开发所形成的无形资产成本为 1 600 万元，因按照税法规定可于未来期间税前扣除的金额为 2 400 万元，其计税基础为 2 400 万元。*

该项无形资产并非产生于企业合并，同时在初始确认时既不影响会计利润也不影响应纳税所得额，确认其账面价值与计税基础之间产生暂时性差异的所得税影响需要调整该项资产的历史成本，准则规定该种情况下不确认相关的递延所得税资产。

（3）递延所得税资产的计量

企业应于资产负债表日，对于满足确认条件的递延所得税资产，按照当期确认的可抵扣时间性差异与适用所得税税率计算确认。适用税率的确认，同递延所得税负债的计量原则相一致，确认递延所得税资产时，应当以预期收回该资产期间的适用所得税税率为基础计算确定。但是，在我国除享受优惠政策的情况以外，企业适用的所得税税率在不同年度之间一般不会发生变化，所以，可采用现行适用税率为基础计算确定。递延所得税资产的确认不要求折现。

此外，在资产负债表日，企业应对递延所得税资产的账面余额进行复核，如果未来期间可能无法取得足够的应纳税所得额用以利用递延所得税资产的利益，应当减记递延所得税资产的账面价

值。递延所得税资产的账面价值减记后，后续期间，如果根据新情况判断能取得足够的应纳税所得额用以利用可抵扣暂时性差异，使递延所得税资产包含的经济利益能够实现时，应相应恢复递延所得税资产的账面价值。

（3）递延所得税资产的账务处理

企业应设置“递延所得税资产”账户核算企业根据所得税准则确认的可抵扣暂时性差异产生的递延所得税资产以及根据税法规定可用以后年度税前利润弥补的亏损产生的递延所得税资产。本账户应当按照可抵扣暂时性差异的项目进行明细核算。

企业在确认相关资产、负债时，根据所得税准则应予确认的递延所得税资产，借记本账户，贷记“所得税——递延所得税费用”、“资本公积——其他资本公积”等账户。

资产负债表日，企业根据所得税准则应予确认的递延所得税资产大于本账户余额的，借记本账户，贷记“所得税——递延所得税费用”、“资本公积——其他资本公积”等账户；应予确认的递延所得税资产小于本账户余额的，做相反的会计分录。

资产负债表日，预计未来期间很可能无法获得足够的应纳税所得额用以抵扣可抵扣暂时性差异的，按应减记的金额，借记“所得税——当期所得税费用”、“资本公积——其他资本公积”账户，贷记本账户。

本账户期末借方余额，反映企业已确认的递延所得税资产的余额。

【例 7-18】 ABC 公司 20××年 12 月，因销售商品、提供售后服务于当期确定了 100 万元的预计负债，税法规定，有关产品售后服务产生的费用于实际发生时在税前列支。该企业适用的所得税税率为 25%。

20××年 12 月 31 日，有关会计分录如下：

预计负债的账面价值=100（万元）

预计负债的计税基础=0

可抵扣暂时性差异=100（万元）

递延所得税资产=100×25%=25（万元）

借：递延所得税资产　　250 000

　　贷：所得税费用——递延所得税费用　　250 000

3. 适用税率变化对已确认递延所得税资产和递延所得税负债的影响

递延所得税资产和递延所得税负债的金额代表的是有关可抵扣暂时性差异或应纳税暂时性差异于未来期间转回时，导致应交所得税金额的减少或增加的情况。因国家税收法律等的变化导致适用税率变化的，必然导致应纳税暂时性差异或可抵扣暂时性差异在未来期间转回时产生应交所得税金额的变化。在适用税率变动的情况下，应对原已确认的递延所得税资产及递延所得税负债的金额进行调整，反映税率变化带来的影响。

除直接在所有者权益中确认的交易或事项产生的递延所得税资产和递延所得税负债以外，其他情况下产生的递延所得税资产和递延所得税负债的调整金额应当确认为变化当期的费用（或收益）。

7.3.5 所得税费用

1. 所得税费用的确认与计量

（1）当期所得税

当期所得税是指企业按照税法规定计算确定的针对当期发生的交易和事项，应交纳给税务部门的所得税金额，即应交所得税，应以适用的税收法规为基础计算确定。即：

当期所得税＝当期应交所得税=应纳税所得额×适用的所得税税率

企业在确定当期所得税时，对于当期发生的交易或事项，会计处理与税收法规处理不同的，应在会计利润的基础上，按照适用税收法规的要求进行调整，计算出当期应纳税所得额，并按照应纳税所得额与适用所得税税率计算确定当期应交所得税。

应纳税所得额＝会计利润＋按照会计准则规定计入利润表但计税时不允许税前扣除的费用＋/－计入利润表的费用与按税法规定可于税前抵扣的费用金额之间的差额＋/－计入利润表的收入与按税法规定应计入应税所得额的收入之间的差额－税法规定的不征税收入＋/－其他需要调整的要素

（2）递延所得税

递延所得税是指按照企业会计准则规定应予确认的递延所得税资产和递延所得税负债在期末应有的金额相对于原已确认金额之间的差额，即递延所得税资产及递延所得税负债的当期发生额，但不包括直接计入所有者权益的交易或事项及企业合并的所得税影响。计算公式如下：

递延所得税＝(递延所得税负债期末余额－递延所得税负债期初余额)－(递延所得税资产期末余额－递延所得税资产期初余额)

值得注意的是，如果某项交易或事项按照企业会计准则规定应计入所有者权益，由该交易或事项产生的递延所得税资产或递延所得税负债及其变化也应计入所有者权益，不构成递延所得税。

（3）所得税费用

利润表中的所得税费用由两个部分组成，即当期所得税和递延所得税。计算公式如下：

所得税费用＝当期所得税＋递延所得税

所得税费用应当在利润表中单独列示。

2. 所得税费用的账务处理

企业应设置“所得税费用”账户核算企业根据所得税准则确认的应从当期利润总额中扣除的所得税费用。本账户应当按照“当期所得税费用”、“递延所得税费用”进行明细核算。

资产负债表日，企业按照税法计算确定的当期应交所得税金额，借记本账户（当期所得税费用），贷记“应交税费——应交所得税”账户。

在确认相关资产、负债时，根据所得税准则应予确认的递延所得税资产，借记“递延所得税资产”账户，贷记本账户（递延所得税费用）、“资本公积——其他资本公积”等账户；应予确认的递延所得税负债，借记本账户（递延所得税费用）、“资本公积——其他资本公积”等账户，贷记“递延所得税负债”账户。

资产负债表日，根据所得税准则应予确认的递延所得税资产大于“递延所得税资产”账户余额的差额，借记“递延所得税资产”账户，贷记本账户（递延所得税费用）、“资本公积——其他资本公积”等账户；应予确认的递延所得税资产小于“递延所得税资产”账户余额的差额，做相反的会计分录。

企业应予确认的递延所得税负债的变动，应当比照上述原则调整“递延所得税负债”账户及有关账户。

期末，应将本账户的余额转入“本年利润”账户，结转后本账户应无余额。

【例 7-19】 ABC 公司适用的所得税税率为 25%，20××12 月 31 日资产负债表中，资产、负债的账面价值与其计税基础存在差异的项目见表 7-2，假定除表 7-2 中项目外，该公司其他资产、负债账面价值与计税基础之间不存在差异，也不存在可抵扣亏损和税款抵减；该企业预计在未来期间能够产生足够的应纳税所得额用以抵扣可抵扣暂时性差异；递延所得税资产和递延所得税负债无期初余额；企业当期按税法规定计算的应税所得额为1 000万元。要求用资产负债表债务法进行相应会计处理。

有关计算及会计分录见表7-2。

表7-2　资产、负债账面价值与计税基础比较表

单位：万元

项　目	账面价值	计税基础
交易性金融资产	260	200
存货	2 000	2 200
预计负债	100	0

分析：

① 递延税款分析。交易性金融资产账面价值大于计税基础，故：

应纳税暂时性差异=260-200=60（万元）

递延所得税负债=60×25%=15（万元）

存货账面价值小于计税基础，故：

可抵扣暂时性差异=2 000-2 200=-200（万元）

递延所得税资产=200×25%=50（万元）

预计负债账面价值大于计税基础，故：

可抵扣暂时性差异=100-0=100（万元）

递延所得税资产=100×25%=25（万元）

本期递延所得税费用=15-50-25=-60（万元）

② 应交所得税=1 000×25%=250（万元）

③ 本期所得税费用=250-60=190（万元）

会计分录如下：面性

借：所得税费用　　1 900 000

　　递延所得税资产　　750 000

　　贷：应交税费——应交所得税　　2 500 000

　　　　递延所得税负债　　150 000

【例7-20】ABC公司20××年12月21日购入一台原价为39万元的设备，预计使用年限为5年，无残值，采用直线法计提折旧，税法允许采用年数总和法计提折旧。从20××年到20××年，各年的折旧前利润总额均为65万元。假设该企业适用税率为25%，且无其他纳税调整事项。用资产负债表债务法做出相应会计处理。

第一步，确定产生暂时性差异的项目：本例中暂时性差异为设备折旧。

第二步，确定各年暂时性差异及其对所得税的影响，编制所得税费用计算表（见表7-3）。

第三步，编制各年会计分录如下：

20××年

借：所得税费用　　143 000

　　贷：递延所得税负债　　13 000

　　　　应交税费——应交所得税　　130 000

表 7-3　所得税费用计算表

单位：元

项　　目	20××年	20××年	20××年	20××年	20××年
实际成本①	390 000	390 000	390 000	390 000	390 000
年会计折旧②	78 000	78 000	78 000	78 000	78 000
累计会计折旧③	78 000	156 000	234 000	312 000	390 000
账面价值④=①－③	312 000	234 000	156 000	78 000	0
年税收折旧⑤	130 000	104 000	78 000	52 000	26 000
累计税收折旧⑥	130 000	234 000	312 000	364 000	390 000
计税基础⑦=①－⑥	260 000	156 000	78 000	26 000	0
应纳税（可抵扣）暂时性差异⑧=④－⑦	52 000	78 000	78 000	52 000	0
税率⑨	25%	25%	25%	25%	25%
递延所得税负债（资产）余额⑩=⑧×⑨	13 000	19 500	19 500	13 000	0
应确认递延所得税负债（资产）⑪	13 000	6 500	0	−6 500	−13 000
折旧前会计利润⑫	650 000	650 000	650 000	650 000	650 000
应税所得额⑬=⑫－⑤	520 000	546 000	572 000	598 000	624 000
应交所得税⑭=⑬×⑨	130 000	136 500	143 000	149 500	156 000
所得税费用⑮=⑭+⑪	143 000	143 000	143 000	143 000	143 000

20××年

借：所得税费用　143 000

　　贷：递延所得税负债　6 500

　　　　应交税费——应交所得税　136 500

20××年

借：所得税费用　143 000

　　贷：应交税费——应交所得税　143 000

20××年

借：所得税费用　143 000

　　递延所得税负债　6 500

　　贷：应交税费——应交所得税　49 500

20××年

借：所得税费用　143 000

　　递延所得税负债　13 000

　　贷：应交税费——应交所得税　156 000

7.3.6　特殊情况下的会计处理

1. 亏损弥补的所得税会计处理

《企业会计准则第 18 号——所得税》规定，企业对于能够结转以后年度的可抵扣亏损和税款抵减，应当以很可能获得用来抵扣亏损和税款抵减的未来应纳税所得额为限，确认相应的递延所得税资产。

在资产负债表日，企业应当对递延所得税资产的账面价值进行复核，如果未来期间很可能无法获得足够的应纳税所得额用以抵扣递延所得税资产的利益，应当减记递延所得税资产的账面价值；在很可能获得足够的应纳税所得额时，减记的金额应当转回。

【例 7-21】 ABC 公司在 20××至 20××年每年的账面利润分别为：-200 万、80 万、70 万、90 万元，适用所得税税率为 25%，假设无其他纳税调整事项。

① 20××年 12 月 31 日，如果 ABC 公司有充分的理由可以确定以后年度有足够的应税利润用以弥补当年亏损，此时应确认递延所得税资产 500 000 元（2 000 000×25%）。

借：递延所得税资产　　500 000

　　贷：所得税费用——补亏减税　　500 000

② 20××年实现利润 80 万元，全部用于弥补 20××年的亏损，应转回递延所得税资产 200 000 元（800 000×25%）。

借：所得税费用——补亏减税　　200 000

　　贷：递延所得税资产　　200 000

20××年 12 月 31 日，ABC 公司对递延所得税资产的账面价值进行了复核。由于产品销路出了问题，估计未来很可能有 20 000 元亏损无法用以后年度的应税利润进行弥补，这时应当减记递延所得税资产的账面价值，减记金额为 5 000 元（20 000×25%）。

借：所得税费用——递延所得税资产减值　　5 000

　　贷：递延所得税资产　　5 000

③ 20××年实现利润 70 万元，全部用于弥补 20××年的亏损，应转回递延所得税资产 175 000 元（700 000×25%）。

借：所得税费用——补亏减税　　175 000

　　贷：递延所得税资产　　175 000

④ 20××年 12 月 31 日，ABC 公司对递延所得税资产的账面价值进行了复核。由于经营情况转好，估计未来很可能获得足够的应纳税所得额来弥补往年的亏损。这时，应当将 20××年减记的递延所得税资产 5 000 元转回。

借：递延所得税资产　　5 000

　　贷：所得税费用——递延所得税资产减值　　5 000

⑤ 20××年实现利润 90 万元，除用于弥补 20××年亏损 50 万元外，剩余的 40 万元应缴纳企业所得税。当期应转回递延所得税资产 125 000 元（500 000×25%），应交企业所得税 100 000 元（400 000×25%）。

借：所得税费用　　225 000

　　贷：递延所得税资产　　125 000

　　　　应交税费——应交所得税　　100 000

2. 减免所得税的会计处理

按税法规定，企业享受税收减免优惠时，应将减免的应纳税额入账，并按规定申报。

（1）先提后退的会计处理

① 计提所得税时：

借：所得税费用

　　贷：应交税费——应交所得税

② 减免所得税时：

借：应交税费——应交所得税

贷：所得税费用

（2）先缴后退的会计处理

① 计提所得税时：

借：所得税费用

贷：应交税费——应交所得税

② 上缴所得税时：

借：应交税费——应交所得税

贷：银行存款

③ 收到退税款时：

借：银行存款

贷：所得税费用

（3）法定直接减免

对法定直接减免所得税，不作会计处理。

3. 纳税调整的会计处理

企业的纳税调整一般有两种情况：一是由于有关会计准则与税收法律法规规定不同，致使财务会计与税务会计计算结果不一致；二是纳税计算差错或违规、违法。

对于年度中间发现的涉及本年经济业务的调整，应视同会计记录发生时错误，可按规定的方法调整本期相关项目。

年终结账以后发现的错误，应按会计差错更正的会计处理方法进行更正。在编制纳税调整分录时，涉及资产负债表有关账户的，应通过资产负债表相关账户进行调整，涉及利润表账户的，应通过“以前年度损益调整”账户调整。

由于调整增加或减少以前年度利润或亏损而相应增加的所得税，借记“以前年度损益调整”账户，贷记“应交税费——应交所得税”账户；由于调整减少或增加以前年度利润或亏损而相应减少的所得税，做相反会计分录。经上述调整后，应同时将“以前年度损益调整”账户的余额转入“利润分配——未分配利润”账户，如为贷方余额，借记“以前年度损益调整”账户，贷记“利润分配——未分配利润”账户；如为借方余额，做相反会计分录。结转后，“以前年度损益调整”账户无余额。

【例 7-20】 某化妆品股份有限公司为增值税一般纳税人。适用增值税税率 17%，消费税税率 30%，所得税税率 25%。税务机关对上一年纳税情况检查时，发现如下一些问题。

① 用产品与小规模纳税人换取原材料，产品成本价 30 000 元，不含税售价 50 000 元。企业做会计分录如下：

借：原材料	58 500	
贷：库存商品		58 500

② 用化妆品顶职工工资，不含税售价 100 000 元，成本 60 000 元。企业做会计分录如下：

借：应付职工薪酬	60 000	
贷：库存商品		60 000

③ 没收一批逾期包装物押金 23 400 元。企业做会计分录如下：

借：其他应付款　　　　23 400
　　贷：其他业务收入　　　　23 400

根据上述资料，对查出的问题进行如下账务处理：

① 用产品换取材料，应视同销售：

应纳增值税=50 000×17%=8 500（元）

应纳消费税=50 000×30%=15 000（元）

调增纳税所得=50 000-30 000-15 000=5 000（元）

调账为：

借：库存商品　　　　28 500
　　贷：应交税费——应交增值税　　　　8 500
　　　　　　　　——应交消费税　　　　15 000
　　　　以前年度损益调整　　　　5 000

② 用产品顶职工工资，应视同销售：

应纳增值税=100 000×17%=17 000（元）

应纳消费税=100 000×30%=30 000（元）

调增纳税所得=100 000-60 000-30 000=10 000（元）

调账为：

借：应付职工薪酬　　　　57 000
　　贷：应交税费——应交增值税　　　　17 000
　　　　　　　　——应交消费税　　　　30 000
　　　　以前年度损益调整　　　　10 000

③ 没收包装物押金应征税：

应纳增值税=23 400÷(1+17%)×17%=3 400（元）

应纳消费税=23 400÷(1+17%)×30%=6 000（元）

调减纳税所得=3 400+6 000=9 400（元）

调账为：

借：以前年度损益调整　　　　9 400
　　贷：应交税费——应交增值税　　　　3 400
　　　　　　　　——应交消费税　　　　6 000

根据上述调整分录，登记“以前年度损益调整”账户，得出其贷方余额为 5 000+10 000-9 400=5 600（元），应补缴所得税=5 600×25%=1 400（元）。

借：以前年度损益调整　　　　1 400
　　贷：应交税费——应交所得税　　　　1 400

同时将以前年度损益调整账户余额，转入“利润分配——未分配利润账户”。

借：以前年度损益调整　　　　4 200
　　贷：利润分配——未分配利润　　　　4 200

本章小结

企业所得税是对我国境内企业和其他取得收入的组织的生产经营所得和其他所得所征收的一种税收。计算企业所得税的关键是确定企业的应税所得额。由于我国将企业所得税的纳税人分为居民企业和非居民企业两种，不同的纳税义务人应税所得额的计算方法不同。

所得税会计就是研究如何处理按照会计准则计算的税前会计利润与按照税法计算的应税所得额之间差异的会计理论和方法。目前，我国企业会计准则规定所得税会计处理应采用资产负债表债务法。资产负债表债务法是从资产负债表出发，通过比较资产负债表上列示的资产、负债，按照企业会计准则规定确定的账面价值与按照税法规定确定的计税基础，对于两者之间的差额分别应纳税暂时性差异与可抵扣暂时性差异，确认相关的递延所得税负债与递延所得税资产，并在此基础上确定每一会计期间利润表中的所得税费用的一种所得税会计处理方法。通过资产负债表债务法确定的所得税费用包括当期所得税和递延所得税两部分。

思考题

1. 企业所得税的纳税人有哪些？
2. 居民企业应纳税所得额应如何确定？
3. 简述所得税会计的概念及实质。
4. 企业的税前会计利润是否等于应税所得额？为什么？请举例说明。
5. 什么是资产负债表债务法？利用资产负债表债务法核算所得税费用的基本程序是什么？
6. 举例说明资产、负债计税基础的确定及其含义。
7. 暂时性差异分为哪几种？举例说明哪些项目会形成暂时性差异，应确认相关的递延所得税资产还是递延所得税负债？
8. 请你对全部上市公司 2005—2007 年以前的所得税核算方法进行调查，对比资产负债表债务法与收益表债务法的不同，分析新所得税准则对上市公司的影响。

习题 7

一、单项选择题

1. 下列企业或单位中，不属于企业所得税纳税人的是（　　）。

A. 个人独资企业　　B. 联营企业

C. 集体企业　　D. 股份制企业

2. 自 2008 年起，下列企业适用企业所得税税率 20%的是（　　）。

A. 有的居民企业

B. 在中国境内设有机构场所的非居民企业来自中国境外的与该机构有实际联系的所得

C. 在中国境内设有机构场所的非居民企业来自中国境内的所得

D. 在中国境内未设立机构场所的非居民企业来自中国境外与该机构无实际联系的所得

3. 在计算应纳税所得额时，不允许作为税金项目从收入总额中扣除的流转税或费用是（　　）。

A. 增值税　　B. 消费税　　C. 土地增值税　　D. 教育费附加

4. 某制药厂 20××年销售收入 1 000 万元，广告费支出 60 万元，20××年销售收入 2 000 万元，广告费支出 30 万元，则 20××年准予税前扣除的广告费为（　　）。

A. 10 万元　　B. 20 万元　　C. 30 万元　　D. 40 万元

5. 某企业全年营业收入 5 000 万元，实际发生业务招待费 30 万元，按规定可在税前费用中列支的业务招待费应为（　　）。

A. 20 万元　　B. 18 万元　　C. 19 万元　　D. 25 万元

6. 下列收入项目中不需征收企业所得税的是（　　）。

A. 财政拨款收入　　B. 特许权使用费收入

C. 财产租赁收入　　D. 股息收入

7. 某项机器设备原始成本为200万元，2012年12月31日，其账面价值为100万元，计税的累计折旧为120万元。则该设备2012年12月31日的计税基础是（　　）万元。

A. 80　　B. 100　　C. 90　　D. 50

8. 某企业因某项事件预先确认了50万元的预计负债，计入当期损益，但是税法规定，需在该项费用实际发生后才准予税前扣除。则该项负债的计税基础为（　　）万元。

A. 100　　B. 0　　C. 50　　D. 25

9. 企业当期发生的研发支出1 000万元，其中资本化形成无形资产的为600万元，则形成的应纳税暂时性差异为（　　）万元。

A. 600　　B. 1 000　　C. 400　　D. 300

10. 企业应纳税暂时性差异的产生应确认为（　　），并计入所得税费用。

A. 递延所得税资产　　B. 管理费用

C. 递延所得税负债　　D. 销售费用

11. 下列负债项目中，其账面价值与计税基础会产生差异的是（　　）。

A. 短期借款　　B. 预收账款

C. 应付账款　　D. 应付票据

12. 负债的计税基础是指负债的（　　）减去未来期间计算应纳税所得额时按照税法规定可予抵扣的金额。

A. 账面价值　　B. 可收回金额

C. 未来净现金流量现值　　D. 公允价值

13. 暂时性差异是指（　　）。

A. 会计利润与应税利润由于计算口径不一致所产生的差额

B. 会计利润与应税利润由于计算时间上不一致所产生的差额

C. 资产或负债的账面价值与计税基础之间的差额

D. 资产或负债的可收回金额与计税基础之间的差额

14. 存在可抵扣暂时性差异的，按照《企业会计准则第18号——所得税》的规定，应确认（　　）。

A. 时间性差异　　B. 递延所得税负债

C. 永久性差异　　D. 递延所得税资产

15. 企业不应确认的应纳税暂时性差异产生的递延所得税负债的是（　　）。

A. 由资产或负债的账面价值与其计税基础之间的差额所产生

B. 商誉的初始确认所产生

C. 企业合并中所产生

D. 与子公司、联营企业或合营企业的投资中所产生

16. 企业应当以很可能取得用来抵扣（　　）的应纳税所得额为限，确认递延所得税资产。

A. 应纳税暂时性差异　　B. 时间性差异

C. 可抵扣暂时性差异　　D. 永久性差异

17. 适用税率发生变化的，应对已确认的递延所得税资产和递延所得税负债进行重新计量，并将其影响数计入变化当期的（　　）。

A. 所得税费用　　B. 折现价值

C. 账面价值　　D. 净值

18. 下列项目中，可能会产生暂时性差异的是（　　）。

A. 取得国债利息收入　　B. 超过税前扣除限额的业务招待费支出
C. 尚未支付的罚金　　D. 可以在税前补亏的未弥补亏损

19. 递延所得税负债应当作为（　　）在资产负债表中列示。
A. 流动负债　　B. 非流动负债
C. 短期负债　　D. 长期负债

20. 所得税费用应当在（　　）中单独列示。
A. 资产负债表　　B. 资产负债表附表
C. 利润表　　D. 利润分配表

二、多项选择题

1. 以下适用我国现行《企业所得税法》的企业有（　　）。
A. 合伙企业　　B. 个人独资企业
C. 中外合资企业　　D. 内资企业

2. 以下属于非居民企业的有（　　）。
A. 依中国法律在中国境内成立的企业
B. 依照外国（地区）法律成立但实际管理机构在中国境内的企业
C. 依照外国（地区）法律成立且实际管理机构不在中国境内，但在中国境内设立机构、场所的企业
D. 在中国境内未设立机构、场所，但有来源于中国境内所得的企业

3. 企业的下列收入中免征企业所得税的有（　　）。
A. 国债利息收入
B. 依法收取并纳入财政管理的行政事业性收费、政府性基金
C. 接受捐赠收入
D. 销售货物收入

4. 在计算应纳税所得额时，下列支出不得扣除（　　）。
A. 向投资者支付的股息、红利等权益性投资收益款项
B. 未经核定的准备金支出
C. 税收滞纳金
D. 罚金、罚款和被没收财物的损失

5. 下列固定资产中，计征企业所得税时不允许计提折旧的有（　　）。
A. 房屋、建筑物以外未投入使用的固定资产
B. 以融资租赁方式租出的固定资产
C. 单独估价作为固定资产入账的土地
D. 与经营活动无关的固定资产

6. 下列情况会形成应纳税暂时性差异的有（　　）。
A. 资产的账面价值大于其计税基础
B. 资产的账面价值小于其计税基础
C. 负债的账面价值大于其计税基础
D. 负债的账面价值小于其计税基础

7. 下列情况会形成可抵扣暂时性差异的有（　　）。
A. 一项资产的账面价值为 200 万元，计税基础为 150 万元
B. 一项资产的账面价值为 200 万元，计税基础为 250 万元

C. 一项负债的账面价值为 200 万元，计税基础为 150 万元

D. 一项负债的账面价值为 200 万元，计税基础为 250 万

8. 假定某企业持有一项交易性金融资产，成本为 1 000 万元，期末公允价值为 1 500 万元，所得税税率为 25%，递延所得税资产和递延所得税负债均无期初余额。下列说法正确的是（　　）。

A. 产生应纳税暂时性差异 500 万元　　B. 确认递延所得税负债 125 万元

C. 产生可抵扣暂时性差异 500 万元　　D. 确认递延所得税资产 125 万元

9. 《企业会计准则第 18 号——所得税》中的所得税包括（　　）。

A. 政府补助确认和计量　　B. 政府补助产生的暂时性差异

C. 以应纳税所得额为基础的境内税额　　D. 以应纳税所得额为基础的境外税额

10. 资产、负债的账面价值与计税基础存在差异的，应确认所产生的（　　）。

A. 递延所得税资产　　B. 递延所得税负债

C. 暂时性差异　　D. 永久性差异

11. 暂时性差异按照其对未来期间应税金额的影响，要分为（　　）。

A. 应纳税暂时性差异　　B. 时间性差异

C. 可抵扣暂时性差异　　D. 永久性差异

12. 企业应当确认的应纳税暂时性差异产生的递延所得税负债包括（　　）。

A. 由资产或负债的账面价值与其计税基础之间的差额所产生

B. 商誉的初始确认所产生

C. 企业合并中所产生

D. 与子公司、联营企业或合营企业的投资中所产生

13. 企业对子公司、联营企业及合营企业投资相关的应纳税暂时性差异，若同时满足（　　），则不应当确认为相应的递延所得税负债。

A. 投资企业不能控制暂时性差异转回的时间

B. 投资企业能够控制暂时性差异转回的时间

C. 该暂时性差异在可预见的未来可以转回

D. 该暂时性差异在可预见的未来很可能不会转回

14. 同时具备下列特征的交易中因资产或负债的初始确认所产生的递延所得税资产不予确认（　　）。

A. 该项交易为企业合并

B. 该项交易不是企业合并

C. 交易发生时既不影响会计利润也不影响应纳税所得额。

D. 是由商誉的初始确认所产生的

15. 企业对子公司、联营企业及合营企业投资相关的可抵扣暂时差异，同时满足下列条件的，应当确认相应的递延所得税资产（　　）。

A. 暂时性差异在可预见的未来很可能转回

B. 暂时性差异在可预见的未来不会转回

C. 未来很可能不会获得用来抵扣可抵扣暂时性差异的应纳税所得额

D. 未来很可能获得用来抵扣可抵扣暂时性差异的应纳税所得额

三、判断题

1. 只有依照中国法律在中国境内成立的企业才是居民企业。（　　）

2. 对企业减免或返还的流转税，除国家规定有指定用途的项目不征税外，都应照章征收所得

税。（ ）

3. 企业在生产、经营期间的借款利息支出，可按照实际发生数从收入总额中扣除。（ ）

4. 企业来源于中国境外的所得，已在境外缴纳的所得税税款，准予在汇总纳税时，从其应纳税额中扣除，但扣除额不得超过其境外所得依照《企业所得税》计算的应纳税额。（ ）

5. 在计算应纳税所得额时，纳税人因自然灾害或意外事故损失而由保险公司给予的赔偿不得扣除。（ ）

6. 纳税人的各种属行政性的罚款，不得扣除，所以企业支付的银行罚息不得扣除。（ ）

7. 只要资产或负债的账面价值与计税基础间存在差异，就一定会产生暂时性差异。（ ）

8. 企业在取得资产、负债时，应当确认其暂时性差异。（ ）

9. 资产的计税基础，是指企业收回资产实际成本过程中，计算应纳税所得额时按照税法规定可以自应税经济利益中抵扣的金额。（ ）

10. 暂时性差异，是指资产或负债的账面价值与其计税基础之间的差额；未作为资产和负债确认的项目，其计税基础与账面价值之间的差额不属于暂时性差异。（ ）

11. 按照暂时性差异对未来期间应税金额的影响，分为时间性差异和永久性差异。（ ）

12. 企业应当将当期和以前期间应交未交的所得税确认为资产，将已支付的所得税超过应支付的部分确认为负债。（ ）

13. 企业应对商誉的初始计量中产生的递延所得税负债归属于应纳税时间性差异。（ ）

14. 企业对其子公司、联营企业及合营企业投资存在应纳税暂时性差异，若该差异在可预见的未来很可能不会转回，则不应确认为相应的递延所得税负债。（ ）

15. 资产负债表日，对于当期和以前期间形成的当期所得税负债（或资产），应当按照税法规定计算的预期应交纳（或返还）的所得税金额计量。（ ）

16. 在计量递延所得税资产和递延所得税负债时，应当采用与收回资产或清偿债务的预期方式相一致的税率和计税基础。（ ）

17. 企业可以对递延所得税资产和递延所得税负债进行折现。（ ）

18. 资产负债表日，企业应当对递延所得税的账面价值进行复核。（ ）

19. 企业合并所产生的所得税应当作为所得税费用或收益计入当期损益。（ ）

20. 与直接计入所有者权益的交易或者事项相关的当期所得税和递延所得税，应当作为所得税费用或收益计入当期损益。（ ）

四、业务题

1. 某机械制造企业，20××年实现税前收入总额2 000万元（其中包括产品销售收入1 800万元、购买国库券利息收入200万元），发生各项成本费用共计1 000万元，其中包括：合理的工资薪金总额200万元、业务招待费100万元，职工福利费50万元，职工教育经费2万元，工会经费10万元，税收滞纳金10万元，提取的商品跌价准备金支出100万元。另外，企业当年购置环境保护专用设备500万元，购置完毕即投入使用。该企业使用所得税税率为25%。

要求：计算该企业当年应纳的企业所得税额（假定企业以前年度无未弥补亏损）。

2. 某中型工业企业执行现行财会制度和税收法规，20××年企业会计报表利润为20万元，未作任何项目调整，已按25%的所得税率计算缴纳所得税5万元。税务检查人员对该企业进行所得税纳税审查，经查阅有关账证资料，发现如下问题：

① 企业20××年度有正式职工100人，实际列支工资、津贴、补贴、奖金为120万元。

② 企业“长期借款”账户中记载：年初向中国银行借款10万元，年利率为5%；向其他企业借周转金20万元，年利率10%，上述借款均用于生产经营。

③ 全年销售收入 6 000 万元，企业列支业务招待费 25 万元。

④ 该企业 20××年在税前共计提取并发生职工福利费 16.8 万元，计提了工会经费 2.4 万元，计提了教育经费 3.8 万元。

⑤ 20××年 6 月 5 日“管理费用”账户列支厂部办公室使用的空调器一台，价款 6 000 元（折旧年限按 6 年计算，不考虑残值）。

⑥ 年末“应收账款”借方余额 150 万元，“坏账准备”账户贷方余额 6 000 元（该企业坏账核算采用备抵法，按 3%提取坏账准备金）。

⑦ 其他经核实均无问题，符合现行会计制度及税法规定。

要求：（1）扼要指出存在的问题；（2）计算应补企业所得税额。

3. 甲有限责任公司（以下简称甲公司）所得税采用资产负债表债务法核算，适用的所得税税率为 25%。20××年度实现利润总额为 2 000 万元，当年会计与税收之间的差异包括以下事项。

① 取得一项无形资产，成本为 200 万元，由于使用寿命无法合理估计，会计上未摊销其成本。税法规定应按不短于 10 年的期限摊销。

② 国债利息收入 20 万元。

③ 持有一项交易性金融资产，取得成本为 150 万元。会计期末公允价值为 140 万元。

④ 公司持有的一批存货，成本为 1 000 万元，期末清查该存货估计可变现净值为 800 万元，当期计提存货跌价准备 200 万元。

要求：（1）分析计算应纳税暂时性差异和可抵扣暂时性差异。

（2）分别计算甲公司 20××年度的应交所得税、递延所得税资产或递延所得税负债、所得税费用的金额，并编制有关所得税的会计分录。

4. 甲上市公司于 20××年 1 月设立，采用资产负债表债务法核算所得税费用，适用的所得税税率为 33%。该公司 20××年利润总额为 6 000 万元，当年发生的交易或事项中，会计规定与税法规定存在差异的项目如下。

① 20××年 12 月 31 日，甲公司应收账款余额为 5 000 万元，对该应收账款计提了 500 万元坏账准备。税法规定，企业按照应收账款期末余额的 5‰计提的坏账准备允许税前扣除，除已税前扣除的坏账准备外，应收款项发生实质性损失时允许税前扣除。

② 按照销售合同规定，甲公司承诺对销售的 X 产品提供 3 年免费售后服务。甲公司 20××年销售的 X 产品预计在售后服务期间将发生的费用为 400 万元，已计入当期损益。税法规定，与产品售后服务相关的支出在实际发生时允许税前扣除。甲公司 20××年没有发生售后服务支出。

③ 20××年 12 月 31 日，甲公司 Y 产品账面余额为 2 600 万元，根据市场情况对 Y 产品计提跌价准备 400 万元，计入当期损益，税法规定，该类资产在发生实质性损失时允许税前扣除。

④ 20××年 12 月 31 日，甲公司交易性金融资产的取得成本为 4 100 万元，期末公允价值为 2 000 万元。

假定预期未来期间甲公司适用的所得税税率不发生变化，且甲公司预计未来期间能够产生足够的应纳税所得额以抵扣可抵扣暂时性差异。

要求：（1）确定甲公司上述交易或事项中资产、负债在 20××年 12 月 31 日的计税基础，同时比较其账面价值与计税基础，计算所产生的应纳税暂时性差异或可抵扣暂时性差异的金额。

（2）计算甲公司 20××年应纳税所得额、应交所得税、递延所得税和所得税费用。

（3）编制甲公司 20××年确认所得税费用的会计分录。

5. 某公司于 20××年 12 月 21 日购入一台原价为 21 万元的设备，预计使用年限为 6 年，预计净残值为 0。会计上采用直线法计提折旧，因该设备符合税法规定的税收优惠条件，计税时可采用年数总和法计提折旧，假定税法规定的使用年限及净残值均与会计相同。假定该公司各会计期间均未对该固定资产计提减值准备。假设从2008—2013年，公司的税前会计利润均为500万元，除上述差异外，无其他的差异事项。该公司适用所得税率为25%。

要求：（1）利用资产负债表债务法计算2008—2013年各年的累计会计折旧、账面价值、累计计税折旧、计税基础、暂时性差异、递延所得税负债（资产）余额、应确认递延所得税负债（资产）、应税所得额、应交所得税、所得税费用.

（2）编制各年会计分录。

☞知识拓展阅读

两税合并历程

2007年3月16日，十届全国人大五次会议审议通过了《中华人民共和国企业所得税法》，将内外资企业所得税税率统一定为25%，由此结束了中国多年的内外资企业税收分制与纷争，使“两税合一”尘埃落定。这也是中国市场经济体制走向成熟、规范的标志性事件。中国的各类所得税法律法规从建立到完善经历了将近30年的历程。

1980年，颁布实施《中华人民共和国中外合资经营企业所得税法》。

1982年，颁布实施《中华人民共和国外国企业所得税法》。

1991年，将原有的《中华人民共和国中外合资经营企业所得税法》和《中华人民共和国外国企业所得税法》合并而成《外商投资企业和外国企业所得税法》。

1994年，《中华人民共和国企业所得税暂行条例》开始施行，形成了内外两套企业所得税制。按照税法规定，内资企业所得税税率大约是外资企业的两倍。

2000年，财政部着手调研两税合一的可能性。

2001年入世后，财政部着手起草合并方案。

2004年8月，财政部、国税总局将两税合并的草案提交到国务院。

2005年1月12日，财政部部长金人庆在一次会议上呼吁：“统一内外资企业所得税税率已经迫在眉睫，不能再拖了。”在他做出这番表述的前一天，国家税务总局局长谢旭人也高调表态，坚决支持内外企所得税制度改革。此后不久，54家在华投资的世界500强跨国公司向财政部、商务部和国家税务总局提出书面意见，要求延长税收政策优惠期，对中国要实行两税合并，表示了不同意见。他们纷纷在不同场合表达了对两税合并可能影响外资引入的担忧，两税合并的草案最终搁浅。

2006年7月1日起，国家税务总局将内资企业计税工资扣除标准提高1倍，从800元提高到1600元。

2006年12月24日，企业所得税法草案首次提请全国人大常委会审议。

2007年1月1日，开始实施的新《城镇土地使用税暂行条例》将城镇土地使用税的征收范围扩大到外商投资企业和外国企业，实施的《车船税暂行条例》将过去的《车船使用牌照税暂行条例》和《中华人民共和国车船使用税暂行条例》合二为一，不分内资、外资统一征收。

2007年3月9日，十届全国人大五次会议第二次全体会议审议《中华人民共和国企业所得税法（草案）》。

2007年3月16日，十届全国人民代表大会第五全体会议通过，胡锦涛主席签发中华人民共和国主席令第46号，《中华人民共和国企业所得税法》正式颁布。

“两税合一”将使中国的税制更加符合国际标准，使中国的投资环境得到进一步改善，也将使那些富有战略眼光的外国投资者获得持续与长远的利益。因此可以预期，那些注重中国市场巨大潜力的外资不会因中国税制改革而改变其投资意向。

（资料来源：财软联盟，www.fs119.net）

第 8 章

个人所得税会计

【学习目标】 通过本章学习，了解个人所得税的纳税人、征收范围、税率、减免税及纳税申报过程；掌握个人所得税的计算及会计处理方法。

【重点难点】 本章重点为个人所得税的计算及会计处理方法；难点在于居民及非居民纳税人的判定标准、个人所得税应纳税额的核算。

8.1 个人所得税概述

8.1.1 个人所得税的概念及特点

个人所得税是以个人（自然人）取得的各项应税所得为征税对象课征的一种税。我国现行的个人所得税主要具有以下特点。

（1）实行分类征收制度

按照计税方法和征收管理的不同，国际上个人所得税有 3 种税制模式：分类所得税制、综合所得税制和分类综合所得税制。我国现行个人所得税采用的是分类所得税制，将个人取得的所得划分为 11 类，对不同的应税项目分别适用不同的费用减除规定、不同的税率和不同的计税方法。实行分类课征制度，不仅方便了征纳双方，加强了税源控制，而且便于体现国家对不同所得的政策。在分项计征的同时，还要求同项合并纳税。

（2）采用定额和定率并用的费用扣除方式

我国个人所得税对纳税人的各项应税所得，根据不同情况在费用扣除上分别实行定额扣除和定率扣除两种方法。在计税方法上，我国个人所得税费用扣除采用总额扣除法，从而避免了个人实际生活费用支出逐项计算的烦琐。

（3）采用比例税率和超额累进税率两种计算方法

现行个人所得税根据不同的应税所得分别适用累进税率和比例税率两种形式。其中，对工资、薪金所得，对个体工商户的生产、经营所得，对企事业单位的承包经营、承租经营所得采用超额累进税率计算征税，实行量能负担；而对其他 8 项应税所得采用比例税率计算征税，实行等比负担。

（4）计税方式多样性

征收个人所得税时，工资、薪金所得按月计税；个体工商户的生产、经营所得和对企事业单位的承包经营、承租经营所得按年计税，分月预缴；其他各项所得均采用按次计税的方法。这主要是针对各项所得核算的不同特点而规定。

（5）鲜明的奖限政策

为加强对某些过高收入的调节力度，现行个人所得税法规定"对劳务报酬所得一次收入畸高的，可以实行加成征收"。同时，为鼓励专家学者著书立说，提高全民族的知识水平和文化素质，税法规定对稿酬所得一律减征30%的个人所得税。

（6）以个人为计税单位

个人所得税在计税时以取得收入的个人为计税单位计算所得税，而不考虑取得收入的个人家庭人口等情况。

（7）计算征收简便

我国现行个人所得税的适用税率和费用扣除方法都比较简明，便于计算。征收方法主要有由支付单位扣缴的源泉征收和个人自行申报纳税两种。这既方便纳税人，也利于税务机关征收管理。

小资料：我国最早的个人所得税

一般认为所得税创立于18世纪末的英国，实际上具有所得税性质的税种，远在2 000多年前的中国西汉末期就已出现，其创始人便是王莽。

西汉哀帝死后，汉平帝继位。因平帝年龄尚幼，完全受大司马王莽的控制。公元8年，王莽自己登上皇帝宝座，把国号改为"新"，次年改元为"始建国"。始建国元年（即公元9年），王莽开始推行他的经济改革措施，设立了对工商业者的纯经营利润额征收的税种"贡"。《汉书·食货志下》中记载："诸取众物鸟兽鱼鳖百虫于山林水泽及畜牧者，嫔妇桑蚕织纺绩补缝，工匠医巫卜视及它方技商贩贾人，贷肆列里区谒舍，皆多自占所为于其所在之其官，除其本、计其得，十一分之，而以其一为贡，敢不自占，自占不以实者，尽没入所采取，而作县官一岁"，其大意是凡是从事采集、狩猎、捕捞、畜牧、养蚕、纺织、缝纫、织补、医疗、卜卦算命之人及其他艺人，还有商贾经营者，都要从其经营收入扣除成本，算出纯利，按纯利额的十分之一纳税，自由申报，官吏核实，如有不报或不实者，没收全部收入，并拘捕违犯之人，罚服劳役苦工一年。

从税收制度的构成要素来说，王莽的"贡"已具备所得税的特征，其征税对象为纯盈利额；以从事多种经营活动取得纯收入的人为纳税人；税率为10%；纳税人自行申报，官吏核实；对违法者有处罚措施。但由于王莽的"贡"征收范围广，征收方法繁，不仅技术操作上不可行，而且引起了人民的群起反抗，到公元22年王莽不得不下旨免税，但为时已晚。两年后，王莽便国破身死。但是王莽首创的"无所得税之名，而有所得税之实"的"贡"，确比英国1799年开征所得税早1700多年。

（资料来源：中国会计人网站，www.ccppaa.com）

8.1.2 个人所得税的纳税义务人

1. 个人所得税的纳税义务人的定义

个人所得税的纳税义务人是指在中国境内有住所，或者无住所而在境内居住满一年的个人，以及在中国境内无住所又不居住或者居住不满一年但从中国境内取得所得的个人。具体包括中国公民、个体工商户、个人独资企业、合伙企业投资者、在中国有所得的外籍人员（包括无国籍人员）和中国香港、澳门、台湾同胞等。所谓中国境内，是指中国有效行使税收管辖权的地区，目前仅指中国大陆地区，尚不包括中国香港、澳门和台湾地区。

2. 个人所得税的纳税义务人的分类

（1）分类标准

按照住所标准和居住时间标准，个人所得税的纳税义务人可以分为居民纳税人和非居民纳税人，分别承担不同的纳税义务。

① 住所标准，我国个人所得税法将在中国境内有住所的个人界定为："因户籍、家庭、经济利益关系而在中国境内习惯性居住的个人。"所谓"习惯性居住"，不是指实际居住，也不是指在一个特定时期中在何处居住，而是判断税收意义上居民与非居民的法律概念，即个人因学习、工作、探亲等原因消除后，没有理由在其他地方居留，而必须回到中国境内。如中国人出国学习，尽管实际居住在国外，但仍认定为中国居民纳税人。

② 居住时间标准，是指以个人在一国境内居住的时间，确定其居民归属的判定标准。个人所得税法规定，纳税人在中国境内居住满一年的，为居民纳税人。所谓在境内居住满一年，是指在一个纳税年度（即公历 1 月 1 日起至 12 月 31 日止）中在中国境内居住 365 日。计算居住天数时，临时离境的不扣减日数。所说的临时离境是指在一个纳税年度中一次不超过 30 日或者多次累计不超过 90 日的离境。

上述判断标准只要具备其中一个就可以认定为居民纳税人。

（2）个人所得税的纳税义务人的类型

① 居民纳税义务人，是指在中国境内有住所或者无住所而在境内居住满一年的个人。居民纳税人负无限的纳税义务，即其从中国境内、境外取得的所得，均应按税法规定在中国缴纳个人所得税。

② 非居民纳税义务人，是指在中国境内无住所又不居住，或者无住所而在境内居住不满一年的个人。非居民纳税义务人，实际上只能是一个纳税年度中，没有在中国境内居住，或者在中国境内居住不满一年的外籍人员（包括无国籍人员）或中国香港、澳门、台湾同胞。

税法将非居民纳税人又分为两种：一种是在一个纳税年度在中国境内居住超过 90 日或 183 日但不满一年的个人；一种是居住不满 90 日或 183 日的个人。其中，对来自与我国签订有税收协定的国家的个人，适用 183 日标准。

非居民纳税人负有限的纳税义务，即只就其从中国境内取得的所得在中国缴纳个人所得税，其中对于在中国境内居住不满 90 日或 183 日的个人，只就来自于中国境内且由境内支付的所的纳税。

在中国境内无住所而在一个纳税年度中在中国境内连续或累计工作超过 90 日或在税收协定规定的期间中在中国境内连续或累计居住超过 183 日但不满一年的个人，其实际在中国境内工作期间取得的由中国境内企业或个人雇主支付和由境外企业或个人雇主支付的工资薪金所得，均应申报缴纳个人所得税；其在中国境外工作期间取得的工资薪金所得，除中国境内企业或高层管理人员，不予征收个人所得税。

居民纳税人和非居民纳税人的划分见表 8-1。

表 8-1　个人所得税纳税人划分及纳税义务

纳税人性质	居住时间	境内所得		境外所得	
		境内支付	境外支付	境内支付	境外支付
居民	境内有住所的个人	纳税	纳税	纳税	纳税
	居住满 5 年的个人	纳税	纳税	纳税	纳税
	居住满 1 年但不满 5 年	纳税	纳税	纳税	
非居民	居住超过 90 或 183 日但不满 1 年	纳税	纳税		
	居住未超过 90 或 183 日	纳税			

3. 所得来源地的确定

因非居民纳税人只就来源于境内的所得缴纳个人所得税，所以，所得来源地的确定非常重要，它是判断非居民纳税人的某项所得是否缴纳所得税的重要依据。所得来源地的具体规定如下。

① 工资、薪金所得，以纳税人任职、受雇单位的所在地为所得来源地。

② 生产经营所得，以生产经营活动的实现地为所得来源地。

③ 劳务报酬所得，以纳税人实际提供劳务的地点为所得来源地。

④ 不动产转让所得，以不动产坐落地为所得来源地；动产转让所得，以动产实现转让的地点为所得来源地。

⑤ 财产租赁所得，以被租赁财产的使用地为所得来源地。

⑥ 利息、股息、红利所得，以支付所得的单位所在地为所得来源地。

⑦ 特许权使用费所得，以特许权的使用地为所得来源地。

另外，在中国境内参加各种活动取得的奖金、中奖、中彩所得，在中国境内以图书报刊方式出版、发表作品取得的稿酬所得，都属于来源于中国境内的所得。

4. 扣缴义务人

个人所得税法规定，凡支付应税所得的单位和个人，都是个人所得税的扣缴义务人。扣缴义务人在向纳税人支付各项应税所得（个体工商户的生产、经营所得除外）时，必须履行代扣代缴税款的义务。

8.1.3 个人所得税的征税对象

个人所得税的征税对象是个人取得的应税所得。《中华人民共和国个人所得税法》列举征税的个人所得共有 11 项。

1. 工资、薪金所得

工资、薪金所得，是指个人因任职或者受雇而取得的工资、薪金、奖金、年终加薪、劳动分红、津贴、补贴及与任职或者受雇有关的其他所得，但是下列项目不包括在内。

① 独生子女补贴。

② 执行公务员工资制度未纳入基本工资总额的补贴、津贴差额和家属成员的副食品补贴。

③ 托儿补助费。

④ 差旅费津贴、误餐补助。

⑤ 对商品营销活动中，企业和单位对营销业绩突出的雇员以培训班、研讨会、工作考察等名义组织旅游活动，通过免收差旅费、旅游费对个人实行营销业绩奖励（包括实物、有价证券等），应根据所发生的金额并入营销人员当期工资、薪金所得，按照“薪金、工资所得”项目征收个人所得税，并由单位代扣代缴。

⑥ 出租汽车经营单位对出租车驾驶员采取单车承包或承租方式运营，出租车驾驶员从事客货运营取得的收入，按工资、薪金所得项目征税。

2. 个体工商户的生产、经营所得

个体工商户的生产、经营所得，包括以下几种。

① 个体工商户从事工业、手工业、建筑业、交通运输业、商业、饮食业、服务业、修理业及其他行业生产、经营取得的所得。

小资料：我国个人所得税改革历程

个人所得税1799年诞生于英国，作为以“劫富济贫”为立法初衷和主要功能开征的一个税种。个税在200多年间发展迅速，目前已经成为世界各国普遍开征的一个税种。我国的个人所得税于1981年开征，征税内容包括工资、薪金所得、经营所得以及其他的各类规定的收入和报酬。

1981年版个税适用超额累进税率，同时规定了800元为个税起征点。由于当时国民收入普遍未达到800元起征点，个税主要针对外籍人士。我国的个人所得税制度至此方始建立。

1986年9月，针对我国国内个人收入发生很大变化的情况，国务院规定对本国公民的个人收入统一征收个人收入调节税，纳税的扣除额标准调整为400元，而外籍人士的800元扣除标准并没有改变，内外双轨的标准由此产生。

1994年，内外个人所得税制度又重新统一。

2005年8月，第一轮个税改革落定，其最大变化就是个税费用扣除额从800元调至1600元，同时高收入者实行自行申报纳税。

2008年3月，在个税第二轮改革中，个人工资、薪金所得减除费用标准由1600元每月提高到现行的2000元每月。

2011年6月30日，人大常委会决定，个税起征点将从现行的2000元提高到3500元，并将工薪所得9级超额累进税率缩减至7级。至此，我国已是近五年内第三次对个税起征点进行提高调整。

（资料来源：南方日报，作者：黄颖川，2011年07月01日）

② 个人经政府有关部门批准，取得执照，从事办学、医疗、咨询及其他有偿服务活动取得的所得。

③ 上述个体工商户和个人取得的与生产、经营有关的各项应税所得。个体工商户和从事生产、经营的个人，取得与生产、经营活动无关的其他各项应税所得，应分别按照其他税项目的有关规定，计算征收个人所得税。

④ 个人从事彩票代销业务而取得的所得。

⑤ 从事个体出租车运营的出租车司机取得的收入，按“个体工商户的生产、经营所得”项目计算缴纳个人所得税。

出租车属个人所有，但挂靠出租汽车经营单位或企事业单位，出租车司机向挂靠单位缴纳管理费的，或出租汽车经营单位将出租车所有权转移给出租车司机的，出租车司机从事客货运输取得的收入，依照“个体工商户的生产、经营所得”项目计算缴纳个人所得税。

⑥ 个体工商户和从事生产、经营的个人，取得与生产、经营活动无关的其他各项应税所得，应分别按照其他应税项目的有关规定，计算征收个人所得税。如取得银行存款的利息所得、对外投资取得的股息所得，应按“股息、利息、红利”税目的规定单独计征个人所得税。

⑦ 个人独资企业、合伙企业的个人投资者以企业资金为本人、家庭成员及其相关人员支付与企业生产经营无关的消费性支出及购买汽车、住房等财产性支出，视为企业对个人投资者利润分配，并入投资者个人的生产经营所得，依照“个体工商户的生产经营所得”项目计征个人所得税。

⑧ 其他个人从事个体工商业生产、经营取得的所得。

依照《中华人民共和国个人独资企业法》和《中华人民共和国合伙企业法》登记成立的个人独资企业、合伙企业的投资者；依照《中华人民共和国私营企业暂行条例》登记成立的独资、合伙性质的私营企业的投资者；依照《中华人民共和国律师法》登记成立的合伙制律师事务所的投资者、经政府有关部门依照法律法规批准成立的负无限责任和无限连带责任的其他个人独资、个人合伙性质的机构或组织的投资者，所取得的生产经营所得参照个体工商户的生产经营所得项目征税。

3. 对企事业单位的承包经营、承租经营所得

对企事业单位的承包经营、承租经营所得，是指个人承包经营、承租经营及转包、转租取得的所得，还包括个人按月或者按次取得的工资、薪金性质的所得。承包项目可分为多种，如生产经营、采购、销售、建筑安装等。转包包括全部转包或部分转包。

不同的承包承租方式，因分配方式不同，纳税方式也包括两种。

① 承包、承租人对企业经营成果不拥有所有权，仅按合同（协议）规定取得一定所得的，应按“工资、薪金所得”项目征收个人所得税。

② 承包、承租人按合同（协议）规定只向发包方、出租人交纳一定的费用，交纳承包、承租费后的企业经营成果归承包、承租人所有的，其取得的所得，按“对企事业单位承包经营、承租经营所得”项目征收个人所得税。

4. 劳务报酬所得

劳务报酬所得，是指个人从事设计、装潢、安装、制图、化验、测试、医疗、法律、会计、咨询、讲学、新闻、广播、审稿、书画、雕刻、影视、录音、录像、演出、表演、广告、展览、技术服务、介绍服务、经纪服务、代办服务及其他劳务取得的所得。个人担任董事职务所得的董事费收入，属于劳务报酬性质，按劳务报酬所得项目征税。

对商品营销活动中，企业和单位对营销业绩突出的非雇员以培训班、研讨会、工作考察等名义组织旅游活动，通过免收差旅费、旅游费对个人实行营销业绩奖励（包括实物、有价证券等），应根据所发生的金额并入营销人员当期工资、薪金所得，按照“劳务报酬所得”项目征收个人所得税，并由单位代扣代缴。

是否存在雇佣关系是判断一种收入是属于劳务报酬所得，还是属于工资、薪金所得的重要标准。劳务报酬各项所得一般属于个人独立从事各种技艺、提供各种劳务取得的报酬，与任职受雇无关。

5. 稿酬所得

稿酬所得，是指个人因其作品以图书、报刊形式出版、发表而取得的所得。这里所说的作品，包括文学作品、书画作品、摄影作品，以及其他作品。作者去世后，财产继承人取得的遗作稿酬，也应征收个人所得税。

6. 特许权使用费所得

特许权使用费所得，是指个人提供专利权、商标权、著作权、非专利技术以及其他特许权的使用权取得的所得。提供著作的使用权取得的所得，不包括稿酬所得。

7. 利息、股息、红利所得

利息、股息、红利所得，是指个人拥有债权、股权而取得的利息、股息、红利所得。其中，利息一般是指存款、贷款和债券的利息。股息、红利是指个人拥有股权取得的公司、企业分红。其中，按照一定的比率派发的每股息金，称为股息；根据公司、企业应分配的、超过股息部分的利润，按股派发的红股，称为红利。股息、红利所得，除另有规定外，都应当缴纳个人所得税。

除个人独资企业、合伙企业以外的其他企业的个人投资者，以企业资金为本人、家庭成员及其相关人员支付与企业生产经营无关的消费性支出及购买汽车、住房等财产性支出，视为企业对个人投资者的红利分配，依照“利息、股息、红利所得”项目计征个人所得税。

纳税年度内个人投资者从其投资企业借款，在该纳税年度终了后既不归还又未用于企业生产经营的，其未归还的部分可视为企业对个人投资者的红利分配，依照利息、股息、红利所得计征个人所得税。

8. 财产租赁所得

财产租赁所得，是指个人出租建筑物、土地使用权、机器设备、车船及其他财产取得的所得。个人取得的财产转租收入，属于“财产租赁所得”的征税范围。

在确定财产租赁所得的纳税义务人时，应以产权凭证为依据，对无产权凭证的，由主管税务机关根据实际情况确定；产权所有人死亡，在未办理产权继承手续期间，该财产出租而有租金收入的，以领取租金的个人为纳税义务人。

9. 财产转让所得

财产转让所得，是指个人转让有价证券、股权、建筑物、土地使用权、机器设备、车船及其他财产取得的所得。对个人取得的各项财产转让所得，除股票转让所得外，都要征收个人所得税。具体规定为：① 股票转让所得——国务院决定，对股票转让所得暂不征收个人所得税；② 量化资产股份转让。

集体所有制企业在改为股份合作制企业时，对职工个人以股份形式取得的不拥有所有权、仅作为分红依据的企业量化资产，不征收个人所得税。对职工个人以股份形式取得的拥有所有权的企业量化资产，暂缓征收个人所得税；待个人将股份转让时，就其转让收入额，减除个人取得该股份时实际支付的费用支出和合理转让费用后的余额，按“财产转让所得”项目计征个人所得税。

10. 偶然所得

偶然所得，是指个人得奖、中奖、中彩以及其他偶然性质的所得。其中，得奖，是指参加各种有奖竞赛活动，取得名次获得的奖金；中奖、中彩，是指参加各种有奖活动，如有奖销售、有奖储蓄或购买彩票，经过规定程序，抽中、摇中号码而取得的奖金。偶然所得应纳的个人所得税，一律由发奖单位或机构代扣代缴。

11. 其他所得

除了上述各项个人应税所得外，其他确有必要征税的个人所得及今后可能出现的需要征税的新项目，由国务院财政部门确定征收个人所得税。

个人取得的所得，难以界定应纳税所得项目的，由主管税务机关确定。

8.1.4 税率

我国个人所得税按照应税项目分别规定了超额累进税率和比例税率两种形式。

1. 超额累进税率

工资、薪金所得，个体工商户生产经营所得及对企事业单位的承包经营、承租经营所得适用超额累进税率。

① 工资、薪金所得。工资、薪金所得，适用于3%～45%的七级超额累进税率（见表8-2）

② 个体工商户的生产、经营所得和对企事业单位的承包经营、承租经营所得个体工商户的生产、经营所得和对企事业单位的承包经营、承租经营所得，适用5%～35%的五级超额累进税率（见表8-3）。

表 8-2 工资、薪金所得个人所得税税率

级数	月含税所得级距	月不含税所得级距	税率（%）	速算扣除数
1	不超过 1 500 元的	不超过 1 455 元的	3	0
2	超过 1 500 元至 4 500 元的部分	超过 1 455 元至 4 155 元的部分	10	105
3	超过 4 500 元至 9 000 元的部分	超过 4 155 元至 7 755 元的部分	20	555
4	超过 9 000 元至 35 000 元的部分	超过 7 755 元至 27 255 元的部分	25	1 005
5	超过 35 000 元至 55 000 元的部分	超过 27 255 元至 41 255 元的部分	30	2 755
6	超过 55 000 元至 80 000 元的部分	超过 41 255 元至 57 505 元的部分	35	5 505
7	超过 80 000 元的部分	超过 57 505 元的部分	45	13 505

注：① 本表所称月含税所得级距和月不含税所得级距，均为按照税法规定减除费用后的余额或者减除附加减除费用后的余额。

② 含税级距适用于由纳税人自行负担税款的工资、薪金所得；不含税级距适用于由他人（雇主）代付税款的工资、薪金所得。

表 8-3 个体工商户生产、经营所得和对企事业单位的承包经营、承租经营所得税率表

级 数	年含税所得级距	年不含税所得级距	税率（%）	速算扣除数
1	不超过 15 000 元的	不超过 14 250 元的	5	0
2	超过 15 000 元至 30 000 元的部分	超过 14 250 元至 27 750 元的部分	10	750
3	超过 30 000 元至 60 000 元的部分	超过 27 750 元至 51 750 元的部分	20	3 750
4	超过 60 000 元至 100 000 元的部分	超过 51 750 元至 79 750 元的部分	30	9 750
5	超过 100 000 元的部分	超过 79 750 元的部分	35	14 750

注：① 本表所称月含税所得级距和月不含税所得级距，均为按照税法规定减除有关费用后的余额。

② 含税级距适用于个体工商户的生产、经营所得和由纳税人自行负担税款的承包经营、承租经营所得；不含税级距适用于由他人（雇主）代付税款的承包经营、承租经营所得。

这里值得注意的是，由于目前实行承包、承租经营的形式较多，分配方式也不相同，因此对其征税所使用的税率也不一致。其规定如下：一是承包、承租人对企业经营成果不拥有所有权，仅是按照合同（协议）规定取得一定所得的，其所得按工资、薪金所得项目征税，适用 3%～45%的七级超额累进税率；二是对承包、承租人按合同（协议）的规定只向发包、出租方交纳一定的费用后，企业的经营成果归其所有的，对其所得按对企事业单位的承包、承租经营所得项目征税，适用 5%～35%的五级超额累进税率；三是个人独资企业和合伙企业的个人投资者取得的生产经营所得，也适用 5%～35%的五级超额累进税率。

2. 比例税率

对稿酬所得，劳务报酬所得，特许权使用费所得，利息、股息、红利所得，财产租赁所得，财产转让所得，偶然所得和其他所得均适用 20%的比例税率。

从 2007 年 8 月 15 日起，居民储蓄利息税率调为 5%，自 2008 年 10 月 9 日起暂免征收储蓄存款利息的个人所得税。

此外，对个人按市场价格出租的居民住房取得的所得，自 2001 年 1 月 1 日起暂减按 10%的税率征收个人所得税。

3. 减征和加成征收的规定

个人所得税法为了体现国家政策，有效调节收入，对有关所得项目规定予以减征和加成征收。

① 减征规定。对稿酬所得，规定在适用 20%的税率征税时，按应纳税额减征 30%，因而实际税率相当于 14%。

② 加成征收。对于劳务报酬所得一次收入畸高的，规定在适用 20%的税率征税的基础上，可以实行加成征收。所谓“劳务报酬所得一次收入畸高”，是指个人一次取得劳务报酬，其应纳税所得额超过 20 000 元。对一次取得劳务报酬应纳税所得额超过 20 000～50 000 元的部分，依照税法规定计算应纳税额后，按照应纳税额加成征收 5 成，超过 50 000 部分再加征 10 成。因此，劳务报酬所得实际征收 20%、30%、40%三级超额累进税率（见表 8-4）。

表 8-4 劳务报酬所得税税率表

级 数	每次应纳税所得额	税 率	速算扣除数
1	不超过 20 000 元的	20%	0
2	超过 20 000～50 000 元的部分	30%	2 000
3	超过 50 000 元的部分	40%	7 000

注：本表所称每次应纳税所得额为按个人所得税法规定减除有关费用后的余额。

8.1.5 税收优惠

个人所得税的税收优惠主要分为免税项目、减税项目和暂免征税项目。

1. 免税项目

税法规定，下列所得免纳个人所得税。

① 省级人民政府、国务院部委和中国人民解放军军以上单位，以及外国组织、国际组织颁发的科学、教育、技术、文化、卫生、体育、环境保护等方面的奖金。

② 国债和国家发行的金融债券利息。国债利息是指个人持有中华人民共和国财政部发行的债券而取得的利息；国家发行的金融债券利息是指个人持有经国务院批准发行的金融债券而取得的利息所得。

③ 按照国家统一规定发给的补贴、津贴。这是指按照国务院规定发给的政府特殊津贴和国务院规定免纳个人所得税的补贴、津贴。

④ 福利费、抚恤金、救济金。福利费是指根据国家有关规定，从企业、事业单位、国家机关、社会团体提留的福利费或者工会经费中支付给个人生活补助费；救济金是指国家民政部门支付给个人的生活困难补助费。

⑤ 保险赔款。

⑥ 军人的转业费、复员费。

⑦ 按照国家统一规定发给干部、职工的安家费、退职费、退休工资、离休工资、离休生活补助费。

⑧ 依照我国有关法律规定应予免税的各国驻华使馆、领事馆的外交代表、领事官员和其他人员的所得。主要是指上述人员依照《中华人民共和国领事特权与豁免条例》和《中华人民共和国领事特权与豁免权》规定免税的所得。

⑨ 中国政府参加的国际公约、签订的协议中规定免税的所得。

⑩ 企业和个人按省级以上人民政府规定提取并缴付的住房公积金、医疗保险金、基本养老保险金、失业保险基金，不计入跟人当期的工资、薪金收入，免于征收个人所得税。超过规定的比例缴付的部分计征个人所得税。

个人领取原提存的住房公积金、医疗保险金、基本养老保险金，以及具备《失业保险条例》规定条件的失业人员领取的失业保险金，免予征收个人所得税。

⑪ 按照国家有关城镇房屋拆迁管理办法规定的标准，被拆迁人取得的拆迁补偿款，免征个人所得税。按照城市发展规划，在旧城改造过程中，个人因住房被征用而取得赔偿费，属补偿性质的收入，无论是现金还是实物（房屋），均免予征收个人所得税。

⑫ 生育妇女按照县级以上人民政府根据国家有关规定制定的生育保险办法，取得的生育津贴、生育医疗费或其他属于生育保险性质的津贴、补贴，免征个人所得税。

⑬ 见义勇为奖免税。对乡镇以上政府或县以上政府主管部门批准成立的见义勇为基金会或者类似组织，奖励见义勇为者的奖金或奖品，经主管税务机关批准，免征个人所得税。

⑭ 股权分置改革中非流通股股东通过对价方式向流通股股东支付的股份、现金等收入，暂免征收流通股股东应缴纳的企业所得税和个人所得税。

⑮ 经国务院财政部门批准免税的所得。

2. 减税项目

税法规定，有下列情形之一的，经批准可以减征个人所得税，减征的幅度和期限由省、自治区、直辖市人民政府确定。

① 残疾、孤老人员和烈属的所得。

② 因严重自然灾害造成重大损失的。

③ 其他经国务院财政部门批准减税的。

3. 其他暂免征税项目

① 外籍个人以非现金形式或实报实销形式取得的住房补贴、伙食补贴、搬迁费、洗礼费。

② 外籍个人按合理标准取得的境内、境外出差补贴。

③ 外籍个人取得的探亲费、语言训练费、子女教育费等，经当地税务机关审核批准为合理的部分。

④ 外籍个人从外商投资企业取得的股息、红利所得。

⑤ 凡符合下列条件之一的外籍专家取得的工资、薪金所得，可免征个人所得税：

- 根据世界银行专项贷款协议由世界银行直接派往我国工作的外国专家。
- 联合国组织直接派往我国工作的专家。
- 为联合国援助项目来华工作的专家。
- 援助国派往我国专为该国援助项目工作的专家。
- 根据两国政府签订的文化交流项目来华工作两年以内的文教专家，其工资、薪金所得由该国负担的。
- 根据我国大专院校国际交流项目来华工作两年以内的文教专家，其工资、薪金所得由该国负担的。
- 通过民间科研协定来华工作的专家，其工资、薪金所得由该国政府机构负担的。

⑥ 个人举报、协查各种违法、犯罪行为而获得的奖金。

⑦ 个人办理代扣代缴手续，按规定取得的扣缴手续费。

⑧ 个人转让自用达 5 年以上，并且是唯一的家庭生活用房取得的所得。

⑨ 个人取得单张有奖发票奖金所得不超过 800 元（含 800 元）的，暂免征收个人所得税；个人取得单张有奖发票奖金所得超过 800 元的，应全额按照个人所得税法规定的“偶然所得”项目征收个人所得税。

⑩ 达到离休、退休年龄，但确因工作需要，适当延长离休、退休年龄的高级专家（指享受国

家发放的政府特殊津贴的专家、学者)，其在延长离休、退休期间的工资、薪金所得，视同离休、退休工资免征个人所得税。

⑪ 个人取得的教育储蓄存款利息所得和按照国家或省级地方政府规定的比例缴付的住房公积金、医疗保险金、基本养老保险金、失业保险金存入银行个人账户所取得的利息所得，免予征收个人所得税。

4. 对部分在境内无住所纳税人的照顾

① 在中国境内无住所，但是在1个纳税年度中在中国境内连续或累计居住不超过90日的个人，其来源于中国境内的所得，由境外雇主支付并且不由该雇主在中国境内的机构、场所负担的部分，免于缴纳个人所得税。

② 在中国境内无住所，但是居住1年以上5年以下的个人，其来源于中国境外的所得，经主管税务机关批准，可以只就由中国境内公司、企业及其他经济组织或者个人支付的部分缴纳个人所得税；居住超过5年的个人，从第6年起，应当就其来源于中国境外的全部所得缴纳个人所得税。

8.2 个人所得税的计算和申报

8.2.1 个人所得税计税依据的确定

个人所得税的计税依据是纳税人取得的应纳税所得额。应纳税所得额是个人取得的各项应税收入减去税法规定的扣除项目或扣除金额之后的余额。

1. 收入的形式

个人取得的收入形式包括现金、实物和有价证券和其他经济利益流入。所得为实物的，应当按照取得的凭证上所注明的价格计算应纳税所得额；无凭证的实物或者凭证上所注明的价格明显偏低的，由主管税务机关参照当地市场价格核定应纳税所得额。所得为有价证券的，由主管税务机关根据票面价格和市场价格核定应纳税所得额。所得为其他形式的经济利益的，参照市场价格核定应纳税所得额。

2. 每次收入的确认

《个人所得税法》对纳税人的征税方法有三种：其中纳税人取得的工资、薪金所得，实行按月计征；个体工商户的生产、经营所得和对企事业单位的承包、承租经营所得，实行按年计征；纳税人取得的劳务报酬等7个项目，一般以每次取得的收入为应税所得额缴纳税款。

在按次征收的情况下，由于扣除费用根据每次应纳税额的大小，分别规定了定额和定率两个标准。因此，准确划分“次”十分重要。《个人所得税法实施条例》对劳务报酬等7项目的“次”做了明确规定。

税法所说的每次收入，具体所指如下。

① 劳务报酬所得，属于一次性收入的，以取得该项收入为一次；属于同一项目连续性收入的，以一个月内取得的收入为一次。

② 稿酬所得，一般以每次出版、发表取得的收入为一次。但应注意以下几个问题。

- 个人每次以图书、报刊方式出版、发表同一作品，不论出版单位是预付还是分笔支付稿酬，或者加印该作品后再付稿酬，均应合并为一次征税。
- 同一作品再版取得的所得，应视作另一次稿酬所得计征个人所得税。

⊙ 个人的同一作品在报刊上连载，应合并其因连载取得的所得为一次。

⊙ 同一作品在报刊连载后又出书取得稿酬的或先出书后连载取得稿酬的，应视同再版稿酬分次征税，即连载为一次，出版为一次。

⊙ 同一作品出版、发表后，因添加印数而追加稿酬的，应与以前出版、发表时取得的稿酬合并计算为一次，计征个人所得税。

③ 特许权使用费所得，以一项特许权的一次许可使用所取得的收入为一次。

④ 财产租赁所得，以一个月内取得的收入为一次。

⑤ 利息、股息、红利所得，以支付利息、股息、红利时取得的收入为一次。

⑥ 偶然所得和其他所得，以每次取得该项收入为一次。

3. 费用扣除的方法

我国现行的个人所得税根据所得的不同情况分别实行定额、定率和会计核算 3 种扣除办法。

① 对工资、薪金所得和对企事业单位的承包经营、承租经营所得涉及的个人生计费，采取定额扣除办法。

② 个体工商户的生产、经营所得及财产转让所得，采取会计核算办法扣除有关的成本、费用或规定的必要费用。

③ 劳务报酬所得、稿酬所得、特许权使用费所得、财产租赁所得，采取定额与定率两种扣除办法。

④ 股息、利息、红利所得，偶然所得和其他所得，不得扣除任何费用。

8.2.2 个人所得税的计算

个人所得税应纳税额的计算，是在准确计算应纳税所得额和扣除费用的基础上，选择适用不同税率而计算出来的。

1. 工资、薪金所得应纳个人所得税的计算

（1）工资、薪金所得应纳税额的一般计算方法

工资薪金所得按月计征所得税。每月取得工资收入后，先减去个人承担的基本养老保险金、医疗保险金、失业保险金，以及按省级政府规定标准缴纳的住房公积金等免税项目，再减去费用扣除额 3 500 元/月（来源于境外的所得以及外籍人员、华侨和香港、澳门、台湾同胞在中国境内的所得可减除费用扣除额 4 800 元），为应纳税所得额。

根据应税所得额，查工资、薪金所得税税率表（见表 8-2），找出适用税率和扣除数，代入计算公式，即可计算出工资、薪金应交个人所得税的金额。

计算公式是：

应纳个人所得税税额 = 应纳税所得额×适用税率 - 速算扣除数

【例 8-1】 李某 20× ×年 5 月取得工资收入 5 000 元，当月个人承担住房公积金、基本养老保险金、医疗保险金、失业保险金共计 800 元。要求计算李某当月应纳的个人所得税。

应纳税所得额=5 000−800−3 500=700（元）

参照表 8-2，700 元含税所得适用税率为 3%，速算扣除数为 0 元，则：

应纳税额=700×3%−0=21（元）

【例 8-2】 某外商投资企业中的工作的德国专家（非居民纳税人），20× ×年 3 月取得由该企业发放的工资收入 10 850 元人民币。请计算其应纳个人所得税。

应纳税所得额=10 850−4 800=6 050（元）=6 050（元）

参照表 8-2，6 050 元含税所得适用税率为 20%，速算扣除数为 555 元，则：

应纳税额=6 050×20%−555=655（元）

（2）个人取得全年一次性奖金或年终加薪，应纳个人所得税的计算

自 2005 年 1 月 1 日起，行政机关、企事业单位向其雇员发放的一次性奖金（包括年终加薪、实行年薪制和绩效工资办法的单位根据考核情况兑现的年薪和绩效工资）可单独作为一个月工资、薪金所得计算纳税，并按以下计税办法，由扣缴义务人发放时代扣代缴。

① 首先将全年一次性奖金总额除以 12 个月，按其商数确定适用税率和对应的速算扣除数。如果在发放年终一次性奖金的当月，雇员当月工资、薪金所得低于税法规定的费用扣除额，应将全年一次性奖金减除“雇员当月工资、薪金所得与费用扣除额的差额”后的余额，按上述办法确定全年一次性奖金的适用税率和速算扣除数。

② 将雇员个人当月内取得的全年一次性奖金，按上述第（1）条确定的适用税率和速算扣除数计算征税。

如果雇员当月工资、薪金所得高于（或等于）税法规定的费用扣除额的，适用公式为：

应纳税额＝当月取得全年一次性奖金×适用税率－速算扣除数

如果雇员当月工资、薪金所得低于税法规定的费用扣除额的，适用公式为：

应纳税额＝(当月取得全年一次性奖金－当月工资、薪金所得与费用扣除额的差额)×适用税率－速算扣除数。

③ 由于上述计算纳税方法是一种优惠办法，在一个纳税年度内，对每一个纳税人，该计算纳税办法只允许采用一次。对于全年考核，分次发放奖金的，该办法也只能采用一次。雇员取得的除全年一次性奖金以外的其他各种名目奖金，如半年奖、季度奖、加班奖、先进奖、考勤奖等，一律与当月工资、薪金收入合并，按税法规定缴纳个人所得税。

【例 8-3】中国公民张某 20××年 12 月除取得工资 4 700 元外，还取得全年一次性奖金全 36 000 元，请计算张某当月应纳的个人所得税。

36 000÷12=3 000（元）

3 000 元含税所得适用税率为 10%，速算扣除数为 105 元。

奖金应纳个人所得税税额=36 000×10%−105=3 495（元）

当月工资、薪金所得应纳个人所得税税额=(4 700−3 500)×3%−0=36（元）

张某合计应纳个人所得税税额=3 495+36=3 531 元

若张某取得全年一次性奖金为 36 000 元，而本月工资为 1 400 元，则当月应缴个人所得税计算如下：

[36 000−(3 500−1 400)]÷12＝2 825（元）

适用税率为 10%，速算扣除数为 105 元，则

奖金应纳个人所得税税额=[36 000−(2 000−1 400)]×10%−105=3 285（元）。

当月工资 1 400 元，低于 3 500 元，不纳所得税，则张某本月应纳所得税为 3 285 元。

（3）在中国境内无住所的个人取得工资薪金所得的征税问题

① 关于在中国境内无住所而在一个纳税年度中在中国境内连续或累计居住不超过 90 日或在税收协定规定的期间中在中国境内连续或累计居住不超过 183 日的个人纳税义务的确定。

据有关规定，该类人员仅就其实际在中国境内工作期间由中国境内企业或个人雇主支付或者由中国境内机构负担的工资薪金所得申报纳税。计算公式如下：

$$应纳税额=(当月境内外工资、薪金应税所得额\times适用税率-速算扣除数)\times\frac{当月境内支付工资}{当月境内外支付工资}\times\frac{当月境内工作天数}{当月天数}$$

② 关于在中国境内无住所而在一个纳税年度中在中国境内连续或累计居住超过90日或在税收协定规定的期间中在中国境内连续或累计居住超过183日但不满一年的个人纳税义务的确定。

根据有关规定，该类人员其实际在中国境内工作期间取得的由中国境内企业或个人雇主支付和由境外企业或个人雇主支付的工资薪金所得，均应申报缴纳个人所得税；其在中国境外工作期间取得的工资薪金所得，除中国境内企业或高层管理人员，不予征收个人所得税。计算公式如下：

$$应纳税额=(当月境内外工资、薪金应税所得额\times适用税率-速算扣除数)\times\frac{当月境内工作天数}{当月天数}$$

③ 关于在中国境内无住所但在境内居住满一年的个人纳税义务的确定

根据规定，在中国境内无住所但在境内居住满一年而不超过五年的个人，其在中国境内工作期间取得的由中国境内企业或个人雇主支付和由中国境外企业或个人雇主支付的工资薪金，均应申报缴纳个人所得税；其在临时离境工作期间的工资薪金所得，仅就由中国境内企业或个人雇主支付的部分申报纳税。

上述个人，在一个月中既有在中国境内工作期间的工资薪金所得，也有在临时离境期间由境内企业或个人雇主支付的工资薪金所得的，应合并计算当月应纳税款，并按税法规定的期限申报缴纳。计算公式如下：

$$应纳税额=(当月境内外工资、薪金应税所得额\times适用税率-速算扣除数)\times(1-\frac{当月境内支付工资}{当月境内外支付工资}\times\frac{当月境内工作天数}{当月天数})$$

④ 中国境内企业董事、高层管理人员纳税义务的确定

担任中国境内企业董事或高层管理职务的个人，其取得的由该中国境内企业支付的董事费或工资薪金，应自其担任该中国境内企业董事或高层管理职务起，至其解除上述职务止的期间，不论其是否在中国境外履行职务，均应申报缴纳个人所得税；其取得的由中国境外企业支付的工资薪金，应依照本前述规定确定纳税义务。

⑤ 不满一个月的工资、薪金所得应纳税额的计算

在中国境内无住所的个人，凡在中国境内居住不满一个月并仅就不满一个月期间的工资、薪金所得申报纳税的，均应按全月工资、薪金所得为依据计算实际应纳税额。其计算公式为：

$$应纳税额=(当月境内外工资、薪金应税所得额\times适用税率-速算扣除数)\times\frac{当月实际在中国境内的天数}{当月天数}$$

如果属于上述情况的个人取得的是日工资、薪金，应以日工资、薪金乘以当月天数换成月工资、薪金后，再按上述公式计算应纳税额。

（4）关于企业高级管理人员行使股票认购权取得所得征收个人所得税问题

① 根据《个人所得税法》和有关规定，企业有股票认购权的高级管理人员，在行使股票认购权时的实际购买价（行权价）低于购买日（行权日）公平市场价之间的数额，属于个人所得税“工资、薪金所得”应税项目的所得，应按照《国家税务总局关于个人认购股票等有价证券而从雇主取得折扣或补贴收入有关征收个人所得税问题的通知》（国税发〔1998〕9号）的规定缴纳个人所得税，税款由企业负责代扣代缴。

② 个人在股票认购权行使前，将其股票认购权转让所取得的所得，应并入其当月工资收入，按照“工资、薪金所得”项目缴纳个人所得税。上述所得由境内受雇企业或机构支付的，或者属于

《国家税务总局关于外商投资企业和外国企业对境外企业支付其雇员的工资薪金代扣代缴个人所得税问题的通知》（国税发〔1999〕241号）规定的本应由境内受雇企业或机构支付但实际由其境外母公司（总机构）或境外关联企业支付情形的，相应所得的应纳税款由境内受雇企业或机构负责代扣代缴；上述应纳税款在境内没有扣缴义务人的，取得所得的个人应按税法规定，在规定的期限内向主管税务机关自行申报纳税。

③ 对个人在行使股票认购权后，将已认购的股票（不包括境内上市公司股票）转让所取得的所得，应按照“财产转让所得”项目缴纳个人所得税。上述税款由直接向个人支付转让收入的单位（不包括境外企业）负责代扣代缴；直接向个人支付转让收入的单位为境外企业的，取得收入的个人应按税法规定，在规定的期限内向主管税务机关自行申报纳税。

（5）在外商投资企业、外国企业和外国驻华机构工作的中方人员取得的工资、薪金所得的征税问题

在外商投资企业、外国企业和外国驻华机构工作的中方人员取得的工资、薪金收入，凡是由雇佣单位和派遣单位分别支付的，支付单位应按税法规定代扣代缴个人所得税。同时，按税法规定，纳税义务人，应以每月全部工资、薪金收入减除规定费用后的余额为应纳税所得额。

为了有利于征管，对雇佣单位和派遣单位分别支付工资、薪金的，采取由支付者中的一方减除费用的方法，即只由雇佣单位在支付工资、薪金时，按税法规定减除费用；派遣单位支付的工资薪金不再减除费用，以支付金额直接确定适用税率，计算扣缴个人所得税。

上述纳税义务人，应持两处支付单位提供的原始明细工资、薪金单（书）和完税凭证原件，选择并固定到一地税务机关申报每月工资、薪金收入，汇算清缴其工资、薪金收入的个人所得税，多退少补。

【例8-4】 王某为某外商投资企业雇佣的中方人员，20××年5月，该外商投资企业支付给王某的薪金为7 600元，同月，王某还收到派遣单位发给的工资3 800元，请问，该外商投资企业、派遣单位应如何扣缴王某个人所得税？王某实际应缴多少个人所得税？

① 外商投资企业应扣缴王某的个人所得税计算如下：

扣缴税额=(7 600−3 500)×10%−105=305（元）

② 派遣单位应扣缴王某的个人所得税计算如下：

扣缴税额＝3 800×10%−105=275（元）

③ 王某实际应纳个人所得税=(7 600＋3 800−3 500)×20%−555=1 025（元）

因此，王某到税务机关申报时，还应补缴445（1 025−305−275）元税款。

（6）雇主为其雇员负担个人所得税税款的计算

在实际工作中，有的雇主常常为纳税人负担税款，即支付给纳税人的报酬为不含税的净所得，纳税人的应纳税额由雇主代其缴纳，此时应将纳税人的不含税收入换算为含税收入先计算应纳税所得额，然后再据以计算应纳税额。

① 雇主全额为雇员负担税款的，应将雇员取得的工资、薪金所得换算成应纳税所得额后，计算雇主应代为缴纳的个人所得税税款。计算公式为：

$$\text{应纳税所得额}=\frac{\text{不含税收入额}-\text{费用扣除标准}-\text{速算扣除数}}{1-\text{适用率}}$$

$$\text{应纳税额}=\text{应纳税所得额}\times\text{适用税率}-\text{速算扣除数}$$

注意：第一个公式中的税率是指不含税所得按不含税级距（见表8-2）对应的税率，第二个公式中的税率是指应税所得额按含税级距对应的税率。

【例 8-5】 某中国公民每月取得工资 5 675 元，由任职单位代其缴纳个人所得税，计算单位每月代其缴纳的个人所得税。

应纳税所得额=(5 675−3 500−105)÷(1−10%)=2 300（元）

应代缴的个人所得税=2 300×10%−105=125（元）

②雇主为其雇员负担部分税款的，应分两种情况计算应纳税所得额。

雇主为其雇员定额负担部分税款的，其应纳税所得额的计算公式为：

应纳税所得额＝雇员取得的工资＋雇主代雇员负担的税款—费用扣除标准

雇主为其雇员定率负担部分税款的，其应纳税所得额的计算公式为：

$$\text{应纳税额}=\frac{\text{未含雇主负担税款的收入额}-\text{费用扣除标准}-\text{速算扣除数}\times\text{负担比例}}{1-\text{适用率}\times\text{负担比例}}$$

【例 8-6】 某外商投资企业雇员（外国居民）20××年 3 月份工资收入 15 000 元，雇主为其负担其工资所得 30%部分的税款。计算该纳税人当月应纳的个人所得税。

应纳税所得额=(15 000−4 800−1 005×30%)÷(1−25%×30%)=10 701.08（元）

应缴纳的个人所得税=10 701.08×25%−1 005=1 670.27（元）

（7）雇员取得全年一次性奖金并由雇主负担部分税款有关个人所得税计算方法如下：

雇主为员负担全年一次性奖金部分个人所得税款，属于雇员又额外增加了收入，应将雇主负担的这部分税款并入雇员的全年一次性奖金，换算为应纳税所得额后，按照规定方法计征个人所得税。

将不含税全年一次性奖金换算为应纳税所得额的计算方法如下：

① 雇主为雇员定额负担税款的计算公式：

$$\text{应纳税所得额}=\text{雇员取得的全年一次性奖金}+\text{雇主替雇员定额负担的税款}-\text{当月工资薪金低于费用扣除标准的差额}$$

② 雇主为雇员按一定比例负担税款的计算公式：

⊙ 查找不含税全年一次性奖金的适用税率和速算扣除数

未含雇主负担税款的全年一次性奖金收入÷12，根据其商数找出不含税级距对应的适用税率 A 和速算扣除数 A

⊙ 计算含税全年一次性奖金

$$\text{应纳税所得额}=(\text{未含雇主负担税款的全年一次性奖金收入}-\text{当月工资薪金低于费用扣除标准的差额}-\text{不含税级距的速算扣除数 A}\times\text{雇主负担比例})\div(1-\text{不含税级距的适用税率 A}\times\text{雇主负担比例})$$

对上述应纳税所得额，扣缴义务人应按照国税发[2005]9 号文件规定的方法计算应扣缴税款。即：将应纳税所得额÷12，根据其商数找出对应的适用税率 B 和速算扣除数 B，据以计算税款。计算公式：

$$\text{应纳税额}=\text{应纳税所得额}\times\text{适用税率 B}-\text{速算扣除数 B}$$

$$\text{实际缴纳税额}=\text{应纳税额}-\text{雇主为雇员负担的税额}$$

③ 雇主为雇员负担的个人所得税款，应属于个人工资薪金的一部分。凡单独作为企业管理费列支的，在计算企业所得税时不得税前扣除。

【例 8-7】 某企业职工王某，20××年度每月工资收入 4 000 元，20××年 12 月发放全年一次性奖金 21 600 元。

① 该公司对王某全年一次性奖金全额代扣代缴个人所得税。

查找税率及速算扣除数：

21 600÷12=1 800（元），适用税率为 10%，速算扣除为 105

应纳税额=雇员当月取得全年一次性奖金×适用税率-速算扣除数=21 600×10%-105=2 055（元）

因此，20××年 12 月该公司应在发放全年一次性奖金时扣缴王某个人所得税 2 055 元向税务机关申报缴纳。

② 该公司为王某负担全年一次性奖的个人所得税 1 000 元，其余在支付奖金时向王某扣缴。

应纳税所得额=雇员取得的全年一次性奖金+雇主替雇员定额负担的税款=21 600+1 000=22 600（元）

查找税率及速算扣扣除数：22 600÷12=1 883.33（元）

适用税率为 10%和速算扣除数为 105。

应纳税额=应纳税所得额×适用税率-速算扣除数=22 600×10%-105=2 155（元）

王某实际缴纳税额=应纳税额-雇主为雇员负担的税额=2 155-1 000=1 155（元）

因此，该公司应向税务机关扣缴申报个人所得税 2 155 元，其中，公司为王某负担 1 000 元，公司向王某扣缴 1 155 元。

③ 该公司发放全年一次性奖金时承诺为王某负担 30%的个人所得税税款。

查找不含税全年一次性奖金的适用税率和速算扣除数：21 600÷12=1 800（元）

适用税率 A 为 10%和速算扣除数 A 为 105。

计算含税全年一次性奖金：

应纳税所得额=(未含雇主负担税款的全年一次性奖金收入-不含税级距的速算扣除数 A×雇主负担比例) ÷ (1-不含税级距的适用税率 A×雇主负担比例) = (21 600-105×30%) ÷ (1-10%×30%) =22 235.57（元）

计算含税全年一次性奖金的适用税率和速算扣除数：

22 235.57÷12=1 852.96（元）

对应的适用税率 B 为 10%和速算扣除数 B 为 105

应纳税额=应纳税所得额×适用税率 B-速算扣除数 B=22 235.57×10%-105=2 118.56（元）

该公司应承担王某 30%部分税额=2 118.56×30%=635.57（元）

王某实际缴纳税额=2 118.56×70%=1 482.99（元）

因此，该公司应向税务机关扣缴申报个人所得税 2 118.56 元，其中，公司为王某负担 635.57 元，公司向王某扣缴 1 482.99 元。

2. 个体工商户的生产、经营所得应纳个人所得税的计算

个体工商户生产、经营所得适用 5 级超额累进税率，实行按年计算，分月或分季预缴，年终汇算清缴、多退少补的方法，以其全年应纳税所得额按适用税率计算年度应纳税额，其计算公式为：

全年应纳税额 = 全年应纳税所得额×适用税率 - 速算扣除数

= (全年收入总额-成本、费用及损失)×适用税率 - 速算扣除数

（1）对个体工商户个人所得税计算征收的有关规定

⊙ 自 2011 年 9 月 1 日起，个体工商户业主的费用扣除标准统一确定为 42 000 元/年（3 500 元/月）。

⊙ 个体工商户向其从业人员实际支付的合理的工资、薪金支出，允许在税前据实扣除。

⊙ 个体工商户拨缴的工会经费、发生的职工福利费、职工教育经费支出分别在工资薪金总额 2%、14%、2.5%的标准内据实扣除。

⊙ 个体工商户每一纳税年度发生的广告费和业务宣传费用不超过当年销售（营业）收入 15%的部分，可据实扣除；超过部分，准予在以后纳税年度结转扣除。

⊙ 个体工商户每一纳税年度发生的与其生产经营业务直接相关的业务招待费支出，按照发生额的60%扣除，但最高不得超过当年销售（营业）收入的5‰。

⊙ 个体工商户在生产、经营期间借款利息支出，凡有合法证明的，不高于按金融机构同类、同期贷款利率计算的数额的部分，准予扣除。

⊙ 个体工商户或个人专营种植业、养殖业、饲养业、捕捞业，应对其所得征收个人所得税。兼营上述四种行业，并且四种行业的所得单独核算的，对属于征收个人所得税的，应与其他行业的生产、经营所得合并计征个人所得税；对于四种行业的所得不能单独核算的，应就其全部所得计征个人所得税。

⊙ 个体工商户和从事生产、经营的个人、取得与生产、经营活动无关的各项应税所得，应分别按照其他应税项目的有关规定，计算征收个人所得税。

【例 8-8】 某个体工商企业 20× ×年 12 月全年生产收入为 220 000 元，准许扣除的当月成本、费用及相关税金共计为 170 600 元，1～11 月累计应纳税所得额为 68 400 元，1～11 月累计已预缴个人所得税为 10 200 元，试计算该个体工商业主当年度应纳多少个人所得税。

全年应纳税所得额=220 000−170 600+68 400−42 000=75 800（元）

全年应缴纳个人所得税=75 800×30%−9 750=12 990（元）

该个体工商户 20××年度应补缴的个人所得税=12 990−10 200=2 790（元）

（2）个人独资企业和合伙企业应纳个人所得税的计算

对个人独资企业和合伙企业生产经营所得，其个人所得税应纳税额的计算有以下两种方法：

① 查账征收方式

⊙ 自 2011 年 9 月 1 日起，个人独资企业和合伙企业的生产经营所得依法计征所得税时，个人独资企业合伙企业投资者本人的费用扣除标准统一确定为 42 000 元/年（3 500 元/月）。投资者的工资不得在税前扣除。

⊙ 投资者及其家庭发生的生活费用不允许在税前扣除。投资者及其家庭发生的生活费用与企业生产经营费用混合在一起，并且难以划分的，全部视为投资者个人及其家庭发生的生活费用，不允许在税前扣除。

⊙ 企业生产经营和投资者及其家庭生活用的固定资产，难以划分的，由主管税务机关根据企业的生产经营类型、规模等具体情况，核定准予在税前扣除的折旧费用的数额或比例。

⊙ 个体工商户、个人独资企业和合伙企业向其从业人员实际支付的合理的工资、薪金支出，允许在税前据实扣除。

⊙ 企业实际发生的工会经费、职工福利费、职工教育经费分别在其计税工资总额的 2%、14%、1.5%的标准内据实扣除。

⊙ 企业每一纳税年度发生的广告和业务宣传费用不超过当年销售（营业）收入 15%的部分，可据实扣除；超过部分可无限期向以后年度结转。

⊙ 企业每一纳税年度发生的与其生产经营业务直接相关的业务招待费，按照发生额的 60%扣除，但最高不得超过当年销售（营业）收入的 5‰。

⊙ 企业计提的各种准备金不得扣除。

⊙ 投资者兴办两个或两个以上企业应纳税额的计算方法。

应纳税额的具体计算方法为：汇总其投资兴办的所有企业的经营所得作为应纳税所得额，以此确定适用税率，计算出全年经营所得的应纳税额，再根据每个企业的经营所得占所有企业经营所得的比例，分别计算出每个企业的应纳税额和应补缴税额。

计算公式如下：

$$应纳税所得额=\sum各企业的经营所得$$

$$应纳税额=应纳税所得额\times税率-速算扣除数$$

$$本企业应纳税额=应纳税额\times本企业的经营所得\div\sum各企业的经营所得$$

$$本企业应补缴的税额=本企业应纳税额-本企业预缴的税额$$

② 核定征收方式

核定征收方式包括定额征收、核定应税所得率征收及其他合理的征收方式。

采用核定应税所得率办法征收的，应纳税所得额的计算公式为：

$$应纳税所得额=应税收入总额\times应税所得率$$

或者

$$应纳税所得额=\frac{成本费用支出额}{1-应税所得率}\times应税所得率$$

应税所得率按表 8-5 的标准执行。

表 8-5　个人所得税应税所得率表

经营的行业	所适用的应税所得率	经营的行业	所适用的应税所得率
工业、交通运输业、商业	5%～20%	娱乐业	20%～40%
建筑业、房地产开发业	7%～20%	其他行业	10%～30%
饮食服务业	7%～25%		

企业经营多业的，无论其经营项目是否单独核算，均应根据其主营项目确定其适用的应税所得率。

实行核定征税的投资者，不能享受个人所得税的优惠政策。

实行查账征税方式的个人独资企业和合伙企业改为核定征税方式后，在查账征税方式下认定的年度经营亏损未弥补完的部分，不得再继续弥补。

3. 对企业单位承包、承租经营所得应纳个人所得税的计算

个人对企事业单位的承包经营、承租经营取得所得缴纳个人所得税，要分以下两种情况区别对待：

① 企业实行个人承包经营、承租经营后，承包、承租人按合同（协议）的规定只向发包、出租方交纳一定费用，企业经营成果归其所有的，承包、承租人取得的所得，按对企事业单位的承包经营、承租经营所得计算缴纳个人所得税。

此时，对企业单位承包、承租经营所得适用 5 级超额累进税率，实行按年计算，分月或分季预缴，年终汇算清缴、多退少补的方法，以每一纳税年度收入总额减除必要费用后的余额为应纳税所得额，并按适用税率计算年度应纳税额。其计算公式为：

$$应纳税所得额=纳税年度的承包经营、承租经营所得-必要费用$$

$$应纳个人所得税税额=应纳税所得额\times适用税率-速算扣除数$$

其中必要费用是指每月 3 500 元。

这里需要说明的是：

- ⊙ 对企事业单位的承包经营、承租经营所得，以每一纳税年度的收入总额，减除必要费用后的余额为应纳税所得额。
- ⊙ 在一个纳税年度中，承包经营或者承租经营期限不足一年的，以其实际经营期为纳税年度。
- ⊙ 对企事业单位的承包经营、承租经营所得适用的速算扣除数，同个体工商户的生产、经营

所得适用的速算扣除数。

【例 8-9】 王先生与学校签订合同承包招待所，本年度实现利润为 130 000 元，按照合同规定，王先生应对学校上缴承包费 45 000 元。试计算王先生本年度应交纳多少个人所得税。

应纳税所得额=130 000−45 000−3 500×12=43 000（元）

适用税率为 20%，速算扣除数为 3 750 元。

应纳所得税额=43 000×20%−3 750=4 850（元）

（2）企业实行个人承包经营、承租经营后，承包、承租人对企业经营成果不拥有所有权，仅是按合同（协议）规定取得一定所得的，其所得按工资、薪金所得计算缴纳个人所得税，适用 3%～45%的七级超额累进税率。

4. 劳务报酬所得应纳个人所得税的计算

（1）应纳税所得额的计算

① 每次劳务报酬收入不足 4 000 元的：

应纳税所得额＝每次劳务报酬额－800

② 每次劳务报酬收入超过 4 000 元的：

应纳税所得额＝每次劳务报酬额×(1－20%)

（2）应纳税额的计算

劳务报酬所得适用 20%的税率，其应纳个人所得税税额的计算公式为：

应纳个人所得税税额＝应纳税所得额×20%

对劳务报酬所得一次收入畸高（应纳税所得额超过 20 000 元）的，要实行加成征收办法（见表 8-4），其应纳个人所得税税额的计算公式为：

应纳个人所得税税额＝应纳税所得额×适用税率－速算扣除数

【例 8-10】 王某一次取得劳务报酬收入 48 500 元，试计算其应缴纳的个人所得税额。

应纳税所得额=4 8500×(1−20%)=38 800（元）

参照表 8-4，适用税率为 30%，速算扣除数为 2 000 元。

应纳个人所得税税额=38 800×30%−2 000=9 640（元）

（3）为纳税人代付税款的计算

如果单位或个人为纳税人代付税款的，应当将单位或个人支付给纳税人的不含税支付额(或称纳税人取得的不含税收入额)换算为应纳税所得额，然后按规定计算应代付的个人所得税款。计算公式为：

① 不含税收入额不超过 3 360 元的：

应纳税所得额=(不含税收入额−800)÷(1−税率)

应纳税额=应纳税所得额×适用税率

② 不含税收入额超过 3 360 元的：

应纳税所得额=[(不含税收入额-速算扣除数) ×(1−20%)]÷[1-税率×(1−20%)]

或者

应纳税所得额=[(不含税收入额-速算扣除数) ×(1-20%)]÷当级换算系数

应纳税额=应纳税所得额×适用税率-速算扣除数

上述①、②中第一个公式中的税率，是指不含税劳务报酬收入所对应的税率，见表 8-4；上述①、②中第二个公式中的税率，是指应纳税所得额按含税级距所对应的税率，见表 8-6。

表 8-6　不含税劳务报酬收入适用所得税税率表

级数	不含税劳务报酬收入额	税率（%）	速算扣除数（元）	换算系数（%）
1	不超过 3 360 元的	0	0	无
2	超过 3 360 元至 21 000 元的部分	20	0	84
6	超过 21 000 元至 49 500 元的部分	30	2 000	76
7	超过 49 500 元的部分	40	7 000	68

注：关于当级换算系数：当级换算系数=[1-税率×(1-20%)]，如[1-20%×(1-20%)]=84；[1-30%×(1-20%)]=76，[1-40%×(1-20%)]=68。

【例 8-11】 高级工程师陈某一次为京华公司进行一项工程设计，按照合同规定，公司应支付其劳务报酬 48 000 元，与其报酬相关的个人所得税由公司代付。不考虑其他税收的情况下，计算公司应代付的个人所得税税额。

代付个人所得税的应纳税所得额=[(48 000−2 000)×(1−20%)]÷76%=48 421.05（元）

应代付的个人所得税=48 421.05×30%−2 000=12 526.32（元）

5. 稿酬所得应纳个人所得税的计算

（1）应纳税所得额的计算

① 每次稿酬收入不超过 4 000 元的：

应纳税所得额＝每次稿酬收入额−800

② 每次稿酬收入超过 4 000 元的：

应纳税所得额＝每次稿酬收入额×(1−20%)

（2）应纳所得税额的计算

稿酬所得适用 20%的比例税率，并可以减征 30%的税额。应纳个人所得税计算公式为：

应纳个人所得税＝应纳税所得额×适用税率×(1−30%)

【例 8-12】 刘某在某杂志上发表一篇文章，获得稿酬 2 700 元，计算刘某应缴纳的个人所得税。

应纳个人所得税税额=(2 700−800)×20%×(1−30%)=266（元）

若在上例中，刘某本次获得稿酬为 4 250 元，则应缴纳个人所得税税额为：

应纳个人所得税税额=4 250×(1−20%)×20%×(1−30%)=476（元）

6. 特许权使用费所得应纳个人所得税的计算

个人取得特许权使用费所得每次收入不超过 4 000 元的，可以扣除费用 800 元；每次收入 4 000 元以上的，可以扣除 20%的费用，其余额为应纳税所得额。特许权使用费所得适用 20%的税率。特许权使用费所得应纳个人所得税的计算公式为：

应纳个人所得税税额＝应纳税所得额×20%

【例 8-13】 杜某发明一项自动化专利技术，20××年 8 月转让给 A 公司使用，使用费为 12 000 元，A 公司 8 月支付 7 000 元，9 月支付 5 000 元；9 月，杜某将该项使用权转让给 B 公司，获得转让费收入 3 600 元，计算杜某转让该特许权使用费所得应缴的个人所得税。

杜某此项专利技术转让了两次，应分两次所得计算个人所得税。

转让给 A 公司应缴个人所得税税额=(7 000+5 000)×(1−20%)×20%=1 920（元）

转让给 B 公司应缴个人所得税税额=(3 600−800)×20%=560（元）

杜某转让此项专利技术共需缴纳个人所得税=1 920+560=2 480（元）

7. 财产租赁所得应纳个人所得税的计算

财产租赁所得的个人所得税应纳税额的计算公式为：

应纳个人所得税税额 = 应纳税所得额×适用税率

（1）财产租赁应纳税所得额可以按照财产租赁收入依次扣除以下费用来确定。

① 财产租赁过程中缴纳的税费。税法规定，纳税人在出租财产过程中缴纳的税金、教育费附加，可凭完税凭证，从财产租赁收入中扣除。

② 由纳税人负担的该出租财产实际开支的修缮费用。税法规定，由纳税人负担的该出租财产实际开支的修缮费用，可以凭借有效凭证，以每次扣除800元为限进行扣除，一次扣除不完的，准许在下一次继续扣除，直至扣完为止。

③ 税法规定的费用扣除标准。即每次收入不超过4 000元的，定额扣除费用800元；每次收入超过4 000元的，定律扣除收入的20%的费用。

应纳税所得额的计算公式如下。

① 每次（月）收入低于4 000元的：

应纳税所得额 = 每次（月）收入额−准予扣除税费−修缮费用（800元为限）−800

② 每次（月）收入高于4 000元的：

应纳税所得额 =(每次（月）收入额−准予扣除税费−修缮费用（800元为限）)×(1−20%)

（2）个人将承租房屋转租取得的租金收入，属于个人所得税应税所得，应按"财产租赁所得"项目计算缴纳个人所得税。

取得转租收入的个人向房屋出租方支付的租金，凭房屋租赁合同和合法支付凭据允许在计算个人所得税时，从该项转租收入中扣除。

有关财产租赁所得个人所得税前扣除税费的扣除次序调整为：① 财产租赁过程中缴纳的税费；② 向出租方支付的租金；③ 由纳税人负担的租赁财产实际开支的修缮费用；④ 税法规定的费用。扣除标准。

【例8-14】 *某业主20××年2月份获得住房出租收入7 500元，按规定缴纳了营业税、房产税等相关税费，当月发生修缮费1 500元。计算该业主2月份房屋租赁收入应纳个人所得税。其中，营业税税率为3%，城市维护建设税税率为7%，教育费附加率为3%，房产税税率为4%。*

财产租赁收入以每月内取得的收入为一次，按市场价出租给个人居住适用10%的税率，因此，该业主当月应纳税额计算如下：

应纳营业税、城建税、教育费附加=7 500×3%×(1+7%+3%)=247.5（元）

应纳房产税=7 500×4%=300（元）

应纳税所得额=(7 500−247.5−300−800)×(1−20%)=4 922（元）

应纳个人所得税=4 922×10%=492.2（元）

8. 财产转让所得应纳个人所得税的计算

（1）一般情况下财产转让所得应纳税额的计算

财产转让所得，以一次转让财产收入额（不管分多少次支付，均应合并为一次转让财产收入）减去财产原值和合理费用后的余额为应纳税所得额。

财产转让所得应纳税所得额的计算公式为：

应纳税所得额 = 每次转让财产收入额 − 财产原值 − 合理费用

其中，合理费用是指个人在卖出财产时按有关规定所支付的费用，如营业税及其附加、中介服务费、资产评估费等。

财产转让应纳所得税税额计算公式为：

应纳个人所得税税额＝应纳税所得额×20%

（2）个人住房转让所得应纳税额的计算

自2006年8月1日起，个人转让住房所得应纳个人所得税的计算具体规定如下：

① 以实际成交价格为转让收入。

② 纳税人可凭原购房合同、发票等有效凭证，经税务机关审核后，允许从其转让收入中减除房屋原值、转让住房过程中缴纳的税金及有关合理费用。

Ⅰ．房屋原值

商品房：购置该房屋时实际支付的房价款及交纳的相关税费。

自建住房：实际发生的建造费用及建造和取得产权时实际交纳的相关税费。

经济适用房（含集资合作建房、安居工程住房）：原购房人实际支付的房价款及相关税费，以及按规定交纳的土地出让金。

已购公有住房：原购公有住房标准面积按当地经济适用房价格计算的房价款，加上原购公有住房超标准面积实际支付的房价款以及按规定向财政部门（或原产权单位）交纳的所得收益及相关税费。已购公有住房是指城镇职工根据国家和县级（含县级）以上人民政府有关城镇住房制度改革政策规定，按照成本价（或标准价）购买的公有住房。经济适用房价格按县级（含县级）以上地方人民政府规定的标准确定。

城镇拆迁安置住房，其原值分别为：房屋拆迁取得货币补偿后购置房屋的，为购置该房屋实际支付的房价款及交纳的相关税费；房屋拆迁采取产权调换方式的，所调换房屋原值为《房屋拆迁补偿安置协议》注明的价款及交纳的相关税费；房屋拆迁采取产权调换方式，被拆迁入除取得所调换房屋。又取得部分货币补偿的，所调换房屋原值为《房屋拆迁补偿安置协议》注明的价款和交纳的相关税费，减去货币补偿后的余额；房屋拆迁采取产权调换方式，被拆迁人取得所调换房屋，又支付部分货币的，所调换房屋原值为《房屋拆迁补偿安置协议》注明的价款，加上所支付的货币及交纳的相关税费。

Ⅱ．转让住房过程中缴纳的税金是指纳税人在转让住房时实际缴纳的营业税、城市维护建设税、教育费附加、土地增值税、印花税等税金。

Ⅲ．合理费用是指纳税人按照规定实际支付的住房装修费用、住房贷款利息、手续费、公证费等费用。

③ 税务机关可根据《中华人民共和国税收征收管理法》第三十五条的规定，对其实行核定征税，即按纳税人住房转让收入的一定比例核定应纳个人所得税额。具体比例由省级地方税务局或者省级地方税务局授权的地市级地方税务局根据纳税人出售住房的所处区域、地理位置、建造时间、房屋类型、住房平均价格水平等因素，在住房转让收入1%～3%的幅度内确定。

【例8-15】 某居民转让自有的已居住2年的一套住房，转让收入为680 000元，转让过程中发生各种税费35 000元，支付中介机构介绍费6 500元，该房屋的买价375 000元。计算该居民转让住房应纳的个人所得税。

应纳税所得额=680 000−375 000−35 000−6 500=263 500（元）

应纳个人所得税额=263 500×20%=52 700（元）

（3）个人销售无偿受赠不动产应纳税额的计算

个人将受赠不动产对外销售征收个人所得税的具体规定如下：

① 受赠人取得赠与人无偿赠与的不动产后，再次转让该项不动产的。在缴纳个人所得税时，以财产转让收入减除受赠、转让住房过程中缴纳的税金及有关合理费用后的余额为应纳税所得额，按20%的适用税率计算缴纳个人所得税，即：

- 按财产转让所得征。
- 按财产转让收入减除受赠、转让住房过程中缴纳的税金及有关合理费用后的余额为应纳税所得额，按20%的适用税率计算缴纳个人所得税。
- 税务机关不得核定征收。

② 在受赠和转让住房过程中缴纳的税金：个人转让住房和受赠住房涉及的其他税金，按相关的规定处理。

（4）自然人转让投资企业股权（分）

自然人转让所投资企业股权（份）取得所得，按照公平交易价格计算并确定计税依据。计税依据明显偏低且无正当理由的，主管税务机关可采用下列方法核定。

① 计税依据明显偏低且无正当理由的判定方法

符合下列情形之一且无正当理由的，可视为计税依据明显偏低：

- 申报的股权转让价格低于初始投资成本或低于取得该股权所支付的价款及相关税费的。
- 申报的股权转让价格低于对应的净资产份额的。
- 申报的股权转让价格低于相同或类似条件下同一企业同一股东或其他股东股权转让价格的。
- 申报的股权转让价格低于相同或类似条件下同类行业的企业股权转让价格的。
- 经主管税务机关认定的其他情形。

上述所称正当理由，是指以下情形：

- 所投资企业连续三年以上（含三年）亏损。
- 因国家政策调整的原因而低价转让股权。
- 将股权转让给配偶、父母、子女、祖父母、外祖父母、孙子女、外孙子女、兄弟姐妹以及对转让人承担直接抚养或者赡养义务的抚养人或者赡养人。
- 经主管税务机关认定的其他合理情形。

② 对申报的计税依据明显偏低且无正当理由的，可采取以下核定方法：

- 参照每股净资产或纳税人享有的股权比例所对应的净资产份额核定股权转让收入。
- 对知识产权、土地使用权、房屋、探矿权、采矿权、股权等合计占资产总额比例达50%以上的企业，净资产额须经中介机构评估核实。
- 参照相同或类似条件下同一企业同一股东或其他股东股权转让价格核定股权转让收入。
- 参照相同或类似条件下同类行业的企业股权转让价格核定股权转让收入。
- 纳税人对主管税务机关采取的上述核定方法有异议的，应当提供相关证据，主管税务机关认定属实后，可采取其他合理的核定方法。

③ 纳税人再次转让所受让的股权的，股权转让的成本为前次转让的交易价格及买方负担的相关税费。

9. 偶然所得应纳个人所得税的计算

偶然所得应纳税额的计算公式为：

$$\text{应纳个人所得税税额}=\text{应纳税所得额}\times\text{适用税率}=\text{每次收入额}\times 20\%$$

【例 8-16】 20××年 1 月 1 日王先生参与某公司有奖销售中奖 80 000 元，计算王先生应被该公司代扣代缴的个人所得税。

应纳个人所得税税额=80 000×20%=16 000（元）

10. 其他所得应纳个人所得税的计算

其他所得应纳税额的计算公式为：

$$应纳个人所得税税额=应纳税所得额×适用税率=每次收入额×20\%$$

11. 个人所得税的特殊计税方法

（1）间接捐赠的税前扣除

税法规定，个人将其所得向教育事业和其他公益事业捐赠，允许从应纳税所得额中扣除。但准予扣除的部分必须符合下列条件。

① 必须是向在中国境内的教育和其他公益事业以及遭受自然灾害地区、贫困地区的捐赠。

② 必须通过中国境内非营利性的社会团体、国家机关等组织进行，不得直接捐赠。

③ 除特殊规定外，捐赠金额不超过个人所得税应纳税所得额的 30%，即：

$$公益、救济性捐赠扣除限额=应纳税所得额×30\%$$

如果实际捐赠额小于等于捐赠扣除限额，则据实际捐赠额扣除；如果实际捐赠额大于捐赠扣除限额，只能按捐赠扣除限额扣除。此时，应纳税额的计算公式如下：

$$应纳税额=(应纳税所得额-允许扣除的捐赠额)×适用税率-速算扣除数$$

另外，个人通过非营利性的社会团体和国家机关进行的下列捐赠，可以在缴纳个人所得税前全额扣除。如对农村义务教育、非营利性的老年服务机构、公益性的青少年活动场所、红十字事业、中华健康快车基金会、中国法律援助基金会、中华见义勇为基金会、孙冶方经济科学基金会、中华慈善总会、中国法律援助基金会、中华见义勇为基金会、宋庆龄基金会、中国福利会、中国残疾人福利基金会、中国扶贫基金会、中国煤矿尘肺病治疗基金会、中华环境保护基金、中国医药卫生事业发展基金会、中国教育发展基金会、中国老龄事业发展基金会、中国华文教育基金会、中国绿化基金会、中国妇女发展基金会、中国关心下一代健康体育基金会、中国生物多样性保护基金会、中国儿童少年基金会和中国光彩事业基金会等进行的公益救济性捐赠。

【例 8-17】 某歌星 3 月份参加某电台台庆活动，取得劳务报酬 65 000 元，从中拿出 28 000 元通过民政局捐赠给受灾地区，计算该歌星应纳的个人所得税。

允许扣除的捐赠限额=65 000×(1−20%)×30%=15 600（元）

应纳个人所得税=[65 000×(1−20%)−15 600]×30%−2 000=8 920（元）

（2）境外所得的税额扣除

基于国家之间对同一所得避免双重征税的原则，我国在对纳税人的境外所得行使税收管辖权时，对该所得在境外已纳的税额，采取分不同情况予以扣除的做法。

税法规定，纳税人从中国境外取得的，准予其在应纳税额中扣除已在境外缴纳的个人所得税税额。但扣除额不得超过该纳税义务人境外所得依照我国税法规定计算的应纳税额。

这里所说的“已在境外缴纳的个人所得税税额”，是指纳税人从中国境外取得的所得，依照该所得来源国家或地区的法律应当缴纳并且实际已经缴纳的税款。这里所说的“境外所得依照我国个人所得税法规定计算的应纳税额”是指纳税人从中国境外取得的所得，区别不同国家或者地区的不同应税项目，依照我国税法规定的费用减除标准和适用税率计算的应纳税额之和为该国家或者地区的扣除限额。

纳税人在中国境外一个国家或地区实际已经缴纳的个人所得税税额，低于依照上述规定计算出的该国家或地区扣除限额的，应当在中国缴纳差额部分的税款；超过该国家或地区扣除限额的，其超过部分不得在本纳税年度的应纳税额中扣除，但是可以在以后纳税年度的该国家或地区扣除限额的余额中补扣。补扣期限最长不得超过5年。

【例8-18】 中国居民何某在20××年从A国取得收入如下：（1）在A国某公司任职取得工薪收入103 200元（平均每月8 600元）；（2）因提供一项技术咨询服务取得劳务费8 000元。该纳税人已就这两项收入在A国纳税2 300元。同年，何某向B国一机构转让一项专利，取得特许权使用费25 000元，并向B国缴纳税款5 000元。计算何某的外国税收抵免限额和应向中国税务机关缴纳的税额。

A国个人所得税抵免限额计算如下：

（1）来源于A国的工薪应交个人所得税：

每月应交个人所得税=(8 600−4 800)×10%−105=275（元）

全年应交个人所得税=275×12=3 300（元）

（2）来源于A国的劳务报酬应交个人所得税=8 000×(1−20%)×20%=1 280（元）

A国个人所得税抵免限额=3 300+1 280=4 580（元）

在A国已交个人所得税2 300元，小于4 580元，故需要向中国补交个人所得税2 280元。

B国个人所得税抵免限额计算如下：

特许权使用费应交个人所得税=25 000×(1−20%)×20%=4 000（元）

在B国已交个人所得税5 000元，大于4 000元，故不需要向中国补交个人所得税。

8.2.3 个人所得税的纳税申报

我国个人所得税采用自行申报和代扣代缴两种纳税形式。

1. 自行申报纳税

自行申报纳税，是指由纳税人自行在税法规定的期限内，向税务机关申报取得的应纳税项目，如实填写个人所得税纳税申报表，并按照税法规定计算应纳税额，缴纳个人所得税的一种方法。

（1）自行申报纳税的适用情况

纳税人有下列情形之一的，必须自行向税务机关申报所得并缴纳个人所得税：年所得12万元以上的；从中国境内两处或者两处以上取得工资、薪金所得的；从中国境外取得所得的；取得应纳税所得，没有扣缴义务人的；国务院规定的其他情形。

（2）纳税期限

除特殊情况外，纳税人应在取得应纳税所得的次月15日内向主管税务机关申报所得并缴纳税款。

年所得12万元以上的纳税义务人，在年度终了后3个月内到主管税务机关办理纳税申报。

账册健全的个体工商户的生产、经营所得应纳的税款，按年计算，分月预缴，由纳税人在次月15日内申报预缴，年度终了后三个月内汇算清缴，多退少补。账册不健全的个体工商户的生产、经营所得应纳的税款，由各地税务机关依据征管法及其实施细则的有关规定，自行确定征收方式。

纳税人年终一次性取得承包经营、承租经营所得的，自取得收入之日起30日内申报纳税；在一年内分次取得承包经营、承租经营所得的，应在取得每次所得后的15日内申报预缴，年度终了后三个月内汇算清缴，多退少补。

从中国境外取得所得的纳税人，其来源于中国境外的应纳税所得，如在境外以纳税年度计算缴纳个人所得税的，应在所得来源国的纳税年度终了，结清税款后的30日内，向中国主管税务机关申报纳税；如在取得境外所得时结清税款的，或者在境外按所得来源国税法规定免予缴纳个人所得税的，应在次年1月1日起30日内向中国主管税务机关申报纳税。

纳税人确有困难，不能按期办理纳税申报的，经主管税务机关核准，可以延期申报。纳税人因有特殊困难，不能按期缴纳税款的，经县以上税务局（分局）批准，可以延期缴纳税款，但最长不得超过3个月。

（3）申报方式

纳税人可以采取数据电文、邮寄等方式申报，也可以直接到主管税务机关申报，或者采取符合主管税务机关规定的其他方式申报。纳税人采取数据电文方式申报的，应当按照税务机关规定的期限和要求保存有关纸质资料；纳税人采取邮寄方式申报的，以邮政部门挂号信函收据作为申报凭据，以寄出的邮戳日期为实际申报日期。

（4）申报地点

① 在中国境内有任职、受雇单位的，向任职、受雇单位所在地主管税务机关申报。

② 在中国境内有两处或者两处以上任职、受雇单位的，选择并固定向其中一处单位所在地主管税务机关申报。

③ 在中国境内无任职、受雇单位，年所得项目中有个体工商户的生产、经营所得或者对企事业单位的承包经营、承租经营所得（以下统称生产、经营所得）的，向其中一处实际经营所在地主管税务机关申报。

④ 在中国境内无任职、受雇单位，年所得项目中无生产、经营所得的，向户籍所在地主管税务机关申报。在中国境内有户籍，但户籍所在地与中国境内经常居住地不一致的，选择并固定向其中一地主管税务机关申报。在中国境内没有户籍的，向中国境内经常居住地主管税务机关申报。

⑤ 其他所得的纳税人，纳税申报地点分别为：

- 从两处或者两处以上取得工资、薪金所得的，选择并固定向其中一处单位所在地主管税务机关申报。
- 从中国境外取得所得的，向中国境内户籍所在地主管税务机关申报。在中国境内有户籍，但户籍所在地与中国境内经常居住地不一致的，选择并固定向其中一地主管税务机关申报。在中国境内没有户籍的，向中国境内经常居住地主管税务机关申报。
- 个体工商户向实际经营所在地主管税务机关申报。
- 个人独资、合伙企业投资者兴办两个或两个以上企业的，区分不同情形确定纳税申报地点：兴办的企业全部是个人独资性质的，分别向各企业的实际经营管理所在地主管税务机关申报；兴办的企业中含有合伙性质的，向经常居住地主管税务机关申报；兴办的企业中含有合伙性质，个人投资者经常居住地与其兴办企业的经营管理所在地不一致的，选择并固定向其参与兴办的某一合伙企业的经营管理所在地主管税务机关申报；除以上情形外，纳税人应当向取得所得所在地主管税务机关申报。

纳税人不得随意变更纳税申报地点，因特殊情况变更纳税申报地点的，须报原主管税务机关备案。

2. 代扣代缴

代扣代缴是按照税法规定负有扣缴税款义务的单位或个人，在向个人支付应税所得时，代扣其应纳税款并代为上缴国库，同时向税务机关报送个人扣缴所得税报告表的一种纳税方式。

（1）代扣代缴的范围

除“个体工商户生产、经营”所得外，扣缴义务人在向个人支付税法列举的其他10项应税所得时，不论纳税人是否属于本单位人员，均应代扣代缴其应纳的个人所得税税款。

（2）扣缴义务人的义务及应承担的责任

① 扣缴义务人应指定支付应纳税所得的财务会计部门或其他有关部门的人员为办税人员，由办税人员具体办理个人所得税的代扣代缴工作。在办税人员或办税人员发生变动时，应将名单及时报告主管税务机关。

② 扣缴义务人的法人代表(或单位主要负责人)、财会部门的负责人及具体办理代扣代缴税款的有关人员,共同对依法履行代扣代缴义务负法律责任。同一扣缴义务人的不同部门支付应纳税所得时应报办税人员汇总。向个人支付应纳税所得（包括现金、实物和有价证券）时，不论纳税人是否属于本单位人员，均应代扣代缴其应纳的个人所得税税款。

③ 扣缴义务人在代扣代缴税款时，必须向纳税人开具税务机关统一印制的代扣代收税款凭证。对工资、薪金所得和利息、股息、红利所得等，因纳税人数众多，经税务机关同意，可不开具代扣代收凭证，但应通过一定形式告知纳税人已扣缴税款。纳税人为持有完税依据而向扣缴义务人索取代扣代收税款凭证的，扣缴义务人不能拒绝。

④ 扣缴义务人应主动向税务机关申领《个人所得税代扣代缴税款凭单》，据以向纳税人扣税。

⑤ 扣缴义务人对纳税人应扣未扣的税款，其应纳税款仍然由纳税人缴纳，扣缴义务人应承担应扣未扣税款 50%以上至 3 倍的罚款。

⑥ 扣缴义务人应设立代扣代缴税款账簿，正确反映个人所得税的扣缴情况，并如实填写《扣缴个人所得税报告表》及其他有关资料。

⑦ 行政机关、事业单位工资发放方式改革后扣缴个人所得税问题。

- 行政机关、事业单位改革工资发放方式后，随着支付工资所得单位的变化，其扣缴义务人也有所变化。根据《中华人民共和国个人所得税法》第八条的规定，凡是有向个人支付工薪所得行为的财政部门（或机关事务管理、人事等部门）、行政机关、事业单位均为个人所得税的扣缴义务人。
- 财政部门（或机关事务管理、人事等部门）向行政机关、事业单位工作人员发放工资时应依法代扣代缴个人所得税。行政机关、事业单位再向个人支付与任职、受雇有关的其他所得时，应将个人的这部分所得与财政部门（或机关事务管理、人事等部门）发放的工资合并计算应纳税所得额和应纳税额，并就应纳税额与财政部门（或机关事务管理、人事等部门）已扣缴税款的差额部分代扣代缴个人所得税。

（3）代扣代缴期限

扣缴义务人每月所扣的税款，应当在次月 15 日内缴入国库，并向主管税务机关报送《扣缴个人所得税报告表》、代扣代收税款凭证、《支付个人收入明细表》以及税务机关要求报送的其他有关资料。

扣缴义务人违反上述规定不报送或者报送虚假纳税资料的，一经查实，其未在有关资料反映的向个人支付的款项，在计算扣缴义务人应纳税所得时不得作为成本费用扣除。

纳税义务人因有特殊困难不能按期报送《扣缴个人所得税报告表》及其他有关资料的，经县级税务机关批准，可以延期申报。

8.3 个人所得税的会计处理

8.3.1 企业代扣代缴个人所得税的核算

企事业单位为了核算代扣代缴的个人所得税，一般应设置“应交税费——代扣代缴个人所得税”

科目，贷方登记按规定应代扣的个人所得税，借方登记已缴纳代扣的个人所得税，期末贷方余额为尚未上缴的代扣个人所得税额。

1. 支付工资、薪金所得的单位代扣代缴个人所得税的会计处理

支付工资、薪金所得的单位扣缴的工资、薪金所得应纳的个人所得税，实际上是个人工资、薪金所得的一部分。企业支付工资并代扣个人所得税时，按应付工资总额借记“应付职工薪酬”账户，按代扣的个人所得税贷记“应交税费——代扣代缴个人所得税”账户，按实际发放的工资贷记“库存现金”账户；上交代扣的个人所得税时，借记“应交税费——代扣代缴个人所得税”账户，贷记“银行存款”账户。

【例 8-19】 20××年 1 月，ABC 公司支付员工周某工资 5 100 元，由周某自己负担个人所得税。

ABC 公司应编制如下会计分录：

（1）支付周某工资并代扣个人所得税时：

周某应纳个人所得税税额=(5 100−3 500)×10%−105=55（元）

借：应付职工薪酬	5 100	
贷：应交税费——代扣代缴个人所得税		55
库存现金		5 045

（2）缴纳个人所得税时：

借：应交税费——代扣代缴个人所得税	55	
贷：银行存款		55

2. 对企事业单位的承包经营、承租经营所得税的会计处理

对企事业单位的承包经营、承租经营取得的所得，如果由支付所得的单位代扣代缴的，支付所得的单位代扣税款并支付承包经营、承租经营所得时，按应支付的所得借记“应付利润”账户，按应代扣的个人所得税贷记“应交税费——代扣代缴个人所得税”账户，按实际支付的金额贷记“银行存款”等账户。实际上交代扣税款时，借记“应交税费——代扣代缴个人所得税”账户，贷记“银行存款”账户。

3. 支付劳务报酬所得的单位代扣代缴个人所得税的会计处理

单位支付劳务报酬所得并代扣代缴应纳个人所得税时，应按合同或协议约定的金额借记“管理费用”等账户，按应代扣的个人所得税贷记“应交税费——代扣代缴个人所得税”账户，按实际支付的金额贷记“银行存款”等账户。实际上交代扣税款时，借记“应交税费——代扣代缴个人所得税”账户，贷记“银行存款”账户。

【例 8-20】 ABC 公司邀请一位教授为其进行新企业所得税法培训，按合同培训费为 8 000 元，应由企业代扣个人所得税。

ABC 公司应编制如下会计分录：

① 支付劳务费并代扣个人所得税时：

应扣个人所得税=8 000×(1−20%)×20%=1 280（元）

借：管理费用	8 000	
贷：应交税费——代扣代缴个人所得税		1 280
银行存款		6 720

② 上缴个人所得税时：

借：应交税费——代扣代缴个人所得税　　1 280

　　贷：银行存款　　1 280

4. 支付稿酬所得的单位代扣代缴个人所得税的会计处理

单位支付稿酬并代扣代缴应纳个人所得税时，应按合同或协议约定的金额借记“图书成本”、“营业费用”等账户，按应代扣的个人所得税贷记“应交税费——代扣代缴个人所得税”账户，按实际支付的金额贷记“银行存款”等账户。实际上交代扣税款时，借记“应交税费——代扣代缴个人所得税”账户，贷记“银行存款”账户。

【例 8-21】 某作家在某出版社出版一本著作，按合同规定，该出版社支付给作家 18 000 元稿费，并由出版社代扣代缴个人所得税。

该出版社应编制如下会计分录：

① 支付稿酬并代扣个人所得税时：

应扣个人所得税=18 000×(1−20%)×20%×(1−30%)=2 016（元）

借：图书成本　　18 000

　　贷：应交税费——代扣代缴个人所得税　　2 016

　　　　银行存款　　15 984

② 缴纳个人所得税时：

借：应交税费——代扣代缴个人所得税　　2 016

　　贷：银行存款　　2 016

5. 支付特许权使用费所得的单位代扣代缴个人所得税的会计处理

单位支付特许权使用费所得并代扣应纳个人所得税时，应按合同或协议约定的金额借记“管理费用”等账户，按应代扣的个人所得税贷记“应交税费——代扣代缴个人所得税”账户，按实际支付的金额贷记“银行存款”等账户。实际上交代扣税款时，借记“应交税费——代扣代缴个人所得税”账户，贷记“银行存款”账户。

【例 8-22】 某电影制片厂买断某作家出版的作品，按照协议支付给其 12 万元报酬，应按“特许权使用费所得”项目计征个人所得税，由电影制片厂代扣代缴个人所得税。

该电影制片厂应编制如下会计分录：

① 支付特许使用费并代扣个人所得税时：

应扣个人所得税=120 000×(1−20%)×20%=19 200（元）

借：管理费用　　120 000

　　贷：应交税费——代扣代缴个人所得税　　19 200

　　　　银行存款　　100 800

② 上缴个人所得税时：

借：应交税费——代扣代缴个人所得税　　19 200

　　贷：银行存款　　19 200

6. 支付利息、股息、红利所得代扣个人所得税的会计处理

单位支付利息、股息、红利所得并代扣应纳个人所得税时，应按合同或协议约定的金额借记“财务费用”等账户，按应代扣的个人所得税贷记“应交税费——代扣代缴个人所得税”账户，按实际支付的金额贷记“应付利息”、“应付股利”、“应付利润”、“库存现金”等账户。实际上交代扣税款时，借记“应交税费——代扣代缴个人所得税”账户，贷记“银行存款”账户。

7. 支付财产转让所得代扣个人所得税的会计处理

单位向个人支付财产转让费用并代扣应纳个人所得税时，应按合同或协议约定的金额借记“固定资产”等账户，按应代扣的个人所得税贷记“应交税费——代扣代缴个人所得税”账户，按实际支付的金额贷记“银行存款”等账户。实际上交代扣税款时，借记“应交税费——代扣代缴个人所得税”账户，贷记“银行存款”账户。

【例 8-23】 李某将自有房产（非家庭生活用房）卖给甲单位，取得收入 20 万元，房产建造费用为 8 万元，办理产权转让手续时交纳税金和其他费用 3 万元。由甲单位代扣代缴个人所得税。

① 甲单位购买房产并代扣个人所得税时：

应代扣个人所得税=(200 000−80 000−30 000)×20%=18 000（元）

借：固定资产	200 000	
贷：应交税费——代扣代缴个人所得税		18 000
银行存款		182 000

② 实际缴纳个人所得税时：

借：应交税费——代扣代缴个人所得税	18 000	
贷：银行存款		18 000

8.3.2 个体工商户生产、经营所得，应纳所得税的会计处理

对采用自行申报缴纳个人所得税的纳税人，除实行查账征收的个体工商户外，一般不需进行会计处理。实行查账征收的个体工商户交纳个人所得税应通过“所得税费用”和“应交税费——应交个人所得税”两个账户进行会计处理。

个体工商户取得生产经营所得按规定计算应纳的所得税，借记“所得税费用”账户，贷记“应交税费——应交个人所得税”账户。实际上交税款时，借记“应交税费——应交个人所得税”账户，贷记“银行存款”账户。

【例 8-24】 某个体工商户 20××年全年的经营收入 250 000 元，生产经营的成本费用总额为 165 000 元，计算该个体工商户应纳个人所得税并做出会计处理。

应纳个人所得税=(250 000−165 000)×30%−9 750=15 750（元）

（1）计算应纳个人所得税时：

借：所得税费用	15 750	
贷：应交税费——应交个人所得税		15 750

（2）交纳个人所得税时：

借：应交税费——应交个人所得税	15 750	
贷：银行存款		15 750

8.3.3 企业为员工负担个人所得税税款的会计处理

1. 企业为其全额负担个人所得税的会计处理

【例 8-25】 ABC 公司职工王某 20××年 3 月工资、薪金收入为 5 500 元，企业为其全额负担个人所得税。

（1）根据《个人所得税代扣代缴暂行办法》规定，个人所得税的计税依据为含税收入，不能以纳税人实际取得的收入计算应纳税额。取得不含税收入的应先换算成应纳税所得额，即含税收入，

然后再计算应扣缴个人所得税。

（2）根据有关税收法律规定，企业所得税的纳税人、个人独资和合伙企业、个体工商户为个人支付的个人所得税款，不得在所得税前扣除，应计入“营业外支出”账户。

ABC 公司应做出如下会计处理：

（1）计算代王某负担的个人所得税：

应纳税所得额=(5 500−3 500−105)÷(1−10%)=2 105.56（元）

应代付的个人所得税=2 105.56×10%−105=105.56（元）

借：营业外支出　　105.56

　　贷：应交税费——代扣代缴个人所得税　　105.56

（2）上缴个人所得税时：

借：应交税费——代扣代缴个人所得税　　105.56

　　贷：银行存款　　105.56

2. 企业为员工定额负担税款

【例 8-26】 某企业职工张某 20××年 2 月工资，薪金收入为 9 600 元，企业为其定额负担个人所得税 500 元。

（1）企业代张某负担个人所得税时：

借：营业外支出　　500

　　贷：应交税费——代扣代缴个人所得税　　500

（2）计算张某自己负担的个人所得税时：

应纳税所得额＝职工工资＋企业负担的税款−费用扣除标准=9 600+500−3 500=6 600（元）

应纳个人所得税税额＝应纳税所得额×税率−速算扣除数=6 600×20%−555=765（元）

张某个人负担的个人所得税=765−500=265（元）

借：应付职工薪酬　　9 600

　　贷：库存现金（或银行存款）　　9 335

　　　　应交税费——代扣代缴个人所得税　　265

（3）上缴个人所得税时：

借：应交税费——代扣代缴个人所得税　　765

　　贷：银行存款（或库存现金）　　765

3. 企业为员工定率负担税款

【例 8-27】 仍以例 8-26 资料为例，假定该企业为张某负担 80%的个人所得税。

（1）计算企业为张某负担的个人所得税时：

应纳税所得额=(未含企业负担税款的职工工资－费用扣除标准－速算扣除数×负担比例) / (1－税率×负担比例)=(9 600−3 500−555×80%)/(1−20%×80%)=6 733.33 (元)

应纳税额＝应纳税所得额×税率－速算扣除数=6 733.33×20%−555=791.67 (元)

企业为张某负担的个人所得税=791.67×80%=633.34（元）

借：营业外支出　　633.34

　　贷：应交税费——代扣代缴个人所得税　　633.34

（2）计算张某应负担的个人所得税时：

张某个人应负担的个人所得税=791.67×(1−80%)=158.33（元）

借：应付职工薪酬　　9 600

　　贷：库存现金（或银行存款）　　9 441.67

　　　　应交税费——代扣代缴个人所得税　　158.33

（3）上缴个人所得税时：

借：应交税费——代缴个人所得税　　791.67

　　贷：银行存款（或库存现金）　　791.67

8.3.4 代扣代缴手续费的会计处理

根据税法规定：税务机关应对扣缴义务人按照所扣缴的税款，付给 2%的手续费；扣缴义务人可将其用于代扣代缴费用开支和奖励代扣代缴工作做得较好的办税人员；该费用由税务机关按月填开收入退还书发给扣缴义务人，扣缴义务人按收入退还书到指定银行办理税款退库手续。

代扣代缴义务人收到手续费后编制会计分录如下：

借：银行存款

　　贷：应交税费——代扣代缴个人所得税

同时，冲减企业管理费用，编制会计分录如下。

借：应交税费——代扣代缴个人所得税

　　贷：管理费用

本章小结

我国现行的个人所得税采用的是分类所得税制，将个人取得的各种所得划分为 11 类，对不同的应税项目分别适用不同的费用减除规定、不同税率和不同计税方法。对纳税人的应纳税额分别采取由支付单位源泉扣缴和纳税人自行申报两种方法。

企业作为个人所得税的扣缴义务人，应设置“应交税费——代扣代缴个人所得税”账户，核算企业代扣代缴职工或其他个人的个人所得税。实行查账征收的个体工商户、个人独资企业和合伙企业，其生产经营所得应缴纳的个人所得税，应通过“应交税费——应交个人所得税”账户核算。

思考题

1. 个人所得税的纳税人有哪些？怎样判定居民纳税人和非居民纳税人？
2. 个人所得税的应税项目有哪些？各项目的具体内容是什么？
3. 个人所得税各项目的应税收入是如何确定的？
4. 个人所得税的费用扣除标准有哪些？
5. 现行的个人所得税的税率是如何设置的？
6. 目前我国个人所得税的纳税申报方式有哪几种？各自的适用范围是什么？
7. 简述企业代扣代缴个人所得税的会计处理方法？
8. 个体工商户自行申报个人所得税时应如何进行核算？

习题 8

一、单项选择题

1. 某外国人 20× ×年 2 月 12 日来华工作，20× ×年 2 月 15 日回国，20× ×年 3 月 2 日返回中国，20××年11月15日至20××年11月30日期间，因工作需要去了日本，20××年12月1日返回中国，后于20××年11月20日离华回国，则该纳税人（　　）。

A. 20××年度为我国居民纳税人，20××年度为我国非居民纳税人

B. 20××年度为我国居民纳税人，20××年度为我国非居民纳税人

C. 20××年度和20××年度均为我国非居民纳税人

D. 20××年度和20××年度均为我国居民纳税人

2. 在一个纳税年度内，一次离境不超过一定期限，多次离境累计不超过一定期限的，均为临时离境，仍应被视为全年在华居住而判定为居民纳税义务人。其期限规定分别是（　　）。

A. 15日、45日　　B. 30日、60日

C. 15日、60日　　D. 30日、90日

3. 下列应税项目中，以一个月为一次确定应纳税所得额的有（　　）。

A. 劳务报酬所得　　B. 特许权使用费所得

C. 财产租赁所得　　D. 财产转让所得

4. 某教授20××年8月因其编著的教材出版，获得稿酬8 500元，20××年9月因教材加印又得稿酬700元，该教授共应纳个人所得税（　　）元。

A. 952　　B. 1 288　　C. 1 472　　D. 1 030.4

5. 下列各项中不应按特许权使用费所得，征收个人所得税的是（　　）。

A. 专利权　　B. 著作权　　C. 稿酬　　D. 非专利技术

6. 在商品营销活动中，企业和单位对营销业绩突出的非雇员以培训班、研讨会、工作考察等名义组织旅游活动，通过免收差旅费、旅游费对个人实行的营销业绩奖励（包括实物、有价证券等），所发生的费用（　　）。

A. 不缴纳个人所得税　　B. 按工资、薪金所得缴纳个人所得税

C. 按劳务报酬所得缴纳个人所得税　　D. 按偶然所得缴纳个人所得税

7. 下列选项中，应按劳务报酬所得项目征税的是（　　）。

A. 个人在办理内部退养手续后从原任职单位取得的一次性收入

B. 企业和单位对营销业绩突出的非雇员以培训等名义，免费旅游所发生的费用

C. 企业和单位对营销业绩突出的雇员以培训等名义，免费旅游所发生的费用

D. 个人在办理内部退养手续后至法定退休年龄之间重新就业取得的工资、薪金所得

8. 以下财产转让所得不需缴纳个人所得税的是（　　）。

A. 建筑物转让所得　　B. 土地使用权转让所得

C. 机器设备转让所得　　D. 股票转让所得

9. 投资者应纳的个人所得税税款，按年计算，分月或者分季预缴，由投资者在每月或每季度终了后（　　）日内预缴。

A. 5　　B. 7　　C. 10　　D. 15

10. 对于个人的财产转让所得，在计算征收个人所得税时，不允许从收入中扣除的财产原值及合理费用的是（　　）。

A. 有价证券的原值　　B. 建筑物的建造费用及相关费用

C. 机器设备购进价格及运输费　　D. 转让土地使用权所取得的价外收入

11. 出租汽车经营单位对出租车驾驶员采取单车承包或承租方式运营，出租车驾驶员从事客货营运取得的收入，按（　　）税目缴纳个人所得税。

A. 个体工商户的生产、经营所得　　B. 工资、薪金所得

C. 劳务报酬所得　　D. 对企事业单位的承包经营、承租经营所得

12. 某工程师20××年将自己研制的一项非专利技术使用权提供给甲企业，取得技术转让收入为3 000元，又将自己发明的一项专利转让给乙企业，取得收入为45 000元。该工程师两次所得应纳的个人所得税为（　　）元。

A. 7 640　　B. 7 650　　C. 7 680　　D. 9 200

13. 下列个人所得在计算应纳税所得额时，采用定额与定率相结合扣除费用的是（　　）。

A. 个体工商户的生产、经营所得　　B. 工资、薪金所得

C. 劳务报酬所得　　D. 偶然所得

14. 下列所得中，免缴个人所得税的是（　　）。

A. 年终加薪　　B. 拍卖本人文字作品原稿的收入

C. 个人保险所获赔款　　D. 从投资管理公司取得的派息分红

15. 下列所得中，一次收入畸高可以实行加成征收的是（　　）。

A. 稿酬所得　　B. 劳务报酬所得

C. 偶然所得　　D. 股息红利所得

二、多项选择题

1. 一般来说，居民纳税人应就其来源于中国境内、境外的所得缴纳个人所得税；非居民纳税人仅就来源于中国境内的所得缴纳个人所得税。下列收入中属于中国境内所得的是（　　）。

A. 在中国境内任职、受雇而由境外公司支付的工资、薪金所得

B. 因任职、受雇、履约等而在中国境外提供各种劳务取得的劳务报酬所得

C. 将财产出租给承租人在中国境外使用而取得的所得

D. 转让中国境内的建筑物、土地使用权等财产给某外国个人而取得的所得

2. 个人所得税法将纳税义务人区分为居民和非居民纳税人所依据的标准有（　　）。

A. 国籍标准　　B. 住所标准

C. 意愿标准　　D. 居住时间标准

3. 下列选项中，符合税法规定的有（　　）。

A. 若个人发表一作品，出版单位分三次支付稿酬，则这三次稿酬应合并为一次纳税

B. 若个人在两处出版同一作品而分别取得稿酬，则应分别各处所得单独纳税

C. 若因作品加印而获得稿酬，应就此次稿酬单独纳税

D. 个人的同一作品连载之后又出书取得稿酬的，应视同再版稿酬分别征税

4. 张某于20××年5月28至6月4日为某大厦承建一座水塔，协议规定按完工进度分3次付款，5月分别支付10 000元、15 000元，6月支付3 500元；6月提供图文设计获得报酬5 000元，除个人所得税外不考虑其他税费，则下列陈述正确的是（　　）。

A. 承建水塔业务分3次缴纳个人所得税　　B. 承建水塔业务共缴纳个人所得税4 840元

C. 设计业务可以和水塔业务合并纳税　　D. 设计业务不可以和水塔业务合并纳税

5. 下列各项中，每次收入不超过4 000元的，减除费用800元；4 000元以上的，减除20%的费用，其余额为应纳税所得额的有（　　）。

A. 劳务报酬所得　　B. 稿酬所得

C. 财产租赁所得　　D. 特许权使用费所得

6. 征收个人所得税的工资、薪金所得包括（　　）。

A. 年终加薪　　B. 托儿补助费

C. 劳动分红　　D. 独生子女补贴

7. 以下属于代扣代缴个人所得税的范围的是（　　）。

A. 财产租赁所得　　B. 财产转让所得

C. 对企事业单位的承包经营、承租经营所得　　D. 个人独资企业的生产、经营所得

8. 以下人员取得的工资、薪金所得适用附件费用减除标准的是（　　）。

A. 在中国境内的外商投资企业和外国企业中工作取得工资、薪金所得的外籍人员

B. 应聘在中国境内的企业、事业单位、社会团体、国家机关中工作取得工资、薪金所得的外籍专家

C. 在中国境内有住所而在中国境外任职或受雇取得工资、薪金所得的个人

D. 中国港澳台地区同胞

9. 依据个人所得税相关规定，下列各项公益性、救济性捐赠准予税前全额扣除的有（　　）。

A. 通过非营利性的社会团体向重点文物保护单位的捐赠

B. 通过国家机关向农村义务教育的捐赠

C. 通过非营利性社会团体对新建公益性青少年活动场所的捐赠

D. 通过非营利性的社会团体向红十字事业的捐赠

10. 下列项目中，直接以每次收入额为应纳税所得额计算缴纳个人所得税的有（　　）。

A. 稿酬所得　　B. 利息、股息、红利所得

C. 偶然所得　　D. 特许权使用费所得

11. 个人取得的下列所得，免征个人所得税的有（　　）。

A. 按国家统一规定发给的津贴

B. 个人转让自用 8 年的家庭唯一生活用房的所得

C. 本单位发给的先进个人奖金

D. 按国家统一规定发放的离退休人员工资

12. 下列属于稿酬所得项目的是（　　）。

A. 将译文在学术刊物上发表取得的所得　　B. 集体编写并正式出版的教材取得的报酬

C. 受托翻译论文的报酬　　D. 在报纸上发表文章的报酬

13. 下列个人所得中，适用 20%比例税率的有（　　）。

A. 工资、薪金所得　　B. 劳务报酬所得

C. 特许权使用费所得　　D. 企业职工的奖金所得

14. 王先生出租房屋取得财产租赁收入在计算个人所得税时，可扣除的费用包括（　　）。

A. 租赁过程中王先生缴纳的营业税和房产税

B. 根据收入高低使用 800 或收入 20%的费用扣除标准

C. 王先生付出的该出租财产的修缮费用

D. 租赁过程中王先生缴纳的教育费附加和印花税

15. 根据现行税法规定，下列所得可以免征个人所得税的有（　　）。

A. 保险赔款

B. 外籍个人从外商投资企业取得的股息红利所得

C. 个人取得的教育储蓄存款利息所得

D. 残疾、孤老人员和烈属的所得

16. 下列所得可以采用 5 级超额累进税率计缴个人所得税的有（　　）。

A. 个体工商户的生产经营所得　　B. 个人独资企业和合伙企业

C. 承包经营者取得的承租承包所得　　D. 财产租赁所得

17. 下列各项中，应当缴纳个人所得税的有（　　）。

A. 个人拥有公司债权所取得利息　　B. 个人银行结算账户利息

C. 拥有国债所取得的利息　　D. 拥有公司股权分到的股息、红利

18. 下列属于劳务报酬所得的有（　　）。

A. 笔译翻译收入　　B. 审稿收入

C. 现场书画收入　　D. 雕刻收入

19. 个人所得税自行申报的纳税人有（　　）。

A. 从两处或两处以上取得工资、薪金的

B. 取得应纳税所得，没有扣缴义务人的

C. 多笔取得属于一次性劳务报酬的

D. 取得应纳税所得，扣缴义务人未按规定扣缴税款的

20. 个人所得税是世界各国普遍征收的一个税种，但各国的个人所得税规定有所不同。下列表述中属于我国现行个人所得税特点的有（　　）。

A. 实行的是综合所得税制　　B. 累进税率和定额税率并用

C. 实行的是分类所得税制　　D. 采取课源制和申报制两种征纳方法

三、判断题

1. 凡向个人支付应纳税所得的单位和个人，不论是向本单位人员支付，还是向其他人员支付，均应在支付时代扣代缴其应纳的个人所得税。（　　）

2. 个人领取原提存的住房公积金、医疗保险金、基本养老保险金免征个人所得税。（　　）

3. 两个或两个以上个人共同取得同一项所得的，应先就其全部收入减除费用计算征收个人所得税，然后将其税后所得在各纳税人之间分配。（　　）

4. 个体工商户生产经营所得的个人所得税税率为25%的比例税率。（　　）

5. 同一作品出版、发表后，因添加印数而追加稿酬的，应视为另一次稿酬计征个人所得税。（　　）

6. 纳税人一次取得属于数月的奖金或年终加薪，应视作取得奖金或年终加薪当月的工资、薪金所得，并与其当月工资、薪金所得合并计算缴纳个人所得税。（　　）

7. 对个人独资企业和合伙企业首先应按企业所得税法缴纳企业所得税，然后对企业所有者个人再征收个人所得税。（　　）

8. 在确定财产租赁所得的纳税义务人时，应以产权凭据为依据；对无产权依据的，以实际取得租金的个人为纳税义务人。（　　）

9. 劳务报酬所得，属于同一事项连续取得收入的，以1个月内取得的收入为一次。（　　）

10. 个人因与用人单位解除劳动关系而取得的一次性补偿收入，要依法并入工资征收个人所得税。（　　）

11. 年所得12万元以上的纳税人，取得的各项所得已足额缴纳了个人所得税的，按照规定，纳税年度终了后可不再向主管税务机关办理纳税申报。（　　）

12. 在中国境内有住所，或者无住所而在境内居住满1年的个人，从中国境内和境外取得的所得，应当分别计算应纳税额。（　　）

13. 个人财产拍卖所得应纳的个人所得税税款，由拍卖单位负责代扣代缴，并按规定向拍卖单位所在地主管税务机关办理纳税申报。（　　）

14. 根据《中华人民共和国个人所得税法》规定，纳税人从中国境外取得的所得，准予其在应纳税额中据实扣除已在境外缴纳的个人所得税。（　　）

15. 某日本公民于20××年1月2日至20××年12月31日在中国境内工作，该日本公民不是我国个人所得税的居民纳税人。 (　　)

16. 对非居民纳税人来源于中国境内但支付地点在国外的所得，免征个人所得税。 (　　)

17. 对个人转让自用达5年以上的家庭居住用房取得的所得，可以免纳个人所得税。 (　　)

18. 纳税人从两处或两处以上取得的工资、薪金所得的，应在当地税务机关分别申报纳税。 (　　)

19. 个人拍卖文字作品原稿及复印件等财产，应以其转让收入额减除财产原值和合理费用后的余额为应纳税所得额，按照“财产转让所得”项目适用20%税率缴纳个人所得税。 (　　)

20. 扣缴义务人未履行扣缴个人所得税义务的，由扣缴义务人承担应纳的税款、滞纳金和罚款。 (　　)

四、业务题

1. 中国公民王某为一外商投资企业的高级职员，20××年其收入情况如下:

（1）雇佣单位每月支付工资、薪金15 000元。

（2）派遣单位每月支付工资、薪金2 500元。

（3）取得股票转让收益100 000元。

（4）从A国取得特许权使用费收入折合人民币18 000元，并提供了来源国纳税凭证，纳税折合人民币1 800元。

（5）购物中奖获得奖金20 000元。

（6）受托为某单位做工程设计，历时3个月，共取得工程设计费40 000元。

要求：请正确计算李某全年应该缴纳的个人所得税额。

2. 中国公民孙某系自由职业者，20××年收入情况如下:

（1）出版中篇小说一部，取得稿酬50 000元，后因小说加印和报刊连载，分别取得出版社稿酬10 000元和报社稿酬3 800元。

（2）受托对一电影剧本进行审核，取得审稿收入15 000元。

（3）临时担任会议翻译，取得收入3 000元。

（4）在A国讲学取得收入30 000元，在B国进行书画展卖，现场作画取得收入70 000元，已分别按收入来源国税法规定缴纳了个人所得税5 000元和18 000元。

要求：计算孙某20××年应缴纳的个人所得税。

3. A省一个体工商业户20××年全年收入180 000元，税法允许扣除的生产经营成本费用总额为135 000元。

要求：请计算该个体工商业户全年应纳个人所得税税额，并做出有关账务处理。

4. ABC公司20××年1月发生以下几笔涉及个人所得税的业务:

（1）支付员工张某、李某当月工资各7 650元，但根据合同约定，张某自己承担个人所得税；李某个人所得税由公司承担，即李某收入7 650元为税后所得。

（2）以50 000元向工程师刘某购买一项专利使用权。

（3）向某居民购买一套已居住2年的住房，该住房价款为1 000 000元，原值450 000元，转让过程中该居民支付各种税费50 000元，支付中介机构介绍费10 000元。

（4）聘请某营销学专家给销售人员进行培训，支付报酬15 000元。

（5）2月2日，该公司将上述代扣款项交至税务机关，税务机关按照代个人所得税款的2%支付该公司手续费。

要求：请计算该公司上述业务中应代扣代缴的个人所得税，并做出有关账务处理。

☞知识拓展阅读

贾康：个税改革应重视推进"综合与分类相结合"配套改革

收入分配改革被认为是最难推进和深化的领域之一，人们将目光投入税收领域。专家们表示，当前居民收入差距扩大的趋势没有根本扭转，税收对收入分配的调节有待进一步加强，建议通过税收调节来缩小收入分配差距。

国务院近日批转了《关于深化收入分配制度改革的若干意见》。《意见》表示，加强个人所得税调节。加快建立综合与分类相结合的个人所得税制度。完善高收入者个人所得税的征收、管理和处罚措施，将各项收入全部纳入征收范围，建立健全个人收入双向申报制度和全国统一的纳税人识别号制度，依法做到应收尽收；《意见》涉及税收领域的内容还包括，完善房产保有、交易等环节税收制度，逐步扩大个人住房房产税改革试点范围，细化住房交易差别化税收政策，加强存量房交易税收征管等。

中国（海南）改革发展研究院院长迟福林表示，税收在整个收入分配中的调节作用越来越凸显。要加大结构性减税力度，实施大规模的国家减税计划。

近年来，中央通过实施结构性减税来提高居民收入采取了较多的措施，比如提高个人所得税起征点到 3500 元，对个人所得税税率进行调整，由九级税率减少为七级税率；对个体工商户个人所得税政策进行改革；提高增值税和营业税体征点到 2 万元、减免小微企业所得税、蔬菜批发流通环节增值税免征等政策。但是，从实际效果来看，减税提高居民收入的作用并不明显，没有达到人民群众的预期要求。

财政部财政科学研究所所长贾康表示，在我国现行的 11 个分类征收个人所得税框架下，单纯提高起征点而不提高收入，对工薪阶层来说没有意义。个税改革应重视推进"综合与分类相结合"的配套改革，将现行的九级超额累进税率减至五级超额累进税率。

中国人民大学财政金融学院教授岳希明表示，提高个税起征点对改善收入分配状况并不能奏效。他提出，改革的方向应当是对间接税进行减税，如对生活必需品免税等，而不是再对个人所得税减税。原因在于，目前我国间接税占比过高，整体税制呈现累退性，即收入越高的人，税率反而越低，在间接税不变的条件下，提高工资薪金所得减除费用标准（即俗称的起征点），实际上等于个人所得税减税，它将加重整体税制的累退性，从而加剧其不公平性。

财政部最新数据显示，今年个人所得税调节得以继续加强，前两个月个人所得税 1356 亿元，同比减少 54 亿元，下降 3.8%。财政部分析称，主要是今年春节放假在 2 月份，一些地方集中发放奖金分红应缴的部分个人所得税按规定在 3 月份入库。

专家指出，从 2 月的个税收入状况，收入分配的改革已在推进，下一步关键是要拿出有力的措施，增加城乡居民的收入，缩小不同群体的差距，加快建立综合与分类相结合的个人所得税制度，规范分配体系。

（资料来源：中国经济网——《证券日报》，www.ce.cn，2013-03-22，作者：徐科）

第 9 章

流转环节其他税种会计

【学习目标】 通过本章学习，了解城市维护建设税、关税、资源税、土地增值税的纳税人，征收范围、税率、减免税及纳税申报过程；掌握上述流转环节小税种应纳税额的计算及会计处理方法。

【重点难点】 本章重点为有关流转环节小税种的计税依据的确定及应纳税额的核算；难点为土地增值税的计算及会计处理。

9.1 城市维护建设税和教育费附加会计

9.1.1 城市维护建设税概述

城市维护建设税，简称城建税，是对缴纳增值税、消费税和营业税（简称“三税”）的单位和个人，以其实际缴纳的“三税”税额为计税依据而征收的一种附加税。

城市维护建设税具有以下 3 个特点：① 具有特定目的，城建税由地方人民政府安排使用，专门用于城市公用事业和公共设施的维护、建设；② 属于一种附加税，即依据纳税人实际缴纳的“三税”征收；③ 依据城镇规模设计税率。

1. 个人所得税的纳税义务人的定义

城建税的纳税人，是指负有缴纳增值税、消费税和营业税义务的单位和个人，包括各类企业、行政事业单位以及社会团体、军事单位及其他单位，个体工商户和其他个人等。自 2010 年 12 月 1 日起，对外商投资企业和外国企业及外籍个人征收城市维护建设税。

2. 城市维护建设税的税率

按照纳税人所在地的不同，城建税设置了 3 个档次的地区差别比例税率：市区为 7%；县城和镇为 5%；纳税人所在地不在市区、县城或者镇的，税率为 1%。例如，开采海洋石油资源的中外合作油（气）田所在地在海上，其城市维护建设适用 1%的税率。除下述两种情况外，城建税的适用税率，应按纳税人所在地规定税率执行。这两种情况是：

① 由受托方代征代扣上述“三税”的单位和个人，其代扣代缴的城建税按受托方所在地适用税率纳税。

② 流动经营等无固定纳税地点的单位和个人，在经营地缴纳上述“三税”的，其城建税的缴纳按经营地适用税率纳税。

3. 城市维护建设税的税收优惠

城建税原则上不单独减免，但由于其附加的性质，当主税发生减免时，城建税相应发生税收减免。具体情况可分为以下几种。

① 随“三税”主税的减免而减免，因减免而发生“三税”退库的，城建税可以同时退库。

② 对海关代征进口货物的增值税、消费税，不征收城建税。但对出口货物按规定退还增值税、消费税，不能退回已纳的城建税。

③ 对“三税”实行先征后返、先征后退、即征即退办法的，除另有规定外，对随“三税”附征的城建税和教育费附加，一律不予退（返）还。

④ 对国家重大水利工程建设基金免征城市维护建设税。

4. 城市维护建设税的计算

城建税的计税依据是纳税人实际缴纳的“三税”税额，但不包括纳税人违反“三税”有关税法规定而加收的滞纳金和罚款，其应纳税额的计算公式为：

应纳税额＝实际缴纳的增值税、消费税、营业税合计×适用税率

【例 9-1】 企业位于市区，20××年3月主营业务实际缴纳增值税360 000元，营业税280 000元，消费税160 000元，因故被加收滞纳金20 000元，此外，由于税务机关查出企业上月偷漏消费税20 000元，故对企业罚款5 000元。计算该企业的城建税。

应纳税额=(60 000+80 000+60 000+20 000)×7%=57 400（元）

5. 城市维护建设税的纳税申报

（1）纳税环节和纳税期限

由于城市维护建设税是“三税”的附加税，因此其纳税环节、纳税期限都和 “三税”相同。但由于增值税、消费税由国家税务机关征收管理，而城市维护建设税由地方税务机关征收管理，所以在税款入库的时间上不一定完全一致。

（2）纳税地点

通常纳税人缴纳“三税”的地点就是城建税的纳税地点。但属于下列情况的，城建税的纳税地点有不同的规定。

① 代扣代缴、代收代缴“三税”的单位和个人，同时也是城市维护建设税的代扣代缴、代收代缴义务人，其城建税的纳税地点为代扣代收地。

② 跨省开采的油田，下属生产单位与核算单位不在一个省内的，其生产的原油，在油井所在地缴纳增值税的，各油井应纳城建税，应由核算单位计算，随同增值税一并汇拨油井所在地，由油井单位在缴纳增值税的同时，一并缴纳城建税。

③ 对于管道局输油部分收入，由取得收入的各管道局在其所在地缴纳营业税，因此各管道局在缴纳营业税的同时应一并缴纳城建税。

④ 对流动经营等无固定纳税地点的单位和个人，应随同“三税”在经营地按适用税率缴纳城建税。

9.1.2 教育费附加和地方教育费附加概述

教育费附加和地方教育费附加是对缴纳增值税、消费税、营业税的单位和个人，以其实际缴纳的“三税”税额为计税依据征收的一种附加费。征收教育费附加的目的是为了加快发展地方教育事业，扩大地方教育经费的资金来源。

1. 教育费附加、地方教育费附加的纳税人、税率和优惠政策

教育费附加、地方教育费附加的纳税人是指负有缴纳“三税”义务的单位和个人，教育费附加率为3%，地方教育费附加征收率统一为2%。自2010年12月1日起，对外商投资企业和外国企业及外籍个人征收教育费附加。

教育费附加的优惠政策包括以下几项：

① 对海关代征进口货物的增值税、消费税，不征收教育费附加。

② 因减免而发生“三税”退税的，可以同时退还已征收的教育费附加。但对出口货物按规定退还增值税、消费税，不退还已征收的教育费附加。

③ 对国家重大水利工程建设基金免征教育费附加。

2. 教育费附加和地方教育费附加的计算

教育费附加和地方教育费附加的计税依据是纳税人实际缴纳的“三税”税额，其计算公式为：

应纳教育费附加或地方教育费附加＝实际缴纳的增值税、消费税、营业税合计×征收比率

【例 9-2】 某企业20××年5月缴纳增值税35 000元，缴纳消费税25 000元，缴纳营业税15 000元。计算该企业应缴纳的教育费附加。

应纳教育费附加=(35 000+25 000+15 000)×3%=2 250（元）

应纳地方教育费附加=(35 000+25 000+15 000)×2%=1 500（元）

9.1.3 城市维护建设税和教育费附加的会计处理

核算城市维护建设税，企业应设置“应交税费——应交城市维护建设税”账户。计提城建税时，应借记“营业税金及附加”、“其他业务成本”等账户，贷记“应交税费——应交城市维护建设税”；交纳城建税时，应借记“应交税费——应交城市维护建设税”，贷记“银行存款”账户，该账户期末贷方余额反映企业应缴而未缴的城市维护建设税。

核算教育费附加，企业应设置“应交税费——应交教育费附加”账户。计提教育费附加时，应借记“营业税金及附加”、“其他业务成本”等账户，贷记“应交税费——应交教育费附加”；交纳教育费附加时，应借记“应交税费——应交教育费附加”，贷记“银行存款”账户，该账户期末贷方余额反映企业应缴而未缴的教育费附加。

【例 9-3】 某县城镇一企业生产应税消费品（消费税率为30%），20××年4月应税消费品实际缴纳增值税100 000元，实际缴纳消费税220 000元。应税消费品的包装物单独计价，实际缴纳增值税10 000元，实际缴纳消费税15 000元。该企业应纳的城建税和教育费附加的计算及会计处理如下：

应税消费品应纳的城建税=(100 000+220 000)×5%=16 000（元）

单独计价的包装物应纳的城建税=(10 000+15 000)×5%=1 250（元）

应税消费品应纳的教育费附加=(100 000+220 000)×3%=9 600（元）

应税消费品应纳的地方教育费附加=(100 000+220 000)×2%=6 400（元）

单独计价的包装物应纳的教育费附加=(10 000+15 000)×3%=750（元）

单独计价的包装物应纳的教育费附加=(10 000+15 000)×2%=500（元）

会计分录如下。

借：营业税金及附加　　32 000
　　其他业务成本　　2 500
　　贷：应交税费——应交城市维护建设税　　17 250
　　　　　　　　——应交教育费附加　　10 350
　　　　　　　　——应交地方教育费附加　　6 900

实际缴纳时：

借：应交税费——应交城市维护建设税　　17 250
　　　　　　——应交教育费附加　　10 350
　　　　　　——应交地方教育费附加　　6 900
　　贷：银行存款　　34 500

9.2 关税会计

9.2.1 关税概述

1. 关税的概念和特点

关税是由海关依法对进出关境的货物和物品所征收的一种流转税。关境是各国政府海关管辖内的、并要执行海关各项法令和规章的区域，也称为关税领域、税境。国境是一个主权国家的领土范围。从一般情况看，关境与国境是一致的。但有些国家相互间缔结关税同盟，在整个关税同盟的范围设立关境，这时的关境就比国境大。而有些国家在国境内设有自由贸易区、自由贸易港等特区，对进出自由区（港）的货物不征收关税，这时的关境就小于国境。

关税具有以下特点。

① 纳税上的统一性和一次性。对进出关境的货物、物品按照全国统一的进出口关税条例和税则统一征税。一次性征税以后，货物即可在全国境内或整个关境以内流通，不再征收关税。

② 征收上的过“关”性。是否征收关税，以货物是否通过关境为标准。

③ 税率上的复式性。复式税则又称为多栏税则，是指同一样进口货物设置两个或两个以上的税率，根据进口货物原产国的不同，分别适用高低不同的税率。这种复式税率充分反映了关税具有维护国家主权、平等互利发展国际贸易往来和经济技术合作的特点。目前，国际上绝大部分国家的关税普遍实行复式税则。从 2002 年 1 月 1 日起我国进口货物关税设置了最惠国税率、协定税率、特惠税率和普通税率等税率形式。

④ 征管上的权威性。关税由海关总署及所属机构代表国家征收管理。

⑤ 对进出口贸易的调节性。许多国家通过制定和调整关税税率来调节进出口贸易。在出口方面，通过低税、免税和退税来鼓励商品出口；在进口方面，通过税率的高低、减免等来调节商品的进口。

2. 关税的纳税人和征税对象

（1）关税的纳税人

关税的纳税人包括进口货物的收货人、出口货物的发货人、进出境物品的所有人。

① 进出口货物的收发货人。进出口货物的收发货人是指依法取得对外贸易经营权，并进口或出口货物的法人或组织，包括外贸专业进出口总公司及其子公司、信托投资公司、外商投资企业、免税品公司等。

小资料：我国古代的关税

我国古代关税最早始于西周后期。《周礼》记载，当时出现了“九赋”，其中就有“关市之赋”，还产生了专门掌管“关门货贿（财物）出入之征”的官吏“司关”。秦始皇统一中国后，统一了法律，《秦律》中专门制定了《关市律》用以规范关税、市税的征管。汉初，实行“轻徭薄赋”政策，免征关税。当时“开关梁，弛（开）山泽之禁，是以富商大贾周流天下”（《史记·货殖列传》）。汉武帝太初四年（公元前 101 年），复征关税，供守关吏卒之用，征税较轻。隋朝和唐朝前期，政策宽松，不征关税。据《唐六典》记载，全国廿六关，“凡关，呵（呵斥禁品）而不征，司（管理）货贿之出入”。

安史之乱后，财政困乏，肃宗下诏开征商税，“于诸道津要，置吏税商货”。即在水陆要道设置关卡征收商品通过税，税率为 2%，其中竹木茶漆等，税率为 10%。此后，商税便取代了关税。不过，到了明清时期，除征收商税外，户部和工部又分别在运河、长江等重要河道设立“户关”、“工关”征税。“户关税”是明朝时按船的大小征收的船税，到清朝又增加了正税、商税等。“工关税”是对贩运竹木等征收实物税，用于工部建造和修缮船只。雍正至乾隆时税率均为 5%，乾隆时，户关 45 个、工关 15 个。鸦片战争失败后，被迫开放五口通商，设立海关，“关税”成了海关税的专用名词，原来内地的关税则改称“常关税”。

（资料来源：财软联盟，www.fs119.net）

② 进出境物品的所有人。进出境物品的所有人包括该物品的所有人和推定为所有人的人。一般情况下，对于携带入境的物品，其携带人为所有人；对分离运输的行李，推定其相应的进出境旅客为所有人；对以邮递方式进境的物品，推定其收件人为所有人；对以邮递或其他运输方式出境的物品，推定其寄件人或托运人为所有人。

（2）关税的征税对象

关税的征税对象是国家准许进出境的货物和物品。“货物”指贸易性商品；“物品”包括入境旅客随身携带的行李和物品、个人邮递物品、各种运输工具上的服务人员携带进口的自用物品、馈赠物品及以其他方式入境的个人物品。

3. 关税税率

关税税则全称是《海关进出口税则》，又称海关税则、关税税率表，是一国对进出口商品计征关税的规章和对进出口的应税与免税商品加以系统分类的一览表。它是关税政策的具体体现和海关征收关税的依据。

关税税则主要包括两部分：一部分是海关课征关税的规章条例及说明，另一部分是关税税目税率表。关税税率表主要包括税则号列（简称税号）、货品分类目录、税率三部分。

我国现行关税税率为差别比例税率，分为进口关税税率、出口关税税率、行李和邮递物品进口税税率和特别关税。

（1）进口关税税率

进口关税税率是对进口货物征收关税而规定的税率。自 2002 年 1 月 1 日起，我国进口税则设有最惠国税率、协定税率、特惠税率、普通税率、关税配额税率等税率形式。

（2）出口关税税率

出口关税税率是对少数出口货物征收关税而规定的税率。目前我国只针对限制出口的不可再生的资源类产品、国内紧缺的原材料，以及易于竞相杀价需要规范出口秩序的半制成品，采用一栏比例税率征收出口关税。

（3）行李和邮递物品进口税率

行李和邮递物品进口税简称行邮税，是海关对入境旅客的行李物品和个人邮递物品征收的进口税。入境旅客行李物品和邮递物品进口税税率见表 9-1。

表 9-1　入境旅客行李物品和个人邮递物品进口税税率表

税　号	物 品 名 称	税　率
1	书报、刊物、教育专用电影片、幻灯片、原版录音带、录像带、金、银、珠宝及其制品、艺术品、收藏品、食品、饮料、皮革服装及配饰、箱包及鞋靴、家用医疗（保健、美容）器材、厨卫用具及小家电、家具、计算机及其外围设备、书报刊物及其他各类印刷品、文具用品及玩具、邮票、乐器、体育用品和其他商品	10%
2	纺织品及其制成品、照相机、自行车（三轮车、童车）及其配件、附件、手表、钟表（含附件）、摄像机、摄录一体机、数码相机、空调（电冰箱、洗衣设备、电视机、影音设备）及其配件、附件	20%
3	高尔夫球及球具、高档手表（系指完税价格 10 000 元人民币以上的手表）	30%
4	烟草、酒、化妆品	50%

（4）特别关税

为了对付别国对我国出口货物的歧视，任何国家或地区如对进口原产于我国的货物征收歧视性关税或者给予其他歧视性待遇的，海关可以对原产于该国家或者地区的进口货物征收特别关税。征收特别关税的货物品种、税率和起征、停征时间，由国务院关税税则委员会决定，并公布施行。特别关税包括报复性关税、反倾销税与反补贴税、保障性关税。

（5）关税税率的运用

① 进出口货物，应当按照纳税义务人申报进口或者出口之日实施的税率征税。

② 进出口货物到达前，经海关核准先行申报的，应按照装载此货物的运输工具申报进境之日实施的税率征税。

③ 进出口货物的补税和退税，适用该进出口货物原申报进口或者出口之日所实施的税率，但下列情况除外：

⊙ 按照特定减免税办法批准予以减免税的进口货物，后因情况改变经海关批准转让或出售或移作他用需予补税的，适用海关接受纳税人再次填写报关单申报办理纳税及有关手续之日实施的税率征税。

⊙ 加工贸易进口料、件等属于保税性质的进口货物，如经批准转为内销，应按向海关申报转为内销之日实施的税率征税；如未经批准擅自转为内销的，则按海关查获日期所施行的税率征税。

⊙ 暂时进口货物转为正式进口需予补税时，应按其申报正式进口之日实施的税率征税。

⊙ 分期支付租金的租赁进口货物，分期付税时，适用海关接受纳税人再次填写报关单申报办理纳税及有关手续之日实施的税率征税。

⊙ 溢卸、误卸货物事后确定需征税时，应按其原运输工具申报进口日期所实施的税率征税。如原进口日期无法查明的，可按确定补税当天实施的税率征税。

⊙ 对由于税则归类的改变、完税价格的审定或其他工作差错而需补税的，应按原征税日期实施的税率征税。

⊙ 对经批准缓税进口的货物以后交税时，不论是分期或一次交清税款，都应按货物原进口之日实施的税率征税。

⊙ 查获的走私进口货物需补税时，应按查获日期实施的税率征税。

4. 关税的税收优惠政策

关税的减税、免税分为法定减免税、特定减免税和临时减免税。特定性减免税和临时性减免税的决定权归国务院。

（1）法定性减免税

《海关法》和《海关进出口税则》中规定的减免税，称为法定性减免税。

① 法定性免征关税主要包括：

⊙ 关税税额在人民币 50 元以下的一票货物。

⊙ 无商业价值的广告品和货样。

⊙ 外国政府、国际组织无偿赠送的物资。

⊙ 进出境运输工具装载的途中必需的燃料、物料和饮食用品。

⊙ 因故退回的我国出口货物，可以免征进口关税，但已征收的出口关税不予退还。

⊙ 因故退还的境外进口货物，可以免征出口关税，但已征收的进口关税不予退还。

⊙ 为境外厂商加工、装配产品和为制造外销产品而进口的原材料、辅料、零件、部件、配套件和包装物料，海关按照实际加工出口的成品数量免征进口关税；或者对进口料、件先征进口关税，再按照实际加工出口的成品数量予以退税。

⊙ 经海关核准暂时进境或暂时出境并在 6 个月内复运出境或复运进境的货样、展览品、施工机械、工程车辆、工程船舶、安装设备时使用的仪器和工具、电视或电影摄制器械、剧团服装道具等，在货物收发货人向海关缴纳相当于税款的保证金或提供担保后，准予暂时免纳关税。

② 进口货物如有如下情形，经海关查明属实，可酌情减免进口关税：

⊙ 在境外运输途中或者在起卸时，遭受损坏或者损失的物资。

⊙ 起卸后海关放行前，因不可抗力遭受损坏或者损失的物资。

⊙ 海关查验时已经破漏、损坏或者腐烂，经证明不是保管不慎造成的物资。

③ 中国政府缔结或参加的国际条约规定减征、免征关税的货物、物品海关应按照规定予以减免关税。

④ 无偿抵价货物，即进口货物在海关征税放行后，发现货物残损、短少或品质不良，而由国外承运人、发货人或保险公司免费补偿或更换的同类货物，可以免税。但有残损或质量问题的原进口货物如未退运国外，其进口的无偿抵价货物应照章征税。

（2）特定性减免税

特定性减免税即政策性减免税，是指除法定性减免之外，由国务院或国务院授权机关颁布的法规、规章特别规定的减免。一般是对特定地区、特定企业、特定用途的进出口货物实行的减免税。

（3）临时性减免税

临时性减免税是指除法定减免和特定减免外，由国务院针对某个纳税人、某类商品、某个项目或某批进出口货物的特殊情况，给予特别照顾，一案一批，专文下达的减免税。

5. 关税的申报

进口货物自运输工具申报进境之日起的 14 日内，出口货物除海关特准外，应在货物运抵海关监管区后装货的 24 小时前，由进出口货物的纳税人向货物进（出）境地海关申报。

关税的缴纳期限自海关填发税款缴款书之日起的 15 日内，向指定银行缴纳税款。

逾期缴纳税款的，由海关自缴款期限届满之日起至缴清税款之日止，按日加收滞纳税款万分之五的滞纳金。纳税义务人应当自海关填发滞纳金缴款书之日起 15 日内向指定银行缴纳滞纳金。

如果纳税人自海关填发缴款书之日起3个月内仍未缴纳税款，经海关关长批准，海关可以采取强制扣缴、变价抵缴等强制措施。

海关征收关税、滞纳金等，应当按人民币计征。

纳税人因不可抗力或者在国家税收政策调整的情形下，不能按期纳税的，经海关总署批准，可以延期纳税，但最长不得超过6个月。

9.2.2 关税的计算

1. 关税的计征方法

① 从价税。从价税是指以进（出）口货物的关税完税价格为依据，按一定比例税率计征的关税的一种方法。关税完税价格是海关以进出口货物的成交价格为基础审查确定的计征关税的价格。目前，我国海关计征关税的标准主要是从价税。

② 从量税。从量税是以进（出）口货物的数量、重量、体积、容量等计量单位为计税标准，以每计量单位货物的应征税额为税率。我国目前对原油、部分鸡产品、啤酒和胶卷等进口商品征收从量税。

③ 复合税。复合税是对某种进（出）口货物合并使用从价税和从量税的计征关税的一种方法。我国目前仅对录像机、放像机、摄像机、数字照相机和摄录一体机等进口商品征收复合税。

④ 滑准税。滑准税是对进口税则中的同一种商品按其市场价格标准分别制定不同价格档次的税率而征收的一种进口关税。其高档商品价格的税率低或不征税，低档商品价格的税率高。征收这种关税的目的是使该种进口商品，不论其进口价格高低，其税后价格保持在一个预定的价格标准上，以稳定进口国内该种商品的市场价格。我国目前对新闻纸采取的是滑准税率征收关税。

2. 进口货物的完税价格

（1）一般进口货物的完税价格

根据《海关法》规定，进口货物的完税价格包括货物的货价、货物运抵我国境内输入地点起卸前的运输及其相关费用、保险费。我国境内输入地为入境海关地，包括内陆河、江口岸，一般为第一口岸。货物的货价以海关审定的成交价格为基础。进口货物的成交价格是买方为购买货物向卖方直接或间接支付的实际支付或应当支付的价格。买方为购买该货物，按《完税价格办法》有关规定调整后的实付或应付价格。

实付或应付价格是指买方为购买进口货物直接或间接支付的总额，即作为卖方销售进口货物的条件，由买方向卖方或为履行卖方义务向第三方已经支付或将要支付的全部款项。如下列费用或者价值未包括在进口货物的实付或应付价格中，应当计入完税价格：

① 除由买方负担的购货佣金以外的佣金和经纪费。

② 由买方负担的在审查确定完税价格时与该货物视为一体的容器的费用。

③ 由买方负担的包装材料费用和包装劳务费用。

④ 与该货物的生产和向境内销售有关的，由买方以免费或者减价的方式提供协助的费用。

⑤ 作为该货物向我国境内销售的条件，买方必须支付的、与该货物有关的特许权使用费。

⑥ 卖方直接或者间接从买方获得的该货物进口后转售、处置或者使用的收益。

进口时在货物的价款中列明的下列税收、费用，不计入该货物的完税价格。

① 厂房、机械、设备等货物进口后进行建设、安装、装配、维修和技术服务的费用。

② 进口货物运抵境内输入地点起卸后的运输及其相关费用、保险费。

③ 进口关税及国内税收。

（2）进口货物完税价格的特殊确定方法

① 进口货物运保费的确定。在计算运保费时，海运进口货物计算至该项货物运抵我国境内的卸货口岸，如该货物的卸货口岸是内河（江）口岸，则应计算至内河（江）口岸；陆运进口货物计算至该货物运抵关境的第一口岸为止，但成交价格中所包含的运、保、杂费是计算至第一个口岸外的内地到达口岸的，运、保、杂费则应计算至目的地口岸；空运进口货物，计算至进入境内的第一口岸，但成交价格为进入关境的第一个口岸外的其他口岸，则计算至目的地口岸。

以境外口岸离岸价格成交的，应当另加该项货物从境外发货口岸或境外交货口岸运达我国境内目的口岸前实际支付的运费、保险费，其完税价格计算如下：

$$完税价格 = 离岸价格 + 运费 + 保险费$$

以运抵我国境内目的口岸的货价、运费价格成交的，应另加保险费计算其完税价格：

$$完税价格 = 货价 + 运费 + 保险费$$

陆运、空运和海运进口货物的运费，应当按照实际支付的费用计算。如果进口货物的运费无法确定或未实际发生，海关应当按照该货物进口同期运输行业公布的运费率（额）计算。按“货价加运费”两者总额的千分之三计算保险费。

$$保险费 = (货价 + 运费) \times 3‰$$

$$完税价格 = 货价 + 运费 + 保险费$$

邮运进口的货物，应当以邮费作为运输及其相关费用、保险费。以境外边境口岸价格条件成交的铁路或者公路运输进口货物，海关应当按照境外边境口岸价格的 1%计算运输及其相关费用、保险费。

② 海关用其他合理方法估定的价格。

如果进口货物的成交价格不符合法律规定的条件，或者成交价格不能确定的，海关经了解有关情况，并与纳税义务人进行价格磋商后，会依次以下列方法审查确定该货物的完税价格：

- 相同或类似货物成交价格估价方法：即以与该货物同时或者大约同时（在海关接受申报进口之日的前后各 45 日以内）进口相同或类似货物的成交价格为基础，来估定完税价格。
- 倒扣价格估价方法：倒扣价格方法即以被估的进口货物、相同或类似进口货物在境内销售的价格为基础估定完税价格。按该价格销售的货物应当同时符合五个条件，即在被估货物进口时或大约同时销售；按照进口时的状态销售；在境内第一环节销售；合计的货物销售总量最大；向境内无特殊关系方的销售。

  以该方法估定完税价格时，下列各项应当扣除：该货物的同等级或同种类货物在境内销售时的利润和一般费用及通常支付的佣金；货物运抵境内输入地点之后的运费、保险费、装卸费及其他相关费用；进口关税、进口环节税和其他与进口或销售上述货物有关的国内税。
- 计算价格估价方法：即以按照下列各项总和计算的价格估定完税价格：生产该货物所使用的原材料价值和进行装配或其他加工的费用；向中华人民共和国境内销售同等级或者同种类货物通常的利润和一般费用，该货物运抵境内输入地点起卸前的运输及其相关费用、保险费。
- 合理方法。海关根据客观、公平、统一的原则，以客观量化的数据资料为基础审查确定进口货物完税价格的估价方法，但不得使用以下价格：境内生产的货物在境内的销售价格；可供选择的价格中较高的价格；货物在出口地市场的销售价格；以计算价格方法规定的有关各项之外的价值或者费用计算的价格；出口到第三国或者地区的货物的销售价格；最低限价或者武断、虚构的价格。

3. 出口货物关税完税价格的确定

（1）出口货物成交价格确定时，出口货物关税完税价格的确定

出口货物的完税价格由海关以该货物向境外销售的成交价格为基础审查确定。所谓出口货物的成交价格，是指该货物出口销售到我国境外时买方向卖方实付或应付的价格。出口货物的完税价格具体而言包括货物的货价、货物运至中华人民共和国境内输出地点装载前的运输及其相关费用、保险费。但不包括如下项目。

① 出口关税。出口货物若以离岸价成交的，应扣除关税，其完税价格为：

$$完税价格=离岸价格\div(1+出口关税税率)$$

② 在货物价款中单独列明的货物运至中华人民共和国境内输出地点装载后的运输及其相关费用、保险费。

③ 出口货物的成交价格中包含的单独列明的支付给境外的佣金。

（2）出口货物成交价格不能确定时，出口货物关税完税价格的确定方法

出口货物的成交价格不能确定的，海关依次以下列价格审查确定该货物的完税价格：

① 同时或者大约同时向同一国家或者地区出口的相同货物的成交价格；

② 同时或者大约同时向同一国家或者地区出口的类似货物的成交价格；

③ 根据境内生产相同或者类似货物的成本、利润和一般费用（包括直接费用和间接费用）、境内发生的运输及其相关费用、保险费计算所得的价格；

④ 按照合理方法估定的价格。

进出口货物的到岸价格、离岸价格或者相关费用等以外国货币计价的，应当按照海关填发税款缴纳证之日的汇价折合成人民币，然后计算纳税。完税价格金额计算到元为止，元以下四舍五入。

4. 关税应纳税额的计算

（1）应纳进口关税的计算

① 从价税应纳税额的计算

$$应纳税额=应税进口货物数量\times单位完税价格\times关税适用税率$$

② 从量税应纳税额的计算

$$应纳税额=应税进口货物数量\times单位货物税额$$

③ 复合税应纳税额的计算

$$应纳税额=应税进口货物数量\times单位完税价格\times关税适用税率+应税进口货物数量\times单位货物税额$$

我国目前实行的复合税都是先计征从量税，再计征从价税。

④ 滑准税应纳税额的计算

$$应纳税额=应税进口货物数量\times单位完税价格\times滑准税税率$$

【例 9-4】 甲进出口公司从美国海运进口某商品 1 000 吨，进口申报价格为离岸价 65 000 美元，运费每吨 4 美元，保险费 6 000 美元，支付货物在我国输入地起卸后的运输费用 20 000 元人民币，当日的外汇牌价（中间价）为 1 美元=7.2 元人民币，从进口关税税则中查到该商品的关税税率 10%。计算该公司进口这批商品应纳的关税税额。

完税价格=(65 000+4×1 000+6 000)×7.2=540 000（元）

进口关税额=540 000×10%=54 000（元）

【例 9-5】 某进出口公司从德国进口某品牌啤酒 1 800 箱，每箱 24 瓶，每瓶 500 毫升，进口关

税单位税额为3元/升。计算该公司进口该批啤酒应纳关税税额。

应纳进口关税税额=1 800×24×500÷1 000×3=64 800（元）

（2）出口货物应纳关税的计算

相对于进口关税的计算，出口关税计算较为简单，计算公式为：

应纳税额＝应税出口货物数量×单位完税价格×适用税率

【例 9-6】 某生产企业有进出口经营权，对外出口一批货物，离岸价为 480 000 元，该货物出口关税税率为 20%，计算该公司出口该批货物应纳关税税额。

应纳进口关税税额=480 000÷(1+20%)×20%=80 000（元）

9.2.3 关税的会计处理

1. 会计科目的设置

为了核算纳税人发生的进出口关税，企业应在“应交税费”账户中设置“应交关税”二级账户，并根据进口业务和出口业务，在“应交关税”二级账户下设置“应交进口关税”和“应交出口关税”两个明细账，其贷方登记应缴纳的关税，借方登记已缴纳的关税，期末余额一般在贷方，表示应缴而未缴的进出口关税。

实际工作中，企业应根据进出口业务形式和内容的不同，分别进行会计核算。

2. 自营进出口业务关税的会计处理

（1）自营进口关税的会计处理

企业从国外自营进口商品时，应将支付的进口关税与进口货物的价款、国外运费和保费、国内费用一并直接计入进口货物的成本，借记“材料采购”、“固定资产”等，贷记 “应交税费——应交关税（应交进口关税）”；实际缴纳时，借记“应交税费——应交关税（应交进口关税）”，贷记“银行存款”。

【例 9-7】 深圳某有进出口经营权的工业企业，进口某商品一批，CIF 深圳口岸价格为人民币 1 170 000 元，从进口关税税则中查到该商品的关税税率为 10%，海关代征的消费税税率为 10%，海关代征增值税税率为 17%。以银行存款付讫税款，货款尚未支付，商品已验收入库。

① 计算应纳的关税、消费税、增值税税额：

应缴纳的关税=1 170 000×10%=117 000（元）

应缴纳的消费税=(1 170 000+117 000)÷(1−10%)×10%=143 000（元）

应缴纳的增值税=(1 170 000+117 000)÷(1−10%)×17%=243 100（元）

② 购进货物，并计算进口关税、消费税时：

借：材料采购	1 430 000	
贷：应付账款		1 170 000
应交税费——应交关税（应交进口关税）		117 000
应交税费——应交消费税		143 000

③ 向海关缴税时：

借：应交税费——应交关税（应交进口关税）	117 000	
应交税费——应交消费税	143 000	
应交税费——应交增值税（进项税额）	243 100	
贷：银行存款		503 100

④ 验收入库时：

借：库存商品 1 430 000

　　贷：材料采购 1 430 000

（2）自营出口关税的核算

企业出口产品应缴纳的出口关税，支付时可直接借记“营业税金及附加”账户，贷记“应交税费——应交关税（应交出口关税）”；实际缴纳时，借记“应交税费——应交关税（应交出口关税）”，贷记“银行存款”。

【例 9-8】 广州某企业向澳洲出口一批商品，国内港口 FOB 价格折合人民币为 2 600 000 元，从出口关税税则中查到该商品的出口关税税率为 30%，关税以支票付讫。

计算出口关税税额并做会计分录如下：

出口关税税额=2 600 000÷(1+30%)×30%=600 000（元）

借：营业税金及附加 600 000

　　贷：应交税费——应交关税（应交出口关税） 600 000

实际交纳时：

借：应交税费——应交关税（应交出口关税） 600 000

　　贷：银行存款 600 000

3. 代理进出口业务的会计处理

代理进出口业务是指外贸企业接受国内委托方的委托，代委托单位进出口货物并由委托单位承担进出口盈亏，外贸企业只按规定收取手续费，并代征代缴进出口关税，最后原数向委托单位收取进出口关税的一种进出口方式。

代理进口业务关税的会计处理。外贸企业代付进口关税时，借记“应交税费——应交关税（应交进口关税）”，贷记“银行存款”科目；向委托单位托收时，借记“应收账款”，贷记“应交税费——应交关税（应交进口关税）”科目。

代理出口业务关税的会计处理。外贸企业代付出口关税时，借记“应收账款”科目，贷记“应交税费——应交关税（应交出口关税）”科目。实际交纳时，借记“应交税费——应交关税（应交出口关税）”科目，贷记“银行存款”科目。

【例 9-9】 某设备制造公司委托某外贸公司进口钢材一批，国外离岸价格为 180 000 美元，另支付境外运费 1 500 美元，包装费 300 美元，保险费 450 美元，代理手续费 650 美元，假定人民币汇率为 1 美元=7.2 元人民币，该钢材的进口关税税率为 15%，增值税率 17%，以上款项均以银行存款支付，钢材已验收入库。该外贸公司按全部代付款项的 2%收取手续费。计算该设备制造公司应纳的有关税额并分别做出双方的会计处理（保留两位小数）。

① 计算应纳的关税、增值税

关税完税价格=(180 000+1 500+300+450+650)×7.2=1 316 880（元）

应纳关税税额=1 316 880×15%=197 532（元）

钢材的采购成本=1 316 880+197 532=1 514 412（元）

应纳的增值税=1 514 412×17%=257 450.04（元）

② 外贸公司应进行的会计处理如下：

代理支付货款时：

借：应收账款——某设备制造公司 1 316 880

　　贷：银行存款 1 316 880

计算应代缴的进口关税、进口增值税时：

借：应收账款——某设备制造公司	454 982.04	
贷：应交税费——应交关税（应交进口关税）		197 532
——应交增值税		257 450.04

代理支付进口关税、增值税时：

借：应交税费——应交关税（应交进口关税）	197 532	
——应交增值税	257 450.04	
贷：银行存款		454 982.04

确认代理手续费收入时：

借：应收账款——某设备制造公司	35 437.24	
贷：其他业务收入		35 437.24

计算应缴的营业税：

借：其他业务成本	1 771.86	
贷：应交税费——应交营业税		1 771.86

收到对方支付的款项：

借：银行存款	1 807 299.28	
贷：应收账款——某设备制造公司		1 807 299.28

③ 某设备制造公司应做如下会计处理：

实际收到外贸公司报来的账单和税收缴款书时：

借：材料采购	1 549 849.24	
应交税费——应交增值税（进项税额）	257 450.04	
贷：应付账款		1 807 299.28

实际支付款项时：

借：应付账款	1 807 299.28	
贷：银行存款		1 807 299.28

9.3 资源税会计

9.3.1 资源税概述

1. 资源税的概念和特点

资源税是对在中华人民共和国领域及管理海域开采应税矿产品和生产盐的单位和个人课征的一种税。开征资源税的目的是调节资源条件差异而形成的资源级差收入，促进自然资源的合理开发和有效配置。

我国现行的资源税具有以下特点：只对特定资源征税；具有受益税性质；采用差别税额，实行从量定额征收。

2. 纳税人和扣缴义务人

在我国领域及管理海域开采应税矿产品或生产盐的单位和个人，为资源税的纳税人。这里所说的“单位”是指国有企业、集体企业、私营企业、股份制企业、其他企业和行政单位、事业单位、军事单位、社会团体及其他单位；“个人”是指个体经营者及其他个人；其他单位和其他个人包括

小资料：我国古代的盐税

食盐为人们日常生活之必需，盐税乃国家重要税源，历代封建王朝无不重视盐业的生产和营销。古代《盐法》规定："凡私自煮盐、贩运盐、买卖食盐者，构成私盐罪。"至汉代武帝，始立《榷盐法》（政府垄断食盐的烧制与营销）。唐代中后期，改为"民制官收"，并规定："盗卖一石者，即处死刑。"五代因袭唐法。宋元两代实行"盐引制"，元代规定："伪造盐引者斩。"明代续沿元制，对私盐定罪尤重，洪武初制《盐引条例》，对食盐实行专卖政策，将大部利益转向朝廷与权贵，其裨是权贵与盐商争利。此后，朱姓王室宗族仗势欺压盐商，从而扼制束缚了盐业的发展，引发了盐民与盐商、盐民与权贵之间的抗争。到了清代顺治、康熙两朝为充裕国库，除弊兴利，曾一度采取发展盐业的措施：号召泰州城区的殷实富户投资盐业，鼓励海边盐商进城建造住所并从事其他行业。清政府为强化泰州域内的盐政管理，特在扬州府设置钞关，专司收缴盐税资金；后由两江总督林则徐在泰州南门城外滕家坝竖立税碑，永禁越坝逃税；又派"扬州八怪"之一的画家高风翰坐镇泰州办理盐税事务。

（资料来源：中国会计人网站，www.ccppaa.com）

外商投资企业、外国企业及外籍人员。但中外合作开采石油、天然气，按照现行规定征收矿区使用费，暂不征收资源税。

收购未税矿产品的单位为资源税的扣缴义务人，具体包括独立矿山、联合企业及其他收购未税矿产品的单位。为了加强对于零星、分散、不定期开采应税资源产品行为的管理，避免偷税漏税，由扣缴义务人在收购矿产品时代扣代缴资源税。

3. 征税范围

我国现行的《资源税暂行条例》规定只将矿产品和盐作为资源税的征税对象，具体包括以下7个税目。

① 原油，是指开采的天然原油，不包括人造石油。

② 天然气，是指专门开采或与原油同时开采的天然气，暂不包括煤矿生产的天然气。

③ 煤炭，是指原煤，不包括洗煤、选煤及其他煤炭制品。

④ 其他非金属矿原矿，是指上列产品和井矿盐以外的非金属矿原矿。包括金刚石、宝石、膨润土、石墨、石英沙、萤石、重晶石等。

⑤ 黑色金属矿原矿，是指纳税人开采后自用销售的，用于直接入炉冶炼或作为主产品先入选精矿，制造人工矿，再最终入炉冶炼的金属矿石原矿，包括铁、锰、铬原矿石等。

⑥ 有色金属矿原矿，包括铜、铅、锌、铝、钨、锡、锑、镍、黄金及其他有色金属矿原矿石。

⑦ 盐，包括固体盐和液体盐。固体盐包括海盐原盐、湖盐原盐和井矿盐。液体盐俗称卤水，是指氯化钠含量达到一定浓度的溶液，是用于生产碱和其他产品的原料。

4. 税目和单位税额

资源税采取从价定率或者从量定额的办法计征，分别以应税产品的销售额乘以纳税人具体适用的比例税率或者以应税产品的销售数量乘以纳税人具体适用的定额税率计算，实施"级差调节"原则。具体税目、税额幅度见表9-2。

资源税的具体适用税额，由财政部会同国务院有关部门，根据纳税人开采或者生产应税产品的资源状况，在规定的幅度内执行。

表 9-2 资源税税目、税率表

税目		税率
一、原油		销售额的 5%～10%
二、天然气		销售额的 5%～10%
三、煤炭	焦煤	每吨 8～20 元
	其他煤炭	每吨 0.3～5 元
四、其他非金属矿原矿	普通非金属矿原矿	每吨或者每立方米 0.5～20 元
	贵重非金属矿原矿	每千克或者每克拉 0.5～20 元
五、黑色金属矿原矿		每吨 2～30 元
六、有色金属矿原矿	稀土矿	每吨 0.4～60 元
	其他有色金属矿原矿	每吨 0.4～30 元
七、盐	固体盐	每吨 10～60 元
	液体盐	每吨 2～10 元

扣缴义务人代扣代缴资源税适用的单位税额按如下规定执行。

① 独立矿山、联合矿山企业收购与本单位矿种相同的未税矿产品，按照本单位相同矿种应税矿产品的单位税额，依据收购数量代扣代缴资源税。

② 独立矿山、联合企业收购与本单位矿种不同的未税矿产品，以及其他收购单位收购的未税矿产品，按照收购地相应矿种规定的单位税额，依据收购数量代扣代缴资源税。

③ 收购地没有相同品种矿产品的，按收购地主管税务机关核定的单位税额，依据收购数量代扣代缴资源税。

纳税人开采或者生产不同税目的应税矿产品，应当分别核算不同税目应税产品的课税数量，未分别核算或者不能准确提供不同税目应税产品的课税数量的，则从高确定税额。

5. 税收优惠

符合下列情况之一的，减征或者免征资源税。

（1）开采原油过程中用于加热、修井的原油，免征资源税。

（2）纳税人开采或者生产应税产品过程中，因意外事故或者自然灾害等原因遭受重大损失的，由省、自治区、直辖市人民政府酌情决定减税或者免税。

（3）国务院规定的其他减税、免税项目。具体包括：

① 对独立矿山应纳的铁矿石资源税减按规定税率的 80%征收。

② 自 2007 年 2 月 1 日起，北方海盐资源税暂减按每吨 15 元征收；南方海盐、湖盐、井矿盐资源税暂减按每吨 10 元征收；液体盐资源税暂减按每吨 2 元征收。

③ 自 2007 年 1 月 1 日起，对地面抽采煤层气暂不征收资源税。

④ 自 2010 年 6 月 1 日起，纳税人在新疆开采的原油、天然气，用于连续生产原油、天然气的，不缴纳资源税；自用于其他方面的，视同销售，依照本规定计算缴纳资源税。有下列情形之一的，免征或者减征资源税：

⊙ 油田范围内运输稠油过程中用于加热的原油、天然气，免征资源税。

⊙ 稠油、高凝油和高含硫天然气资源税减征 40%。

⊙ 三次采油资源税减征 30%。

纳税人的减免税项目应当单独核算课税数量，未单独核算或不能准确提供课税数量的，不予减税或免税。

6. 资源税的申报与缴纳

（1）纳税义务的确认时间

① 纳税人销售应税产品，其纳税义务发生的时间为发出应税产品、收讫销售款或取得索取销售款凭据的当天。纳税义务发生时间的具体确认，视结算方式的不同而不同：

⊙ 采取分期收款结算方式的，其纳税义务发生时间为销售合同规定的收款日期的当天；

⊙ 采取预收货款结算方式的，其纳税义务发生时间为发出应税产品的当天；

⊙ 采取其他结算方式的，其纳税义务发生时间为收讫销售款或者索取销售款凭据的当天。

② 纳税人自产自用应税产品的纳税义务发生时间为移送使用应税产品的当天。

③ 扣缴义务人代扣代缴税款的纳税义务发生时间为支付货款的当天。

（2）纳税期限及纳税地点

① 纳税期限。资源税的纳税期限为1日、3日、5日、10日、15日或1个月，由主管税务机关根据实际情况具体核定。不能按固定期限纳税的，可以按次计算纳税。纳税人以月为纳税期时，自期满之日起10日内申报纳税；以日为纳税期的，自期满之日起5日内预缴税款，于次月1～10日申报纳税，并结算上月税款。扣缴义务人解缴税款的期限，比照上述规定执行。

② 纳税地点。纳税人缴纳资源税，应当向应税产品的开采或者生产所在地的主管税务机关缴纳。纳税人在本省、自治区、直辖市范围内开采或者生产应税产品，其纳税地点需要调整的，由省、自治区、直辖市税务机关决定。跨省开采的矿山或油（气）田（独立矿山或独立油气田、联合企业），其下属生产单位与核算单位不在同一省（区、市）的，对其开采的矿产品，一律在采掘地纳税。

扣缴义务人代扣代缴的资源税，应当向收购地的主管税务机关缴纳。

（3）纳税申报

资源税的纳税人不论本期是否发生应税行为，均应按期进行纳税申报，在规定时间内向主管税务机关报送"资源税纳税申报表"一式三份。

9.3.2 资源税的计算

1. 计税依据的确定

（1）从价定率征收的计税依据

实行从价定率征收的以销售额作为计税依据。销售额是指纳税人销售应税产品向购买方收取的全部价款和价外费用，但不包括收取的增值税的销项税额。

所谓价外费用，是指价外向购买方收取的手续费、补贴、基金、集资费、返还利润、奖励费、违约金（延期付款利息）、包装费、包装物租金、储备费、优质费、运输装卸费、代收款项、代垫款项及其他各种性质的价外收费。但下列项目不包括在内：

① 向购买方收取的销项税额（即不含税销售额计税）。

② 受托加工应税消费品所代收代缴的消费税。

③ 同时符合以下两个条件的代垫运费：一是承运部门的运费发票开具给购货方的；二是纳税人将该项发票转交给购货方的。

④ 同时符合以下条件代为收取的政府性基金或者行政事业性收费：

⊙ 由国务院或者财政部批准设立的政府性基金，由国务院或者省级人民政府及其财政、价格主管部门批准设立的行政事业性收费。

⊙ 收取时开具省级以上财政部门印制的财政票据。

⊙ 所收款项全额上缴财政。

纳税人以人民币以外的货币结算销售额的，应当折合成人民币计算。其销售额的人民币折合率可以选择销售额发生的当天或者当月1日的人民币汇率中间价。纳税人应在事先确定采用何种折合率计算方法，确定后1年内不得变更。

（2）从量定额征收的计税依据

实行从量定额征收的以销售数量为计税依据。销售数量的具体规定如下：

① 纳税人开采或者生产应税产品销售的，以销售数量为课税数量。

② 纳税人开采或者生产应税产品自用的，以自用数量为课税数量。

③ 不能准确提供应税产品销售数量或移送使用数量的，以应税产品的产量或主管税务机关确定的折算比换算成的数量为课税数量。

④ 纳税人在资源税纳税申报时，除财政部、国家税务总局另有规定外，应当将其应税和减免税项目分别计算和报送。

⑤ 对于连续加工前无法正确计算原煤移送使用量的煤炭，可按加工产品的综合回收率，将加工产品实际销量和自用量折算成原煤数量作为课税数量。

⑥ 金属和非金属矿产品原矿，因无法准确掌握纳税人移送使用原矿数量的，可将其按精选矿的选矿比折算成原矿数量，作为课税数量。其中：

选矿比＝精矿数量÷原矿数量

⑦ 纳税人以自产的液体盐加工固体盐，按固体盐的销售量征税。纳税人以外购的液体盐加工固体盐，其加工固体盐所耗用的液体盐的已纳税额准予扣除。

2. 应纳税额的计算

资源税应纳税额的计算方法有从价定率和从量定额两种。

（1）实行从价定率办法征收资源税额，应纳税额计算公式如下：

应纳税额＝销售额×适用税率

扣缴义务人代扣代缴资源税应纳税额的计算公式为：

代扣代缴应纳税额＝收购未税矿产品的销售额×适用税率

【例9-10】 某油田3月生产原油23 000吨，销售原油20 000吨，开具增值税专用发票取得销售额10 000万元、增值税额1 700万元；自用2 500吨，用于加热、修井的原油500吨。当月在采油过程中回收并销售伴生天然气1 600万立方米，开具增值税专用发票取得销售额480万元，增值税额81.6万元。按《资源税税目税率表》的规定，原油适用的税率为8%，天然气适用的税率为5%。请计算该油田3月应缴纳的资源税。

原油单价=10 000÷20 000=0.5（万元）

应纳资源税税额=(10 000+2 500×0.5)×8%=900（万元）

天然气应纳资源税税额=480×5%=24（万元）

油田3月份实际应纳资源税税额总额=900+24=924（万元）

（2）实行从量定额办法征收资源税的，应纳税额计算公式如下：

应纳税额＝课税数量×单位税额

扣缴义务人代扣代缴资源税应纳税额的计算公式为：

代扣代缴应纳税额＝收购未税矿产品的数量×单位税额

【例9-11】 某铜矿用原矿入选精矿，因特殊原因税务部门无法准确掌握入选精矿移送使用的原矿量，只知其入选后精矿量为3 000吨，选矿比为1∶32，该铜矿资源属五等，适用单位税额为1.2

元，该矿山本月应纳税额计算如下：

① 课税数量=32×3 000=96 000（吨）

② 应纳税额=1.2×96 000=115 200（元）

【例 9-12】 某盐场 20××年 1 月份以自产液体盐加工固体盐 5 800 吨，并售出 3 500 吨；以外购液体盐 2 300 吨加工固体盐 1 600 吨并全部销售出去，该盐场固体盐单位税额为 20 元/吨，液体盐单位税额为 5 元/吨。该月盐场应纳税额计算如下：

① 自产液体盐加工固体盐应纳税额=3 500×20=70 000（元）

② 外购液体盐加工固体盐应纳税额=1 600×20−2 300×5=20 500（元）

③ 合计应纳税额=70 000+20 500=90 500（元）

9.3.3 资源税的会计处理

1. 科目设置

企业缴纳的资源税，通过“应交税费——应交资源税”科目进行核算。该科目贷方反映企业应缴纳的资源税金额；借方反映企业已经缴纳或允许抵扣的资源税金额；余额在贷方表示企业应交而未交的资源税金额。

2. 资源税的会计处理方法

（1）销售应税矿产品的会计处理

企业对外销售的应税矿产品，按规定计算出应税矿产品应缴纳的资源税税额，借记“营业税金及附加”等账户，贷记“应交税费——应交资源税”账户；上缴资源税时，借记“应交税费——应交资源税”账户，贷记“银行存款”账户。

【例 9-13】 某煤矿 20××年 2 月对外销售原煤 3 500 吨，每吨售价 360 元，该煤矿资源税单位税额为 0.5 元/吨，计算该煤矿当月应纳资源税税额并做出相应的会计处理。

应纳资源税税额=3 500×0.5=1 750（元）

计提资源税时，会计处理如下：

借：营业税金及附加　　1 750

　　贷：应交税费——应交资源税　　1 750

缴纳资源税时，会计处理如下：

借：应交税费——应交资源税　　1 750

　　贷：银行存款　　1 750

（2）企业自产自用应税产品的会计处理

对企业自产自用应税产品，其应纳资源税的会计处理与销售应税产品会计处理有所不同，其应缴纳的税金不计入产品销售税金，而是计入产品的生产成本，即借记“生产成本（或制造费用）”等账户，贷记“应交税费——应交资源税”账户；上缴资源税时，借记“应交税费——应交资源税”账户，贷记“银行存款”账户。

【例 9-14】 依据例 9-10 资料，企业用铜矿原矿提炼精矿时，会计处理如下：

借：生产成本　　115 200

　　贷：应交税费——应交资源税　　115 200

（3）收购未税矿产品代扣代缴资源税的会计处理

独立矿山、联合企业在收购未税矿产品时，按实际支付的收购款，借记“材料采购”账户，贷记“银行存款（或现金）”账户；同时，按代扣代缴的资源税税额，借记“材料采购”账户，贷记“应交税费——应交资源税”账户；上缴资源税时，借记“应交税费——应交资源税”账户，贷记“银行存款”账户。

【例 9-15】 某企业 20××年 5 月收购矿产品 4 500 吨，该矿产品适用的单位资源税额为 12 元/吨。

应纳税额=4 500×12=54 000（元）

计算代扣代缴的资源税时：

借：材料采购	54 000	
贷：应交税费——应交资源税		54 000

实际缴纳资源税时：

借：应交税费——应交资源税	54 000	
贷：银行存款		54 000

（4）外购液体盐加工固体盐的会计处理

企业在购入液体盐时，按所允许抵扣的资源税，借记“应交税费——应交资源税”账户，按外购价款扣除允许抵扣资源税税额后的余额，借记“材料采购”等账户，按应付的全部价款，贷记“银行存款”、“应付账款”等账户。

企业将液体盐加工成固体盐出售时，按计算出固体盐应缴的资源税，借记“营业税金及附加”账户，贷记“应交税费——应交资源税”账户；企业按规定缴纳税金时，应按销售固体盐应纳资源税税额抵扣液体盐已纳资源税税额后的余额，借记“应交税费——应交资源税”账户，贷记“银行存款”账户。

【例 9-16】 某盐场 20××年 6 月 16 日、28 日分别购进液体盐 15 000 吨、28 000 吨，每吨购进价格为 200 元。6 月份对外销售南方海盐原盐 75 000 吨（包括自产和用液体盐加工而成的）。另外，企业用南方海盐原盐 42 000 吨加工成精盐出售。液体盐资源税为 2 元/吨，南方海盐原盐资源税为 10 元/吨。该盐场按月缴纳资源税。

① 企业 6 月 16 日购进液体盐时：

应纳资源税税额=15 000×2=30 000（元）

借：材料采购	2 970 000	
应交税费——应交资源税	30 000	
贷：银行存款		3 000 000

② 企业 6 月 28 日购进液体盐时：

应纳资源税税额=28 000×2=56 000（元）

借：材料采购	5 544 000	
应交税费——应交资源税	56 000	
贷：银行存款		5 600 000

③ 月终，计算出企业对外销售南方海盐原盐应缴纳的资源税，其应纳税额为：

应纳税额=75 000×10=750 000（元）

借：营业税金及附加	750 000	
贷：应交税费——应交资源税		750 000

④ 月终，计算出企业用来加工精盐的原盐所应纳的资源税税额：

应纳税额=42 000×10=420 000（元）

借：生产成本	420 000	
贷：应交税费——应交资源税		420 000

⑤ 月终，企业按规定进行纳税申报时，其实际应缴纳的资源税税额为：

应纳税额=(750 000+420 000)−(30 000+56 000)=1 084 000（元）

实际缴纳税款时：

借：应交税费——应交资源税　　1 084 000

　　贷：银行存款　　1 084 000

（5）纳税人与税务机关结算税款时补缴或退税的会计处理

纳税人与税务机关结算上月税款时，补缴少缴的税款，借记"应交税费——应交资源税"账户，贷记"银行存款"账户；对于多缴的税款，按规定可退回或者于下月抵缴。实际退回税款时，借记"银行存款"账户，贷记"应交税费——应交资源税"账户。

【例 9-17】 某煤矿 20××年 5 月对外销售原煤 1 600 000 吨，对外销售用自产原煤加工的选煤 780 000 吨。税务机关核定的选煤的综合回收率为 0.8。该煤矿所采原煤的单位税额为 0.80 元／吨。税务机关核定该企业纳税期限为 5 天， 按上月实际缴纳税款 2 160 000 元预缴，月终后进行纳税申报并结清应纳税款。

① 企业按规定纳税期限预缴 5 天的应纳税款时：

每期应预缴税款=2 160 000÷6=360 000（元）

借：应交税费——应交资源税　　360 000

　　贷：银行存款　　360 000

② 月终，企业按规定计算本月应纳税额时：

对外销售原煤：

应纳税额=1 600 000×0.8=1 280 000（元）

借：营业税金及附加　　1 280 000

贷：应交税费——应交资源税　　1 280 000

企业自产自用原煤：

原煤自用数量=780 000÷0.8=975 000（吨）

　　应纳税额=975 000×0.8=780 000（元）

借：生产成本　　780 000

　贷：应交税费——应交资源税　　780 000

企业实际多缴税款=2 160 000−1 280 000−780 000=100 000（元）

按规定，对于企业多缴的税款，企业在申报纳税时，经税务机关批准，可于下月抵缴。

9.4 土地增值税会计

9.4.1 土地增值税概述

1. 土地增值税的概念和特点

土地增值税，是指对有偿转让国有土地使用权、地上建筑物及其附着物产权（以下简称转让房地产），取得增值收入的单位和个人征收的一种税。

土地增值税具有以下特点：① 以转让房地产取得的增值额作为征税对象；② 采用扣除法和评估法计算增值额；③ 实行超率累进税率；④ 实行按次征收。

2. 土地增值税的纳税人

凡是有偿转让我国国有土地使用权、地上建筑物及其附着物产权（以下简称转让房地产），并且取得收入的单位和个人，为土地增值税的纳税义务人。

3. 土地增值税的纳税范围

土地增值税的纳税范围，一是转让国有土地使用权的行为，该国有土地是指属于国家法律规定属于国家所有的土地；二是地上建筑物及其附着物连同国有土地使用权一并转让的行为。这里的地上建筑物是指建于地上的一切建筑物，包括地上地下的各种附属设施；这里的附着物是指附着于地上的不能移动或一经移动即遭损坏的物品。三是存量房地产的买卖。

土地增值税征税范围的判定通常应遵循以下标准：

① 转让的土地使用权必须为国家所有；

② 土地使用权、地上建筑物及其附着物的产权必须发生转让。

这里的“转让”是指以出售或其他方式的有偿转让，一方面土地使用权、地上建筑物及其附着物的产权发生了转移，另一方面取得了有关的经济利益。

因此，该“转让”行为既不包括继承、赠与等方式无偿转让土地使用权、房产产权的行为，也不包括典当、出租、出借、抵押、代建房地产等未转让土地使用权、房产产权的行为。

对土地使用权的出让行为不征税。“出让”是指国家以土地所有者的身份将土地使用权在一定年限内出让给土地使用者，并由土地使用者向国家支付土地使用权出让金的行为。

在判断土地增值税的征税范围时，应注意以下几种特殊情况：

① 房地产交换是一方以房地产与另一方房地产进行交换的行为，这种行为既发生了房产产权、土地使用权的转移，又取得了实物形态的收入，应缴纳土地增值税。但对个人互换自有居住用房的，经核实，可免缴土地增值税。

② 以房地产投资入股进行合资或联营的，将房地产转让到所投资、联营的企业时，暂免征土地增值税，被投资企业将上述房地产再转让时，应缴纳土地增值税。

③ 房地产联建是以一方出地，一方出资金，双方合作建房，建成后按比例分房自用的，暂免缴土地增值税；建成后转让的，应缴纳土地增值税。

④ 房地产的继承。房地产的继承是指房产的原产权所有人、依照法律规定取得土地使用权的土地使用人死亡以后，由其继承人依法承受死者房地产产权和土地使用权的民事法律行为。这种行为虽然发生了房地产的权属变更，但作为房产产权、土地使用权的原所有人（即被继承人）并没有因为权属的转让而取得任何收入。因此，这种房地产的继承不属于土地增值税的征税范围。

⑤ 房地产的赠与。房地产的赠与虽然发生了房地产的权属变更，但作为房产产权、土地使用权的原所有人并没有因为权属的转让而取得任何收入。因此，这种房地产的赠与不属于土地增值税的征税范围。此处的赠与仅指以下两种情况：

- 将房屋产权、土地使用权赠与直系亲属或承担直接赡养义务人的行为；
- 通过中国境内非营利的社会团体、国家机关将房屋产权、土地使用权赠与教育、民政和其他社会福利、公益事业。

⑥ 房地产的出租。由于没有发生房产产权、土地使用权的转让，不属于土地增值税的征税范围。

⑦ 房地产的抵押。在抵押期间不征收土地增值税，待抵押期满，视该房地产是否转移占有而确定是否征收土地增值税。对于以房地产抵押而发生房地产权属转让的，应列入土地增值税的征税范围。

⑧ 企业兼并转让房地产。在企业兼并中，对被兼并企业将房地产转让到兼并企业中的，暂免征收土地增值税。

⑨ 房地产的代建房行为。房地产的代建行为是指房地产开发公司代客户进行房地产的开发，开发完成后向客户收取代建收入的行为。对于房地产开发公司而言，虽然取得了收入，但没有发生房地产权属的转移，其收入属于劳务收入性质，故不属于土地增值税的征税范围。个人之间互换自有居住用房地产；

⑩ 房地产的重新评估主要是指国有企业在清产核资时对房地产进行重新评估而使其升值的情况。这种情况下，房地产虽然发生增值，但其既没有发生房地产权属的转移，房产产权人、土地使用权人也未取得收入，所以不属于土地增值税的征税范围。

4. 土地增值税税率

土地增值税采用 4 级超率累进税率，按照转让国有土地使用权、地上建筑物和附着物所取得的土地增值额占扣除项目的比例，划分税率累进级次。具体见表 9-3。

表 9-3　土地增值税税率表

级　次	增值额占扣除项目金额比例	税　率	速算扣除率
1	不超过 50%的部分（含）	30%	0
2	超过 50%～100%的部分（含）	40%	5%
3	超过 100%～200%的部分（含）	50%	15%
4	超过 200%的部分（含）	60%	35%

上述所列 4 级超率累计税率，每级“增值额未超过扣除项目金额”的比例，均包括在本比例数中。

5. 税收优惠

① 纳税人建造普通标准住宅出售，增值额未超过扣除项目金额 20%的。

② 对企事业单位、社会团体以及其他组织转让旧房作为公租房房源，且增值额未超过扣除项目金额 20%的，免征土地增值税。

③ 因国家建设需要依法征用、收回的房地产。

④ 因城市实施规划、国家建设的需要而搬迁，由纳税人自行转让原房地产的，免征土地增值税。

⑤ 因中国邮政集团公司邮政速递物流业务重组改制，中国邮政集团公司向中国邮政速递物流股份有限公司、各省邮政公司向各省邮政速递物流有限公司转移房地产产权应缴纳的土地增值税，予以免征。

6. 土地增值税的申报

土地增值税的纳税人应于转让房地产合同签订之日起 7 日内到房地产所在地的税务机关办理纳税申报，并向税务机关提交房屋及建筑物产权、土地使用权证书，土地转让、房产买卖合同，房地产评估报告以及其他与转让房地产有关的资料。

纳税人因经常发生房地产转让而难以在每次转让后申报的，经税务机关审核同意后，可以定期进行纳税申报，具体期限由税务机关根据情况确定。

上述房地产所在地是指房地产的坐落地。纳税人转让房地产坐落在两个或两个以上地区的，应按房地产所在地分别申报纳税。

① 纳税人是法人的，当转让的房地产坐落地与机构所在地或经营所在地一致时，则向办理税务登记的原管辖税务机关申报纳税即可；如果转让的房地产坐落地与其机构所在地或经营所在地不

一致时，则应向房地产坐落地所管辖的税务机关申报纳税。

② 纳税人是自然人的，当转让的房地产坐落地与其居住地一致时，则向其居住地税务机关申报纳税；当转让的房地产坐落地与其居住地不一致时，向办理过户手续所在地税务机关申报纳税。

9.4.2 土地增值税应纳税额的计算

1. 土地增值税的计税依据

土地增值税的计税依据为纳税人转让房地产所取得的增值额，计算的基本公式为：

土地增值额＝转让房地产总收入–扣除项目金额

（1）转让收入的确认

纳税人转让房地产取得的收入，是指转让房地产取得的全部价款及有关的经济收益。从收入形式上看，包括货币收入、实物收入和其他收入。

纳税人隐瞒、虚报房地产成交价格的或者转让房地产的成交价格低于房地产评估价格又无正当理由的，应由评估机构参照同类房地产的市场交易价格进行评估，税务机关根据或参照评估价格确定纳税人转让房地产的收入。

（2）扣除项目金额的确认

税法准予从转让收入中扣除的项目包括如下几项。

① 取得土地使用权所支付的金额。取得土地使用权所支付的金额是指纳税人为取得土地使用权所支付的地价款或出让金，以及按国家统一规定缴纳的有关费用。

② 房地产开发成本。房地产开发成本是指纳税人房地产开发项目实际发生的成本，包括土地的征用及拆迁补偿费、前期工程费、建筑安装工程费、基础设施费、公共配套设施费、开发间接费用等。

③ 房地产开发费用。房地产开发费用是指与房地产开发项目有关的销售费用、管理费用和财务费用。纳税人的房地产开发费用应分以下两种情况进行扣除。

- 纳税人能够按转让房地产项目计算分摊利息支出，并能提供金融机构的贷款证明的，其财务费用中的利息支出允许据实扣除，但最高不能超过按商业银行同类同期贷款利率计算的金额。其他房地产开发费用，可按取得土地使用权所支付的金额和房地产开发成本两项之和的5%以内计算扣除。
- 如果纳税人不能按转让房地产项目计算分摊利息支出或不能提供金融机构贷款证明的，房地产开发费用按取得土地使用权所支付的金额和房地产开发成本之和的10%以内计算扣除。

④ 与转让房地产有关的税金。与转让房地产有关的税金是指在转让房地产时缴纳的营业税、城市维护建设税、印花税。因转让房地产缴纳的教育费附加，也可视同税金予以扣除。

房地产开发企业在转让房地产时缴纳的印花税因已列入管理费用，故在此不允许重复扣除。其他纳税人缴纳的印花税允许在此项目扣除。

⑤ 其他扣除项目。对从事房地产开发的企业，可按上述①、②项金额之和，加计20%的扣除。

⑥ 旧房及建筑物扣除项目的金额，应包括转让已使用的房屋及建筑物的评估价、取得土地使用权所支付的地价款或出让金和转让中支付的相关税金。

其中已使用的房屋及建筑物的评估价是指由政府批准设立的房地产评估机构评定的重置成本价乘以成新度折扣率后的价格。评估价格必须经由当地税务机关认定。

纳税人转让旧房及建筑物，凡不能取得评估价格，但能提供购房发票的，经当地税务部门确认，按《土地增值税暂行条例》第六条第（一）、（三）项规定的扣除项目的金额（即取得土地使用权所支付的金额、新建房及配套设施的成本、费用，或者旧房及建筑物的评估价格)，可按发票所载金额并从购买年度起至转让年度止每年加计 5%计算。计算扣除项目时“每年”按购房发票所载日期起至售房发票开具之日止，每满 12 个月计一年；超过一年，未满 12 个月但超过 6 个月的，可以视同为一年。

对取得土地使用权时未支付地价款或不能提供已支付的地价款凭据的，不允许扣除取得土地使用权所支付的金额。

对纳税人购房时缴纳的契税，凡能提供契税完税凭证的，准予作为“与转让房地产有关的税金”予以扣除，但不作为加计 5%的基数。

纳税人提供扣除项目金额不实的，应由评估机构按照房屋重置成本价乘以成新度折扣率计算房屋的成本价和取得土地使用权的基准地价进行评估。税务机关按照评估价格确定扣除项目的金额。

2. 土地增值税应纳税额的计算

土地增值税的计算顺序是先计算增值额，再根据增值额和扣除项目金额的比值计算增值率，确定每一级距的土地增值额以及相应税率，计算应纳税额。其基本公式是：

应纳税额 = ∑(每级距的土地增值额×适用税率)

由于土地增值税实行超率累进税率，利用上述公式计算应纳税额时要分段计算，汇总合计，比较烦琐，因此，实际中一般采用速算扣除法计算。计算公式为：

应纳税额 = 土地增值额×适用税率–扣除项目金额×速算扣除系数

【例 9-18】 某房地产开发公司转让高级公寓一栋，共获得货币收入 7 500 万元，获得购买方原准备盖楼的钢材 2 100 吨（每吨 2 500 元）。公司为取得土地使用权所支付的金额 1 450 万元，开发土地、建房及配套设施等共支出 2 110 万元，开发费用共计 480 万元（其中：利息支出 295 万元，未超过国家规定的利息率标准)，转让房地产有关的税金共付 47 万元。房地产开发费用按规定的最高比例计算。

应纳税额的计算如下：

（1）转让收入额=7 500+2 100×0.25=8 025（万元）

（2）扣除项目金额=(1 450+2 110)×(1+20%)+295+178+47=4 792（万元）

其中：178=(1 450+2 110)×5%（因为其他开发费用实际支出比例=(480–295)÷(1 450+2 110)=5.2%，超过 5%的限额，只能按 5%计算）。

（3）增值额=8 025−4 792=3 233（万元）

（4）适用级次=3 233÷4 792=67.5%

（5）应纳税额=3 233×40%–4 792×5%=1 053.6（万元）

【例 9-19】 某企业转让一栋 20 世纪 80 年代建造的厂房，当时造价 180 万元，无偿取得土地使用权。如果按现时材料、人工费计算，建造同样的厂房需要 950 万元，该厂房 7 成新，以 850 万元出售，支付有关税费 62.5 万元。计算企业转让厂房应纳的土地增值税。

评估价格=900×70%=630（万元）

扣除项目金额=630+62.5=692.5（万元）

增值额=850–692.5=157.5（万元）

增值率=157.5÷692.5×100%=22.74%

应纳税额=157.5×30%=47.25（万元）

9.4.3 土地增值税的会计处理

企业应在“应交税费”账户下，设置“应交土地增值税”明细账来核算土地增值税的发生与缴纳情况，其贷方反映企业计算出的应交土地增值税，借方反映企业实际缴纳的土地增值税，余额在贷方，反映企业应交而未交的土地增值税。

1. 房地产开发企业的会计处理

转让房地产业务是房地产开发企业的主营业务。因此，房地产开发企业计算其应缴纳的土地增值税时，应借记“营业税金及附加”等，贷记“应交税费——应交土地增值税”。实际缴纳土地增值税时，借记“应交税费——应交土地增值税”，贷记“银行存款”等。

（1）现货房地产销售

现货房地产销售情况下，采用一次性收款、房地产移交使用、发票账单提交买主、钱货两清结算的，应于房地产移交和发票结算账单提交买主时确认销售实现，借记“银行存款”等，贷记“主营业务收入”等。同时，计算应由实现的营业收入负担的土地增值税，借记“营业税金及附加”等，贷记“应交税费——应交土地增值税”。

【例 9-20】某房地产开发企业投资开发一个居住小区，该小区商品房销售收入共计 4 000 万元，小区开发成本 1 800 万元，开发费用中的利息支出 17 万元（金融机构证明的利率没有超过银行同类同期贷款利率），其他开发费用按规定可扣除 90 万元（公司能够按转让房地产项目计算分摊，按 1 800×5%计算），营业税 200 万元，城市维护建设税 14 万元，教育费附加 6 万元。计算该公司应缴的土地增值税并做出会计处理。

该公司计算应交土地增值税如下：

扣除项目金额=1 800+17+90+200+14+6+1 800×20%=2 487（万元）

增值额=4 000–2 487=1 513（万元）

增值率=1 513÷2 487×100%=60.84%

应纳税额=1 513×40%–2 487×5%=480.85（万元）

会计处理如下。

借：营业税金及附加　　4 808 500

　　贷：应交税费——应交土地增值税　　4 808 500

（2）商品房预售

按照《中华人民共和国城市房地产管理法》的规定，商品房可以预售，应当符合下列条件：已交付全部土地使用权出让金，取得土地使用权证书；持有建设工程规划许可证；按提供预售的商品房计算，投入开发建设的资金达到总投资的 25%以上，并已经确定工程进度和竣工交付日期；向县级以上人民政府房产管理部门办理预售登记，取得商品房预售许可证明。

纳税人在项目全部竣工前转让房地产取得的收入，由于涉及成本计算及其他原因，而无法据以计算土地增值税，可以预缴土地增值税。待项目全部竣工、办理结算后，再进行清算，多退少补。计算预缴土地增值税时，其扣除项目金额的计算方法，由省、自治区、直辖市地方税务局根据当地情况制定。

预缴土地增值税的会计处理与企业上缴土地增值税相同，均是借记“应交税费——应交土地增值税”，贷记“银行存款”。

待房地产营业收入实现时，再按应交的土地增值税，借记“营业税金及附加”等科目，贷记“应交税费——应交土地增值税”。

这样进行会计处理，在企业未实现营业收入（未进行结算）前，使“应交税费——应交土地增值税”账户出现借方余额，可能会使报表的阅读者误认为“多缴了税款”，为此，企业可以增设“递延税款”账户，反映其预缴的土地增值税。

【例 9-21】 某房地产开发公司在某项目竣工前，预先售出部分房地产而取得收入 200 万元，假设应预缴土地增值税 20 万元；项目竣工后，工程全部收入 500 万元。按税法规定计算，该项目应交土地增值税 80 万元。

会计处理分录如下：

① 收到预收款时：

借：银行存款　　2 000 000

　贷：预收账款　　2 000 000

② 按税务机关核定比例预提应交土地增值税时：

借：递延税款——预缴土地增值税　　200 000

　贷：应交税费——应交土地增值税　　200 000

③ 预缴土地增值税时：

借：开发成本　　200 000

　贷：银行存款　　200 000

④ 实现收入、办理结算时：

借：预收账款　　2 000 000

　银行存款　　3 000 000

　贷：主营业务收入　　5 000 000

⑤ 按土地增值税规定，计算整个工程项目收入应交土地增值税时：

借：营业税金及附加　　800 000

　贷：递延税款——预缴土地增值税　　200 000

　　应交税费——应交土地增值税　　600 000

⑥ 缴清应交土地增值税时：

借：应交税费——应交土地增值税　　600 000

　贷：银行存款　　600 000

2. 兼营房地产业务企业的会计处理

兼营房地产业务的企业转让房地产应缴纳的土地增值税，应计入“其他业务成本”账户。企业按规定计算应缴纳的土地增值税时，借记“其他业务成本”，贷记“应交税费——应交土地增值税”。

【例 9-22】 某兼营房地产业务的公司，购入一幢楼房，支付价款 1 000 万元。后来，该公司没有经过任何开发，以 1 800 万元的价格转让，缴纳营业税等流转税 99 万元。该公司既不能按转让房地产项目计算分摊利息支出，也不能提供金融机构证明。计算该公司应缴的土地增值税并做出会计处理。

该公司计算应交土地增值税如下：

扣除项目金额=1 000+1 000×10%+99=1 199（万元）

增值额=1 800−1 199=601（万元）

增值率=601÷1 199×100%=50.13%

应纳税额=601×40%−1 199×5%=180.45（万元）

会计处理如下。

借：其他业务成本　　1 804 500

　　贷：应交税费——应交土地增值税　　1 804 500

3. 转让房地产的土地增值税的会计处理

企业转让国有土地使用权连同地上建筑物及其附着物时，如果该资产是在“固定资产”账户核算的，其转让房地产取得的收入，记入“固定资产清理”账户的贷方，应缴纳的土地增值税，记入“固定资产清理”的借方；如果该资产是在“在建工程”核算的，其转让房地产的收入，记入“在建工程”账户的贷方，已缴纳的土地增值税，记入“在建工程”的借方。

【例 9-23】 某非从事房地产开发的企业转让一处旧房产，取得转让收入 550 万元，该房产原值 420 万元，转让时已提累计折旧 40 万元，转让过程中支付营业税等税费 30 万元。

会计处理分录如下：

① 购进房地产产权时：

借：固定资产　　4 200 000

　　贷：银行存款　　4 200 000

② 转让房地产时：

借：固定资产清理　　3 800 000

　　累计折旧　　400 000

　　贷：固定资产　　4 200 000

③ 收到 A 企业的转让收入时：

借：银行存款　　5 500 000

　　贷：固定资产清理　　5 500 000

④ 计算缴纳营业税等流转税时：

借：固定资产清理　　300 000

　　贷：应交税费——应交营业税等　　300 000

⑤ 计算缴纳土地增值税时：

房地产增值额=550−420−30=100（万元）

增值额占扣除项目的比例=100÷450×100%=22.22%

应纳税额=100×30%=30（万元）

会计处理分录如下。

借：固定资产清理　　300 000

　　贷：应交税费——应交土地增值税　　300 000

⑥ 结转转让房地产的收益时：

结转转让房地产的收益=550−380−30−30=110（万元）

借：固定资产清理　　1 100 000

　　贷：营业外收入　　1 100 000

本章小结

企业在流转环节中涉及的其他税种主要包括：城市维护建设税、资源税、关税、土地增值税等。尽管除城市维护建设税外上述其他税种并不是企业普遍缴纳的，但是上述各税种的计算与缴纳都需要通过“应交税费”账户核算。企业在销售环节中缴纳的城市维护建设税、资源税、关税、土地增值税，一般借记“营业税金及附加”账户，而企业采购环节中缴纳的关税、资源税，一般借记“材料采购”账户，计入货物的采购成本。

思考题

1. 简述城市维护建设税的计税依据及其会计处理方法。
2. 简述资源税的计税依据及其会计处理方法。
3. 简述关税完税价格的确定方法。
4. 简述进口关税和出口关税已纳税额的计算方法。
5. 简述自营进出口业务和代理进出口业务的关税会计处理方法。
6. 简述土地增值税的计算程序及其会计处理方法。

习题 9

一、单项选择题

1. 在进口货物正常成交价格中若含（　　），可以从中扣除。

A. 包装费　　B. 运输费　　C. 卖方付的回扣　　D. 保险费

2.《海关法》规定，进出口货物的完税价格，由海关以该货物的（　　）为基础审查确定。

A. 类似货物成交价格　　B. 倒扣价格

C. 货价　　D. 成交价格

3. 关税的纳税义务人或他们的代理人应在海关填发税款缴纳证的次日起（　　）内，向指定银行缴纳，并由当地银行解缴中央金库。

A. 7 日　　B. 10 日　　C. 15 日　　D. 30 日

4. 扣缴义务人代扣代缴的资源税，纳税地点为（　　）。

A. 开采地主管税务机关　　B. 收购地主管税务机关

C. 生产所在地主管税务机关　　D. 销售地主管税务机关

5. 纳税人开采或生产应税产品并销售的，其资源税的课税数量为（　　）。

A. 开采数量　　B. 计划产量　　C. 实际产量　　D. 销售数量

6. 按照资源税的有关规定，独立矿山收购未税矿产品适用（　　）。

A. 矿产品原产地的税额标准　　B. 本单位应税产品的税额标准

C. 矿产品购买地的税额标准　　D. 税务机关核定的税额标准

7. 土地增值税的计税依据是（　　）。

A. 转让房地产取得的收入额　　B. 房地产开发总投资额

C. 转让房地产取得的利润额　　D. 转让房地产取得的增值额

8. 纳税人建造普通标准住宅出售，增值额未超过扣除项目金额（　　）的，免征土地增值税。

A. 10%　　B. 20%　　C. 30%　　D. 40%

9. 土地增值税的纳税人隐瞒、虚报房地产成交价格的，计算应纳税额的依据是（　　）。

A. 同类市场的最高价格　　B. 扣除项目金额不得扣除

C. 成交价格加倍，扣除项目金额减半　　D. 房地产评估价格

10. 城市维护建设税的计税依据是（　　）。

A. 增值税、消费税、营业税的计税依据

B. 印花税、车船使用税的计税依据

C. 纳税人实际缴纳的增值税、消费税、营业税税额

D. 纳税人实际缴纳的印花税、车船使用税税额

二、多项选择题

1. 下列各项中，属于关税征税对象的是（　　）。

A. 贸易性商品　　B. 个人邮寄物品

C. 入境旅客随身携带的行李和物品　　D. 馈赠物品

2. 进口货物的关税税率形式有（　　）。

A. 最惠国税率　　B. 协定税率　　C. 特惠税率　　D. 普通税率

3. 以下属于关税的减免项目的有（　　）。

A. 关税税额在人民币500元以下的一票货物　　B. 无商业价值的广告品和货样

C. 外国政府、国际组织无偿赠送的物资　　D. 在海关放行前损失的货物

4. 进口货物的完税价格还包括以下费用（　　）。

A. 由买方负担的购货佣金以外的佣金和经纪费

B. 由买方负担的在审查确定完税价格时与该货物视为一体的容器的费用

C. 由买方负担的包装材料费用和包装劳务费用

D. 进口货物运抵境内输入地点起卸后的运输及其相关费用、保险费

5. 下列属于资源税应税产品的有（　　）。

A. 进口原油　　B. 固体盐　　C. 选煤　　D. 有色金属矿原矿

6. 下列各项中，不属于土地增值税征税范围的有（　　）。

A. 房地产评估增值　　B. 房地产的出租

C. 房地产的继承　　D. 房地产的置换

7. 下列各项中，符合城市维护建设税法规规定的有（　　）。

A. 城市维护建设税的计税依据是纳税人实际缴纳的增值税、消费税、营业税税额，包括对“三税”加收的滞纳金和罚款

B. 海关对进口产品代征增值税、消费税的同时代征城市维护建设税

C. 对出口产品退还增值税、消费税的，不退还已缴纳的城市维护建设税

D. 免征或减征增值税、消费税、营业税的，要同时免征或减征城市维护建设税

8. 下列关于资源税的正确表述有（　　）。

A. 资源税是价内税

B. 资源税与增值税的计税依据是一致的

C. 凡缴纳资源税的产品，也是缴纳增值税的货物

D. 资源税实行从量定额征收

9. 在计算土地增值税时，允许据实扣除的项目为（　　）。

A. 取得土地使用权所支付的金额　　B. 前期工程费

C. 开发间接费用　　D. 财务费用

10. 有下列情形之一的，免征土地增值税（　　）。

A. 纳税人建造普通标准住宅出售，增值额未超过扣除项目金额的20%的

B. 纳税人建造高级别墅、公寓出售

C. 转让国有土地使用权的

D. 因国家建设需要拆迁而由政府征用的土地

三、判断题

1. 资源税采取从量定额和从价定率的办法征收，实施“普遍征收，级差调节”的原则。（　　）

2. 资源税的征税范围仅限于在我国境内开采的应税矿产品和生产的盐，对进口的矿产品或盐

不征资源税。 ( )

3. 城市维护建设税暂行条例不适用于我国境内的外商投资企业和外国企业。 ( )

4. 不论纳税人自行申报纳税还是由受托方代征代扣税款，是流动经营还是有固定经营场所，均应按其机构所在地或居住地的适用税率计算缴纳城市维护建设税。 ( )

5. 根据城市维护建设税暂行条例的有关规定，纳税人在被查补增值税、消费税、营业税和被处以罚款时，应同时对其偷漏的城市维护建设税进行补税和罚款。 ( )

6. 转让旧房的，应按房屋的评估价格、取得土地使用权所支付的地价款和按国家统一规定交纳的有关费用及在转让环节缴纳的税金等作为扣除项目金额计征土地增值税。 ( )

7. 在国有土地使用权出让过程中，土地使用权由出让方转让给受让方，出让方取得收入，应当对其征收土地增值税。 ( )

8. 我国对少数进口商品计征关税时所采用的滑准税实质上是一种特殊的从价税。 ( )

9. 因故退还的中国出口货物，经海关审查属实，可予免征进口关税，并且已征收的出口关税给予退还。 ( )

10. 出口货物应以海关审定的以成交价格为基础的离岸价格作为关税完税价格。 ( )

四、业务题

1. 某企业设在县城，20××年7月缴纳增值税64万元、消费税18万元，另外，因违反税法规定被加收滞纳金和被处以罚款合计12万元。

要求：计算该企业20××年7月应缴纳的城市维护建设税和教育费附加，并进行会计处理。

2. 某房地产开发公司与某单位于20××年3月正式签署一份写字楼转让合同，取得转让收入15 000万元，公司即按税法规定缴纳了有关税金（营业税税率5%，城建税税率为7%，教育费附加征收率3%，印花税税率为5‰）。已知该公司为取得土地使用权而支付的地价款和按国家统一规定交纳的有关费用为3 000万元；投入房地产开发成本为4 000万元；房地产开发费用中的利息支出为1 200万元（不能按转让房地产项目计算分摊利息支出，也不能提供金融机构证明）。另知该公司所在省人民政府规定的房地产开发费用的计算扣除比例为10%。

要求：计算该公司转让此楼应纳的土地增值税税额，并做出有关会计处理。

3. 某煤矿6月份对外销售原煤400万吨，销售伴采天然气8万立方米。本月后勤部门领用原煤100吨用于矿区生活，另使用本矿区生产的原煤加工洗煤80万吨，已知该矿区加工产品的综合回收率为80%，原煤适用的单位税额为2元/吨，天然气适用的单位税额为10元/千立方米。

要求：计算该单位当月应交纳的资源税税额并做出相应的会计处理。

4. 某盐场6月份生产液体盐500吨，其中对外销售100吨。当月生产固体盐1 000吨（本月已全部销售），共耗用液体盐1 200吨，其中400吨是本企业自产的液体盐，另外800吨全部从另一盐场购进，单价100元/吨，已知液体盐的单位税额为2元/吨，固体盐单位税额为25元/吨，上述所有款项均以银行存款收付。

要求：计算该单位当月应纳的资源税税额并做出相应的会计处理。

5. 恒信进出口公司20××年2月从美国进口货物一批，美国港口离岸价为180000美元（包括支付给美国销售方的佣金8000美元，货物包装费6000美元），支付运抵我国港口前的运输费15000美元、保险费5000美元。该货物进口关税税率为20%，增值税税率17%，报关日当天人民币对美元市场汇率为1:7.2，相关款项均以银行存款支付。

要求：计算进口关税税额并做出相关的会计处理。

6. 翔远公司委托海达进出口公司代理进口设备，翔远公司预付3000000元。该设备实际支付国外的离岸价为350000美元，另支付运输费、保险费等共计16000美元（支付日、报关日美元市场汇率均为 1:7.6），进口关税税率为 10%，增值税率为 17%，代理手续费为商品完税价的 2%。

要求：计算进口关税并为海达公司进行有关会计处理。

7. 远洋外贸进出口公司代理甲公司出口商品一批，该商品的离岸价为 880 000 元，出口关税税率为 10%，协议代理手续费为 32 800 元。

要求：计算应交出口关税并做出远洋公司相关会计处理。

☞知识拓展阅读

煤炭资源税从价计征影响几何

雾霾天气多发已成为我国当下必须正视的环境问题。由于我国能源结构以煤炭为主，煤炭燃烧的排放物已成为我国大气污染的主要来源，因此控制煤炭消费总量、转变增长方式、调整能源结构、防治大气污染，已经成为社会各界普遍关注的热点。

我国控制煤炭消费，减轻大气污染势在必行。国务院 2013 年 6 月 14 日召开国务院常务会议，部署大气污染防治 10 条措施（简称“大气十条”），涉及煤炭行业的主要措施包括全面整治燃煤小锅炉，压缩下游高耗能行业落后产能，加快调整能源结构，加大天然气、煤制甲烷等清洁能源供应等。

笔者认为，这是煤炭资源税价格改革由从量计征变为从价计征的好机会。当前，我国煤市低迷、煤价屡创新低、煤企降薪裁员、经济通胀压力减小。这正是进行煤炭资源税改革的有利契机。我们曾经失去过历史上进行煤炭资源税改革的好时机，现在的机会一定不能错过，否则将来煤价上涨又将使得税改举步维艰。

煤炭资源税从量计征带来的弊端及问题

从量计征是定额征收，是按照煤炭的开采量，以数量确定一个税额进行计算，税额 = 数量×单位税额；从价计征是定率征收，是按照煤炭销售的价格、按照一个比率（如 5%）来进行计算，税额 = 金额×税率。

从 1994 年开始，我国对煤炭资源税实行从量计征方式，标准为 0.3 ~ 5 元/吨。当时开征煤炭资源税的目的是解决由于政策缺位，长期以来形成的环境损失等外部成本没有被纳入煤炭价格体系之中，使得煤炭燃烧所造成的环境问题一直被忽视淡化的问题。

将消耗煤炭资源的企业产品成本还原为能够真实反映资源环境消耗和补偿的完全成本，这既是社会成本内部化的需要，又是通过对煤炭资源消耗行业形成倒逼机制，促使其改进工艺和技术，节约利用资源，提高资源利用效率的需要。

但事实上，由于我国税收“费化”情况较为严重，煤炭企业承担着与之相关的矿产资源补偿费、探矿权价款、采矿权价款、采矿权使用费、探矿权使用费、矿区使用费等收费，煤炭行业各类收费远高于资源税。前几年，煤价持续上涨，煤炭企业盈利情况很好。相对于煤炭企业的收益来说，资源税从量计征显得微乎其微，基本发挥不了应有的作用。

同时，从量计征使企业在资源开采中采富弃贫、采肥丢瘦，造成资源浪费，不能起到环境保护和引导企业节能减排的作用。由于历史和认识上的原因，我国现行的煤炭资源税制度和相关规定，还存在很多问题和不完善的地方，如从量定额征收的方式不能调节煤炭资源级差收入，不利于煤炭企业在同一水平上竞争；现有税制调节能力弱，助长了对煤炭资源的乱采滥挖现象等。

煤炭资源税改革是大势所趋

煤炭资源税改革的意义重大，也是大势所趋。自 2011 年起，财政部和国家税务总局在全国范围内实施原油、天然气资源税由从量计征到从价计征改革，在完成油气资源税试点改革之后，煤炭资源税改革便成为当前资源税改革的重中之重。2012 年年初，国家能源局在全国能源工作会议上宣布将研究开征化石能源消费税，并研究对煤炭资源税进行从价计征。2012年3月，十一届全国人大五次会议《政府工作报告》明确指出，2012年我国改革的重点任务之一是全面深化资源税改革，扩大从价计征范围。2012年7月26日，时任财政部部长谢旭人在全国财政厅（局）长座谈会上指出，应深化资源税改革，扩大资源税从价计征范围。2012年9月13日，国家发改委批复《山西省国家资源型经济转型综合配套改革试验总体方案》（发改经体〔2012〕2558号），提出要完善资源环境税收制度，按照“清费立税”的原则，加快推进煤炭等资源税改革，将煤炭资源税由从量计征改为从价定率计征。今年5月24日，国务院批转《2013年深化经济体制改革重点工作意见的通知》，决定将资源税从价计征范围扩大到煤炭等应税项目，并力求年内取得新进展。由此可以看出，煤炭资源税由从量计征改革为从价计征已无悬念。

煤炭资源税由从量计征改为从价计征带来的影响

资源税从价计征是国际趋势，也是煤炭资源税改革的必由之路。煤炭资源税由从量计征改为从价计征，所带来的影响是巨大的，优势非常明显。

首先，这符合资源行业稀缺性特征。

从量计征和从价计征的主要区别在于：从量计征最大的局限在于不能真实地反映煤炭的价格变动状况和稀缺程度，没有考虑煤炭企业在生产过程中的浪费和对环境的破坏成本，也不能反映资源价格的变动，也不符合行业稀缺性特点。从价计征能够真实地反映煤炭的价格变动情况和稀缺程度，真正体现煤炭资源税与煤炭消耗之间的本质联系，有利于提高煤炭的利用效率，有利于转变经济发展过度依赖煤炭的局面。

推行煤炭资源税改革，正是基于当前煤炭资源价格变化较大，有些地方对稀缺煤炭资源造成了大量的浪费现象，现行的从量计征标准已不适应当前煤炭市场发展的考虑。煤炭从价计征资源税能够改变过去从量计征资源税对煤炭价格不敏感的现象，增加税负弹性，促进煤炭企业有效开采利用资源，可以有效地将煤炭企业的短期生产目标与资源有效利用的长期目标联系起来。煤炭资源税从价计征，可以解决由于煤质、发热量差异，同类煤炭产品在同区域销售价格悬殊较大、税负不公的问题，体现资源好、价格卖得高就多缴税的公平原则。

其次，从量计征改为从价计征，能够促进企业采取更多措施节能减排，从而形成追求可持续发展的长效机制。煤炭在使用的过程中，从价计费的比价关系会显出煤炭的宝贵，为了利益最大化，煤炭产业链上游、中游、下游的生产厂家都将更注意节约使用煤炭，尽可能地节能降耗。这也将形成一种内在的激励机制，企业会千方百计地开发有利于节能降耗的工艺技术和产品，从而形成符合科学发展观、追求可持续发展的长效机制。

第三，从量计征改为从价计征后，煤炭资源税的税收调控作用大为增强，将促进煤炭资源的合理开采。公平的税负会使煤炭企业不得不权衡销售价、开采成本、税费、资金流之间的利弊关系，促使其投入更多的资金用于煤炭资源的深入开采，有效减少在采矿过程中丢瘦拣肥、采厚弃薄、采易弃难等现象。随着价格的逐渐提高，从价计征的调控作用就体现得更加明显，有效减少了煤炭资源开采中的浪费现象。

第四，由于煤炭资源税是地方税种，改为从价计征后，还会带来地方收入增加，可以有效缓解目前地方财政普遍紧张的情况。这也是目前甘肃、内蒙古等多省区着力推进煤炭资源税改革的动力所在。我国很多地方是依靠煤炭资源发展的，而在煤炭资源开发过程中，往往伴随着对土地和水资源等的严重破坏。煤炭资源税由从量计征改为从价计征后，有助于煤炭产区将煤炭资源优势转化为经济优势，使政府能投入比较充裕的资金，用于恢复生态、治理环境。

（资料来源：中国环境报，陈柳钦，2013-7-17）

第 10 章

财产税和行为税会计

【学习目标】 通过本章学习，了解房产税、车船税、契税、城镇土地使用税、耕地占用税、印花税、车辆购置税的纳税人、征收范围、税率、减免税及纳税申报过程；掌握各项财产税和行为税应纳税额的计算及会计处理方法。

【重点难点】 本章重点及难点为各项财产税和行为税计税依据的确定及应纳税额的核算。

10.1 房产税会计

10.1.1 房产税概述

房产税是以城市、县城、建制镇和工矿区的房屋财产为征税对象，依据房产价值或租金收入向房屋产权所有人征收的一种财产税。

1. 房产税的纳税人

凡在我国境内拥有房屋产权的单位和个人为房产税的纳税义务人。房屋产权属于国家所有的，由经营管理单位纳税；产权属于集体和个人所有的，由集体单位和个人纳税；产权出典的，由承典人纳税。产权所有人、承典人不在房产所在地的，或者产权未界定及租、典纠纷未解决的，由房产代管人或使用人纳税。

自 2009 年 1 月 1 日起，外商投资企业、外国企业和组织以及外籍个人，依照《中华人民共和国房产税暂行条例》缴纳房产税。

自 2012 年 1 月 1 日起，人保投资控股有限公司应按规定申报缴纳房产税。

2. 房产税的征税范围

房产税的征税对象是房产。所谓房产，是指有屋面和围护结构（有墙或两边有柱），能够遮风避雨，可供人们在其中生产、工作、学习、娱乐、居住或储藏物资的场所。

房产税的征税范围为位于城市、县城、建制镇和工矿区的房屋。不包括坐落在农村的房产。

房地产开发企业建造的商品房，在出售前，不征收房产税。但出售前房地产开发企业已使用和出租、出借的商品房应按规定征收房产税。

3. 税收优惠

目前，房产税的税收优惠政策主要有以下几种情况。

① 国家机关、人民团体、军队自用的房产免征房产税，但上述免税单位的出租房产及非自身业务使用的生产、营业用房，不属于免税范围。

② 由国家财政部门拨付事业经费单位自用的房产免征房产税，不包括其附属的工厂、商店、招待所等非本单位公务、业务的用房及出租房产。

③ 宗教、寺庙、公园、名胜古迹自用的房产免征房产税，不包括其附设的商店等营业性质的用房及出租房产。

④ 个人所有非营业用的房产免征房产税，不包括营业用房及出租房产。

⑤ 应进行大修，停止使用在6个月以上（含6个月）的房产免征房产税。

⑥ 经有关部门鉴定，已停止使用的损毁房屋和危险房屋免征房产税。

⑦ 对行使国家行政管理职能的中国人民银行总行（含国家外汇管理局）所属分支机构自用房产免征房产税。

⑧ 非营利性医疗卫生机构、非营利性老年服务机构自用房产免征房产税。

⑨ 基本建设单位或施工企业在基建工地兴建的为基建工地服务的临时性房产（如工棚、材料库、食堂、办公室等），在施工期间，一律免征房产税但工程结束后，施工企业将这种临时性房屋交还或估价转让给基建单位的，应从基建单位接收的次月起，照章纳税。

⑩ 自2001年1月1日起，对按政府规定价格出租的公有住房和廉租住房，包括企业和自收自支事业单位向职工出租的单位自有住房；房管部门向居民出租的公有住房；落实私房政策中带户发还产权并以政府规定租金标准向居民出租的私有住房等，暂免征收房产税、营业税。

⑪ 2011年7月1日至2015年12月31日，对向居民供热而收取采暖费的供热企业，为居民供热所使用的厂房及土地继续免征房产税、城镇土地使用税。对既向居民供热，又向单位供热或者兼营其他生产经营活动的供热企业，按其向居民供热而取得的采暖费收入占企业总收入的比例免征房产税、城镇土地使用税。

⑫ 经财政部批准免税的其他房产免征房产税。

此外，纳税人纳税有困难的，可由各省、自治区和直辖市人民政府决定给予定期减征或免征房产税的照顾。

企业办的各类学校、医院、幼儿园、托儿所自用的房产，可比照由国家财政部门拨付事业经费的单位自用的房产。

4．房产税的计税依据、税率、应纳税额的计算

（1）计税依据

房产税的计税依据是房产的计税价值或房产的租金收入。按照房产计税价值征收的，称为从价计征；按照房产租金收入计征的，称为从租计征。

① 从价计征。对纳税人经营自用的房屋，以房产原值一次减除 10%～30%后的余值作为计税依据计算缴纳房产税。各地扣除比例由当地省、自治区、直辖市人民政府确定。对融资租赁的房屋，以该房产的余值计算征收房产税。

对按照房产原值计税的房产，无论会计上如何核算，房产原值均应包含地价，包括为取得土地使用权支付的价款、开发土地发生的成本费用等。宗地容积率低于0.5的，按房产建筑面积的2倍计算土地面积并据此确定计入房产原值的地价。

② 从租计征。房屋出租的，以房屋租金收入作为房产税的计税依据。

所谓房产的租金收入，是房屋产权所有人出租房产使用权所得的报酬，包括货币收入和实物收入。如果是以劳务或者其他形式为报酬抵付房租收入的，应根据当地同类房产的租金水平，确定一个标准租金额从租计征。

对投资联营的房产，在计征房产税时应予以区别对待：对以房产投资联营，收取固定收入、不承担联营风险的情况，从租计征房产税；对以房地产投资联营，投资者参与投资利润分配、共担风险的，从价计征房产税。

对于融资租赁的房屋，实际上是一种变相的分期付款购买固定资产的形式。因此，在计征房产税时，应以房产余值计算征收。至于租赁期内房产税的纳税人，由当地税务机关根据实际情况确定。

（2）税率

我国现行房产税采用的是比例税率，根据计征方式，房产税的税率分为两种：

① 从价计征的税率为 1.2%，即依照房产原值一次减除 10%～30%的余值计算缴纳；

② 从租计征的税率为 12%，即按房产出租的租金收入的 12%计算缴纳。

从 2001 年 1 月 1 日起，对个人按照市场价格出租的居民住房，用于居住的，可暂按 4%的税率征收房产税。

（3）应纳税额的计算

① 采用从价计征办法的，应纳税额计算公式为：

应纳税额＝房产原值×(1−扣除比例)×1.2%

② 采用从租计征的，应纳税额的计算公式为：

应纳税额＝房产租金收入×12%

【例 10-1】 某超市的经营用房账面原值为 1 300 万元，在郊区以外的农村还有一个仓库，原值为 90 万元；当地规定允许按照减除 30%后的余值计算缴纳房产税，适用税率为 1.2%。计算该超市全年应纳的房产税。

仓库为位于农村的房产，不属于房产税的纳税范围。

全年应纳房产税税额=1 300×(1−30%)×1.2%=10.92（万元）

【例 10-2】 某企业出租一间仓库，年租金 18 万元，适用税率 12%，计算该企业全年应纳的房产税。

全年应纳房产税税额=18×12%=2.16（万元）

5．房产税的申报与缴纳

（1）纳税义务发生时间

① 纳税人将原有房产用于生产经营，从生产经营之月起缴纳房产税。

② 纳税人自建的房屋，从建成之次月起缴纳房产税。

③ 纳税人委托施工企业建设的房屋，从办理验收手续之次月起缴纳房产税。

④ 纳税人购置新建商品房，从房屋交付使用之次月起缴纳房产税。

⑤ 纳税人购置存量房，自办理房屋权属转移、变更登记手续，房地产权属登记机关签发房屋权属证书之次月起缴纳房产税。

⑥ 纳税人出租、出借房产，自交付出租、出借房产之次月起缴纳房产税。

⑦ 房地产开发企业自用、出租、出借本企业建造的商品房，自房屋使用或交付之次月起缴纳房产税。

（2）纳税期限

房产税采用按年计算，分期缴纳的征收管理办法。具体纳税期限由各省、自治区、直辖市人民政府批准。各地一般规定按季或半年征收一次，在季度或半年内规定某个月征收。

（3）纳税地点

房产税在房产所在地缴纳。房产不在同一地方的纳税人，应按房产的坐落地点分别向房产所在地的税务机关纳税。

（4）纳税申报

房产税纳税人应按《房产税暂行条例》的有关规定，及时办理纳税申报，如实填写《房产税纳税申报表》。

10.1.2 房产税的会计处理

企业应设置“应交税费——应交房产税”账户以反映房产税计提和缴纳情况，企业缴纳的房产税通常应在“管理费用”账户中列支，而出租的房地产缴纳的房产税则应计入“其他业务成本”账户。企业分期计提应缴纳房产税时，借记“管理费用”、“其他业务成本”等账户，贷记“应交税费——应交房产税”账户；缴纳房产税时，借记“应交税费——应交房产税”账户，贷记“银行存款”账户。期末，“应交税费——应交房产税”账户的贷方余额，反映企业应交而未交的房产税。

【例 10-3】 承例 10-1 资料，如果当地规定房产税按季缴纳，则该企业的会计处理如下：

① 每月计提房产税时：

月应纳税额=10.92÷12=0.91（万元）

借：管理费用　　9 100

　　贷：应交税费——应交房产税　　9 100

② 按季缴纳房产税时：

借：应交税费——应交房产税　　27 300

　　贷：银行存款　　27 300

【例 10-4】 甲乙双方共同合作投资办厂，甲方以原厂房作为投资，房产原值为 600 万元，乙方拿出 800 万元作为投资。按照事先约定，不管以后赢利多少，甲方每年得到固定回报 100 万元。租金收入计征的税率为 12%，当地规定房产税每半年征收一次。试计算甲企业应纳的房产税额并做相应的会计处理。

按照房产税的有关规定，以房产投资 联营、收取固定收入、不承担联营风险的情况，应由出租方按租金收入计算缴纳房产税。

年应纳税额=100×12%=12（万元）

① 收到租金收入，计提应纳房产税：

借：银行存款　　1 000 000

　　贷：其他业务收入——房屋出租　　1 000 000

② 每月计提房产税时：

月应纳税额=12÷12=1（万元）

借：其他业务成本　　10 000

　　贷：应交税费——应交房产税　　10 000

③ 每半年缴纳房产税时：

借：应交税费——应交房产税　　60 000

　　贷：银行存款　　60 000

10.2 车船税会计

10.2.1 车船税概述

车船税是对在中华人民共和国境内车船管理部门登记的车辆、船舶（以下简称车船），按照其种类、吨位和规定的税额计算征收的一种税。车船税是我国财产税制度的一个组成部分。

1. 车船税的纳税人和征收范围

车船税的纳税人，是指在中华人民共和国境内拥有或者管理车辆、船舶的单位或个人。通常情况下，拥有并使用车船的单位和个人是统一的，纳税人既是车船的拥有人，又是车船的使用人。但如果发生租赁关系，拥有人与使用人不一致时，应由双方协商何方为纳税义务人；租赁双方未商定的，由车船使用人为纳税义务人。无租使用的车船，拥有人与使用人不一致时，由使用人纳税。

从事机动车交通事故责任强制保险业务的保险机构是机动车车船税的扣缴义务人。

车船税的征税范围，是指在中华人民共和国境内属于车船税法所附《车船税税目税额表》规定的车辆、船舶。车辆、船舶是指：

① 依法应当在车船登记管理部门登记的机动车辆和船舶；

② 依法不需要在车船登记管理部门登记、在单位内部场所行驶或者作业的机动车辆和船舶。

小资料：我国最早征收的车船税

我国最早对私人拥有的车辆和舟船征税是在汉代初年。武帝元光六年（公元前 129 年），汉朝就颁布了征收车船税的规定，当时叫“算商车”，“算”为征税基本单位，一算为 120 钱，这时的征收对象还只局限于载货的商船和商车。元狩四年（公元前 119 年），开始把非商业性的车船也列入征税范围。法令规定，非商业用车每辆征税一算，商业用车征税加倍；舟船五丈以上征税一算，“三老”（掌管教化的乡官）和“骑士”（由各郡训练的骑兵）免征车船税。同时规定，对隐瞒不报或呈报不实的人给以处罚，对告发的人进行奖励。元封元年（公元前 110 年），车船税停止征收。

（资料来源：中国会计人网站，www.ccppaa.com）

2. 车船税的税收优惠

车船税的税收优惠包括以下两部分：

（1）法定减免

① 捕捞、养殖渔船。

② 军队、武警专用的车船。

③ 警用车船。

④ 依照我国有关法律和我国缔结或者参加的国际条约的规定应当予以免税的外国驻华使馆、领事馆和国际组织驻华机构及其有关人员的车船。

⑤ 自 2012 年 1 月 1 日起，对节约能源的车船，减半征收车船税；对使用新能源的车船，免征车船税。

⑥ 对受严重自然灾害影响纳税困难以及有其他特殊原因确需减税、免税的，可以减征或者免征。

⑦ 省、自治区、直辖市人民政府根据当地实际情况，可以对农村居民拥有并主要在农村地区

使用的摩托车、三轮汽车和低速载货汽车定期减征、免征车船税。

（2）特定减免

① 经批准临时入境的外国车船和香港特别行政区、澳门特别行政区、台湾地区的车船，不征。

② 按照规定缴纳船舶吨税的机动船舶，自车船税法实施之日起 5 年内免征。

③ 依法不需要在车船登记管理部门登记的机场、港口、铁路站场内部行驶或者作业的车船，5 年内免征。

3．车船税的计税依据、税率及应纳税额的计算

（1）计税依据

车船税实行从量计征，车船税的计税依据，按车船的种类和性能分别如下：

① 乘用车、客车、摩托车，以“辆”为计税依据。

② 货车、其他车辆，以“整备质量每吨”为计税依据。

③ 机动船舶以“净吨位每吨”为计税依据。

④ 游艇以“艇身长度每米”为计税依据。游艇艇身长度是指游艇的总长。

此外，对计税依据的确定还要注意以下几种情况：

① 车辆整备质量尾数在半吨以下者，按半吨计算；超过半吨者，按 1 吨计算。

② 船舶净吨位尾数在半吨以下者免税；超过半吨的，按 1 吨计算。净吨位不超过 1 吨的船舶，按照 1 吨计算。

③ 拖船按照发动机功率每 2 马力折合净吨位 1 吨计算征收车船税。

（2）税率

车船税实行有幅度的定额税率，具体内容见表 10-1。

表 10-1　车船税税目税额表

税　目		计 税 单 位	年基准税额（元）	备　注
乘用车〔按发动机汽缸容量（排气量）分档〕	1.0 升（含）以下的	每辆	60～360	核定载客人数 9 人（含）以下
	1.0 升以上至 1.6 升（含）的		360～660	
	1.6 升以上至 2.0 升（含）的		660～960	
	2.0 升以上至 2.5 升（含）的		960～1 620	
	2.5 升以上至 3.0 升（含）的		1 620～2 460	
	3.0 升以上至 4.0 升（含）的		2 460～3 600	
	4.0 升以上的		3 600～5 400	
商用车	客车	每辆	480～1 440	核定载客人数 9 人以上，20 人以下，包括电车
	货车	整备质量每吨	16～120	① 包括半挂牵引车、挂车、客货两用汽车、三轮汽车和低速载货汽车等 ② 挂车按照货车税额的 50%计算
其他车辆	专用作业车	整备质量每吨	16～120	不包括拖拉机
	轮式专用机械车		16～120	
摩托车		每辆	36～180	
船舶	机动船舶	净吨位每吨	3～6	拖船、非机动驳船分别按照机动船舶税额的 50%计算
	游　艇	艇身长度每米	600～2 000	

国务院财政部门、税务主管部门可以根据实际情况，在《车船税税目税额表》规定的税目范围和税额幅度内，划分子税目，并明确车辆的子税目税额幅度和船舶的具体适用税额。车辆的具体适用税额由省、自治区、直辖市人民政府在规定的子税目税额幅度内确定。

（3）应纳税额的计算

应纳税额的计算分为自缴税额和代扣代缴两种情况，本书只就前者予以说明。

在自缴税额的情况下，纳税人车船使用税应纳税额的计算公式为：

年应纳税额=计税依据×适用税额

【例 10-5】 某小型运输公司拥有并使用以下车辆：净吨位为 2 吨的挂车 5 辆；净吨位为 5 吨载货卡车 10 辆；8 月底又购入客车 3 辆，9 月份取得车船管理部门核发的车船登记证书。当地政府规定，货车的车辆税税额为 60 元/吨，客车每年税额 560 元。计算该公司当年应纳车船税。

挂车应纳车船税=2×5×60×50%=300（元）

载货卡车应纳车船税=5×10×60=3 000（元）

客车应纳车船税=3×560÷12×4=560（元）

全年应纳车船税=300+3 000+560=3 860（元）

4．车船税的申报与缴纳

（1）纳税义务发生时间

车船税的纳税义务发生时间，为车船管理部门核发的车船登记证书或者行驶证书所记载日期的当月。

在一个纳税年度内，已完税的车船被盗抢、报废、灭失的，纳税人可以凭有关管理机关出具的证明和完税证明，向纳税所在地的主管地方税务机关申请退还自被盗抢、报废、灭失月份起至该纳税年度终了期间的税款。

已办理退税的被盗抢车船，失而复得的，纳税人应当从公安机关出具相关证明的当月起计算缴纳车船税。

（2）纳税期限

车船税按年申报，分月计算，一次性缴纳。纳税年度为公历 1 月 1 日至 12 月 31 日。车船税按年申报缴纳。具体纳税期限由省、自治区、直辖市人民政府确定。

（3）纳税地点

车船税的纳税地点为车船的登记地或者车船税扣缴义务人所在地。

其中，由纳税人自行申报缴纳车船税的，纳税地点为车船登记地的主管地方税务机关所在地；由扣缴义务人代收代缴车船税的，纳税地点为扣缴义务人所在地；依法不需要办理登记的车船，车船税的纳税地点为车船的所有人或者管理人所在地。

10.2.2 车船税的会计处理

按财政部的规定，缴纳的车船使用税应计入管理费用，并通过“应交税费——应交车船税”账户进行核算。分期计提车船税时，借记“管理费用”账户，贷记“应交税费——应交车船税”账户；实际缴纳时，借记“应交税费——应交车船税”账户，贷记“银行存款”

【例 10-6】 某公司拥有乘用车 2 辆（排气量 1.5 升），年单位税额 390 元/辆；货车 12 辆（载重净吨位全部为）10 吨，年每吨税额 60 元。计算应纳税额并做会计处理如下：

车船税应纳税额=2×390+12×10×60=7 980（元）

每月应纳税额=7 980÷12=665（元）

（1）计提税额时：

借：管理费用　　665

　　贷：应交税费——应交车船税　　665

（2）缴纳税金时：

借：应交税费——应交车船税　　7 980

　　贷：银行存款　　7 980

10.3　契税会计

10.3.1　契税概述

契税是在中华人民共和国境内转移土地、房屋权属为征税对象，向产权承受人征收的一种财产税。

1. 契税的纳税义务人

契税的纳税人是在境内转移土地、房屋权属，承受的单位和个人。所称的承受是指以受让、购买、受赠、交换等方式取得土地、房屋权属的行为。

如房屋买卖的纳税人是买者，房产典当的纳税人是受典人，房产赠与的纳税人是受赠人。

2. 征税对象和征税范围

契税的征税对象是境内转移的土地、房屋权属。具体征税范围包括下列5项内容。

① 国有土地使用权出让，是指土地使用者向国家交付土地使用权出让费用，国家将国有土地使用权在一定年限内让与土地使用者的行为。

对承受国有土地使用权所应支付的土地出让金，要计征契税，不得因减免土地出让金而减免契税。

② 土地使用权转让，是指土地使用者以出售、赠与、交换或其他方式将土地使用权转移给其他单位或个人的行为，但不包括农村集体土地承包经营权的转移。

③ 房屋买卖，是指房屋所有者有偿让渡房屋所有权的行为。

④ 房屋赠与，是指房屋所有人将房屋无偿转让给受赠人所有的行为。

⑤ 房屋交换，是指房屋所有者之间互相交换房屋的行为。

此外，土地、房屋权属以下列方式转移的，视同土地使用权转让、房屋买卖，予以征税：

① 以土地、房屋权属抵债。

② 以土地、房屋权属作价投资、入股。

③ 以获奖方式承受土地、房屋权属。

④ 以预购方式或者预付集资建房款方式承受土地、房屋权属。

3. 税收优惠

按现行的《契税暂行条例》规定，有下列情形之一的，减征或者免征契税。

① 国家机关、事业单位、社会团体、军事单位承受土地、房屋用于办公、教学、医疗、科研和军事设施的免征契税。

② 城镇职工按规定第一次购买公有住房的免征契税。

③ 因不可抗力灭失住房而重新购买住房的，酌情准予减征或者免征契税。

④ 土地、房屋被县级以上人民政府征用、占用后，重新承受土地、房屋权属的，是否减征或者免征契税，由省、自治区、直辖市人民政府确定。

⑤ 纳税人承受荒山、荒沟、荒丘、荒滩土地使用权，用于农、林、牧、渔业生产的，免征契税。

⑥ 依照我国有关法律规定，以及我国缔结或参加的双边和多边条约或协定的规定，应当予以免税的外国驻华使领馆、联合国驻华机构，及其外交代表、领事官员和其他外交人员承受土地、房屋权属的，经外交部确认，可以免征契税。

⑦ 已购公有住房经补缴土地出让金和其他出让费用成为完全产权住房的，可以免征土地权属转移的契税。

⑧ 个人因拆迁重新购置住房的，购房成交价格中相当于拆迁补偿款的部分，可以免征契税。

⑨ 个人购买普通住房，且该住房属于家庭（成员包括购房人、配偶和未成年子女，下同）唯一住房的，减半征收契税。

⑩ 企业改制重组（包括公司制改造、股权重组、合并、分立、出售、关闭和破产等），可以按照规定免征、减征契税。

⑪ 廉租住房经营管理单位购买住房作为廉租住房的，经济适用住房经营管理单位回购经济适用住房继续作为经济适用住房房源的，可以免征契税。

⑫ 自 2010 年 9 月 27 日起 3 年以内，公共租赁住房经营管理单位购买住房作为公告租赁住房的，可以免征契税。

⑬ 财政部规定的其他可以免征、减征契税的项目。

4．契税的计税依据、税率及应纳税额的计算

（1）契税的计税依据

契税的计税依据为不动产的价格。按照土地、房屋权属转移的不同情况，契税的计税依据具体确定如下。

① 国有土地使用权出让、土地使用权出售、房屋买卖的行为，以成交价格为计税依据。成交价格是指土地、房屋权属转移合同确定的价格，包括承受者应交付的货币、实物、无形资产或者其他经济利益。

② 土地使用权赠与、房屋赠与的行为，由征收机关参照土地使用权出售、房屋买卖的市场价格核定。

③ 土地使用权交换、房屋交换的行为，计税依据为所交换的土地使用权、房屋的价格差额。也就是说，交换价格相等时，免征契税；交换价格不等时，由多交付货币、实物、无形资产或者其他经济利益的一方缴纳契税。

④ 以划拨方式取得土地使用权，经批准转让房地产时，由房地产转让者补交契税。计税依据为补交的土地使用权出让费或者土地收益。

为了避免偷税、漏税，税法规定，成交价格明显低于市场价格并且没有正当理由的，或者所交换土地使用权、房屋的价格差额明显不合理并且没有正当理由的，征收机关可以参照市场价格核定计税依据。

⑤ 房屋附属设施征收契税的依据

- 承受的房屋附属设施权属单独计价的，按当地确定的适用税率征收契税；与房屋统一计价的，适用与房屋相同的契税税率。
- 采取分期付款方式购买房屋附属设施土地使用权、房屋所有权的，应按合同规定的总价款计征契税。

⑥ 个人无偿赠与不动产征收契税依据

对于个人无偿赠与不动产行为，税务机关对受赠人将全额征收契税，并在纳税人的契税和印花税完税凭证上加盖“个人无偿赠与”印章。

（2）税率

契税实行3%～5%的幅度比例税率，具体的适用税率由各省、自治区、直辖市人民政府在规定的幅度内按照本地区的实际情况确定，并报财政部和国家税务总局备案。

（3）应纳税额的计算

契税应纳税额的计算公式为：

应纳税额＝计税依据×税率

【例 10-7】 甲企业接受捐赠房屋一幢，其账面价值为 400 万元，征收机关核定的计税价格为 650 万元。此外，甲企业还将其拥有的库房 5 间与乙企业拥有的一座厂房交换，双方协议规定由甲企业支付差价 180 万元。当地规定的契税税率为 5%。计算甲企业应缴纳的契税。

应纳税额=650×5%+180×5%=41.5（万元）

5．契税的申报与缴纳

（1）纳税义务发生时间

纳税人在签订土地、房屋权属转移合同的当天，或者取得其他具有土地、房屋权属转移合同性质凭证（指具有合同效力的契约、协议、合约、单据、确认书以及由省、自治区、直辖市人民政府确定的其他凭证）的当天为纳税义务发生时间。

（2）纳税期限

纳税人应当自纳税义务发生之日起 10 天内，向土地、房屋所在地的契税征收机关办理纳税申报，并准确填列《契税纳税申报表》，并在契税征收机关核定的期限内缴纳税款，索取完税凭证。

符合减免税规定的纳税人，必须在签订转移产权合同后 10 日内向土地、房屋所在地的征收机关办理减免税手续。经批准减征、免征契税的纳税人改变有关土地、房屋的用途，不再属于规定的减征、免征契税范围的，应当补缴已经减征、免征的税款。

（3）纳税地点

契税的纳税地点是土地、房屋所在地的契税征收机关。

10.3.2 契税的会计处理

契税是土地、房屋权属发生转移时，由承受人缴纳的一种财产税。对承受人而言，契税是取得土地、房屋权属的一种必然支出，该支出应计入所取得资产的实际成本。

在取得土地、房屋权属时，企业应按照规定计算缴纳的契税，借记“在建工程”、“固定资产”、“无形资产”等账户，贷记“应交税费——应交契税”账户；缴纳契税时，应借记“应交税费——应交契税”账户，贷记“银行存款”账户。由于纳税人负担的契税是一次性缴纳，同税务机关没有结算关系，因此契税的核算也可以不通过“应交税费——应交契税”账户，在缴纳契税时，直接贷记“银行存款”账户。

【例 10-8】 某企业以 720 万元购得一处房产，当地规定的契税税率为 4%。

应纳契税税额的计算及会计处理如下：

应纳税额=720×4%=28.8（万元）

① 计提税金：

借：固定资产	288 000	
贷：应交税费——应交契税		288 000

② 缴纳时：

借：应交税费——应交契税　　　　288 000

　　贷：银行存款　　　　288 000

【例 10-9】 M 公司受赠房屋一栋，赠与契约未标明价格。经主管税务机关核定房屋现值为 390 万元（假定评估价值与此相同），设契税税率为 3%。

M 公司应做会计分录如下：

应交契税=390×3%=11.7（万元）

借：固定资产　　　　4 017 000

　　贷：待转资产价值——接受捐赠非货币资产价值　　　　3 900 000

　　　　应交税费——应交契税　　　　117 000

10.4 城镇土地使用税和耕地占用税会计

10.4.1 城镇土地使用税

1. 城镇土地使用税概念

城镇土地使用税是对在我国境内城市、县城、建制镇和工矿区范围内使用土地的单位和个人，按实际占用土地面积为计税标准征收的一种地方税。

2. 城镇土地使用税的纳税人

在城市、县城、建制镇和工矿区范围内使用土地的单位和个人，为城镇土地使用税的纳税义务人。自 2007 年 1 月 1 日起，外商投资企业、外国企业和组织以及外籍个人，依照《中华人民共和国城镇土地使用税暂行条例》缴纳城镇土地使用税。城镇土地使用税的纳税人具体规定如下：

① 拥有土地使用权的单位和个人为城镇土地使用税纳税人；

② 土地使用权未确定或权属纠纷未解决的，其实际使用人为纳税人；

③ 土地使用权共有的，共有各方都是纳税人，由共有各方分别纳税；

④ 拥有土地使用权的单位和个人不在土地所在地的，其土地实际使用人和代管人为纳税人。

3. 城镇土地使用税的征税范围

城镇土地使用税的征税范围为城市、县城、建制镇和工矿区的国家所有和集体所有的土地。上述城市、县城、建制镇和工矿区分别按以下标准确认。

① 城市是指经国务院批准设立的市，包括市区和郊区。

② 县城是指县人民政府所在地。

③ 建制镇是指镇人民政府所在地，不包括镇政府所在地所辖行政村。

④ 工矿区是指工商业比较发达，人口比较集中，符合国务院规定的建制镇标准，但尚未建立建制镇的大中型工矿企业所在地。工矿区的设立必须经省、自治区、直辖市人民政府批准。

4. 税收优惠

（1）法定免缴城镇土地使用税的优惠

① 国家机关、人民团体、军队自用的土地。

② 由国家财政部门拨付事业经费的单位自用的土地。

③ 宗教寺庙、公园、名胜古迹自用的土地。以上单位的生产、经营用地和其他用地，不属于

免税范围，应按规定缴纳土地使用税，如公园、名胜古迹中附设的营业单位如电影院、饮食部、茶社、照相馆等使用的土地。

④ 市政街道、广场、绿化地带等公共用地。

⑤ 直接用于农、林、牧、渔业的生产用地。

⑥ 对非营利性医疗机构、疾病控制机构和妇幼保健机构等卫生机构自用的土地，免征城镇土地使用税。

⑦ 对行使国家行政管理职能的中国人民银行（含国家外汇管理局）所属分支机构自用的土地，免征城镇土地使用税。

⑧ 企业办的学校、医院、托儿所、幼儿园，其用地能与企业其他用地明确区分的，免征城镇土地使用税。

⑨ 经批准开山填海整治的土地和改造的废弃土地，从使用的月份起免缴土地使用税5～10年。

⑩ 免税单位无偿使用纳税单位的土地，免征城镇土地使用税；纳税单位无偿使用免税单位的土地，纳税单位照章缴纳城镇土地使用税。

⑪ 财政部另行规定免税的能源、交通、水利设施用地和其他用地。

（2）下列土地由省、自治区、直辖市地方税务局确定减免土地使用税

① 个人所有的居住房屋及院落用地。

② 房产管理部门在房租调整改革前经租的居民住房用地。

③ 免税单位职工家属的宿舍用地。

④ 民政部门举办的安置残疾人占一定比例的福利工厂的用地。

⑤ 集体和个人举办的各类学校、医院、托儿所、幼儿园用地。

⑥ 省、自治区、直辖市地方税务局确定的减免城镇土地使用税的其他用地。

5．城镇土地使用税的计税依据、税率及应纳税额的计算

（1）计税依据

城镇土地使用税实行从量定额征收，其计税依据是纳税人实际占用并经有关部门组织测定的土地面积，土地面积的计量单位为平方米。纳税人实际占用的土地面积按下列办法确定。

① 凡由省、自治区、直辖市人民政府确定的单位组织测定土地面积的，以测定的面积为准。

② 尚未组织测量，但纳税人持有政府部门核发的土地使用证书的，以证书确认的土地面积为准。

③ 尚未核发土地使用证书的，应由纳税人申报土地面积据以纳税，待核发土地使用证书以后再作调整。

（2）税率

城镇土地使用税采用有差别的幅度定额税率，按大、中、小城市和县城、建制镇、工矿区分别规定不同的税额。城镇土地使用税税率见表10-2。

表10-2　城镇土地使用税税率表

级　别	人　口	每平方米税额	级　别	人　口	每平方米税额
大城市	50万人以上	1.5～30元		20万人以下	0.9～18元
中等城市	20～50万人	1.2～24元	县城、建制镇，工矿区		0.6～12元

（3）应纳税额的计算

城镇土地使用税以纳税人实际使用的土地面积为依据，依照规定的税额，按年计算，分期缴纳。其应纳税额计算公式为：

年应纳税额 = 实际占用应税土地面积（平方米）× 适用税额

【例 10-10】 某企业 20×× 年度共计拥有土地 86 000 平方米，其中子弟学校占地 4 500 平方米、幼儿园占地 1 300 平方米、企业内部绿化占地 2 400 平方米。计算该企业 20×× 年应缴纳的城镇土地使用税。（当地土地使用税单位税额 4 元/平方米。）

应纳城镇土地使用税=(86 000−4 500−1 300)×4=320 800（元）

6. 城镇土地使用税的申报和缴纳

（1）纳税义务发生时间

① 纳税人购置新建商品房，自房屋交付之次月起，缴纳城镇土地使用税。

② 纳税人购置存量房，自办理房屋权属转移、变更登记手续，房地产权属登记机关签发房屋权属证书之次月起缴纳城镇土地使用税。

③ 纳税人出租、出借房产，自交付出租、出借房产之次月起缴纳城镇土地使用税。

④ 以出让或转让方式有偿取得土地使用权的，应由受让方从合同约定交付土地时间的次月起缴纳城镇土地使用税；合同未约定交付土地时间的，由受让方从合同签订的次月起缴纳城镇土地使用税。

⑤ 纳税人新征用的耕地，自批准征用之日起满 1 年时，开始缴纳城镇土地使用税。

⑥ 纳税人新征用的非耕地，自批准征用次月起，开始缴纳城镇土地使用税。

（2）纳税期限

城镇土地使用税实行按年计算、分期缴纳的征收办法。缴纳期限由省、自治区、直辖市人民政府确定。

（3）纳税地点

城镇土地使用税的纳税地点为土地所在地，由土地所在地的税务机关负责征收。纳税人使用的土地不属于同一省、自治区、直辖市的，由纳税人分别向土地所在地的税务机关申报缴纳；在同一省（自治区、直辖市）的管辖范围内，纳税人跨地区使用的土地，由各省、自治区、直辖市税务局确定纳税地点。

（4）纳税申报

纳税人应按照《城镇土地使用税暂行条例》的有关规定，及时办理纳税申报，如实填写《城镇土地使用税纳税申报表》。

7. 城镇土地使用税的会计处理

企业缴纳的城镇土地使用税应通过“应交税费——应交城镇土地使用税”账户进行核算。该账户贷方反映企业应缴纳的城镇土地使用税，借方反映企业已经缴纳的城镇土地使用税，余额在贷方，表示应缴而未缴的城镇土地使用税。

企业按规定计算出应缴纳的城镇土地使用税时，借记“管理费用”等账户，贷记“应交税费——应交城镇土地使用税”账户；缴纳时借记“应交税费——应交城镇土地使用税”账户，贷记“银行存款”账户。

【例 10-11】 某企业占用土地 15 000 平方米，其中企业办学校自用地为 3 000 平方米，当地政府核定的土地使用税税额为 2 元/平方米，该企业每年缴纳一次土地使用税。

年应纳土地使用税额=(15 000−3 000)×2=24 000（元）

① 计提土地使用税时：

借：管理费用　　　　24 000

贷：应交税费——应交城镇土地使用税　　24 000

② 缴纳税金时：

借：应交税费——应交城镇土地使用税　　24 000

贷：银行存款　　24 000

10.4.2 耕地占用税会计

1. 耕地占用税的概念、纳税人、征税对象

耕地占用税是指国家对占用耕地建房或者从事其他非农业建设的单位和个人，依其占用耕地的面积征收的一种地方税。

耕地占用税的纳税人是指在中华人民共和国境内占用耕地建房或者从事其他非农业建设的单位和个人。自 2008 年 1 月 1 日起，外商投资企业、外国企业和组织以及外籍个人，依照《中华人民共和国耕地占用税暂行条例》缴纳耕地占用税。

耕地占用税的征税对象是一切用于建房和从事其他非农业建设的耕地。包括国家所有和集体所有的耕地。耕地指用于种植农作物的土地，包括粮田、棉田、油料地、麻田、烟田、菜地、园地、鱼塘和其他农用土地。占用前 3 年内曾用于种植农作物的土地，也视为耕地。

2. 耕地占用税的税收优惠

① 免税项目

下列经批准占用的耕地，免征耕地占用税：

⊙ 部队军事设施用地。

⊙ 学校、幼儿园、养老院、医院用地。

⊙ 占用林地、牧草地、农田水利用地、养殖水面以及渔业水域滩涂等其他农用地建设直接为农业生产服务的生产设施的，不征收耕地占用税。

② 减税项目

⊙ 铁路线路、公路线路、飞机场跑道、停机坪、港口、航道占用耕地，减按每平方米 2 元的税额征收耕地占用税。

⊙ 农村居民占用耕地新建住宅，按照当地适用税额减半征收耕地占用税。

农村革命烈士家属、革命残废军人、鳏寡孤独以及革命老根据地，少数民族聚居地区和边远贫困山区生活困难的农户，在规定用地标准以内新建住宅，纳税确有困难的，由纳税人提出申请，经所在地乡（镇）人民政府审核，报经县人民政府批准，可以给予减税或免税。

农村居民经批准搬迁，原宅基地恢复耕种，凡新建住宅占用耕地不超过原宅基地面积的，不征收耕地占用税；超过原宅基地面积的，对超过部分按照当地适用税额减半征收耕地占用税。

③免征或者减征耕地占用税后，纳税人改变原占地用途，不再属于免征或者减征耕地占用税情形的，应当按照当地适用税额补缴耕地占用税。

④ 纳税人临时占用耕地，应当依照本条例的规定缴纳耕地占用税。纳税人在批准临时占用耕地的期限内恢复所占用耕地原状的，全额退还已经缴纳的耕地占用税。

3. 耕地占用税的计税依据、税率和应纳税额的计算

耕地占用税根据采用有差别的幅度定额税率，按人均耕地占有面积分别规定不同的税额。耕地占用税税率见表 10-3。

表 10-3　耕地占用税税率表

以县为单位的人均耕地面积	单位税额（每平方米）	以县为单位的人均耕地面积	单位税额（每平方米）
1 亩以下（含 1 亩）	10～50 元	2～3 亩（含 3 亩）	6～30 元
1～2 亩（含 2 亩）	8～40 元	3 亩以上	5～25 元

国务院财政、税务主管部门根据人均耕地面积和经济发展情况确定各省、自治区、直辖市的平均税额。各地适用税额，由各省、自治区、直辖市人民政府在法定税额幅度内，根据本地区情况核定。各省、自治区、直辖市人民政府核定的适用税额的平均水平，不得低于法定的平均税额（人均耕地 1～2 亩地区的平均税额）。

经济特区、经济技术开发区和经济发达、人均耕地特别少的地区，适用税额可以适当提高，但是最高不得超过人均耕地 2～3 亩地区的平均税额的 50%。占用基本农田的，适用税额应当在法定的当地适用税额的基础上提高 50%。

耕地占用税以纳税人实际占用的耕地面积为计税依据，计算公式为：

应纳税额 = 实际占用耕地面积（平方米）×适用单位税额

【例 10-12】 某企业为建造仓库，占用耕地 1 850 平方米，该地区适用税额为 5 元/平方米。计算该企业应纳的耕地占用税。

应纳的耕地占用税=1 850×5=9 250（元）

4．耕地占用税的征收管理

耕地占用税在纳税人实际占用耕地时一次性征收，以后不再征收。纳税人必须在土地管理部门批准征用或占用耕地之日起 30 日内填写《耕地占用税纳税申报表》，申报缴纳耕地占用税，逾期不申报缴纳者，除补缴应纳税额外，还应从滞纳之日起，按日加收 5‰的滞纳金。

耕地占用税的纳税地点为耕地所在地，由该地有批准权的土地管理部门的同级财政机关征收。

5．耕地占用税的会计处理

由于耕地占用税是在实际占用耕地之前一次性交纳的，不存在与征税机关清算和结算的问题，因此企业按规定交纳的耕地占用税，可以不通过“应交税费”科目核算。

企业为购建固定资产而缴纳的耕地占用税，作为固定资产价值的组成部分，记入“在建工程”账户。纳税人征用耕地计缴耕地占用税时，应借记“在建工程”账户，贷记“银行存款”账户。

【例 10-13】 某企业经批准占用耕地 5 600 平方米兴建厂房，该地区适用的耕地占用税税额为 3.5 元/平方米。

该企业应纳的耕地占用税税额的计算及会计处理如下：

应纳税额=5 600×3.5=19 600（元）

借：在建工程　　19 600

　　贷：银行存款　　19 600

10.5　印花税

10.5.1　印花税概述

印花税是对经济活动和经济交往中书立、领受凭证行为征收的一种税，它属于行为税。因其采用在凭证上粘贴印花税票的方法征税，故称印花税。

1. 印花税的纳税人

凡在我国境内书立、使用、领受税法列举凭证的单位和个人，都是印花税的纳税人。根据书立、使用、领受应税凭证的不同，纳税人可分别确定为立合同人、立据人、立账簿人、领受人和使用人五种。

⊙ 立合同人，是指合同的当事人，即对合同凭证有直接权利义务关系的单位和个人，但不包括合同的担保人、证人、鉴定人。

⊙ 立据人，是指土地房屋权属转移过程中买卖双方当事人。

⊙ 立账簿人，是指开立并使用营业账簿的单位和个人。

⊙ 领受人，是指领取、接受并持有权利、许可证照凭证的单位和个人。

⊙ 使用人，是指在国外书立、领受，但在国内使用应税凭证的单位和个人。

⊙ 各类电子应税凭证的签订人，即以电子形式签订的各类应税凭证的当事人。

值得注意的是，如果应税凭证是由两名或两名以上当事人共同签订，当事人各方都是印花税的纳税人，应各就其所持凭证的计税金额履行纳税义务。

2. 印花税的征税范围

印花税的征税对象为在我国境内书立、使用、领受的应税凭证，具体包括以下内容。

① 经济合同，这里的合同包括购销、加工承揽、建设工程承包、财产租赁、货物运输、仓储保管、借款、财产保险、技术合同或者具有合同性质的凭证（如协议、契约、合约、单据、确认书等）。

② 产权转移书据。包括财产的所有权、版权、商标专用权、专利权、专有技术使用权等转移书据和土地使用权出让合同、土地使用权转让合同、商品房购销合同等权力转移合同。

③ 营业账簿，包括单位和个人从事生产经营活动所设立的各种账簿。

④ 权利、许可证照，包括房屋产权证、工商营业执照、商标注册证、专利证、土地使用证等。

⑤ 经财政部确定征税的其他凭证。

小资料：印花税起源趣谈

公元 1624 年，荷兰政府发生经济危机，财政困难。当时执掌政权的统治者摩里斯（Maurs）为了解决财政上的需要，拟提出要用增加税收的办法来解决支出的困难，但又怕人民反对，便要求政府的大臣们出谋献策。众大臣议来议去，就是想不出两全其美的妙法来。于是，荷兰的统治阶级就采用公开招标办法，以重赏来寻求新税设计方案，谋求敛财之妙策。印花税，就是从千万个应征者设计的方案中精选出来的“杰作”。可见，印花税的产生较之其他税种，更具有传奇色彩。

印花税的设计者可谓独具匠心。他观察到人们在日常生活中使用契约、借贷凭证之类的单据很多，连绵不断，一旦征税，税源将很大；而且，人们还有一个心理，认为凭证单据上由政府盖个印，就成为合法凭证，在诉讼时可以有法律保障，因而对交纳印花税也乐于接受。正是这样，印花税被资产阶级经济学家誉为税负轻微、税源畅旺、手续简便、成本低廉的“良税”。英国的哥尔柏（Kolebe）说过：“税收这种技术，就是拔最多的鹅毛，听最少的鹅叫”。印花税就是具有“听最少鹅叫”的税种。

从 1624 年世界上第一次在荷兰出现印花税后，由于印花税“取微用宏”，简便易行，欧美各国竞相效法。丹麦在 1660 年、法国在 1665 年、美国在 1671 年、奥地利在 1686 年、英国在 1694 年先后开征了印花税。它在不长的时间内，就成为世界上普遍采用的一个税种，在国际上盛行。

（资料来源：财软联盟，www.fs119.net）

3. 印花税的税收优惠

下列凭证免缴印花税。

① 已缴纳印花税凭证的副本或抄本。

② 财产所有人将财产赠送给政府、社会福利单位、学校所立的书据。

③ 由国家指定的收购部门与村民委员会、农民个人书立的农副产品收购合同。

④ 无息、贴息贷款合同。

⑤ 外国政府或国际金融组织向我国政府及国家金融机构提供的优惠贷款所书立的合同。

⑥ 房地产管理部门与个人签订的用于生活居住的住房租赁合同。

⑦ 农牧业保险合同。

⑧ 特殊的货运凭证。如军需物资运输凭证、抢险救灾物资运输凭证。

⑨ 自 2011 年 1 月 1 日至 2012 年 12 月 31 日，对与高校学生签订的高校学生公寓租赁合同，免征印花税。高校学生公寓，是指为高校学生提供住宿服务，按照国家规定的收费标准收取住宿费的学生公寓

⑩ 自 2011 年 11 月 1 日至 2014 年 10 月 31 日，对金融机构与小型、微型企业签订的借款合同免征印花税。

4. 印花税的税目税率、计税依据及应纳税额的计算

（1）税目税率

印花税共设 13 个税目，采用比例税率和定额税率两种形式。在印花税的 13 个税目中，各类经济合同及合同性质的凭证、产权转移书据、记载有资金的账簿，适用比例税率，税率有 1‰、0.5‰、0.3‰、0.05‰四个档次。权利、许可证照和营业账簿中的其他账簿使用定额税率，按件贴花，每件 5 元。印花税税目、税率表见表 10-4。

（2）计税依据

采用比例税率计税的，应以应税凭证上记载的金额作为计税依据。其具体规定如下：各类经济合同，以合同记载的金额、收入或费用为计税依据；产权转移书据，以书据记载的金额为计税依据；记载资金的账簿，以实收资本和资本公积两项合计的金额为计税依据。

② 采用定额税率计税的，应以应税凭证的件数作为计税依据。

在确定印花税的计税依据时，应注意以下问题。

- 应税凭证以“金额”、“收入”作为计税依据的，应当全额计税，不得作任何扣除。
- 同一凭证，载有两个或两个以上经济事项而适用不同税目、税率的，如果分别记载金额的，应分别计算应纳税额，相加后合计税额贴花；如果未分别记载金额的，按税率高的贴花。
- 适用从价计征的应税凭证，未标明金额的，应按照凭证所记载数量及国家牌价计算金额；没有国家牌价的，按市场价格计算金额，然后按规定税率计算应纳税额。
- 应税凭证所记载金额为外国货币的，应按凭证书立当日国家外汇管理局公布的外汇牌价折合成人民币计税。
- 有些合同在签订时无法确定计税金额的，可在签订时先按 5 元贴花，以后结算时再按实际金额计税，补贴印花。
- 已贴花的凭证，凡修改后所载金额增加的部分，应当补贴印花。

（3）印花税的计算

① 从价定率计算应纳税额的，计算公式为：

$$应纳税额=应税凭证计税金额\times适用税率$$

表 10-4 印花税税目、税率表

税 目	范 围	税 率	纳税人	说 明
1. 购销合同	包括供应、预购、采购、购销结合及协作、调剂、补偿易货等合同	按购销金额的 0.3‰贴花	立合同人	
2. 加工承揽合同	包括加工、定做、修缮、修理、印刷广告、测绘、测试等合同	按加工或承包收入的 0.5‰贴花	立合同人	
3. 建筑工程勘察设计合同	包括勘察、设计合同	按收取费用 0.5‰贴花	立合同人	
4. 建筑安装工程承包合同	包括建筑、安装工程承包合同	按承包金额 0.3‰贴花	立合同人	
5. 财产租赁合同	包括租赁房屋、船舶、飞机、机动车辆、机械、器具、设备等合同	按租赁金额 1‰贴花。税额不足 1 元的，按 1 元贴花	立合同人	
6. 货物运输合同	包括民用航空运输、铁路运输、海上运输、内河运输、公路运输和联运合同	按运输收取的费用 0.5‰贴花	立合同人	单据作为合同使用的，按合同贴花
7. 仓储保管合同	包括仓储、保管合同	按仓储收取的保管费用 1‰贴花	立合同人	仓单或栈单作为合同使用的，按合同贴花
8. 借款合同	银行及其他金融组织和借款人（不包括银行同业拆借）所签订的借款合同	按借款金额 0.05‰贴花	立合同人	单据作为合同使用的，按合同贴花
9. 财产保险合同	包括财产、责任、保证、信用等保险合同	按收取保险费收入 1‰贴花	立合同人	单据作为合同使用的，按合同贴花
10. 技术合同	包括技术开发、转让、咨询、服务等合同	按所载金额 0.3‰贴花	立合同人	
11. 产权转移书据	包括财产所有权和版权、商标专用权、专利权、专有技术使用权等转移书据	按所载金额 0.5‰贴花	立据人	
12. 营业账簿	生产、经营用账册	记载资金的账簿按实收资本和资本公积合计金额 0.5‰贴花，其他账簿按件贴花 5 元	立账簿人	
13. 权利、许可证明	包括政府部门发给的房屋产权证、工商营业执照、商标注册证、专利证、土地使用证	按件贴花 5 元	领受人	

注：因证券交易税暂未开征，买卖、继承、赠与所书立的 A 股、B 股权转让书据，由立据双方当事人分别缴纳证券（股票）交易印花税。基金和债券交易不征证券（股票）交易印花税。目前证券（股票）交易印花税的税率为 1‰。

② 从量定额计算应纳税额的，计算公式为：

应纳税额＝应税凭证件数×适用单位税额

印花税最低税额为 0.10 元。按适用税率计算出的应纳税额不足 0.10 元的凭证，免贴印花税；应纳税额在 0.10 元以上的，按四舍五入规则，其尾数不满 0.05 元的不计，满 0.05 元的按 0.10 元计算。财产租赁合同最低纳税起点为 1 元，即税额超过 0.10 元，但不足 1 元的按 1 元纳税。

【例 10-14】 A 公司向 B 公司购买原材料，双方签订购销合同，总价值为 48 万元，合同书一式两份。

计算应纳印花税额如下：

应纳税额=480 000×0.3‰=144（元）

A、B 两公司各自应购买印花税票 144 元，贴在各自留存的合同上，并在每枚税票骑缝处盖戳注销或划销。

【例 10-15】 某企业于年初启用“实收资本”和“资本公积”新账簿，期初余额分别为 1 080 万元和 350 万元。

应纳印花税额的计算如下：

应纳税额=(10 800 000+3 500 000)×0.5‰=7 150（元）

5．印花税的申报与缴纳

（1）纳税办法

根据税额的大小、贴花次数及税收征收管理的需要，印花税可采取下列 3 种纳税办法。

① 自行贴花办法。纳税人书立、领受或者使用应税凭证的同时，自行计算应纳税额；自行购买印花税票，自行一次贴足印花税票并加以注销或划销，即通常所说的“三自”纳税办法。这种办法，一般适用于应税凭证较少或者贴花次数较少的纳税人。

② 汇贴或汇缴办法。这种办法一般适用于应纳税额较大或者贴花次数频繁的纳税义务人。

所谓“汇贴”，是指一份凭证应纳税额超过 500 元的，应向当地税务机关申请填写缴款书或者完税凭证，将其中一联粘贴在凭证上或者由税务机关在凭证上加注完税标记代替贴花。

所谓“汇缴”，是指同一种类应纳税凭证，需要频繁贴花的，应向当地税务机关申请按期汇总缴纳印花税。汇总缴纳的期限由当地税务机关确定，但最长不得超过 1 个月。

③ 委托代征办法。这种方法是通过税务机关的委托，经由发放或者办理应纳税凭证的单位代为征收印花税税款的一种方法。税务机关应与代征单位签订委托书。

（2）纳税义务发生时间

印花税应当在应税凭证书立、使用、领受时贴花。即在合同签订时、账簿启用时、证照领受时和产权转移立据时贴花。如果合同是在国外签订，并且不便在国外贴花的，应在将合同带入境内时办理贴花。

（3）纳税地点

印花税一般实行就地纳税。对于全国性商品货物订货会（包括展销会、交易会等）上所签订合同应纳的印花税，由纳税人回其所在地后及时办理贴花完税手续；对地方主办、不涉及省际关系的订货会、展销会上所签合同的印花税，其纳税地点由各省、自治区、直辖市人民政府自行制定。

10.5.2 印花税的会计处理

印花税主要采用“三自”纳税办法，不会形成税款债务，因此可以不通过“应交税费”账户核算。企业缴纳印花税时，应借记“管理费用”等账户，贷记 “银行存款”或“库存现金”账户。如一次购买印花税票或一次缴纳税额较大时，为了均衡费用，可先通过“待摊费用”账户进行核算，分期摊销时再记入“管理费用”等账户。

【例 10-16】 某路桥施工企业 20××年 5 月承包某段高速公路的施工，工程造价 5 500 万元，按照经济合同法，双方签订建筑施工合同。

应纳印花税的计算和会计处理如下：

应纳税额=55 000 000×0.3‰=16 500（元）

借：管理费用　　16 500

　　贷：银行存款　　16 500

由于该份合同应纳税额超过 500 元，所以该公司应向税务机关申请填写缴款书或完税凭证，将其中一联粘贴在合同上或由税务机关在合同上加注完税标记。

10.6 车辆购置税

10.6.1 车辆购置税概述

车辆购置税，是指对我国境内购置应税车辆的单位和个人征税的一种税收。车辆购置税是一种行为税。

1. 车辆购置税的纳税人

在我国境内购置应税车辆的单位和个人为车辆购置税的纳税人。车辆购置税的应税行为包括购买、进口、自产、受赠、获奖或以其他方式取得并自用应税车辆的行为。

2. 车辆购置税的征收范围

车辆购置税的征收范围，包括各类汽车、各类摩托车、电车（有轨、无轨）、挂车（全挂、半挂）、农用运输车（三轮、四轮）。

3. 车辆购置税的优惠政策

车辆购置税的免税情况如下：

① 外国驻华使馆、领事馆和国际组织驻华机构及其外交人员自用的车辆。

② 列入军队武器装备订货计划的车辆。

③ 设有固定装置的非运输车辆。

④ 国务院规定的其他情形。

减免税车辆因转让、改变用途等原因不再属于减免税车辆时，应在办理过户手续前或办理变更注册登记手续前，按照税务机关规定的最低计税价格，缴纳车辆购置税。

4. 车辆购置税的计税依据、税率和应纳税额的计算

（1）计税依据

车辆购置税的计税依据是车辆的计税价格，根据不同情况确认如下。

① 纳税人购买自用的应税车辆的计税价格，为纳税人购买应税车辆而支付给销售者的全部价款和价外费用，但不包括增值税税款。如果购买价格为含增值税的价格，应换算为不含增值税的价格。

② 纳税人进口自用的应税车辆的计税价格，按下列公式计算：

计税依据 = 关税完税价格 + 关税 + 消费税

③纳税人自产、受赠、获奖或以其他方式取得并自用的应税车辆，由主管税务机关按国家税务总局规定的不同类型应税车辆的最低计税价格确认。

不同类型车辆的最低计税价格，由国家税务总局参照应税车辆市场平均交易价格确定。纳税人购买自用或者进口自用的应税车辆，申报的计税价格低于同类型应税车辆的最低计税价格又无正当理由的，按照最低计税价格征收车辆购置税。

（2）税率和应纳税额的计算

车辆购置税采用固定比例税率，税率为 10%。应纳税额实行从价定率的方法计算，其公式为：

应纳税额 = 计税价格×10%

【例 10-17】 某公司国内购买小轿车 1 辆自用，价款 18 万元（不含增值税）；进口汽车 1 辆自用，完税价格为 20.02 万元，关税税率为 20%，消费税税率为 9%。请计算公司应纳车辆购置税

税额。

国内购买小轿车应纳车辆购置税税额=180 000×10%=18 000（元）

进口汽车计税价格=(200 200+200 200×20%)÷(1□9%)=264 000（元）

进口汽车应纳车辆购置税税额=264 000×10%=26 400（元）

5. 车辆购置税的申报与缴纳

（1）纳税义务发生时间与纳税期限

纳税人购买自用应税车辆的，应自购买之日起 60 日内申报纳税；进口自用应税车辆的，应自进口之日起 60 日内申报纳税；自产、受赠、获奖或以其他方式取得并自用应税车辆的，应自取得之日起 60 日内申报纳税。

车辆购置税实行一次性征收制度，购置已征车辆购置税的车辆，不再征收车辆购置税。纳税人应在向公安机关车辆管理机构办理车辆注册登记前，缴纳车辆购置税。缴税后，主管税务机关应给纳税人开具“车辆购置税完税证明”，纳税人需持“车辆购置税完税证明”，到公安机关办理车辆登记注册手续。“完税证明”每车一证，随车携带，以备检查。

（2）纳税地点

纳税人购置应税车辆，应向车辆登记注册地的主管税务机关申报纳税；购置不需要办理车辆登记注册手续的车辆，应向纳税人所在地的主管税务机关申报纳税。

10.6.2 车辆购置税的会计处理

企业缴纳的车辆购置税应当作为所购置车辆的成本。由于车辆购置税是一次性缴纳，因此可以不通过“应交税费”账户进行核算。

企业购买、进口、自产、受赠、获奖以及以其他方式取得并自用的应税车辆按规定缴纳的车辆购置税，以及企业购置的减免税车辆在转让或改变用途后，按规定应补缴的车辆购置税，在规定期限缴纳税款后，根据有关凭证，借记“固定资产”等账户，贷记“银行存款”账户。

【例 10-18】 某公司进口一辆自用轿车，购买一辆自用卡车。假定海关审定的进口轿车关税完税价格为人民币 380 000 元，应纳关税 45 600 元；卡车的价格为 175 500 元（含税）。适用增值税税率 17%，消费税税率为 8%。计算该公司上述业务应纳的各项税额并做出会计处理。

（1）计算进口轿车应纳税额并进行会计处理：

组成计税价格=(380 000+45 600)÷(1□8%)=462 608.70（元）

应纳消费税额=462 608.70×8%=37 008.70（元）

应纳增值税额=462 608.70×17%=78 643.48（元）

缴纳车辆购置税额=462 608.70×10%=46 260.87（元）

进口轿车支付款项=462 608.7+78 643.48+46 260.87=587 513.05（元）

借：固定资产——轿车	587 513.05	
贷：银行存款		587 513.05

（2）计算购买卡车应纳税额并进行会计处理

应纳增值税额=175 500÷(1+17%)×17%=25 500（元）

应纳车辆购置税额=175 500÷(1+17%)×10%=15 000（元）

借：固定资产——卡车	165 000	
应交税费——应交增值税（进项税额		25 500

贷：银行存款　　190 500

本章小结

企业在生产经营过程中涉及的财产税和行为税主要有：房产税、车船税、契税、城镇土地使用税、耕地占用税、印花税和车辆购置税。其中房产税、城镇土地使用税和车船税实行按年计征，而耕地占用税、契税和车辆购置税是一次征收的。

上述税种的会计处理方法可以分为两类：一类是将其计入当期损益，一类是计入有关成本。对于自行完税的印花税以及一次性缴纳、不需与税务机关结算税款的耕地占用税、契税、车辆购置税，可以不通过“应交税费”账户进行核算。

思考题

1. 房产税的纳税人、征税范围、计税依据及会计处理是如何规定的？
2. 车船税的纳税人、征税范围、计税依据及会计处理是如何规定的？
3. 契税的纳税人、征税范围、计税依据及会计处理是如何规定的？
4. 城镇土地使用税的纳税人、征税范围、计税依据及会计处理是如何规定的？
5. 耕地占用税的纳税人、征税范围、计税依据及会计处理是如何规定的？
6. 印花税的纳税人、征税范围、计税依据及会计处理是如何规定的？
7. 车辆购置税的纳税人、征税范围、计税依据及会计处理是如何规定的？
8. 请列表比较房产税、城镇土地使用税、契税和土地增值税四个税种。

习题 10

一、单项选择题

1. 城镇土地使用税是以城镇土地为征税对象，对拥有土地（　　）的单位和个人征收的一种税。

A. 所有权　　B. 使用权　　C. 占有权　　D. 经营权

2. 城镇土地使用税的税率采用（　　）。

A. 有幅度差别的比例税率　　B. 有幅度差别的定额税率

C. 全国统一定额　　D. 税务机关确定的定额

3. 甲乙双方共同合作投资办厂，甲方以厂房作为投资，房产原值为 500 万元，乙方拿出 400 万元作为投资。按照事先约定，不管以后赢利多少，甲方每年得到固定回报 100 万元，其应缴纳的房产税为（　　）。

A. 12 万元　　B. 4.8 万元　　C. 1.2 万元　　D. 5 万元

4. 某运输企业拥有载货汽车（自重吨位均为 40 吨）30 辆，其中有 2 辆在厂内行使，不领取行使执照，也不上公路行驶；拥有通勤用大客车 10 辆。该企业所在省规定，载货汽车年税额每吨 50 元；大客车年税额每辆 500 元。该企业全年应纳车船税税额是（　　）。

A. 61 000 元　　B. 58 000 元　　C. 60 000 元　　D. 65 000 元

5. 应税凭证较少或同一凭证缴纳税款次数较少的纳税人，适用的印花税纳税办法是（　　）。

A. 汇贴纳税　　B. 汇缴纳税　　C. 自行贴花　　D. 委托代征

6. 契税的纳税人是（　　）。

A. 出典人　　B. 赠与人　　C. 出卖人　　D. 承受人

7. 下列项目中属于房产税应税范围的有（　　）。

A. 高校后勤实体自用房产
B. 事业单位（自收自支已 2 年）办公用房
C. 中外合资生产企业用房
D. 百货商场用房

8. 下列项目采用定额税率的是（　　）。

A. 购销合同　　B. 资金账簿　　C. 权利许可证照　　D. 财产保险合同

9. 甲、乙双方发生房屋交换行为，当交换价格相等时契税（　　）。

A. 由甲方缴纳
B. 由乙方缴纳
C. 由甲、乙双方各缴一半
D. 甲、乙双方都不缴纳

10. 根据我国现行车辆购置税的性质和规定，下列说法中，正确的是（　　）。

A. 车辆购置税就其性质而言，属于间接税
B. 车辆购置税的税负具有转嫁性
C. 车辆购置税的征收环节单一
D. 车辆购置税针对国产与进口的车辆实行不同的税率

二、多项选择题

1. 根据《城镇土地使用税暂行条例》规定，下列地区中，开征土地使用税的有（　　）。

A. 城市　　B. 县城建制镇　　C. 农村　　D. 工矿区

2. 房产税的计税依据有（　　）。

A. 房产原值　　B. 房产租金收入　　C. 房产售价　　D. 房产余值

3. 下列各项中，属于车船税征税范围的包括（　　）。

A. 汽车、无轨电车　　B. 自行车　　C. 客轮、货船　　D. 火车

4. 下列应税凭证中应采用定额税率计算交纳印花税的有（　　）。

A. 产权转移书据
B. 工商营业执照
C. 商标注册证
D. 技术合同

5. 下列应当征收契税的行为有（　　）。

A. 房屋赠与
B. 国有土地使用权出让
C. 等价房屋交换
D. 土地使用权出售

6. 记载资金的账簿，印花税计税依据是（　　）的合计数。

A. 实收资本　　B. 注册资本　　C. 资本公积　　D. 全部资产

7. 下列各项中，符合房产税暂行条例规定的有（　　）。

A. 将房屋产权出典的，承典人为纳税人
B. 将房屋产权出典的，产权所有为纳税人
C. 房屋产权未确定的，房产代管人或使用人为纳税人
D. 产权所有人不在房产所在地的，房产代管人或使用人为纳税人

8. 国家规定免缴城镇土地使用税的有（　　）。

A. 宗教寺庙、名胜古迹自用的土地
B. 个人所有的居住房屋及院落用地
C. 市政街道、绿化带等公共用地
D. 集体办的托儿所、幼儿园用地

9. 视同土地使用权转让、房屋买卖或者房屋赠与的特殊方式转移土地、房屋权属的情形有（　　）。

A. 以土地、房屋权属作价投资、入股
B. 以土地、房屋权属抵债
C. 以获奖方式承受土地、房屋权属

D. 以预购方式或者预付集资建房款方式承受土地、房屋权属

10. 下列车辆按照应税车辆最低计税价格征收车辆购置税的有（　　）。

A. 企业从国外进口自用的车辆

B. 减税、免税条件消失的车辆

C. 受赠、获奖方式下取得已确认购置价格的应税车辆

D. 纳税人申报的计税价格低于同类型应税车辆最低计税价格，又无正当理由的

三、判断题

1. 城镇土地使用税采取有幅度的差别税额，按大、中、小城市和县城、建制镇、工矿区分别确定每平方米土地使用税年应纳税额。（　　）

2. 凡在中华人民共和国境内拥有土地使用权的单位和个人，均应依法缴纳城镇土地使用税。（　　）

3. 房产税是按房产租金征收的一种税。（　　）

4. 宗教寺庙、公园和名胜古迹中附设的营业单位使用或出租的房产，应照章征收房产税。（　　）

5. 车船税的纳税义务发生时间，为车船管理部门核发的车船登记证书或者行驶证书所记载日期的当月。（　　）

6. 根据印花税暂行条例的规定，各类合同的纳税义务人是立合同人。立合同人指合同的当事人，包括保人、证人、鉴定人等对凭证有直接权利义务关系的单位和个人。（　　）

7. 国外公司与国内企业在国外签订的技术转让合同，在国内使用时不必缴纳印花税。（　　）

8. 融资租赁房屋，计征房产税时应以房产余值计算征收，租赁期内房产税的纳税义务人，由当地税务机关根据实际情况确定。（　　）

9. 土地使用权及房屋赠与未发生销售，没有取得收入，所以不缴纳契税。（　　）

10. 纳税人购买自用车辆的价格，为纳税人支付给销售者的全部价款和价外费用，包括增值税税款。（　　）

四、业务题

1. 某超市与某娱乐中心共同使用一块面积为 1 800 平方米的土地，其中超市实际使用的土地面积占这块土地总面积的 2/3，另外 1/3 归娱乐中心使用。当地每平方米土地使用税年税额为 5 元，税务机关每半年征收一次城镇土地使用税，该超市每季度预提土地使用税。

要求：计算该超市每季度应纳城镇土地使用税税额，并做出会计处理。

2. 某企业有 4 吨位的货运汽车 2 辆，载人面包车 2 辆（10 座）。当地政府规定机动车税额按半年缴纳，每自重吨位年税额为 16 元，10 座以下面包车年税额为每辆 420 元。

要求：计算该企业半年应纳车船税并做出会计处理。

3. 某企业拥有房屋原值 600 万元，将其中一部分房产出租，原值 100 万元，年租金收入 12 万元，另有一部分房产用于幼儿园使用，原值 50 万元。当地政府规定，按原值一次减除 25%后的余值纳税，该企业每季度预提房产税。

要求：计算该企业各季度应纳房产税额，并做出会计分录。

4. 某企业 20××年度有关资料如下：实收资本比上年增加 100 万元；与银行签订一年期借款合同，借款金额 200 万元，年利率为 4%；与 A 企业签订购货合同，购入金额为 85 万元的货物；与 B 公司签订受托加工合同，B 公司提供价值为 50 万元的原材料，本企业提供价值 10 万元的辅助材料并收取加工费 18 万元；与铁路部门签订运输合同，载明运输费及保险费共计 20 万元。

要求：计算该企业 20××年应缴纳的印花税，并做出会计分录。

☞知识拓展阅读

财产税的历史沿革

国家对财产课税已有悠久历史。在人类历史发展过程中，当私有财产制度确立后，对财产课税就有了可能。国家产生以后，产生了税收，也可以说同时有了财产税。

当时由于生产力水平比较低下，社会财富较少，土地是最重要的生产资料，也是私有财产的一种主要形式，对土地的征税就成为最早的财产税。在奴隶社会以种植业和养殖业为主的自然经济条件下，征税对象不多，主要有土地和人丁，国家自然要选择这两者征税，土地财产税自然也就成为财产税的最初形式。

财产税产生以后，经历了奴隶社会、封建社会、资本主义社会和社会主义社会等几个不同的社会制度。随着社会生产力的发展和各个社会政治、经济情况的发展变化，财产税的课税对象发生了很大变化。在商品经济不发达的奴隶社会和封建社会，财产税的主要课税对象是土地。到了商品经济发达的资本主义社会，由于财产的种类日益增多，可以作为课税对象的财产也趋于复杂多样，除了不动产以外，还有动产，包括有形动产和无形动产。财产税的征收范围因此而不断扩大，税种也渐渐增多，除了土地税，还有房产税、车船税、遗产税等。

我国奴隶社会对土地课征的"贡"、"助"、"彻"，是我国历史上财产税的雏形。到了春秋时期，由于生产力的发展，特别是铁制农具的广泛使用，在井田以外开垦的私田日益增多。私田不属于王室所有，不向王室交纳贡赋，全部收获都归私田的所有者支配。私田的不断扩大，冲击着奴隶制经济基础。当时的一个主要诸侯国鲁国，为了增加财政收入和抑制开垦私田，于鲁宣公十五年（公元前 594 年）开始对井田以外的私田征税，称为"初税亩"。"初税亩"首次以法律形式承认了土地的私有权和地主经济的合法化，实行"初税亩"后，土地所有者除了纳税，全部收入归自己支配，土地可以自由买卖和出租。土地再不具有"王室所有"的性质，而真正成为了私人的财产，对土地征收的财产税也就从雏形阶段走向成熟。以后汉代课征的"车船税"、唐代课征的"间架税"，都属于财产税。

新中国成立后，财产税一直作为整个税制的辅助部分而存在。1950 年 1 月由政务院颁布的《全国税政实施要则》规定的 14 种税中，属于财产税的有房产税、地产税、遗产税。以后房产税和地产税合并为城市房地产税。由于我国过去较长时间实行公有制占绝对优势的所有制形式，采取高度集中统一的计划经济体制，并实行平均主义大锅饭的分配体制，个人及非公有制经济拥有的财产特别是不动产数量很小，因此这一时期可供征收财产税的经济税源十分有限，虽然也开征了财产税性质的城市房地产税，但其收入在整个税收收入中的比重很小。改革开放以来，我国国民经济迅速发展，社会财富不断积累，城乡居民收入水平大幅度提高，并出现了高收入阶层，个人和法人拥有的各类财产大量增加，在我国课征财产税已有了深厚的经济基础。现阶段利用财产课税形式增加财政收入、调节国民经济和分配已具有了广阔的经济前提，为此我国正研究开征新的财产税，尽快完善我国的财产税制度。

（资料来源：中国会计人网站，www.ccppaa.com）

参考文献

[1] 企业会计准则编审委员会．2012 年版企业会计准则案例讲解．立信会计出版社，2012.

[2] 中国注册会计师协会．税法．经济科学出版社，2012.

[3] 王素荣．税务会计与税收筹划（第 3 版）．机械工业出版社，2011.

[4] 姚爱群．税务会计．清华大学出版社，2012.2

[5] 盖地．税务会计与纳税筹划（第八版）．东北财经大学出版社有限责任公司，2012.

[6] 孙莉．企业税务会计与纳税申报实务．辽宁大学出版社，2012.

[7] 吕孝侠．税务会计实用案例分析．化学工业出版社，2012.

[8] 黄鹏．税务会计（第二版）．苏州大学出版社，2012.

[9] 王曙光，蔡德发．企业税务会计（应用型本科会计）．东北财经大学出版社有限责任公司，2011.

[10] 左锐．税务会计（第二版）．立信会计出版社，2011.